ADVENT-VERLAG LÜNEBURG

ELLEN G. WHITE

Auf den Spuren des großen Arztes

ADVENT-VERLAG

Titel der amerikanischen Originalausgabe: *The Ministry of Healing*
Pacific Press Publ. Assn., Mountain View, California, USA

Projektleitung: Elí Diez-Prida
Übersetzung: Dr. Edmund Brandl
Redaktionelle Bearbeitung: Bernd Pallaschke, Friedhelm Klingeberg
Korrektorat: Wolfgang Andersch, Erika Schultz, Gunter Fraatz
Einbandgestaltung: Sislak Design, Bad Soden-Salmünster
Titelfoto: © monkeybusinessimages (iStockphoto)
Satz: rimi-grafik.de, Celle
Gesamtherstellung: Thiele & Schwarz GmbH, Kassel

Die Bibelzitate sind – falls nichts anderes vermerkt ist – der Bibelübersetzung von Martin Luther (Revision 1984) entnommen.

Ansonsten bedeutet:

GNB = *Gute Nachricht Bibel,* revidierte Fassung,
durchgesehene Ausgabe in neuer Rechtschreibung,
© 2000 Deutsche Bibelgesellschaft, Stuttgart;
hrsg. zusammen mit dem Katholischen Bibelwerk, Stuttgart;

2. verbesserte Auflage als Book on Demand 2014

Pulverweg 6, 21337 Lüneburg

Internet: www.advent-verlag.de, E-Mail: info@advent-verlag.de

ISBN 978-3-8150-1800-2

Inhalt

Vorwort

Die Welt ist krank, und überall, wo Menschen leben, sehen wir reichlich Leid. Um uns herum suchen Tausende nach Abhilfe.

Es ist nicht die Absicht des Schöpfers, die Menschheit mit Leid zu belasten, noch will er unsere Kraft schmälern oder unser Leben und Wirken durch Krankheit verkürzen. Wir sind es aber, die die von ihm aufgestellten Gesetze für das Leben immer wieder verletzen. Die Sünde lässt uns vergessen, dass wir völlig von Gott als der Quelle für Leben und Gesundheit abhängig sind. Die Folgen sind Schmerz, Krankheit und Tod.

Die Gesetzmäßigkeiten zu verstehen, die unseren Körper steuern, und unsere Lebensweise mit diesen Prinzipien in Einklang zu bringen, ist eine unserer größten Herausforderungen. Es geht darum, verstehen zu lernen, welche Faktoren zu echter Freude und wahrer Gesundheit beitragen: ein fröhliches Zuhause, eine sinnvolle Betätigung, das Befolgen der Gesetze des Lebens, gute Beziehungen zu unseren Mitmenschen ...

Wenn wir krank werden, sollten wir die heilenden Kräften der Natur unterstützen, die unseren Körper aufbauen und die Gesundheit wiederherstellen. Allerdings spielt in diesem Zusammenhang ein noch größerer und wesentlich bedeutenderer Faktor eine entscheidende Rolle: unsere Beziehung zum Schöpfer, der uns Menschen das Leben gab, der alle Voraussetzungen für unser Glück geschaffen hat und an unserem Wohlergehen interessiert ist.

In diesem Buch bietet die Autorin, eine in den praktischen Dingen des Lebens äußerst erfahrene und mit viel Einfühlungsvermögen beschenkte Frau, Vätern und Müttern, Laien und Experten ein breites Spektrum an Informationen über das Leben und seine Gesetze, über Gesundheit und ihre Bedingungen, über Krankheit und ihre Heilmittel, über die Leiden der Seele und das heilende Angebot des Evangeliums.

Das Buch ist in einer klaren, einfachen und schönen Sprache verfasst – lehrreich für den Wissbegierigen, hoffnungsvoll für den Mutlosen, beglückend für den Kranken und erholsam für den Müden. Mehrere Jahrzehnte hindurch hat dieses Buch zahllosen Menschen seine hilfreiche Nachricht überbracht und ist in vielen Ländern in einem Dutzend führender Sprachen immer wieder aufgelegt worden.

Wir hoffen, dass dieses Buch vielen Lesern hilft, einen besseren Weg zu einem einfacheren, angenehmeren Leben voller Freude und Glück zu finden, so dass sie im Einsatz für andere erleben können: „Geben macht glücklicher als nehmen."

Die Treuhänder
des Schrifttums von Ellen G. White

Teil I

Der große Arzt

Kapitel 1

Unser Vorbild

Während seines Erdendaseins wirkte unser Herr Jesus Christus in unermüdlicher Fürsorge zu Gunsten der Bedürfnisse der Menschheit. „Er hat unsre Schwachheit auf sich genommen, und unsre Krankheit hat er getragen" (Matthäus 8,17), um jeder menschlichen Not abzuhelfen. Die Last der Krankheit, des Elends und der Sünde wollte er von uns nehmen. Sein Ziel war, die Menschen völlig wiederherzustellen, das heißt, ihnen wieder Gesundheit, inneren Frieden und charakterliche Vollkommenheit zu schenken.

Die Sorgen und Bedürfnisse derer, die ihn um Hilfe baten, mögen ganz unterschiedlich gewesen sein, aber kein Heilungssuchender kam vergeblich zu ihm. Eine nie versiegende Quelle heilender Kräfte ging von ihm aus, die die Menschen an Körper, Geist und Seele gesunden ließ.

Die Tätigkeit des Heilands war nicht an bestimmte Zeiten oder Plätze gebunden. Seine Dienstbereitschaft kannte keine Grenzen. Kein Haus in Israel hätte die Menschenmengen fassen können, die zu ihm strömten. Die grünen Abhänge der galiläischen Berge, die Landstraßen, das Ufer des Sees Genezareth, die Synagogen und alle anderen Orte, wo man Kranke zu ihm brachte – das waren seine Praxisräume. In jeder großen oder kleinen Ortschaft, durch die er wanderte, legte er seine Hände auf die Leidenden und heilte sie. Überall, wo die Menschen ihre Herzen seiner guten Nachricht öffneten, sicherte er ihnen die beständige Liebe ihres himmlischen Vaters zu. Tagsüber kümmerte er sich um die, die zu ihm kommen konnten; abends wandte er sich denen zu, die tagsüber den Lebensunterhalt für ihre Familien erarbeiten mussten.

Jesus trug die schwere Last der Verantwortung für die Erlösung der Menschheit. Er wusste: Alle sind verloren, wenn nicht ein durchgreifender Wandel hinsichtlich der menschlichen Grundsätze und Ziele geschieht. Das lastete wie eine Bürde auf seiner Seele, deren Gewicht keiner ermessen konnte. In seiner Kindheit und Jugend bis hin zum Mannesalter blieb er ganz auf sich gestellt, doch bei alledem war der Himmel ihm nahe. Tagein, tagaus erlebte er Prüfungen und Versuchungen, tagein, tagaus wurde er mit Bösem konfrontiert und sah dessen Macht über die, die er doch segnen und retten wollte. Dennoch versagte er nicht und wurde auch nicht mutlos.

In allem stellte er seine eigenen Wünsche zugunsten seines Auftrags konsequent zurück. Er verherrlichte sein Leben, indem er alles dem Willen seines Vaters unterordnete. Als seine Mutter ihn als Zwölfjährigen einmal in einer Rabbinerschule aufstöbern musste, hielt sie ihm vor: „Mein Sohn, warum hast du uns das getan?" Da erwiderte er – und das ist der Schlüssel zu seinem Lebenswerk –: „Warum habt ihr mich gesucht? Wisst ihr nicht, dass ich sein muss in dem, was meines Vaters ist?" (Lukas 2,48–49)

Sein Leben bestand in ständiger Selbstaufopferung. Er hatte keinen festen Wohnsitz; als ein Nichtsesshafter nutzte er das, was ihm hilfsbereite Freunde zur Verfügung stellten. *Für uns* führte er das Leben der Ärmsten, hielt er sich unter den Bedürftigen und Leidtragenden auf. Unauffällig und ohne Anerkennung lebte er unter den Menschen, für die er so viel getan hatte.

Immer war er geduldig und bereit, andere aufzumuntern; die Leidtragenden priesen ihn als einen Botschafter des Lebens und des Friedens. Er sah die Bedürfnisse von Männern und Frauen, von Kindern und jungen Leuten – und alle lud er ein: „Kommt her zu mir!"

Während seines Dienstes widmete Jesus der Krankenheilung weitaus mehr Zeit als der Predigt. Eine Vielzahl von Wunderheilungen bestätigten die Wahrheit seines Ausspruchs, dass er nicht gekommen war, um zu zerstören, sondern um zu retten. Wohin er auch kam, eilte ihm die Nachricht seiner segensreichen Taten voraus. Und wenn er weiterzog, erfreuten sich alle, die sein Erbarmen erlebt hatten, ihrer Gesundheit und erprobten ihre neu gewonnenen Kräfte. Um die Geheilten bildeten sich dann Menschentrauben. Alle wollten aus erster Quelle hören, was Jesus vollbracht hatte. Seine Stimme war der erste Klang, den viele Gehörlose in ihrem Leben wahrnahmen, sein Name der erste, den sie je ausgesprochen, sein Gesicht das erste, in das Blindgeborene je geschaut hatten. Sollten sie Jesus nicht lieben, seinen Ruhm nicht weitersagen? Wenn er durch die Ortschaften zog, wirkte er wie ein Licht, das Leben und Freude ausstrahlte: „Das Land Sebulon und das Land Naphtali, das Land am Meer, das Land jenseits des Jordans, das heidnische Galiläa, das Volk, das in Finsternis saß, hat ein großes Licht gesehen; und denen, die saßen am Ort und im Schatten des Todes, ist ein Licht aufgegangen." (Matthäus 4,15–16, wo Jesaja 8,23 und 9,1 zitiert werden.)

Jesus nutzte jede Heilung als Gelegenheit, göttliche Grundsätze in Gemüt und Seele einzupflanzen. Das war das oberste Ziel seines Wirkens. Er schenkte körperliche Genesung, um so die Herzen der Menschen zum Empfang seiner Gnadenbotschaft bereit zu machen.

Der höchste Platz unter den jüdischen Lehrern hätte ihm durchaus gebührt, aber er trug lieber das Evangelium zu den Armen. Er ging von Ort zu Ort, damit man auf allen Wegen seine Worte der Wahrheit vernehmen konnte. Am See Genezareth, auf den Bergen, auf den Straßen der Städte, in den Synagogen – überall hörte man seine Stimme, die die Schriften des Alten Testaments erklärte. Oft lehrte er außerdem im äußeren Hof des Jerusalemer Tempels, wo er auch die nicht jüdischen Zuhörer ansprechen konnte.

Aufmerksam lauschten ihm die Menschen. Warum? Weil seine Lehrweise so ganz anders war als die Schriftauslegung der Schriftgelehrten und Pharisäer. Die Rabbiner nämlich blieben der Auslegungstradition verhaftet, menschlichen Theorien und Spekulationen. Häufig wurde das, was Menschen über die Schriften gelehrt und geschrieben hatten, an die Stelle der *Schrift selbst* gesetzt. Jesus dagegen ließ das Wort Gottes wirken. Er antwortete den Fragenden mit einem klaren „Es steht geschrieben", „Was sagt die Schrift?", „Wie liest du?". Immer wenn bei freundlich Gesonnenen oder auch bei Gegnern ein Interesse spürbar wurde, zitierte er das göttliche Wort. Klar und kraftvoll verkündigte er die frohe Botschaft. Seine

Worte erleuchteten die Lehren der Patriarchen und Propheten, so dass die Schriften des Alten Testaments den Menschen wie eine neue Offenbarung erschienen. Nie zuvor hatten seine Zuhörer im Wort Gottes eine solche Bedeutungstiefe wahrgenommen.

Niemals hat es einen Evangelisten wie Christus gegeben. Vorher Gottes Sohn, König des Himmels, erniedrigte er sich selbst durch die Annahme unserer Natur, um den Menschen dort zu begegnen, wo sie waren. Allen Leuten, den Reichen wie den Armen, den Freien und den Knechten, brachte Jesus, der Botschafter des Bundes, die Botschaft der Errettung. Sein Ruf als der große Arzt verbreitete sich in ganz Palästina. Die Kranken suchten die Orte auf, an denen man sein Kommen erwartete, um ihn um Hilfe anzurufen. Dorthin kamen aber auch viele, die einfach nur seine Lehre hören und von seiner Hand berührt werden wollten. So zog er von Ort zu Ort, predigte dabei die frohe Botschaft und heilte die Kranken – er, der König der Herrlichkeit im niedrigen Gewand des Menschseins.

Regelmäßig besuchte er auch die großen jährlichen Feste des Volkes und sprach dort zu den vielen, die sich von den äußerlichen Ritualen so sehr gefangennehmen ließen, dass sie darüber deren tiefere Bedeutung vergaßen. Er richtete ihren Blick auf die Ewigkeit aus. Allen brachte er Reichtümer aus der Schatzkammer der himmlischen Weisheit. Und dabei redete er mit ihnen in einer so einfachen Sprache, dass sie ihn verstehen mussten. Er entwickelte seine ganz eigene Art, denen zu helfen, die Kummer hatten und Leid trugen. Mit einfühlsamem Herzen diente er den von Sünde kranken Seelen, brachte ihnen Heilung und Stärke.

Als der beste aller Lehrer suchte er die Menschen zu erreichen, indem er an ihre vertrautesten Gedankenverbindungen anknüpfte. Die Wahrheit bot er auf solche Weise dar, dass bei seinen Zuhörern wertvollste und angenehmste Erinnerungen geweckt wurden. Er ließ sie spüren, dass er sich ganz und gar mit ihren Interessen und ihrem Glück identifizierte. Seine Unterweisung war so frei von Nebensächlichem, seine Gleichnisse so treffend, seine Wortwahl so einfühlsam und erfreulich, dass seine Zuhörer begeistert waren. Die Schlichtheit und der Ernst, mit denen er sich an die Bedürftigen wandte, heiligten dabei jedes Wort.

Er führte fürwahr ein tätiges Leben! Tag für Tag hätten wir sehen können, wie er die einfachen Wohnungen des Mangels und Kummers betrat, um den Niedergeschlagenen Hoffnung und den Verzweifelten inneren Frieden zuzusprechen. Gütig, liebevoll und mitfühlend ging er umher, richtete die Gebeugten auf und tröstete die Trauernden. Wo er auch hinkam, brachte er Segen mit.

Bei aller Zuwendung zu den Armen vernachlässigte Jesus aber nicht die Kontakte zu den Wohlhabenden. Er suchte die Bekanntschaft mit dem reichen und gebildeten Pharisäer, dem jüdischen Obersten und dem römischen Hauptmann. Er nahm ihre Einladungen an, ging zu ihren Festen, lernte ihre Interessen und Beschäftigungen kennen, um so möglicherweise Zugang zu ihren Herzen zu gewinnen und ihnen die unvergänglichen Reichtümer aufzeigen zu können. Christus kam auf diese Welt, um zu zeigen, dass man als Mensch ein makelloses Leben führen kann, wenn man sich die Kraft dazu von oben schenken lässt. Mit unermüdlicher Geduld und einfühlsamer Hilfsbereitschaft begegnete er den bedürftigen Menschen. Mit dem freundlichen Appell seiner Gnade verbannte er Ruhelosigkeit und Zweifel aus der Seele, verwandelte er Feindseligkeit in Liebe und Unglauben in Vertrauen.

Als er mit einem „Folge mir nach" seine Mitarbeiter auswählte, standen die so Angesprochenen auf und folgten ihm stracks nach. Der Glanz der Welt trat in den Hintergrund. Beim Klang der Stimme Jesu verlor sich die Gier nach Besitz und Macht, und die Menschen erhoben sich befreit, um dem Heiland nachzufolgen.

Brüderliche Liebe

Für Jesus spielten nationale, gesellschaftliche oder konfessionelle Unterschiede keine Rolle. Die Schriftgelehrten und Pharisäer wollten aus den Geschenken Gottes ein räumlich begrenztes bzw. nationales Vorrecht machen und alle anderen Anhänger der weltweiten Familie Gottes davon ausschließen. Aber Christus kam, um jede Trennmauer niederzureißen. Er kam, um zu zeigen, dass sein Geschenk der Barmherzigkeit und Liebe genauso frei erhältlich ist wie die Atemluft, das Tageslicht oder der gedeihenbringende Regen.

Mit seinem Leben etablierte Jesus eine Religion, in der es keine Kasten mehr gibt, in der Juden und Nichtjuden, Freie und Abhängige in ein- und derselben Geschwisterschaft verbunden sind, in der vor Gott alle gleich dastehen. Die Wahl seiner Aufenthaltsorte war von keinerlei politischen Überlegungen beeinflusst. Er machte keinen Unterschied zwischen Einheimischen und Fremden, zwischen Israels Freunden und seinen Feinden. Jede Seele, die nach dem Wasser des Lebens suchte, bewegte sein Herz.

Er ging an keinem Menschen verächtlich vorbei, sondern war bestrebt, jedem seine Heilkraft anzubieten. In welcher gesellschaftlichen Gruppe er sich auch befand, lehrte er das, was der Zeit und den Umständen angemessen war. Jedes distanzierte Verhalten, jede Beleidigung, die Menschen ihren Mitmenschen antaten, machte Jesus nur noch sensibler für ihren Bedarf an seinem göttlich-menschlichen Mitgefühl. Selbst die rauesten Gesellen und die, von denen man sich eigentlich gar nichts mehr versprach, wollte er mit Hoffnung erfüllen. Er versicherte ihnen, dass sie frei von Schuld werden konnten und kein Schrecken der Gesellschaft mehr zu sein brauchten. Sie konnten einen Charakter bekommen, der sie als Kinder Gottes auswies!

Oft begegneten ihm auch Menschen, die unter Satans Kontrolle geraten waren und sich aus eigener Kraft nicht mehr aus dessen Schlinge befreien konnten. Für diese Entmutigten, Kranken, ständig Versuchten, Gefallenen hatte Jesus dann Worte freundlichsten Mitgefühls, Worte, die der oder die Betreffende gerade brauchte und auch verstand. Er traf auch solche, die mit dem Feind der Menschen in härtester Auseinandersetzung standen. Diese ermutigte er, nicht aufzugeben, indem er ihnen den Sieg zusicherte. Engel Gottes stehen ihnen zur Seite und werden das Überwinden möglich machen!

Am Tisch der Zolleinnehmer saß er als ein geehrter Gast, denn durch seine teilnehmende und gesellschaftlich aufgeschlossene Art bewies er seinen Sinn für die Würde des Menschen; deshalb wollten sich auch diese Menschen seines Vertrauens würdig erweisen. Auf ihre suchenden Herzen trafen seine Worte mit gesegneter, lebenspendender Macht. Da wurden neue Impulse in ihnen wach;

diesen sozial Verachteten eröffnete sich die Möglichkeit eines Neubeginns.

Jesus war Jude – und hatte gleichwohl freien Umgang mit den Samaritern, womit er die pharisäisch-nationalistischen Verhaltensgewohnheiten seines Volkes gänzlich missachtete. Wohl wissend um die Vorurteile der Juden nahm er die Gastfreundschaft jener verachteten Bevölkerungsgruppe an. Er übernachtete unter ihren Dächern, aß mit ihnen an ihren Tischen – und zwar die Speisen, die ihre Hände zubereitet und serviert hatten –, lehrte auf ihren Straßen und verhielt sich ihnen gegenüber mit größter Freundlichkeit und Höflichkeit. Während er so ihre Herzen mit dem Band der Menschenfreundlichkeit zu sich zog, brachte ihnen seine göttliche Gnade die Errettung, die die Juden verwarfen.

Persönlicher Dienst

Christus ließ sich keine Gelegenheit entgehen, die Botschaft von der Errettung zu verkünden. Hören wir beispielsweise die wunderbaren Worte, die er am Jakobsbrunnen an die Samariterin richtete.

Er saß am Brunnen, als die Frau zum Wasserschöpfen kam. Zu ihrer Überraschung bat er sie um einen Gefallen: „Gib mir zu trinken", sagte er. Jesus wollte etwas Kühles trinken, und außerdem suchte er nach einer Möglichkeit, ihr das Wasser des Lebens zu geben. „Da spricht die samaritische Frau zu ihm: Wie, du bittest mich um etwas zu trinken, der du ein Jude bist und ich eine samaritische Frau? Denn die Juden haben keine Gemeinschaft mit den Samaritern. – Jesus antwortete und sprach zu ihr: Wenn du erkenntest die Gabe Gottes und wer der ist, der zu dir sagt: Gib mir zu trinken!, du bätest ihn, und der gäbe dir lebendiges Wasser. (…) Wer von diesem Wasser trinkt, den wird wieder dürsten; wer aber von dem Wasser trinken wird, das ich ihm gebe, den wird in Ewigkeit nicht dürsten, sondern das Wasser, das ich ihm geben werde, das wird in ihm eine Quelle des Wassers werden, das in das ewige Leben quillt." (Johannes 4,7–14)

Wie sehr nahm Christus am Leben dieser einen Frau Anteil! Ernst und eindringlich redete er mit ihr! Nachdem die Frau Christi Worte gehört hatte, ließ sie den Wasserkrug stehen, ging in die Stadt und sagte zu ihren Freunden: „Kommt, seht einen Menschen, der mir alles gesagt hat, was ich getan habe, ob er nicht der Christus sei!" Wir lesen weiter, dass „viele der Samariter aus dieser Stadt an ihn glaubten" (Johannes 4,29.39). Und wer kann den Einfluss abschätzen, den diese Worte in all den Jahren seit damals auf die Rettung von Seelen ausgeübt haben?

Überall, wo Herzen für die Annahme der Wahrheit offen sind, ist Christus bereit, sie in diese Wahrheit einzuführen. Er offenbart ihnen dann den Vater und den Dienst, der ihm angenehm ist, ihm, der den Menschen ganz und gar kennt. Zu solchen bereits aufgeschlossenen Menschen spricht Jesus nicht in Gleichnissen; zu ihnen sagt er direkt – wie zu der Frau am Jakobsbrunnen: „Ich bin›s, der mit dir redet." (Johannes 4,26)

Kapitel 2

Tage des Dienens

Im Haus des Petrus in Kapernaum lag seine Schwiegermutter, an „hohem Fieber" erkrankt, und „sie baten Jesus für sie". Er „ergriff ihre Hand, und das Fieber verließ sie"; sie stand auf und diente ihrem Retter und seinen Jüngern. (Lukas 4,38; Markus 1,30; Matthäus 8,15)

Wie ein Lauffeuer verbreitete sich die Nachricht in der ganzen Umgebung. Das Wunder war am Sabbat geschehen, aber aus Furcht vor den Rabbinern wagten die Leute nicht vor Sonnenuntergang zu kommen, um geheilt zu werden. Dann jedoch drängten die Heilungsuchenden von überallher zu der unscheinbaren Wohnung, in der sich Jesus befand. Die Kranken wurden auf Betten gebracht, sie kamen auf Krücken gestützt oder wankten mit Hilfe von Freunden mühsam in die Gegenwart des Heilands.

Stunde um Stunde kamen und gingen sie – konnte doch niemand wissen, ob der Wundertätige auch am darauffolgenden Tag noch unter ihnen sein würde. Nie zuvor hatte es in Kapernaum einen Tag wie diesen gegeben. Rufe der Freude und des Jubels klangen durch die Nacht.

Erst als auch dem letzten Leidtragenden geholfen war, beendete Jesus sein Werk. Es war schon tiefe Nacht, als sich die Menge schließlich verlief und es ruhig wurde in Simons Haus. Der lange, aufwühlende Tag war nun vorüber, und auch Jesus suchte jetzt Ruhe. – Aber während man in der Stadt noch schlief, „stand der Heiland am Morgen, noch vor Tage auf und ging hinaus. Und er ging an eine einsame Stätte und betete dort." (Markus 1,35)

Früh am Morgen aber kamen Petrus und seine Gefährten zu Jesus – mit der Nachricht, dass man ihn in Kapernaum bereits wieder suchte. Erstaunt vernahmen sie die Aussage von Jesus: „Ich muss auch den andern Städten das Evangelium predigen vom Reich Gottes; denn dazu bin ich gesandt." (Lukas 4,43)

In der Aufregung, die damals in Kapernaum herrschte, steckte die Gefahr, dass der wahre Zweck seiner Sendung verloren ging. Jesus kam es nicht darauf an, als reiner Wundertäter, als Heilkundiger für körperliche Krankheiten aller Art Aufmerksamkeit und Bewunderung zu erringen. Er wollte vielmehr die Menschen zu sich als ihrem Heiland ziehen. Die Leute träumten davon, dass er als König zur Errichtung einer weltlich-politischen Herrschaft gekommen sei – er aber bemühte sich inständig, ihre Gesinnung vom Weltlichen auf das Geistliche zu lenken. Ausschließlich weltlicher Erfolg hätte seinem Werk geschadet.

Deshalb war ihm die Bewunderung der gedankenlosen Masse zuwider. Sein Leben diente nicht der Selbstverwirklichung. Die Verbeugungen der Welt vor Rang, Reichtum oder Begabung waren dem Menschensohn fremd. Er benutzte keine marktschreierischen Werbemethoden, um die Aufmerksamkeit potentieller Nachfolger zu erringen. Jahrhunderte vor seiner Geburt wurde schon von ihm vorausgesagt, dass „er nicht schreien noch rufen wird, und seine Stimme wird man nicht hören auf den Gassen. Das geknickte Rohr wird er nicht zerbrechen, und den glimmenden Docht wird er nicht auslöschen. In Treue trägt er das Recht hinaus." (Jesaja 42,2–3)

Die Pharisäer taten sich mit ihrem pedantischen Befolgen selbstauferlegter Regeln und Zeremonien hervor, wollten ihren Gottesdienst und ihre guten Werke zur Schau stellen. Sie „bewiesen" ihren Eifer für das Religiöse, indem sie es zum Gegenstand von Dauerdiskussionen machten. Die Dispute zwischen den opponierenden Sekten waren laut und lang. Es war gar nicht ungewöhnlich, sogar auf den Straßen die Stimmen geifernden Streitens der Schriftgelehrten zu hören.

In krassem Gegensatz dazu stand das Leben von Jesus. Da gab es keine lautstarken Dispute, keinen „Gottesdienst" der Sorte: ‚Schauen mir auch viele zu?', keine Beifallshascherei. Christus war in Gott geborgen, und Gott offenbarte sich im Wesen seines Sohnes. Zu dieser Offenbarung wollte Jesus die Herzen der Menschen hinwenden.

Er, die „Sonne der Gerechtigkeit", wollte diese Welt nicht blenden, um mit seiner Herrlichkeit die Sinne zu verwirren. Vielmehr steht von ihm geschrieben, dass er „hervorbrechen wird wie die schöne Morgenröte" (Hosea 6,3). Ruhig und sanft trifft das Tageslicht auf die Erde, verdrängt die Dunkelheit und erweckt die Welt zum Leben. So ging die Sonne der Gerechtigkeit auf, „mit Heil unter ihren Flügeln" (Maleachi 4,2).

„Siehe, das ist mein Knecht – ich halte ihn – und mein Auserwählter, an dem meine Seele Wohlgefallen hat." (Jesaja 42,1)

„Denn du bist der Geringen Schutz gewesen, der Armen Schutz in der Trübsal, eine Zuflucht vor dem Ungewitter, ein Schatten vor der Hitze." (Jesaja 25,4)

„So spricht Gott, der Herr, der die Himmel schafft und ausbreitet, der die Erde macht und ihr Gewächs, der dem Volk auf ihr den Odem gibt und den Geist denen, die auf ihr gehen: Ich, der Herr, habe dich gerufen in Gerechtigkeit und halte dich bei der Hand und behüte dich und mache dich zum Bund für das Volk, zum Licht der Heiden, dass du die Augen der Blinden öffnen sollst und die Gefangenen aus dem Gefängnis führen und, die da sitzen in der Finsternis, aus dem Kerker." (Jesaja 42,5–7)

„Aber die Blinden will ich auf dem Wege leiten, den sie nicht wissen; ich will sie führen auf den Steigen, die sie nicht kennen. Ich will die Finsternis vor ihnen her zum Licht machen und das Höckerige zur Ebene. Das alles will ich tun und nicht davon lassen." (Jesaja 42,16)

„Singet dem Herrn ein neues Lied, seinen Ruhm an den Enden der Erde, die ihr auf dem Meer fahret, und was im Meer ist, ihr Inseln und die darauf wohnen! Rufet laut, ihr Wüsten und die Städte darin samt den Dörfern, wo Kedar wohnt. Es sollen jauchzen, die in Felsen wohnen, und rufen von den Höhen der Berge! Sie sollen dem Herrn die Ehre geben und seinen Ruhm auf den Inseln verkünden!" (Jesaja 42,10–12)

„Jauchzet, ihr Himmel, denn der Herr hat's getan! Jubelt, ihr Tiefen der Erde! Ihr Berge, frohlocket mit Jauchzen, der Wald und alle Bäume darin! Denn der Herr hat Jakob erlöst und ist herrlich in Israel." (Jesaja 44,23)

Johannes der Täufer, der im Gefängnis des Herodes lag, war hinsichtlich Jesu Werk enttäuscht und verunsichert. Doch er blieb aufmerksam und erwartungsvoll und schickte zwei seiner Jünger mit der Frage zu Jesus: „Bist du es, der da kommen soll, oder sollen wir auf einen andern warten?" (Matthäus 11,3)

Der Heiland antwortete nicht sofort auf diese Frage. Während sie nun so dastanden und sich über sein Schweigen wunderten, kamen die Leidtragenden zu ihm. Da durchdrang die machtvolle Stimme Jesu die Ohren der Gehörlosen. Da öffnete ein Wort, eine Berührung seiner Hand die Augen der Blinden, die nun das Tageslicht, die Schönheit der Natur, die Gesichter von Freunden und das des Erlösers sehen konnten.

Seine Stimme erreichte die Ohren Sterbender, die daraufhin gesund und gekräftigt aufstehen konnten. Gebannte Dämonen gehorchten seinem Wort. Die Besessenen wurden frei und beteten Jesus an. Die armen und einfachen Leute, die von den Rabbinern als Unreine gemieden wurden, versammelten sich um ihn, der ihnen Worte des ewigen Lebens sagte.

So verlief der Tag – und die Jünger des Johannes sahen und hörten das alles. Schließlich rief Jesus sie zu sich und bat sie, zu Johannes zu gehen und ihm zu erzählen, was sie miterlebt hatten; dann fügte er an: „Selig ist, wer sich nicht an mir ärgert." (Matthäus 11,6) Die Jünger überbrachten diese Botschaft – und sie genügte Johannes.

Der Täufer erinnerte sich jetzt an die entsprechenden Prophezeiungen über den Messias, zum Beispiel an diese: „Der Geist Gottes des Herrn ist auf mir, weil der Herr mich gesalbt hat. Er hat mich gesandt, den Elenden gute Botschaft zu bringen, die zerbrochenen Herzen zu verbinden, zu verkündigen den Gefangenen die Freiheit, den Gebundenen, dass sie frei und ledig sein sollen; zu verkündigen ein gnädiges Jahr des Herrn ... zu trösten alle Trauernden." (Jesaja 61,1–2) Dieser Verheißene war Jesus von Nazareth! Der Beweis seiner Göttlichkeit lag darin, dass er mit Macht den Nöten der leidenden Menschheit abhalf; seine Herrlichkeit zeigte sich gerade dadurch, dass er freiwillig unsere gefallene menschliche Natur annahm.

Christi Werke wiesen ihn nicht nur als den Messias aus, sondern zeigten auch, in welcher Form sein Reich auf dieser Welt entstehen sollte. Johannes ist dieselbe Wahrheit offenbart worden wie Elia am Berg Horeb, als „ein großer, starker Wind, der die Berge zerriss und die Felsen zerbrach, vor dem Herrn her kam; der Herr aber war nicht im Winde. Nach dem Wind aber kam ein Erdbeben; aber der Herr war nicht im Erdbeben. Und nach dem Erdbeben kam ein Feuer; aber der Herr war nicht im Feuer." Nach dem Feuer aber sprach Gott zu dem Propheten in „einem stillen, sanften Sausen" (1. Könige 19,11–12). So tat auch Jesus sein Werk – nicht unter Umsturz politischer Verhältnisse, nicht durch Schauwunder und Effekthascherei, sondern indem er durch ein Leben der Barmherzigkeit und Selbstaufopferung die Gemüter der Menschen ansprach.

Das Reich Gottes kommt also nicht mit dem Herausstellen von Äußerlichkeiten; es kommt durch die stille Eingebung seines Wortes, durch das Wirken seines Geistes in unserem Innern, durch die Gemeinschaft der Seele mit ihm, der ja ihr Leben ist. Die größte Offenbarung seiner Macht zeigt sich, wenn die menschliche Natur die Vollkommenheit des Charakters von Jesus erreicht.

Die Nachfolger Christi sollen das Licht dieser Welt sein; aber Gott erwartet nicht, dass sie aus eigener Kraft leuchten. Er unterstützt kein auf Selbstverwirklichung bedachtes Streben, nicht das Ziel, die eigene Perfektion herauszustellen. Vielmehr wünscht er, dass ihre Herzen von den Grundsätzen des Himmels erfüllt werden; dann werden sie, wo immer sie mit Menschen in Berührung kommen, dieses Licht weitergeben. Ihre unbedingte Treue in jeder Lebenslage wird so einen leuchtenden Hinweis auf Gott darstellen.

Reichtum oder eine hohe gesellschaftliche Stellung, kostspielige Architektur und Ausstattung sind für den Fortschritt des Werkes Gottes nicht wesentlich, ebensowenig Errungenschaften, die den Beifall der Welt auf sich lenken und zu Eitelkeit führen. Sensationelle Darstellungen – und mögen sie auch noch so grandios wirken – sind in Gottes Augen wertlos. Über dem Sichtbaren und Vergänglichen rangiert bei ihm das Unsichtbare und Ewige. Das Erstere hat nur insoweit Wert, wie es dem Letzteren dient. So kann man auch die erlesensten Werke der Kunst nicht mit der Schönheit verglechen, die das Wirken des Heiligen Geistes im Charakter eines Menschen hervorbringt.

Als Gott seinen Sohn in die Welt sandte, vertraute er den Menschen unvergängliche Reichtümer an – Reichtümer, zu denen im Vergleich alle seit Beginn der Welt gehorteten Schätze der Menschen ein Nichts sind. Christus kam auf diese Erde und machte die seit Ewigkeiten wirkende Liebe Gottes vor den Menschen sichtbar. Das ist der Schatz, den wir durch unsere Verbindung mit ihm empfangen und weitergeben sollen.

Menschliche Anstrengungen werden im Werk Gottes nur in dem Maße wirksam, wie sich der Mitarbeiter hingebungsvoll in den Dienst Gottes stellt und es der Gnade Christi gestattet, sein Leben umzuwandeln. Wir unterscheiden uns von der Welt, weil Gott uns sein Siegel aufgeprägt hat, weil er in uns sein liebendes Wesen darstellt. Unser Erlöser bekleidet uns mit seiner Gerechtigkeit.

Wenn Gott Männer und Frauen in seinen Dienst ruft, fragt er zuvor nicht danach, ob sie weltlichen Reichtum, hohe Bildung oder rhetorisches Talent besitzen. Er fragt ganz anders: „Sind sie demütig genug, dass ich ihnen *meinen* Weg zeigen kann? Kann ich sie *meine* Worte sprechen lassen? Werden sie *mich* darstellen?"

Gott kann uns genau in dem Ausmaß gebrauchen, in dem wir das Wirken seines Geistes in uns zulassen. Das Ziel ist, vor den Menschen Gottes Bild darzustellen. Seine Nachfolger sollen als ihre Beglaubigung vor der Welt die unvergänglichen Merkmale des göttlichen Wesens aufweisen.

„Er wird die Lämmer in seinem Arm sammeln"

Als Jesus in den Ortschaften Judäas unterwegs war, drängten sich Mütter mit ihren kranken und sterbenden Kindern durch die Menge, immer darauf aus, nah genug an ihn heranzukommen, damit er ihnen helfen konnte.

Stellen wir uns diese Mütter vor: blass, abgespannt, fast verzweifelnd – aber dennoch entschlossen und beharrlich. Beladen mit Leid suchen sie den Heiland auf. Manchmal, wenn sie von der wogenden Menge weggedrängt werden, bahnt sich Jesus selbst Schritt für Schritt einen Weg zu ihnen, bis er sie erreicht. Hoffnung kommt in ihren Herzen auf. Und Freudentränen fließen, als er sich ihnen schließlich zuwendet und sie in seine Augen sehen können, die so viel Mitleid und Liebe ausdrücken.

Der Heiland geht nun auf eine Frau in dieser Gruppe besonders ein; er weckt ihr Vertrauen, indem er zu ihr sagt: „Was soll ich für dich tun?" Sie hat nur einen inständigen Wunsch: „Meister, bitte mach mein Kind gesund!" Jesus nimmt das Kleine aus ihren Armen – und die Krankheit verschwindet mit seiner Berührung. Keine Todesblässe mehr, das lebenspendende Blut fließt kräftig durch die Adern, die Muskulatur erstarkt. Zudem hört die Mutter Worte des Trostes und Friedens; dann aber ist auch schon der nächste Fall – ein ebenso dringender – an der Reihe. Wieder übt Jesus seine lebenspendende Macht aus, und alle preisen und ehren ihn, der solche wunderbare Taten vollbringt.

Wir befassen uns gern mit dem Großartigen in Christi Leben. Wir sprechen am liebsten von den Wundern, die er getan hat, von seinen übernatürlichen Handlungen. Aber dass er sich auch mit scheinbar nebensächlichen Dingen beschäftigt hat, ist sogar ein noch überzeugenderer Beweis seiner Größe. Sehen wir uns folgenden Bericht an:

Es war jüdischer Brauch, die Kinder zu einem Rabbiner zu bringen, damit er seine Hände segnend auf sie lege; aber die Jünger von Jesus hielten das Werk des Heilands für zu wichtig, um es deswegen zu unterbrechen. Wenn also Mütter mit dem Wunsch kamen, Jesus möge ihre Kinder segnen, fuhren die Jünger sie unwillig an. Sie hielten diese Kinder für zu jung, als dass sie einen Gewinn von dieser Segnung haben könnten. Sie meinten, Jesus wäre über deren Gegenwart gar nicht erfreut. Aber der Heiland verstand die Sorge und Last der Mütter, die ihre Kinder entschieden gemäß dem Wort Gottes erziehen wollten. Er hatte ihre Gebete erhört. Er selbst hatte sie in seine Gegenwart gezogen.

Das kam so: Eine Mutter ging mit ihrem Kind aus dem Haus, um Jesus aufzusuchen. Unterwegs erzählte sie einer Nachbarin von ihrem Vorhaben. Da wünschte auch diese den Segen von Jesus für ihre Kinder. So kamen schließlich eine ganze Reihe von Müttern mit ihren – zum Teil auch schon älteren – Kindern zu Jesus. Als nun die Mütter ihren Wunsch vortrugen, vernahm Jesus voller Mitgefühl die ängstliche, besorgte Bitte. Aber er wartete noch, um zu sehen, wie seine Jünger reagieren würden.

Als er nun mitbekam, wie die Jünger sie tadelten und – in der Meinung, ihm damit einen Gefallen zu tun – sie wegschicken wollten, zeigte er ihnen ihren Irrtum und sagte: „Lasst die Kinder zu mir kommen und wehret ihnen nicht; denn solchen gehört das Reich Gottes." (Markus 10,14). Dann nahm er die Kinder in die Arme, legte seine Hände auf sie und gab ihnen den Segen, wegen dem sie gekommen waren.

Nun waren die Mütter getröstet; von Christi Worten gestärkt und gesegnet gingen sie nach Hause. Sie hatten jetzt wieder den Mut, ihre Last mit neuer Freudigkeit auf sich zu nehmen und voller Hoffnung für ihre Kinder zu arbeiten.

Wenn wir das weitere Leben dieser kleinen Gruppe beobachten könnten, sähen wir, wie die Mütter ihren Kindern das Ereignis jenes Tages ins Gedächtnis zurückriefen und ihnen oft die liebevollen Worte des Heilands wiederholten. Wir würden feststellen, wie die Erinnerung an diese Worte die Kinder in späteren Jahren oftmals davor bewahrte, von dem Weg abzukommen, den Gott für sie vorgesehen hatte.

Christus ist heute derselbe mitfühlende Heiland wie während seines Erdenlebens. Er möchte den Müttern heute genauso helfen wie damals in Judäa, als er die Kinder in seine Arme nahm. Unsere Kinder, die uns am Herzen liegen, sind genauso mit seinem Blut erkauft wie die Kinder damals.

Jesus kennt die Last jeder Mutter. Er, der eine Mutter hatte, die mit Armut und Entbehrungen kämpfte, hat Mitgefühl mit jeder Mutter in ihren Mühen. Er, der einen weiten Weg zurücklegte, um das ängstliche Herz einer Kanaaniterin zu erleichtern, wird für heutige Mütter genausoviel tun. Er, der der Witwe von Nain ihren einzigen Sohn zurückgab, der sich noch in den Todesqualen am Kreuz an seine eigene Mutter erinnerte, wird auch heute vom Leid der Mütter angerührt. In jedem Kummer und jeder Not wird er trösten und helfen.

Lasst Mütter zu Jesus kommen, wenn sie ratlos sind; bei ihm werden sie genügend Gnade finden, ihnen in der Sorge um ihre Kinder zu helfen. Die Tür steht für jede Mutter offen, die ihre Lasten dem Heiland zu Füßen legen möchte. Er, der gesagt hat: „Lasst die Kinder zu mir kommen und wehret ihnen nicht" (Markus 10,14), lädt auch heute noch Mütter ein, ihre Kinder zu ihm zu bringen, um sie segnen zu lassen.

Jesus sah in den Kindern, die zu ihm gebracht wurden, Männer und Frauen, Erben seiner Gnade und Bürger seines Reichs. Einige von ihnen würden um seinetwillen Märtyrer werden. Er wusste, dass diese Kinder ihm weitaus bereitwilliger zuhören und ihn als ihren Erlöser annehmen würden als Erwachsene, von denen viele mit Vorurteilen belastet und hartherzig waren. Wenn er lehrte, tat er das auf ihrer Verständnisebene. Er, die Majestät des Himmels, gab ihnen Antwort auf ihre Fragen und vereinfachte seine wichtigen Lehren ihrem kindlichen Verständnis entsprechend. Er pflanzte die Saat der Wahrheit in ihre Seelen, die in späteren Jahren aufgehen und Frucht für das ewige Leben tragen würde.

Als Jesus den Jüngern gebot, den Kindern nicht zu verwehren, zu ihm zu kommen, sprach er zugleich zu seinen Nachfolgern aller Zeiten – zu Amtsträgern in den Gemeinden, Predigern, Helfern, zu allen Christen. Jesus ist es, der die Kinder zu sich zieht, und er bittet uns: „Lasst sie zu mir kommen", als wollte er sagen: „Sie werden kommen, wenn ihr sie nicht daran hindert."

Achte darauf, dass dein Charakter Christus nicht falsch darstellt. Halte mit deiner gleichgültigen und harten Wesensart die Kinder nicht von Jesus ab. Gib ihnen nie Anlass zu der Annahme, der Himmel sei für sie kein angenehmer Ort, wenn du auch dort bist. Sprich von Religion nicht als etwas, das Kinder noch nicht verstehen können; handle auch nicht so, als ob gar nicht erwartet wird, dass sie sich schon in ihrer Kindheit für Christus entscheiden. Vermittle ihnen nicht den falschen Eindruck, dass die Religion von Christus etwas Düsteres sei, dass zum Heiland zu kommen bedeutet, auf alles verzichten zu müssen, was das Leben schön macht.

Wenn der Heilige Geist die Herzen der Kinder beeinflusst, dann unterstützt sein Werk. Lehrt sie, dass der Heiland auch Kinder ruft und dass ihm nichts größere Freude bereiten kann, als wenn sie sich – zu ihrem Besten – ihm schon in jungen Jahren übergeben.

Die Verantwortung der Eltern

Mit unbeschreiblichem Feingefühl sieht der Heiland die Seelen an, die er mit seinem Blut freigekauft hat. Sie sind es, die er mit seiner Liebe umgeben möchte; er blickt mit großem Wohlwollen auf sie. Sein Herz sehnt sich nicht nur nach den wohlerzogenen und braven Kindern, sondern auch nach denen, die ererbte oder durch Vernachlässigung erworbene unausstehliche Charaktereigenschaften aufweisen.

Viele Eltern erkennen nicht, wie sehr sie selbst für diese Unarten ihrer Kinder verantwortlich sind. Sie haben nicht das Einfühlungsvermögen und die Weisheit, um mit den Irrenden – die sie selbst zu solchen gemacht haben – richtig umzugehen. Aber Jesus sieht voller Mitleid auf diese Kinder, denn er schließt von der Ursache auf die Wirkung. Der Gläubige kann zum Mitarbeiter von Jesus werden, indem er diese irrenden Kinder zum Heiland führt. Klug und umsichtig kann er ihre Herzen für Jesus gewinnen, kann ihnen Mut und Hoffnung geben und sie durch Christi Gnade dann charakterlich umgewandelt sehen, so dass von ihnen gesagt werden kann: „Solchen gehört das Reich Gottes."

Fünf kleine Gerstenbrote sättigen eine große Menschenmenge

Den ganzen Tag über war das Volk bei Jesus und seinen Jüngern geblieben, als er einmal am See Genezareth lehrte. Gern hatten sie seinen freundlichen Worten gelauscht – die so einfach und klar waren, dass sie auf ihre Seelen wie die Salbe von Gilead wirkten (vgl. Jeremia 8,22; 46,11). Seine heilenden Hände hatten Kranke gesund gemacht und Sterbende am Leben erhalten. Dieser Tag war ihnen deshalb wie der Himmel auf Erden vorgekommen – und so wussten sie schließlich gar nicht mehr, wie lange es her war, seit sie etwas gegessen hatten.

Die Sonne stand schon tief im Westen, doch das Volk wollte immer noch nicht gehen. Schließlich kamen die Jünger zu Jesus und drangen darauf, die Menge jetzt heimzuschicken. Viele seien doch von weither gekommen und hätten seit dem Morgen nichts gegessen; in den umliegenden Ortschaften könnten sie jetzt noch etwas kaufen. Aber Jesus sagte: „Es ist nicht nötig, dass sie fortgehen. Gebt ihr ihnen zu essen." (Matthäus 14,16) Dann wandte er sich an Philippus und fragte ihn: „Wo kaufen wir Brot, damit diese zu essen haben?" (Johannes 6,5)

Philippus blickte über die riesige Menschenmenge und erkannte, wie unmöglich es war, diese mit Nahrung zu versorgen. Deshalb antwortete er: „Für zweihundert Silbergroschen Brot ist nicht genug für sie, dass jeder ein wenig bekomme." (Johannes 6,7)

Da fragte Jesus, wieviel Nahrung denn unter der Menschenmenge verfügbar sei. Der Jünger Andreas antwortete: „Es ist ein Kind hier, das hat fünf Gerstenbrote und zwei Fische; aber was ist das für so viele?" (Johannes 6,9) Jesus ließ sich dies wenige bringen und bat die Jünger, das Volk auf dem grasigen Boden lagern zu lassen. Dann nahm er den Proviant, „sah auf zum Himmel, dankte und brach's und gab die Brote den Jüngern, und die Jünger gaben sie dem Volk. Und sie aßen alle und wurden satt und sammelten auf, was an Brocken übrigblieb, zwölf Körbe voll." (Matthäus 14,19–20)

Kraft seiner göttlichen Macht versorgte Christus diese Menschenmenge; aber wie einfach war die verteilte Nahrung – nur Fische und Gerstenbrote, also die übliche Kost der Fischersleute von Galiläa!

Selbstverständlich hätte Jesus dem Volk ein opulentes Mahl verschaffen können, aber Nahrung, die nur der Befriedigung des Geschmackes dient, hätte ihnen kein gutes Beispiel gegeben. Denn mit diesem Wunder wollte Jesus ihnen eine Lektion in einfacher Lebensweise erteilen.

Wenn wir heutigen Menschen in unseren Lebens- und Essgewohnheiten ähnlich einfach wären und in Übereinstimmung mit den Naturgesetzen lebten, so wie es Adam und Eva anfangs taten, könnten die Bedürfnisse der gesamten Menschheitsfamilie reichlich befriedigt werden. Aber Egozentrik und Nachgiebigkeit gegenüber der Esslust haben Sünde und Elend mit sich gebracht, und zwar einerseits durch Exzesse, andererseits durch Mangel.

Es war nie das Ziel von Jesus, die Menschen durch Befriedigung ihrer Luxusbedürfnisse für sich zu gewinnen. Für jene Menschenmenge, die nach einem langen, aufwühlenden Tag müde und hungrig war, bedeutete die einfache Mahlzeit ein Beweis sowohl der Macht Christi als auch seiner einfühlsamen Sorge für sie hinsichtlich der gewöhnlichen Bedürfnisse des Lebens. Der Heiland hat seinen Nachfolgern nie den Luxus dieser Welt versprochen; es kann sogar sein, dass sie beständig in Armut leben müssen. Aber er hat zugesagt, dass ihre Grundbedürfnisse befriedigt werden und dass sie etwas erwartet, was besser ist als aller irdischer Reichtum: die beständige Wohltat seiner Gegenwart.

Als die Menschenmenge gegessen hatte, blieb noch reichlich Nahrung liegen. Da bat Jesus seine Jünger: „Sammelt die übrigen Brocken, damit nichts umkommt." (Johannes 6,12) Dieses Wort bedeutete mehr, als nur die Reste in Körbe zu sammeln. Seine Lehre reichte viel weiter:

Nichts soll verschwendet werden. Wir dürfen keinen Vorteil, der uns zu bestimmten Zeiten geboten wird, ungenutzt vorbeiziehen lassen. Wir sollten nichts vernachlässigen, was dazu dienen kann, einem Menschen wohlzutun. Sammeln wir alles auf, was die Not der Hungernden in der Welt lindern kann. Und mit derselben Sorgfalt sollen wir auch mit dem Brot des Himmels umgehen, um die Bedürfnisse der Seele zu stillen. Wir sollen von einem *jeden* Wort Gottes leben. Nichts von dem, was Gott je ausgesprochen hat, darf verlorengehen. Nicht ein einziges Wort, das unsere ewige Errettung betrifft, dürfen wir vernachlässigen; nicht ein Wort darf nutzlos auf den Boden fallen.

Das Wunder der Brotvermehrung lehrt Abhängigkeit von Gott. Als Christus die Fünftausend speiste, lagen die Nahrungsmittel nicht parat; anscheinend gab es keinerlei Möglichkeiten der Hilfe. Da war nur er, mit fünftausend Männern und ihren Frauen und Kindern – in der Wildnis. Er hatte die Menge nicht eingeladen, ihm dorthin zu folgen. Aber bestrebt, in seiner Gegenwart zu bleiben, waren sie gekommen – ohne Einladung oder Aufforderung. Nun sah Jesus den Hunger und die Erschöpfung, nachdem sie den ganzen Tag seiner Rede zugehört hatten. Sie waren weit weg von ihrem Zuhause, und es wurde bald Nacht. Viele von ihnen hatten kein Geld, um Nahrung zu kaufen. Aber der, der um ihretwillen vierzig Tage in der Wüste gefastet hatte, wollte sie nicht fastend und hungernd in ihre Heime zurückkehren lassen.

Die Vorsehung Gottes hatte Jesus an den Ort geführt, an dem er sich jetzt befand, und entsprechend verließ er sich auf seinen himmlischen Vater, was die Mittel zur Überwindung der hier eingetretenen Notlage betraf. Analog sollen auch wir auf Gott vertrauen, wenn wir in schwierige Situationen geführt werden. In jeder Notlage sollen wir Hilfe von dem erbitten, dem unbegrenzte Möglichkeiten zu Gebote stehen.

Bei diesem Wunder erhielt Jesus etwas von seinem himmlischen Vater; dies gab er seinen Jüngern weiter, die Jünger wiederum gaben es dem Volk, und das Volk gab dann einer dem anderen. Genauso werden alle, die mit Christus vereint sind, von ihm das Brot des Lebens bekommen und es dann an andere austeilen. Seine Nachfolger sind die berufenen Diener der Verständigung zwischen Jesus und den Menschen.

Als die Jünger die Anweisung des Heilands „Gebt ihr ihnen zu essen!" hörten, tauchten in ihren Gedanken gleich alle damit verbundenen Schwierigkeiten auf. Deshalb fragten sie: „Sollen wir in die Dörfer gehen, um Nahrung zu kaufen?" Was aber hatte Jesus ihnen gesagt? „Gebt ihr ihnen zu essen!" Daraufhin brachten die Jünger alles zu ihm, was sie finden konnten. Er aber lud nicht *sie* zum Essen ein; vielmehr bat er sie, dem *Volk* zu dienen. Die Nahrungsmittel vermehrten sich nun in seinen Händen, und die Hände der Jünger blieben nie leer, sooft sie sie Jesus auch entgegenstreckten. Der winzige Vorrat reichte für alle. Als die Menge schließlich versorgt war, aßen auch die Jünger und Jesus die kostbare, vom Himmel geschenkte Nahrung.

Wenn nun wir die Bedürfnisse der Armen, der Unwissenden und der Geplagten wahrnehmen – wie oft verlässt uns da der Mut. Wir fragen dann: „Was richten denn unsere geringe Kraft und unsere wenigen Möglichkeiten gegen diese immense Not aus? Sollen wir nicht lieber auf jemanden mit größerer Befähigung zu dieser Aufgabe warten, oder auf irgendeine Organisation, die das übernimmt?" Christus aber sagt: „Gebt ihr ihnen zu essen!" Setze die Mittel, die Zeit und die Fähigkeiten ein, die du hast. Bringe deine Gerstenbrote zu Jesus.

Wenn deine Mittel auch nicht reichen mögen, um Tausende zu versorgen, so können sie doch genug sein für einen. In der Hand von Jesus können sie dann für mehrere reichen. Mach es wie die Jünger – gib, was du hast. Christus wird deine Gabe vervielfachen. Er wird aufrichtiges, einfaches Vertrauen auf ihn belohnen. Was scheinbar nur ein winziger Vorrat ist, wird sich als eine reichliche Menge erweisen.

„Wer da kärglich sät, der wird auch kärglich ernten; und wer da sät im Segen, der wird auch ernten im Segen … Gott aber kann machen, dass alle Gnade unter euch reichlich sei, damit ihr in allen Dingen allezeit volle Genüge habt und noch reich seid zu jedem guten Werk; wie geschrieben steht (Psalm 112,9): ‚Er hat ausgestreut und den Armen gegeben; seine Gerechtigkeit bleibt in Ewigkeit.' Der aber Samen gibt dem Sämann und Brot zur Speise, der wird auch euch Samen geben und ihn mehren und wachsen lassen die Früchte eurer Gerechtigkeit. So werdet ihr reich sein in allen Dingen, zu geben in aller Einfalt." (2. Korinther 9,6–11)

Kapitel 3

Zusammenarbeit mit der Natur und mit Gott

Sein Leben auf dieser Erde führte der Heiland in Einklang mit der Natur und mit Gott. So offenbarte er uns das Geheimnis eines produktiven Lebens.

Jesus war ein ernsthafter, beständiger Arbeiter. Niemals lebte ein Mensch, der so mit Verantwortung belastet war wie er. Niemals trug jemand eine so schwere Bürde an Kummer und Sünden der Welt. Niemals mühte sich jemand mit solch selbstaufopferndem Einsatz um das Wohl der Menschheit. Gleichwohl führte er ein Leben in Gesundheit. Physisch ebenso wie geistlich war er mit dem „unschuldigen und unbefleckten" Opferlamm (1. Petrus 1,19) zutreffend dargestellt. Körperlich wie seelisch war er ein Beispiel für die Leistungsfähigkeit, die Gott allen Menschen bei Gehorsam gegenüber seinen Gesetzen zugedacht hatte.

Wenn die Menschen Jesus anschauten, sahen sie ein Gesicht, in dem göttliches Mitgefühl mit hoher Geisteskraft verbunden war. Er schien von einer Aura geistigen Lebens umgeben zu sein. Wenngleich sein Benehmen freundlich und fern jeder Überheblichkeit war, beeindruckte er die Menschen doch durch eine starke Ausstrahlung, die manchmal verborgen schien und doch nicht ganz verborgen bleiben konnte.

Während seines Dienstes wurde er fortwährend von hinterhältigen, heuchlerischen Menschen verfolgt, die ihm ans Leben wollten. Ständig schlichen ihm Spione nach, um seine Aussprüche auszuhorchen und dabei womöglich etwas gegen ihn verwenden zu können. Die scharfsinnigsten und gebildetsten Köpfe des Landes versuchten, ihn in Streitgesprächen zu besiegen. Aber niemals konnten sie etwas gegen ihn ausrichten. Jedesmal mussten sie vom Ort der

Kontroverse abziehen – verwirrt und beschämt durch den einfachen Lehrer aus Galiläa. Seine Lehren waren so erfrischend und machtvoll, wie sie die Menschen nie zuvor gehört hatten. Sogar seine Feinde mussten bekennen: „Noch nie hat ein Mensch so geredet wie dieser." (Johannes 7,46)

Seine Kindheit erlebte Jesus unter einfachen Verhältnissen in ländlicher Umgebung, wobei er von den negativen Einflüssen seiner Zeit relativ unbelastet blieb. Er fügte sich in die Aufgaben des häuslichen Familienlebens, lernte Gehorsam bei anstrengender körperlicher Arbeit im Beruf des Zimmermanns und fand Erholung in der Natur. Intensiv bemühte er sich um ein Verständnis ihrer Geheimnisse und gewann dabei ein reiches Wissen. Er studierte Gottes Wort, und zu seinen glücklichsten Stunden zählte die Zeit, da er nach getaner Arbeit die weite Landschaft aufsuchen, in ruhigen Tälern intensiv nachdenken und auf Bergen oder in Wäldern ungestörte Gemeinschaft mit Gott haben konnte. Frühmorgens ging er oft an einen abgelegenen Ort, wo er meditierte, in den Schriften des Alten Testaments las oder betete. Die Morgendämmerung begrüßte er mit Gesang, mit Dankliedern lockerte er auch seine Arbeitszeit auf und übertrug so seine Freude vom Himmel auf die Erschöpften und Entmutigten in seiner Umgebung.

Einen großen Teil seines Lebens verbrachte Jesus im Freien. Seine Wege von einem Ort zum andern legte er zu Fuß zurück; seine Verkündigungen fanden meistens unter freiem Himmel statt. Um auch seine Jünger in dieser Hinsicht zu prägen, zog er sich oft aus dem turbulenten Treiben der Städte in die Ruhe der freien Landschaft zurück. Dort ließen sich die Lehren der Einfachheit, des Vertrauens und der Selbstverleugnung besser vermitteln. Es war unter den schützenden Bäumen am Ufer des Sees Genezareth, wo die Zwölf zu Aposteln berufen und die Bergpredigt gehalten wurde.

Am liebsten sammelte Christus die Menschen unter freiem Himmel, an grasbewachsenen Hügeln oder am Ufer eines Sees um sich. Hier, umgeben von den Werken seiner eigenen Schöpfung, konnte er ihre Gedanken vom Technisch-Künstlichen zum Natürlichen lenken. Denn in Wachstum und Entwicklung der Natur werden die Prinzipien seines Reichs sichtbar. Während die Menschen ihre

Augen zu den von Gott geschaffenen Hügeln erheben und die wunderbaren Werke seiner Hände betrachten sollten, konnte er ihnen wertvolle Lehren göttlicher Wahrheit vermitteln. So wurden ihnen später die Unterweisungen des göttlichen Lehrers von den Gegebenheiten der Natur in Erinnerung gebracht. Das hob die manchmal traurige Gemütslage und ließ das Herz Ruhe finden.

Den zwölf Jüngern, die ihn in seiner Arbeit tatkräftig unterstützten, gewährte Jesus oft eine freie Zeit, damit sie ihre Heime aufsuchen und ausruhen konnten; andererseits aber blieben ihre Versuche vergeblich, *ihn* von seiner Arbeit abzubringen. Den ganzen Tag kümmerte er sich um die Menschen, die zu ihm kamen; abends und frühmorgens zog er sich ins „Heiligtum" der Berge zurück, um Gemeinschaft mit seinem Vater zu haben.

Oft war er durch die unaufhörliche Arbeit und die beständigen Querelen mit feindlich gesonnenen Rabbinern und ihren falschen Lehren so erschöpft, dass seine Mutter, seine Brüder und selbst seine Jünger befürchteten, er würde daran zugrunde gehen. Aber wenn er von den Stunden des Gebets zurückkehrte, die den aufreibenden Tag abschlossen, bemerkten sie den Ausdruck des Friedens auf seinem Gesicht, die Frische, Lebendigkeit und Energie, die sein ganzes Wesen zu durchströmen schienen. Von den Stunden, die er allein mit Gott verbrachte, kam er jeden Morgen mit dem Licht des Himmels für die Menschen zurück.

Eine notwendige Erholungspause

Gleich nach der Rückkehr von ihrer ersten missionarischen Reise bat Jesus seine Jünger, mit ihm die Einsamkeit zu suchen und ein wenig auszuruhen. Warum? Mit großer Freude über ihren Erfolg als Boten des Evangeliums waren sie zurückgekehrt – da erreichte sie die Nachricht, dass König Herodes Johannes den Täufer hingerichtet hatte. Das bedeutete bitteres Leid und eine große Enttäuschung für sie.

Jesus wusste: Indem er den Tod des Täufers im Gefängnis zugelassen hatte, wurde der Glaube der Jünger hart auf die Probe gestellt. Mit einfühlsamer Freundlichkeit sah er nun ihre trauernden, verweinten Gesichter an. Auch er hatte Tränen in den Augen, und mit schwankender Stimme sagte er: „Geht ihr allein an eine einsame Stätte und ruht ein wenig.“ (Markus 6,31)

In der Nähe von Bethsaida, am nördlichen Ende des Sees Genezareth, gab es einen einsamen Platz, schön anzusehen im frischen Grün des Frühlings, der Jesus und seinen Jüngern einen willkommenen Zufluchtsort bot. Diesen Platz wollten sie jetzt aufsuchen und fuhren deshalb mit ihrem Boot über den See. Hier konnten sie sich erholen, weit weg vom Trubel der Menschenmenge. Hier konnten die Jünger den Worten von Jesus lauschen – ungestört von den Einwürfen und Anschuldigungen der Pharisäer. Für kurze Zeit wenigstens wollten sie ihren Herrn für sich haben.

Jesus war nicht lange mit seinen Jüngern allein – aber wie wertvoll erschien ihnen diese kurze Zeit. Sie redeten miteinander über die Evangeliumsarbeit und über Möglichkeiten, wie man Menschen noch wirksamer erreichen konnte. Jesus erschloss ihnen hierzu die Reichtümer der Wahrheit; und die Jünger wurden so mit Kraft von Gott gestärkt und von Hoffnung und Mut erfüllt.

Aber bald suchten die Menschen wieder nach Jesus. In der Annahme, dass er seinen üblichen Ruheplatz aufgesucht habe, folgten ihm die Leute dorthin. Damit war seine Hoffnung, doch eine gewisse Zeit der Erholung zu haben, dahin. Aber im tiefsten Inneren seiner geradlinigen und einfühlsamen Seele empfand der Gute Hirte nichts als Liebe und Mitleid für diese ruhelosen, nach Orientierung begierigen Menschen. Also diente er wieder den ganzen Tag lang ihren Bedürfnissen und ließ sie abends dann zur Nachtruhe heimgehen.

Bei einer Lebensführung, die so ganz und gar dem Wohl anderer gewidmet war, hielt es der Heiland jedoch für unbedingt nötig, sich von der rastlosen Aktivität, der pausenlosen Beschäftigung mit menschlichen Problemen auch einmal abzuwenden, sich zurückzuziehen und ungestörte Gemeinschaft mit seinem himmlischen Vater zu suchen. Als die Menge, die ihm nachgefolgt war, sich wieder entfernt hatte, ging er deshalb ins Gebirge, wo er mit Gott allein war, und übergab ihm seine Sorgen um diese leidenden, sündigen und erlösungsbedürftigen Menschen.

Wenn Jesus seinen Jüngern sagte, dass die Ernte groß sei und der Arbeiter wenig, wollte er ihnen damit nicht die Pflicht zu pausenloser Anstrengung aufladen, sondern sie an folgendes erinnern: „Darum bittet den Herrn der Ernte, dass er Arbeiter in seine Ernte sende." (Matthäus 9,38) Seinen ausgebrannten Mitarbeitern von heute gelten wie den ersten Jüngern die einfühlsamen Worte: „Geht ihr allein an eine einsame Stätte und ruht ein wenig." (Markus 6,31)

Alle Mitarbeiter Gottes brauchen Zeiten der Ruhe, der Gemeinschaft mit ihrem eigenen Gemüt, mit der Natur und mit Gott. Denn sie sind gefordert, ein Leben zu führen, das mit der Welt, ihren Standards und Praktiken nicht harmoniert; auch brauchen sie eine persönliche Erfahrung darin, wie man den Willen Gottes kennenlernt.

Wir müssen ihn eigens zu unserem Herzen sprechen hören. Wenn wir jede andere Stimme zum Schweigen gebracht haben und in Ruhe vor Gott warten, dann lässt uns dieser innere Friede die Stimme Gottes viel deutlicher hören. Er bittet uns: „Seid stille und erkennet, dass ich Gott bin!" (Psalm 46,11) Jeder, der sich so regeneriert und wirksam auf den Dienst vorbereitet hat, wird inmitten geschäftiger Menschen und trotz der Belastungen des Lebens von einer lichten und friedvollen Atmosphäre umgeben. Er erhält aufs neue körperliche und geistige Kraft; sein Leben bekommt eine positive Ausstrahlung und offenbart eine gottgegebene Macht, die die Herzen der Menschen erreicht.

Kapitel 4

Die Berührung des Glaubens

„Könnte ich nur sein Gewand berühren, so würde ich gesund." (Matthäus 9,21) Es war eine arme Frau, die diese Worte aussprach – eine Frau, die zwölf Jahre lang an einer Krankheit litt, die ihr das Leben zur Last machte. Ihren ganzen Besitz hatte sie inzwischen für Ärzte und Arzneien verbraucht – nur, um schließlich zu erfahren, dass sie unheilbar sei. Als sie aber von dem Großen Arzt hörte, erwachte die Hoffnung wieder. Sie dachte: „Wenn ich ihm nur nahe genug kommen könnte, um mit ihm zu sprechen, dann würde ich vielleicht geheilt werden."

Jesus war auf dem Weg zum Haus des Jairus, des jüdischen Rabbi, der ihn angefleht hatte, seine Tochter gesund zu machen. „Meine Tochter liegt in den letzten Zügen; komm doch und lege deine Hände auf sie, damit sie gesund werde und lebe." (Markus 5,23) Diese inständige Bitte hatte das empfindsame, mitfühlende Herz von Jesus berührt, und so brach er mit dem Rabbi sofort zu dessen Haus auf.

Aber sie kamen nur langsam voran, denn die Menge bedrängte Jesus von allen Seiten. Auf diesem mühsamen Weg durch das Gedränge kam der Heiland in die Nähe des Platzes, wo die krankheitsgeplagte Frau stand. Immer wieder hatte sie vergeblich versucht, in seine Nähe zu kommen. Jetzt aber erkannte sie ihre Chance.

Sie sah kaum eine Möglichkeit, ihn anzusprechen; sie wollte sein langsames Vorwärtskommen auch nicht noch zusätzlich behindern. Aber sie hatte gehört, dass schon die Berührung seines Gewandes heilsam sei; und voller Angst, ihre einzige Chance auf Heilung zu verpassen, drängte sie sich vorwärts und sagte dabei zu sich selbst: „Könnte ich nur sein Gewand berühren, so würde ich gesund."

Christus kannte jeden ihrer Gedanken – und so bahnte er sich einen Weg dorthin, wo sie stand. Er erkannte ihre große Not und wollte ihren Glauben stärken.

Als er nun nahe an ihr vorüberging, reckte sie sich nach vorn und schaffte es gerade, den Saum seines Gewandes zu berühren. Und genau in diesem Moment wusste sie, dass sie geheilt war. In dieser einen Berührung kam der ganze Glaube ihres Lebens zum Tragen, und auf der Stelle verschwanden Schmerzen und Schwäche. Unvermittelt spürte sie eine Erregung wie von einem Stromschlag, die durch jede Faser ihres Wesens floß. Ein Empfinden vollkommenen Gesundseins überkam sie; „sie spürte es am Leibe, dass sie von ihrer Plage geheilt war" (Markus 5,29).

Jetzt brannte die Frau darauf, dem mächtigen Arzt ihre Dankbarkeit zu bekunden – hatte er doch mit einer Berührung mehr zuwege gebracht als all die anderen Ärzte in zwölf langen Jahren. Aber dann wagte sie es doch nicht. Mit dankbarem Herzen versuchte sie, sich still und unauffällig aus der Menschenmenge zurückzuziehen. Da blieb Jesus plötzlich stehen, sah sich um und stellte die durchaus ernstgemeinte Frage: „Wer hat mich angerührt?"

Erstaunt schauten ihn die Jünger an und entgegneten: „Du siehst, dass dich die Menge umdrängt, und fragst: Wer hat mich berührt?" (Markus 5,31) „Es hat mich jemand berührt", beharrte Jesus, „denn ich habe gespürt, dass eine Kraft von mir ausgegangen ist." (Lukas 8,46) Er konnte die Berührung im Glauben durchaus von den zufälligen Berührungen der achtlosen Menge unterscheiden: Jemand hatte ihn mit einer tiefen Absicht angerührt und darauf Antwort erhalten.

Christus stellte diese Frage aber nicht, um *für sich* eine Antwort zu bekommen. Vielmehr nutzte er dies Ereignis als Lehre *für das Volk*, für seine Jünger und für die geheilte Frau. Er wollte die Leidtragenden mit Hoffnung erfüllen, wollte zeigen, dass es der Glaube war, der zur Heilung führte. Das Vertrauen der Frau durfte nicht unbeachtet bleiben. Anhand ihres dankbaren Bekenntnisses sollte Gott verherrlicht werden. Christus wollte ihr seine Zustimmung zu ihrer Glaubenstat bewusstmachen. Sie sollte nicht mit halbem Segen weggehen. Jesus wollte sie nicht im unklaren lassen darüber, dass er ihr Leiden kannte, auch nicht über seine mitfühlende Liebe und die Anerkennung für den Glauben an seine Macht, ausnahmslos alle zu retten, die zu ihm kommen.

Er sah die Frau an und bestand darauf, zu erfahren, wer ihn angerührt habe. Da erkannte sie, dass sie nicht im Verborgenen bleiben konnte. Also trat sie zitternd aus der Menge und warf sich ihm zu Füßen. Unter Tränen der Dankbarkeit erzählte sie ihm vor allen Leuten, warum sie sein Gewand berührt hatte und dass sie sofort gesund geworden sei. Sie fürchtete, ihre Berührung seines Gewandes sei anmaßend gewesen – aber Jesus sagte kein Wort der Kritik. Er sprach nur Worte der Zustimmung; sie kamen aus einem Herzen der Liebe, erfüllt von Mitgefühl für menschliches Elend. „Meine Tochter", sagte er freundlich, „dein Glaube hat dir geholfen. Geh hin in Frieden!" (Lukas 8,48) Wie wohltuend diese Worte für sie waren! Nun minderte die Furcht, sie könnte ihn beleidigt haben, nicht mehr ihr Glück.

Die neugierige Menge, die sich um Jesus drängte, erhielt keine neue Lebenskraft; nur die leidende Frau, die ihn im Glauben berührte, wurde geheilt. So unterscheidet sich auch in geistlicher Hinsicht der beiläufige Kontakt von der Berührung im Glauben. An Christus nur als den Heiland der Welt insgesamt zu glauben, kann niemals die einzelne Seele heilen. Der Glaube, der den Menschen rettet, ist nicht nur die Zustimmung zur Wahrheit des Evangeliums. Nur das ist der wahre Glaube, der Christus als *persönlichen* Erlöser annimmt. Gott gab seinen eingeborenen Sohn, damit ich, wenn ich an ihn glaube, „nicht verloren werde, sondern das ewige Leben habe" (Johannes 3,16).

Wenn ich zu Jesus komme, muss ich gemäß seinem Wort glauben, dass ich seine errettende Gnade erhalte. Das Leben, das ich dann lebe, werde ich „im Glauben an den Sohn Gottes leben, der mich geliebt und sich selbst für mich dahingegeben hat" (Galater 2,20).

Viele halten den Glauben für eine bloße Meinung. Aber rettender Glaube ist eine Interaktion, bei der diejenigen, die Christus annehmen, ein Bündnis mit Gott eingehen. Ein lebendiger Glaube bedeutet einen Zuwachs an Lebendigkeit und ein festes Vertrauen, das die Seele durch die Gnade Christi zu einer siegreichen Macht werden lässt.

Der Glaube ist sogar mächtiger als der Tod. Wenn man die Kranken dazu bringen kann, ihre Augen im Glauben fest auf den heilwirkenden Gott zu richten, werden wir wunderbare Folgen sehen. Es wird dem Körper und der Seele Leben bringen.

Wenn ihr mit Menschen arbeitet, die Gefangene übler Lebensgewohnheiten sind, dann richtet ihren Blick nicht auf die Verzweiflung und das Ende, dem sie entgegengehen, sondern auf Jesus. Heftet ihren Blick auf die Herrlichkeit der neuen Erde. Das wird der Heilung von Körper und Seele zuträglicher sein als alle Schreckensbilder des Sterbens, die man den Hilflosen und scheinbar Hoffnungslosen vor Augen malt.

„Nach seiner Barmherzigkeit machte er uns selig"

Der Diener eines römischen Hauptmanns war an Gicht erkrankt. Nun hatten bei den Römern Diener im allgemeinen den Stand von Sklaven. Sie wurden auf Marktplätzen gekauft oder verkauft und oft entwürdigend und grausam behandelt. Dieser Hauptmann aber war mit seinem Diener in Freundschaft verbunden und wünschte sehnlichst dessen Genesung. Er glaubte daran, dass Jesus ihn heilen konnte. Bisher war er dem Heiland zwar noch nicht begegnet, aber die Berichte, die er gehört hatte, erfüllten ihn mit Vertrauen.

Ungeachtet des Formalismus der Juden war dieser Römer davon überzeugt, dass deren Religion der seinen überlegen war. Er hatte die Schranken nationalistischen Vorurteils und Hasses schon durchbrochen, die die Eroberer von den Eroberten trennten. Dem jüdischen Gottesdienst erwies er Achtung und den Juden als den Anbetern Gottes Freundlichkeit. In der Lehre von Jesus, wie sie ihm berichtet worden war, fand er das, was das Bedürfnis seiner Seele stillte. Alles geistlich Gesinnte in ihm wurde von den Worten des Heilands angesprochen. Weil er sich aber selbst für unwürdig hielt, sich Jesus zu nähern, appellierte er an die jüdischen Ältesten, um die Heilung seines Dieners zu bitten.

Die Ältesten tragen den Fall Jesus vor und weisen nachdrücklich darauf hin, dass der Hauptmann „es wert ist, dass du ihm die Bitte erfüllst; denn er hat unser Volk lieb, und die Synagoge hat er uns erbaut" (Lukas 7,4–5).

Aber auf dem Weg zum Haus des Hauptmanns erhält Jesus eine Nachricht von ihm: „Ach Herr, bemühe dich nicht; ich bin nicht wert, dass du unter mein Dach gehst." (Lukas 7,6) Trotzdem geht Jesus weiter auf das Haus zu. Da kommt der Hauptmann selbst ihm entgegen und vervollständigt, was er sagen wollte: „Darum habe ich auch mich selbst nicht für würdig geachtet, zu dir zu kommen; sondern sprich ein Wort, so wird mein Knecht gesund. Denn auch ich bin ein Mensch, der Obrigkeit untertan, und habe Soldaten unter mir; und wenn ich zu einem sage: Geh hin!, so geht er hin; und zu einem andern: Komm her!, so kommt er; und zu meinem Knecht: Tu das!, so tut er's." (Lukas 7,7–8; vgl. Matthäus 8,8–9)

Was er damit sagen wollte, war Folgendes: „Ich repräsentiere die Macht Roms, und meine Soldaten erkennen meine Autorität ihnen gegenüber an. Analog dazu verkörperst du die Macht des unendlichen Gottes, und alles Erschaffene gehorcht deinem Wort. Somit kannst du der Krankheit befehlen, zu verschwinden, und sie wird dir gehorchen. Sprich also nur ein solches Wort – und mein Diener wird geheilt sein."

Da sprach Jesus: „Dir geschehe, wie du geglaubt hast. Und der Diener wurde gesund zu derselben Stunde." (Matthäus 8,13)

Die jüdischen Ältesten hatten sich gegenüber Jesus für den Hauptmann eingesetzt, weil er ihrem Volk einen Gefallen erwiesen hatte. Er sei der Hilfe würdig, weil „er uns eine Synagoge erbaut hat". Der Hauptmann selbst aber sagte über sich: „Ich bin unwürdig." Dennoch scheute er sich nicht, Jesus um Hilfe zu bitten. Er setzte nicht auf sein eigenes ethisches Niveau, sondern auf die Gnade des Heilands. Das große Bedürfnis danach war sein einziges Argument.

In diesem Sinne kann jeder Mensch zu Christus kommen. „Nicht um der Werke der Gerechtigkeit willen, die wir getan hatten, sondern nach seiner Barmherzigkeit machte er uns selig." (Titus 3,5) Hast du das Gefühl, dass du nicht darauf hoffen kannst, Segen von

Gott zu erhalten, weil du ein Sünder bist? Dann mach dir aufs neue klar, dass Jesus in diese Welt kam, um Sünder zu retten. Wir selbst haben nichts, was uns vor Gott angenehm machen könnte; die einzige „Rechtfertigung", die wir jemals vorbringen können, ist unser Zustand der völligen Verlorenheit. Das macht seine Erlösungskraft unverzichtbar. Wenn wir darauf verzichten, eigene Leistungen vorzuweisen, können wir auf das Kreuz von Golgatha schauen und sagen: „So wie ich bin, ohn' alle Zier, komm ich, Herr, durch dein Blut zu dir." (Wir loben Gott, 209)

„Alle Dinge sind möglich dem, der da glaubt." (Markus 9,23) Es ist der Glaube, der uns mit dem Himmel verbindet und uns Stärke verleiht, um gegenüber den dunklen Mächten zu bestehen. In Christus hat uns Gott die Möglichkeit eröffnet, jeden schlechten Charakterzug zu besiegen und jeder Versuchung, wie stark sie auch sei, zu widerstehen. Aber viele spüren, dass es ihnen an Glauben fehlt, und bleiben deshalb fern von Christus. Helft diesen Menschen, in ihrer Hilflosigkeit und Unwürdigkeit auf die Gnade ihres mitfühlenden Heilands zu vertrauen. Schaut nicht auf euch selbst, sondern auf Christus. Er, der Kranke geheilt und Dämonen ausgetrieben hat, als er unter uns Menschen war, ist nach wie vor derselbe mächtige Erlöser. Und nehmt seine Zusagen wie Blätter vom Baum des Lebens an: „Wer zu mir kommt, den werde ich nicht hinausstoßen." (Johannes 6,37) Wenn ihr zu ihm kommt, dann glaubt, dass er euch annimmt, weil er es versprochen hat. Niemals, wirklich niemals könnt ihr scheitern, wenn ihr so handelt.

„Gott aber erweist seine Güte zu uns darin, dass Christus für uns gestorben ist, als wir noch Sünder waren." (Römer 5,8)

Und „wenn Gott für uns ist, wer kann wider uns sein? Der auch seinen eigenen Sohn nicht verschont hat, sondern hat ihn für uns alle dahingegeben – wie sollte er uns mit ihm nicht alles schenken?" (Römer 8,31–32)

„Ich bin gewiss, dass weder Tod noch Leben, weder Engel noch Mächte noch Gewalten, weder Gegenwärtiges noch Zukünftiges, weder Hohes noch Tiefes noch eine andere Kreatur uns scheiden kann von der Liebe Gottes, die in Christus Jesus ist, unserm Herrn." (Römer 8,38–39)

„Du kannst mich reinigen“

Von allen Krankheiten, die man im Orient kannte, galt der Aussatz, die Lepra, als die gefürchtetste. Sie war unheilbar, ansteckend und schrecklich in den Auswirkungen auf ihre Opfer. Sie erfüllte selbst die Unerschrockensten mit Angst. Die Juden sahen in ihr ein Strafgericht für begangene Sünden und nannten sie deshalb „die Geißel“ oder „den Finger Gottes“. Wegen ihrer allgemeinen Verbreitung, Unausrottbarkeit und ihres meist tödlichen Verlaufs galt sie als ein Symbol für die Sünde schlechthin.

Der Leprakranke wurde vom mosaischen Gesetz für unrein erklärt. Alles, was er berührte, wurde ebenfalls unrein. Sein Atem verunreinigte die Luft. Wie einer, der bereits gestorben war, wurde er aus der menschlichen Gesellschaft ausgeschlossen. Stand jemand im Verdacht, an Lepra erkrankt zu sein, musste er sich den Priestern zeigen, die ihn zu untersuchen und seinen Fall zu entscheiden hatten. Wurde der Aussatz bestätigt, isolierte man ihn von seiner Familie, sonderte ihn aus der Gemeinschaft Israels aus und verurteilte ihn zur ausschließlichen Lebensgemeinschaft mit denen, die ähnlich geplagt waren. Sogar Könige und andere Autoritätspersonen nahm man von dieser Vorgehensweise nicht aus. Ein Fürst, der von dieser fürchterlichen Krankheit befallen war, musste seine Herrschaft niederlegen und alle gesellschaftlichen Kontakte aufgeben.

Fernab von seinen Freunden und Verwandten musste der Aussätzige den Fluch seiner Krankheit ertragen. Er war verpflichtet, sein eigenes Elend zu verkünden, seine Kleider zu zerreißen und Warnungen auszurufen, dass alle seine ansteckende Gegenwart meiden sollten. Der Ruf „Unrein! Unrein!“, der klagend ertönte, war ein Signal, das man stets mit Furcht und Schrecken vernahm.

In der Region, in der Jesus den Menschen diente, gab es viele solche Kranke, und als sie die Nachricht von seiner Tätigkeit erreichte, war da einer, in dessen Herz der Same des Glaubens aufzugehen begann: Wenn er zu Jesus gehen konnte, würde er vielleicht geheilt. Aber wie kann er Jesus finden? Als Ausgestoßener in der Isolation lebend – wie kann er sich da dem Heilkräftigen überhaupt zeigen? Und wird Christus ihn heilen? Wird er nicht wie die Pharisäer und selbst die Ärzte einen Fluch über ihn aussprechen und ihm befehlen, von den Siedlungen der Menschen fernzubleiben?

Er denkt indessen an all das, was ihm von Jesus erzählt worden ist: Kein einziger, der bei ihm Hilfe gesucht hat, ist abgewiesen worden. Und so entschließt sich dieser Elende, den Heiland zu suchen. Obwohl er aus den Ortschaften ausgeschlossen ist, könnte es ja sein, dass er Jesus auf einer Nebenstraße entlang dem Gebirge begegnet oder, wenn er gerade außerhalb der Ortschaften lehrt. Leicht wird es nicht sein – aber dies bleibt seine einzige Hoffnung.

Obwohl noch weit entfernt, fängt der Aussätzige doch schon ein paar Worte des Heilands auf. Er sieht ihn, wie er den Kranken die Hände auflegt, er sieht die Gelähmten, Blinden und von verschiedenen Erkrankungen Todgeweihten gesund aufstehen und Gott für ihre Heilung preisen. Da wächst sein Glaube. Näher und näher wagt er sich an die zuhörende Menge um Jesus heran. Die ihm auferlegten Verbote, die gefährdete Gesundheit der Versammelten, die Furcht, mit der ihn alle ansehen – all das ist vergessen. Er sieht nur noch seine große Chance, im Glauben geheilt zu werden.

Er bietet einen widerlichen Anblick: Die Krankheit hat ihn übel zugerichtet, sein zerfressener Körper sieht fürchterlich aus. Sobald ihn die Leute sehen, weichen sie zurück; aus Angst vor einer Berührung flüchten die Leute mit großem Gedränge. Einige versuchen, ihn daran zu hindern, sich Jesus zu nähern – aber umsonst. Er sieht und hört sie nicht; die Bekundungen ihres Abscheus erreichen ihn jetzt nicht mehr. Er sieht nur noch den Sohn Gottes und hört nur noch dessen Stimme, die den Sterbenden Leben zuspricht.

Er wirft sich zu den Füßen nieder mit dem Ausruf: „Herr, wenn du willst, kannst du mich reinigen." Und Jesus antwortet: „Ich will's tun; sei rein!" Dabei legt er seine Hand auf ihn (Matthäus 8,2–3).

Schlagartig geschieht an dem Aussätzigen eine Veränderung: Sein Blut wird gesund, die Nerven wieder reizempfänglich, die Muskeln wieder kräftig. Das unnatürlich Weiße und Schuppige der Haut, wie es für Leprakranke typisch ist, verschwindet; statt dessen wird sie wie die eines kleinen Kindes.

Wenn die Priester die Hintergründe von der Heilung des Aussätzigen erfuhren, konnte ihr Haß auf Jesus sie dazu bringen, ein falsches Urteil über den Zustand des Geheilten zu fällen. Denn ehe die Priester die Opfergabe annehmen durften, die von dem Gesundeten gemäß dem mosaischen Gesetz darzubringen war, hatten sie den Betreffenden zu untersuchen und seine völlige Genesung festzustellen. Jesus lag daran, eine unparteiische Entscheidung sicherzustellen. Er bat also den Mann, niemandem vom Hergang der Heilung zu erzählen, sondern sich unverzüglich mit der Opfergabe im Tempel zu zeigen, bevor noch irgendwelche Gerüchte bezüglich des Wunders aufkamen.

Besagte Untersuchung fand statt; die Priester, die den Aussätzigen zur Isolation verurteilt hatten, bestätigten nun seine Gesundung. Der Geheilte wurde wieder in seine Familie und in die Gesellschaft aufgenommen; daran erkannte er, wie wertvoll die ihm geschenkte Gesundheit war. Wieder im Vollbesitz seiner Kräfte, freute er sich über die Heimkehr zu seiner Familie. Trotz der Warnung Jesu konnte er allerdings die Umstände seiner Genesung nicht länger für sich behalten, und so ging er voller Freude umher und verkündigte die Macht des Einen, der ihn geheilt hatte.

Als dieser Mann zu Jesus kam, war er „voller Aussatz"; dessen tödliches Gift durchdrang seinen ganzen Körper. Die Jünger versuchten vergeblich, ihren Herrn davon abzuhalten, ihn zu berühren; denn wer einen Aussätzigen berührte, wurde selbst unrein. Aber als Jesus seine Hand auf den Kranken legte, wurde er schon nicht mehr angesteckt. Der Aussatz war bereits geheilt. Mit dem Aussatz namens Sünde verhält es sich genauso: sie ist tief verwurzelt, tödlich und durch menschliche Kraft kann man nicht von ihr loskommen. „Das ganze Haupt ist krank, das ganze Herz ist matt. Von der Fußsohle bis zum Haupt ist nichts Gesundes an euch, sondern Beulen und Striemen und frische Wunden, die nicht gereinigt noch verbunden noch mit Öl gelindert sind." (Jesaja 1,5–6) Aber der Mensch gewordene Jesus blieb frei von Sünde, vielmehr war seine Gegenwart heilkräftig für die Sünder. Jeder, der ihm zu Füßen fällt und im Glauben sagt: „Herr, wenn du willst, kannst du mich reinigen!", wird die Antwort hören: „Ich will's tun; sei rein!"

In einigen Fällen ließ Jesus die Heilung Kranker nicht sofort geschehen; aber bei Aussatz wurde die Bitte um Gesundung sogleich nach ihrer Äußerung erhört. Wenn wir – vergleichend betrachtet – um weltliche Segnungen beten, wird auf unser Bitten vielleicht erst später geantwortet, oder Gott gibt uns vielleicht etwas anderes als das Erbetene; ganz anders aber ist es, wenn wir um Vergebung unserer Sünden bitten. Denn er will uns von Sünden reinigen, will uns zu seinen Kindern machen und uns ein geheiligtes Leben ermöglichen.

Christus „hat sich selbst für unsre Sünden dahingegeben, dass er uns errette von dieser gegenwärtigen, bösen Welt nach dem Willen Gottes, unseres Vaters" (Galater 1,4). „Und das ist die Zuversicht, die wir haben zu Gott: Wenn wir um etwas bitten nach seinem Willen, so hört er uns. Und wenn wir wissen, dass er uns hört, worum wir auch bitten, so wissen wir, dass wir erhalten, was wir von ihm erbeten haben." (1. Johannes 5,14–15)

„Ihr werdet Ruhe finden"

Jesus sah auf die Leidenden und Sorgenbeladenen, auf die, die alle Hoffnung verloren hatten, und auf die, welche mit weltlichen Vergnügungen das Verlangen ihrer Seele stillen wollten. Sie alle lud er ein, Ruhe in ihm zu finden. Voller Mitgefühl appellierte er an das sich abmühende Volk: „Nehmt auf euch mein Joch und lernt von mir; denn ich bin sanftmütig und von Herzen demütig; so werdet ihr Ruhe finden für eure Seelen." (Matthäus 11,29)

Mit diesen Worten spricht Jesus jeden Menschen an. Denn ob sie es nun spüren oder nicht – alle sind sie mühselig und beladen. Alle sind sie von Lasten niedergedrückt, von denen nur Christus befreien kann. Die schwerste Last, die wir tragen, ist die der Sünde. Wenn wir unter dieser Bürde bleiben müssten, dann würde sie uns zerdrücken. Aber der sündlose Eine hat unseren Platz eingenommen; „der Herr warf unser aller Sünde auf ihn" (Jesaja 53,6).

Er trägt die Last unserer Schuld, er will die Bürde von unseren schwachen Schultern nehmen und uns Ruhe schenken. Auch die Last der Sorgen und des Leids will er übernehmen. Er lädt uns ein, alle unsere Sorgen auf ihn zu werfen, denn er trägt uns in seinem Herzen.

Der Älteste unserer Menschheitsgemeinde steht am Thron des Ewigen. Er sieht jede Seele an, die sich ihm als dem Retter zuwendet. Aus eigener Erfahrung kennt er die Schwächen der Menschheit; er weiß, was unsere Wünsche sind und kennt die Macht unserer Versuchungen – war er doch „in allem versucht worden wie wir, doch ohne Sünde" (Hebräer 4,15). Er passt auf dich auf, du ängstliches Gotteskind. Wirst du gerade versucht? Er will dich da herausholen! Bist du gerade schwach? Er will dich wieder stärken! Bist du dir gerade über etwas nicht im klaren? Er will dir Klarheit verschaffen! Hat dich jemand oder etwas verletzt? Er will dich wieder heilen! Der Herr ist unermesslich groß, er „zählt die Sterne und nennt sie alle mit Namen" – und doch „heilt er, die zerbrochenen Herzens sind, und verbindet ihre Wunden" (Psalm 147,4–3).

Was auch immer deine Ängste und Schwierigkeiten sein mögen – bring sie vor Gott! Dann wird deine Seele gestärkt, damit fertig zu werden. Der Weg zur Befreiung aus üblen Lagen und Schwierigkeiten, wird sich dir dann öffnen. Je schwächer und hilfloser du dich selbst fühlst, desto stärker wirst du in *seiner* Kraft werden. Je schwerer deine Lasten sind, desto glückseliger wird die Erleichterung sein, wenn du sie auf den geworfen hast, der sie für dich tragen will.

Umstände können Freunde voneinander trennen; die ruhelosen Ozeane zum Beispiel können sich zwischen sie schieben. Aber keinerlei Umstände, kein noch so großer räumlicher Abstand kann uns vom Heiland trennen. Wo immer wir auch sind – Er steht zu unserer Rechten, um uns zu helfen, zu bewahren, zu stärken und aufzumuntern. Noch größer als die Liebe einer Mutter zu ihrem Kind ist Christi Liebe zu seinen Erlösten. Es ist unser Vorrecht, uns in seiner Liebe geborgen zu wissen, zu sagen: „Ich will ihm vertrauen, denn er gab sein Leben für mich."

Menschliche Liebe kann sich ändern – aber Christi Liebe kennt keinen Wandel. Wenn wir ihn um Hilfe anrufen, ist seine Hand zur Rettung ausgestreckt. „Denn es sollen wohl Berge weichen und Hügel hinfallen, aber meine Gnade soll nicht von dir weichen, und der Bund meines Friedens soll nicht hinfallen, spricht der Herr, dein Erbarmer." (Jesaja 54,10)

Kapitel 5

Heilung für die Seele

Viele von denen, die Jesus um Hilfe baten, hatten ihre Erkrankung selbst verursacht – und doch weigerte er sich nicht, sie zu heilen. Wenn seine Kraft dann in diese Menschen strömte, wurden sie sich ihrer Sünden bewusst, und dann waren sie von ihrer geistlichen Krankheit ebenso geheilt wie von ihrer körperlichen.

So erging es auch dem Gelähmten von Kapernaum. Wie der Aussätzige hatte er jede Hoffnung auf Gesundung verloren. Seine Krankheit war das Ergebnis eines Lebens voller Sünde, und seine Leiden wurden durch Gewissensbisse noch bitterer. Vergeblich hatte er sich an die Pharisäer und Ärzte um Hilfe gewandt. Sie erklärten ihn für unheilbar, prangerten ihn als Sünder an und verkündeten ihm, dass er unter dem Zorn Gottes sterben werde.

Da war der Gelähmte in Verzweiflung versunken. Aber dann hörte er von Jesus. Andere – genauso sündig und hilflos wie er – waren geheilt worden. So wuchs auch bei ihm der Glaube, dass er geheilt werden konnte, wenn man ihn zum Heiland tragen würde. Seine Hoffnung schwand jedoch wieder, als er sich an die Ursache seiner Krankheit erinnerte – und doch konnte er die Möglichkeit der Heilung nicht mehr aus seinem Denken verdrängen.

Seine größte Sehnsucht war die Befreiung von der Last der Sünde. Deshalb wollte er dringend Jesus treffen und von ihm die Zusicherung erhalten, dass ihm vergeben sei und er mit dem Himmel Frieden habe. Dann wollte er zufrieden sein, entweder zu leben oder zu sterben, ganz nach Gottes Willen.

Es galt, keine Zeit zu verlieren. Sein verkümmerter Körper zeigte schon Vorboten des Todes. Eindringlich bat er seine Freunde, ihn auf dem Bett zu Jesus zu tragen, und gern taten sie das. Aber die Menschenmenge, die sich im Haus und vor dem Haus versammelt hatte, in dem der Heiland gerade lehrte, stand derart dicht beisammen, dass es für den Kranken und seine Freunde unmöglich war, auch nur so weit an ihn heran zu kommen, dass sie seine Stimme hörten. Jesus lehrte gerade im Haus des Petrus. Wie sie es gewohnt waren, saßen Jesu Jünger ganz nah bei ihm; außerdem „saßen auch Pharisäer und Schriftgelehrte da, die gekommen waren aus allen Orten in Galiläa und Judäa und aus Jerusalem" (Lukas 5,17). Einige davon waren als Spitzel gekommen, die unbedingt einen Anklagegrund gegen Jesus finden wollten. Dahinter drängte sich die kunterbunte Menge: die Eifrigen, die Ehrerbietigen, die Neugierigen und die Ungläubigen. Verschiedene Nationalitäten und alle Schichten der Gesellschaft waren vertreten.

„Und die Kraft des Herrn war mit Jesus, dass er heilen konnte." (Lukas 5,17) Der göttliche Geist des Lebens schwebte über der Versammlung, aber die Pharisäer und Gelehrten merkten nichts von seiner Gegenwart. Sie meinten, dass es ihnen an nichts fehle; außerdem war die Heilung nicht für sie gedacht: „Die Hungrigen füllt er mit Gütern und lässt die Reichen leer ausgehen." (Lukas 1,53)

Immer aufs neue versuchten die Träger des Gelähmten, sich einen Weg durch die Menge zu bahnen – aber vergeblich. Der Kranke sah in unsäglichem seelischem Schmerz um sich: Sollte er jetzt die Hoffnung aufgeben, da doch die ersehnte Hilfe so nah war? Auf seinen Vorschlag hin trugen ihn die Freunde dann auf das Dach des Hauses, deckten es ab und ließen ihn direkt zu Jesu Füßen herab.

Die Predigt wurde unterbrochen. Der Heiland blickte in das traurige Gesicht und sah die bittenden Augen auf sich gerichtet. Er wusste sehr wohl, was diese beladene Seele wollte – war er es doch, der das Gewissen des Kranken aufgerüttelt hatte, als er noch zu Hause war. Nachdem er seine Sünden bereute und an Jesu Macht glaubte, ihn gesund zu machen, hatte ihn die Gnade des Heilands gesegnet. Jesus hatte den ersten Glaubensschimmer zu der Überzeugung wachsen sehen, dass er die einzige Möglichkeit der Rettung für ihn, den Sünder, war. Mit jedem Versuch, in seine Nähe zu gelangen, wuchs diese Überzeugung. Es war Christus selbst, der den Leidtragenden zu sich gezogen hatte. Und jetzt sagte der Heiland – mit Worten, die in den Ohren des Kranken wie Musik klangen –: „Sei getrost, mein Sohn, deine Sünden sind dir vergeben.“ (Matthäus 9,2)

Da fällt die Last der Schuld wie ein Stein von der Seele des Kranken. Zweifel gibt es nun nicht mehr. Jesu Worte enthüllen seine Macht, tief ins Herz zu sehen. Wer kann nun noch seine Kraft zur Vergebung von Sünden leugnen? Hoffnung nimmt deshalb die Stelle der Verzweiflung ein und Freude die der Depression. Die körperlichen Schmerzen des Mannes sind verschwunden, sein ganzes Wesen ist verwandelt. Ohne noch eine weitere Bitte auszusprechen, liegt er in friedvoller Stille auf seinem Bett – zu glücklich, um zu reden.

Mit atemloser Spannung beobachten viele jede Bewegung in diesem außergewöhnlichen Geschehen. Viele spüren: Christi Worte sind auch eine Einladung an mich! Sind sie nicht auch seelisch krank aufgrund von Sünden? Streben sie nicht auch danach, von dieser Last befreit zu werden?

Die Pharisäer aber fürchteten um ihren Einfluss auf die Menge und sagten deshalb in ihrem Innersten: „Er lästert Gott! Wer kann Sünden vergeben als Gott allein?“ (Markus 2,7) Da schaute Jesus sie fest und durchdringend an – was sie kleinlaut zurückweichen ließ – und sagte: „Warum denkt ihr so Böses in euren Herzen? Was ist denn leichter, zu sagen: Dir sind deine Sünden vergeben, oder zu sagen: Steh auf und geh umher? Damit ihr aber wisst, dass der Menschensohn Vollmacht hat, auf Erden die Sünden zu vergeben – sprach er zu dem Gelähmten: Steh auf, hebe dein Bett auf und geh heim!“ (Matthäus 9,4–6)

Und dann stellte sich der, der auf einer Trage zu Jesus gebracht worden war, mit der Gelenkigkeit und Agilität eines Jugendlichen auf seine eigenen Füße; darauf „nahm er sein Bett und ging alsbald hinaus vor aller Augen, so dass sie sich alle entsetzten und Gott priesen und sprachen: Wir haben so etwas noch nie gesehen.“ (Markus 2,12)

Nichts geringeres als die Kraft des Schöpfers war notwendig, um diesen zerfallenden Körper zu heilen. Der, der einer aus Erde vom Acker geformten Menschengestalt Leben einhauchte, hatte auch dem todgeweihten Gichtbrüchigen wieder Leben eingeflößt. Und dieselbe Macht, die dem Körper wieder Leben verlieh, hatte auch das Herz erneuert. Er, der bei der Schöpfung „sprach, und es geschah", der „gebot, und es stand da" (Psalm 33,9), hatte der Seele, die in Schuld und Sünden zugrunde gegangen war, wieder Leben zugesprochen. Die Heilung des Körpers war mithin ein äußerer Beweis der Macht, die das Herz erneuert hatte. Christus gebot dem Gelähmten, aufzustehen und zu gehen, „damit ihr wisst, dass der Menschensohn Vollmacht hat, Sünden zu vergeben auf Erden" (Markus 2,10).

Der Gichtbrüchige fand in Jesus Heilung sowohl für die Seele als auch für den Körper. Aber er brauchte Gesundheit für seine Seele, bevor er die Gesundung des Körpers überhaupt wertschätzen konnte. Bevor die physische Krankheit heilbar war, musste Christus erst der Seele helfen, musste sie von Sünden befreien. – Diese Lehre sollten wir nicht übersehen. Heutzutage gibt es Tausende mit körperlichen Erkrankungen, die sich wie der Gelähmte nach der Botschaft „Deine Sünden sind dir vergeben" sehnen. Die Last der Sünde mit ihren ruhelosen und unbefriedigten Wünschen legt die Basis für ihre Krankheiten. Sie können keine Erleichterung finden, bis sie zu dem kommen, der die Seele heilt. Der Friede, den nur Jesus vermitteln kann, wird dann der Seele wieder Kraft und dem Körper wieder Gesundheit geben.

Die Wirkung der Heilung des Gichtbrüchigen auf die versammelten Menschen war, als ob sich der Himmel geöffnet und die Herrlichkeiten einer besseren Welt enthüllt hätte. Als der Geheilte seinen Weg durch die Menge nahm, dabei Gott bei jedem Schritt Dank sagte und das Bett trug, als wäre es federleicht, wichen die Leute zurück, um ihm Platz zu machen; voller Ehrfurcht starrten sie ihn an und flüsterten einander zu: „Wir haben heute seltsame Dinge gesehen." (Lukas 5,26)

Im Heim des ehemals Gelähmten brach großer Jubel aus, als er zu seiner Familie zurückkehrte und dabei das Bett, auf dem er kurze Zeit zuvor schweren Schrittes weggetragen worden war, nun selbst trug – und das mit Leichtigkeit. Sie umringten ihn mit Freudentränen in den Augen – sie wagten kaum, ihren Augen zu trauen. Mit wiederhergestellter körperlicher Kraft stand er vor ihnen. Jene

Arme, die sie leblos-schlaff gesehen hatten, gehorchten nun seinem Willen. Die Haut, zuvor verkümmert und aschgrau, war jetzt wieder frisch und rosig. Sein Gang wirkte wieder fest und sicher. Sein Gesicht strahlte vor Freude und Hoffnung. Ein Ausdruck von Lauterkeit und Frieden trat an die Stelle der Anzeichen von Sünde und Leid. Freudiger Dank stieg aus diesem Heim zu Gott auf; Gott wurde durch seinen Sohn verherrlicht, der Hoffnungslosen wieder Hoffnung und Kraftlosen wieder Kraft gegeben hatte. Dieser Mann und seine Familie waren bereit, ihr Leben Jesus zu weihen. Da verdunkelte kein Zweifel ihren Glauben, kein Unglaube störte ihre Treue zu Ihm, der ihr düsteres Heim wieder erhellt hatte.

„Lobe den Herrn, meine Seele, und was in mir ist, seinen heiligen Namen! Lobe den Herrn, meine Seele, und vergiss nicht, was er dir Gutes getan hat: der dir alle deine Sünde vergibt und heilet alle deine Gebrechen, der dein Leben vom Verderben erlöst, … so dass du wieder jung wirst wie ein Adler. Der Herr schafft Gerechtigkeit und Recht allen, die Unrecht leiden … Er handelt nicht mit uns nach unsern Sünden und vergilt uns nicht nach unsrer Missetat … Wie sich ein Vater über Kinder erbarmt, so erbarmt sich der Herr über die, die ihn fürchten. Denn er weiß, was für ein Gebilde wir sind; er gedenkt daran, dass wir Staub sind.“ (Psalm 103,1–14)

„Willst du, dass ich dich gesund mache?“

„Am Schaftor in Jerusalem befindet sich ein Teich mit fünf offenen Hallen. Auf Hebräisch wird er Betesda genannt. Eine große Anzahl von Kranken lag ständig in den Hallen: Blinde, Gelähmte und Menschen mit erstorbenen Gliedern.“ (Johannes 5,2–3 GNB)

Zu bestimmten Zeiten bewegte sich das Wasser dieses Teichs, und man glaubte, dies sei das Wirken einer übernatürlichen Macht; wer dann als erster in dieses Wasser käme, würde geheilt werden, welche Krankheit er auch immer habe. Hunderte von Leidenden kamen deshalb an diesen Ort; aber wenn sich dann das Wasser bewegte, waren es so viele, die zum Teich hasteten, dass sie über Männer, Frauen und Kinder trampelten, die schwächer waren als sie. Viele konnten einfach nicht nahe genug an den Teich herankommen; manche, die es doch geschafft hatten, starben an seinem Rand. Man hatte Hallen rings um den Platz erbaut, um die Kranken tagsüber vor der Sonnenhitze und nachts vor der Kälte zu schützen. Viele verbrachten die Nächte in diesen Hallen und krochen dann tagein, tagaus an den Rand des Teichs, in der vergeblichen Hoffnung auf Genesung.

Jesus weilte gerade in Jerusalem, allein in Meditation und Gebet, und kam dabei zu dem Teich. Dort sah er nun die Kranken in ihrem elenden Zustand, wie sie auf das Ereignis warteten, das sie für ihre einzige Heilungschance hielten. Am liebsten hätte er all diese Kranken gesund gemacht. Aber – es war Sabbat. Viele waren auf dem Weg zum Tempel, um anzubeten, und Jesus wusste, dass eine solche Heilungstat am Ruhetag das Vorurteil der Juden sehr aufstacheln würde. Seine Zeit des öffentlichen Wirkens konnte dann jäh zu Ende gehen.

Jedoch bemerkte der Heiland da einen Fall ganz besonderen Elends: einen Mann, der seit achtunddreißig Jahren hilflos krank war. Sein Leiden war zum größten Teil das Ergebnis seiner eignen üblen Lebensgewohnheiten und wurde deshalb als ein Gericht Gottes angesehen. Allein, von Freunden längst verlassen, in dem Glauben, er sei von Gottes Gnade ausgeschlossen, hatte der Kranke lange Jahre des Elends zugebracht. Als man wieder einmal eine Bewegung des Wassers erwartete, trugen ihn jene, die mit seiner Hilflosigkeit Mitleid hatten, in die Hallen rings um den Teich. Aber im entscheidenden Moment hatte er niemanden, der ihm in das Wasser geholfen hätte. Oft hatte er die Bewegung des Wassers vor Augen, konnte aber nie weiter kommen als nur bis zum Rand des Teichs. Andere, die stärker als er waren, stiegen vor ihm hinein. Der arme und hilflose Kranke konnte mit der selbstsüchtig drängelnden Menge nicht konkurrieren. Die erfolglosen Versuche, das eine Ziel zu erreichen, seine Angst und die dauernden Enttäuschungen zehrten schnell auch den Rest seiner Kraft auf.

Da lag also der Kranke auf seiner Matte und hob immer wieder den Kopf, um zum Teich zu blicken, als sich ein freundliches, mitfühlendes Gesicht über ihn beugte. Überrascht vernahm er die Frage: „Willst du gesund werden?" Hoffnung keimte in seinem

Herzen. Er spürte: Irgendwie wird mir jetzt geholfen. Aber schnell erlosch die aufkeimende Hoffnung wieder. Erinnerte er sich doch, wie oft er vergeblich versucht hatte, in den Teich zu kommen – und inzwischen bestand wenig Aussicht, bei der nächsten Bewegung des Wassers überhaupt noch am Leben zu sein. Traurig wandte er sich ab, wobei er sagte: „Herr, ich habe keinen Menschen, der mich in den Teich bringt, wenn das Wasser sich bewegt; wenn ich aber hinkomme, so steigt ein anderer vor mir hinein."

Da spricht Jesus zu ihm: „Steh auf, nimm dein Bett und geh hin!" (Johannes 5,6–8) Mit neuer Hoffnung schaut der Kranke nun auf Jesus. Der Ausdruck dieses Gesichts, der Ton dieser Stimme sind ohne Beispiel. Liebe und Macht scheinen von seiner bloßen Gegenwart auszuströmen: Der Glaube des Kranken richtet sich an Christi Worten wieder auf. Ohne weitere Fragen wächst in ihm der Wille, zu gehorchen – und weil er dies tut, folgt der Körper dem Willen nach. Jeden Nerv und jeden Muskel erfüllt neues Leben, kraftvolle Bewegung kehrt in die kranken Gliedmaßen zurück. Er springt auf, geht seinen Weg mit festem, leichtem Schritt, lobt dabei Gott und freut sich über seine wiedererhaltene Kraft.

Jesus hatte dem Kranken nicht ausdrücklich göttliche Hilfe zugesichert. Der Mann hätte also sagen können: „Herr, *wenn* du mich gesund machen willst, dann will ich deinem Wort gehorchen." Er hätte sich von skeptischen Gedanken lähmen lassen können – und damit seine einzige Heilungschance vertan. Aber nein! Er vertraute bedingungslos Jesu Wort, glaubte daran, dass er schon geheilt *war*; ohne das geringste Zögern strengte er sich an zu gehen, und Gott gab ihm die Kraft dazu. Er *wollte* gehen, also *konnte* er es auch; auf das Wort Christi hin handelte er prompt und wurde deshalb geheilt.

Durch die Sünde sind wir von der lichten Gegenwart Gottes getrennt. Unsere Seele ist gelähmt. Aus uns selbst heraus sind wir ebensowenig imstande, ein heiliges Leben zu führen, wie der Kranke nicht fähig war zu gehen. Viele erkennen diese Ohnmacht; sie sehnen sich nach dem geisterfüllten Leben, das ihnen eine harmonische Verbindung mit Gott ermöglicht, und strengen sich eifrig an, ein solches Leben zu führen. Aber vergeblich! Voller Verzweiflung rufen sie dann aus: „Ich elender Mensch! Wer wird mich erlösen von diesem todverfallenen Leibe?" (Römer 7,24) Dabei brauchen sie in ihrer Verzweiflung nur aufzuschauen. Der Heiland beugt sich zu denen, die er mit seinem eigenen Blut erlöst hat, und fragt unaussprechlich einfühlsam und mitleidsvoll: „Willst du, dass ich dich gesund mache?" Er fordert dich auf, gesund und mit innerem Frieden aufzustehen. Warte also nicht darauf, dass *du* schon vorab fühlst, gesund gemacht zu sein – vertraue dem Wort des Heilands. Füge dich ganz unter seinen Willen, und indem du auf Jesu Wort hin handelst, bekommst du Kraft.

Was auch immer die üble Gewohnheit sein mag, die üble Neigung, der du fortgesetzt nachgegeben hast, die deine Gedanken oder deinen Körper gefangen hält – Christus kann und will dich von ihr befreien. Er will deine Seele wieder lebendig machen, die „tot durch Übertretungen" ist (Epheser 2,1). Er wird den Gefangenen befreien, der durch Schwäche, Unglücksfälle oder die Ketten der Sünde gebunden ist.

Die beständige Neigung zur Sünde hat deine Verbindung zu den Quellen des Lebens vergiftet; aber Christus sagt zu dir: „Ich will deine Sünden wegnehmen und dir dafür Frieden geben. Ich habe dich mit meinem eigenen Blut erkauft – du bist mein! Meine Gnade wird deine geschwächte Willenskraft stärken; deine ständig nötige Reue über die immer gleichen Fehler will ich dir ersparen." Wenn Versuchungen Sturm gegen dich laufen, wenn Sorgen und Schwierigkeiten dich erdrücken wollen, wenn du, deprimiert und entmutigt, wieder einmal dabei bist, völlig verzweifelt aufzugeben – dann schau auf Jesus, und die Dunkelheit um dich herum wird vom hellen Glanz seiner Gegenwart vertrieben. Wenn Sünde in deiner Seele die Macht ergreifen will und dich das Gewissen plagt – dann schau auf den Heiland: Seine Gnade *ist* ausreichend, um die Sünde zu beherrschen. Wende dein dankbares Herz hin zu ihm. Finde Halt in der Hoffnung, die vor dir steht. Christus wartet ja nur darauf, dich in seine Familie aufzunehmen. Seine Stärke will deiner Schwäche zu Hilfe kommen, er möchte dich bei jedem Schritt führen. Leg deine Hand in die seine und lass dich von ihm führen.

Glaube nie, dass Jesus weit weg sei – er ist dir immer nah. Seine liebevolle Gegenwart umgibt dich! Suche ihn als den einen, der innig wünscht, dass du ihn findest. Er will von dir nicht nur am Saum seines Gewandes berührt werden, sondern in beständiger Gemeinschaft mit dir leben.

„Geh hin und sündige hinfort nicht mehr!“

Das Laubhüttenfest war gerade zu Ende. Die Priester und Rabbiner in Jerusalem hatten mit ihren Attacken gegen Jesus keinen Erfolg gehabt; gegen Abend „ging jeder heim. Jesus aber ging zum Ölberg.“ (Johannes 7,53; 8,1) Nach der Aufregung und Verwirrung in der Stadt, die von einer sensationslüsternen Menschenmenge und verräterischen Schriftgelehrten verursacht worden war, suchte Jesus die Ruhe der Olivengärten, wo er mit Gott allein sein konnte. Aber früh am Morgen kehrte er zum Tempel zurück; als sich dort dann wieder Menschen um ihn scharten, setzte er sich und lehrte sie.

Doch bald wurde er unterbrochen: eine Gruppe von Pharisäern und Schriftgelehrten näherte sich ihm. Sie zerrten eine völlig verstörte Frau mit sich, die sie lautstark anklagten, das siebte Gebot verletzt zu haben. Sie stießen sie in die Nähe Jesu und sagten in heuchlerischer Ehrerbietung: „Meister, diese Frau ist auf frischer Tat beim Ehebruch ergriffen worden. Mose aber hat uns im Gesetz geboten, solche Frauen zu steinigen. Was sagst du?“ (Johannes 8,4–5)

Ihr vorgetäuschter Respekt sollte die eigentliche Absicht verschleiern, ihn so oder so in die Falle zu locken. Würde Jesus die Frau freisprechen, könnte man ihn der Verachtung des mosaischen Gesetzes beschuldigen. Würde er sie dagegen des Todes schuldig erklären, dann könnte man ihn bei den Römern verklagen, weil er sich eine Autorität anmaßte, die nur der Besatzungsmacht zustand.

Jesus blickte auf die Menschengruppe, auf die zitternde Frau in ihrer Scham und in die harten Gesichter der „Ehrenmänner“, denen jegliches Mitleid fehlte. Diese peinliche Inszenierung erregte seinen Widerwillen. Ohne erkennen zu lassen, ob er die Frage überhaupt gehört hatte, bückte er sich, sah auf den Boden und fing an, in dessen Staub zu schreiben.

Ungeduldig über sein scheinbares Zögern oder seine Gleichgültigkeit, rückten die Ankläger noch näher heran, um seine Aufmerksamkeit für ihren „Rechtsfall" zu erzwingen. Als sie aber genauer hinschauten, was Jesus da auf den Boden schrieb, wurden sie ganz still. Denn dort waren die geheimen Sünden ihres eigenen Lebens zu lesen.

Jesus erhob sich, richtete seinen Blick auf die Ankläger und sagte: „Wer unter euch ohne Sünde ist, der werfe den ersten Stein auf sie." (Johannes 8,7) Dann bückte er sich erneut und schrieb weiter in den Staub.

Somit hatte er das mosaische Gesetz *nicht* beiseite gesetzt und sich andererseits *nicht* die Autorität Roms angemaßt; dennoch waren die Angreifer geschlagen. Denn nun, nachdem ihre Masken vorgetäuschter Heiligkeit heruntergerissen waren, standen sie schuldbeladen und verurteilt in der Gegenwart göttlicher Reinheit. Vor Angst zitternd, dass die geheimen Sünden ihres Lebens einer breiten Öffentlichkeit bekannt werden könnten, stahlen sie sich mit gesenkten Köpfen und niedergeschlagenen Augen davon und ließen ihr Opfer beim Heiland zurück, der Mitleid mit ihr hatte.

Jesus stand nun wieder auf, sah die Frau an und fragte: „Wo sind sie, Frau? Hat dich niemand verdammt? Sie antwortete: Niemand, Herr. Und Jesus sprach: So verdamme ich dich auch nicht; geh hin und sündige hinfort nicht mehr." (Johannes 8,10–11)

Während des gesamten Geschehens hatte die Frau eingeschüchtert und voller Angst vor Jesus gestanden. Seine Worte „Wer unter euch ohne Sünde ist, der werfe den ersten Stein auf sie" waren ihr wie das Todesurteil vorgekommen. Sie wagte nicht mehr, dem Heiland ins Gesicht zu blicken, sondern erwartete schweigend ihr Schicksal. Erstaunt sah sie dann aber, dass ihre Ankläger wortlos und verunsichert davongingen. Schließlich hörte sie von Jesus diese Worte der Hoffnung: „So verdamme ich dich auch nicht; geh hin und sündige hinfort nicht mehr." Ihr Herz wurde angerührt; sie warf sich Jesus zu Füßen, versicherte ihm unter Tränen ihre dankbare Liebe und bekannte dann bitter weinend ihre Sünden.

Und das war der Anfang eines neuen Lebens für sie, eines anständigen Lebens in innerem Frieden, das nun Gott geweiht war. Mit der Aufrichtung dieser gefallenen Seele hat Jesus ein größeres Wunder getan als mit der Heilung schlimmster körperlicher

Krankheiten – hatte er doch die Krankheit der Seele geheilt, die in den *ewigen* Tod führt. Diese bereuende Frau wurde eine seiner zuverlässigsten Nachfolgerinnen. Mit einer Liebe und Hingabe, die sich selbst aufopferte, bewies sie ihre Dankbarkeit für seine vergebende Gnade. Die Welt hatte für diese Sünderin nichts als Verachtung übrig, aber der sündlose Eine empfand Mitleid mit ihrer Schwachheit und streckte ihr seine helfende Hand entgegen. Die heuchlerischen Pharisäer hatten sich aufs Anprangern konzentriert, Jesus dagegen bat sie: „Geh hin und sündige hinfort nicht mehr."

Jesus kennt die Lebensumstände eines jeden Menschen. Je größer die Schuld des Sünders ist, desto mehr braucht er den Heiland. Sein Herz voll göttlicher Liebe und Mitempfinden fühlt sich am meisten zu denen hingezogen, die am hoffnungslosesten in den Schlingen des Feindes gefangen sind. Hat er doch mit seinem eigenen Blut die Befreiung der ganzen Menschheit besiegelt.

Jesus will die, die mit einem derart hohen Preis freigekauft worden sind, nicht zum Objekt der Versuchungen des Feindes werden lassen. Er will nicht, dass wir überwältigt werden und verlorengehen. Der die Löwen in der Grube bändigte und mit seinen getreuen Zeugen im Feuer umherging, ist ebenso bereit, für uns einzutreten, um jedes Übel in unserem Charakter zu besiegen. Er steht heute vor dem Gnadenthron und bringt vor Gott die Gebete derer dar, die ihn um Hilfe bitten. Er weist keinen zurück, der unter Tränen bereut; bereitwillig vergibt er allen, die ihn um Vergebung und Heilung bitten. Keinem hält er die begangenen Fehler vor; vielmehr lädt er jede zitternde Seele ein, wieder Mut zu fassen. Jeder, der es möchte, darf sich an Gottes Stärke wieder aufrichten und Frieden mit ihm machen – und Gott wird ebenfalls Frieden schließen.

Die Seelen, die bei ihm Vergebung und Hilfe suchen, erhebt Jesus über die, die anklagen und streitsüchtig reden. Kein Mensch und kein gefallener Engel kann diese Seelen dann noch beschuldigen, denn Christus verbindet sie mit seiner eigenen göttlich-menschlichen Natur. Sie stehen neben dem Opferlamm in dem Licht, das vom Thron Gottes ausgeht. Das Blut Jesu Christi „macht uns rein von aller Sünde" (1. Johannes 1,7). „Wer will die Auserwählten Gottes beschuldigen? Gott ist hier, der gerecht macht. Wer will verdammen? Christus Jesus ist hier, der gestorben ist, ja vielmehr, der auch auferweckt ist, der zur Rechten Gottes ist und uns vertritt." (Römer 8,33–34)

„Der Raub soll dem Gewaltigen entrissen werden"

Jesus bewies, dass er über Wind und Wellen und auch über Menschen, die von Dämonen besessen waren, uneingeschränkte Gewalt hatte. Er, der den Sturm zum Schweigen und die aufgewühlte See zur Ruhe brachte, gab auch den Seelen Frieden, die völlig von Satan überwältigt waren.

In der Synagoge von Kapernaum sprach Jesus gerade von seinem Auftrag, die Gefangenen der Sünde zu befreien. Da wurde er von einem Schrei des Schreckens unterbrochen. Ein Besessener lief aus der Menge heraus nach vorn und rief: „Was willst du von uns, Jesus von Nazareth? Du bist gekommen, uns zu vernichten. Ich weiß, wer du bist: der Heilige Gottes!" (Markus 1,24) Jesus aber bedrohte den bösen Geist und sagte: „Verstumme und fahre aus von ihm! Und der böse Geist warf ihn mitten unter sie und fuhr von ihm aus und tat ihm keinen Schaden." (Lukas 4,35)

Auch hier lag die Ursache für das Leiden dieses Mannes in seiner eigenen Lebensführung. Er war von den Vergnügungen der Sünde fasziniert gewesen und hatte deshalb aus seinem Leben einen einzigen großen Karneval gemacht: Unmäßigkeit und Leichtfertigkeit verzerrten die edlen Eigenschaften seines Wesens, und schließlich konnte Satan völlige Kontrolle über ihn gewinnen. Seine Reue kam zu spät. Als er soweit war, dass er Reichtum und Vergnügungen geopfert hätte, um seine verlorene menschliche Würde zurückzugewinnen, war er dem Griff des Bösen schon hilflos ausgeliefert.

In der Gegenwart des Heilands wuchs nun in ihm der Wunsch nach Befreiung – aber der Dämon widersetzte sich zunächst noch der Macht Christi. Als der Mann versuchte, Jesus um Hilfe zu bitten, legte der böse Geist ihm *seine* Worte in den Mund, so dass er in großer Furcht die oben zitierten Worte schrie. Der Besessene begriff teilweise, dass er in der Gegenwart des Einen war, der ihn befreien konnte, aber als er versuchte, in die Reichweite dieser mächtigen Hand zu gelangen, hielt ihn der Wille eines anderen zurück, und die Worte eines anderen sprachen aus ihm.

Der Kampf zwischen der Macht Satans und seiner eigenen Sehnsucht nach Befreiung war fürchterlich. Fast schien es, als ob der geplagte Mensch sein Leben verlieren würde in dem Kampf mit dem Feind, der der Ruin seiner menschlichen Würde gewesen war. Aber der Heiland sprach in der ihm eigenen Vollmacht und befreite den Gefangenen. Der eben noch Besessene stand nun in neugewonnener Freiheit und Selbstbeherrschung vor der verwunderten Menge.

Voller Freude pries er Gott für seine Erlösung. Seine Augen, die eben noch im Irrsinn geflackert hatten, leuchteten nun in wiedererlangter Vernunft und waren voller Tränen der Dankbarkeit. Die Menge jedoch begriff vor Erstaunen erst einmal gar nichts. Als sie aber ihre Sprachlosigkeit überwunden hatten, riefen die Menschen einander zu: „Was ist das? Eine neue Lehre in Vollmacht! Er gebietet auch den unreinen Geistern, und sie gehorchen ihm!“ (Markus 1,27)

Auch heute gibt es viele Menschen, die genauso unter der Gewalt übler Geister stehen wie damals der Besessene in Kapernaum. Alle, die willentlich Gottes Gebote übertreten, stellen sich damit unter die Herrschaft Satans. Viele lassen sich auf das Böse ein in der Vorstellung, nach Belieben wieder damit aufhören zu können; aber man wird immer weiter gelockt, bis man sich von einem Willen beherrscht sieht, der stärker als der eigene ist. Dessen geheimnisvoller Macht kann man nun nicht mehr entrinnen. Geheime Sünden, übermächtige üble Gewohnheiten können einen dann so gefangenhalten, wie es bei dem Besessenen in Kapernaum der Fall war.

Und doch ist dieser Zustand nicht hoffnungslos. Gott wird nicht zum Herrn unserer Seele, wenn wir das nicht wollen, aber jeder hat die Freiheit zu wählen, welcher Macht er die Herrschaft über sich gewähren will. Und keiner ist so tief gesunken, keiner so verdorben, dass er von Christus nicht mehr befreit werden könnte. Der Besessene von Kapernaum konnte anstelle eines Gebets nur die Worte Satans aussprechen, doch die unausgesprochene Bitte des Herzens wurde erhört. Kein Schrei einer Seele in Not wird ungehört bleiben, auch wenn er sich nicht mehr in Worten ausdrücken kann. Alle, die ihr Leben der Macht Gottes unterstellen, werden nicht mehr der Macht Satans und auch nicht mehr der Schwachheit ihrer eigenen Natur überlassen. „Kann man auch einem Starken den Raub wegnehmen? Oder kann man einem Gewaltigen seine Gefangenen entreißen? So aber spricht der Herr: Nun sollen die Gefangenen dem Starken weggenommen werden, und der Raub soll dem Gewaltigen entrissen werden. Ich selbst will deinen Gegnern entgegentreten und deinen Söhnen helfen." (Jesaja 49,24–25)

Wunderbar wird die Verwandlung sein, die mit jedem geschieht, der im Glauben dem Heiland die Tür seines Herzens öffnet.

„Ich habe euch Macht gegeben"

Wie die zwölf Apostel empfingen auch die siebzig Jünger, die Christus später aussandte, übernatürliche Gaben als eine Beglaubigung ihres Auftrags. Nachdem sie nun ihr Werk ausgeführt hatten, kamen sie voller Freude wieder zu Jesus und berichteten: „Herr, auch die bösen Geister sind uns untertan in deinem Namen." Und Jesus antwortete: „Ich sah den Satan vom Himmel fallen wie einen Blitz." (Lukas 10,17–18)

Seit damals dürfen Nachfolger Jesu Satan als einen besiegten Feind betrachten. Am Kreuz hat Jesus für sie den Sieg errungen, und er wollte, dass sie diesen Sieg als ihren eigenen annehmen. Schließlich hatte er ihnen doch zugesichert: „Seht, ich habe euch Macht gegeben, zu treten auf Schlangen und Skorpione, und Macht über alle Gewalt des Feindes; und nichts wird euch schaden." (Lukas 10,19)

Die Allmacht des Heiligen Geistes ist die Verteidigungsinstanz für jede reuige Seele. Keinen, der sich in Reue und Gläubigkeit auf seinen Schutz beruft, wird Christus in die Gewalt des Feindes geraten lassen. Jawohl, Satan ist ein mächtiges Wesen – aber Gott sei Dank, haben wir einen mächtigeren Heiland, der den Bösen aus dem Himmel geworfen hat. Satan freut sich, wenn wir ausgiebig über seine Machtfülle diskutieren – warum reden wir statt dessen nicht über Jesus? Warum verherrlichen wir nicht *seine* Macht und Liebe?

Der Regenbogen der Verheißung, der den Thron des Höchsten umgibt, bezeugt für immer, dass „Gott die Welt so sehr geliebt hat, dass er seinen eingeborenen Sohn gab, damit alle, die an ihn glauben, nicht verloren werden, sondern das ewige Leben haben" (Johannes 3,16). Er bezeugt dem Universum, dass Gott seine Kinder in ihrem Kampf gegen das Böse niemals verlassen wird. Er bietet uns Stärke, Sicherheit und Schutz, solange der Thron Gottes selbst besteht.

Kapitel 6

Gerettet, um zu dienen

Es geschah eines Morgens am See Genezareth. Jesus und seine Jünger hatten nach einer stürmischen Nacht auf dem Wasser das Ufer erreicht; die Strahlen der aufgehenden Sonne berührten den See und das Land wie eine Verheißung des Friedens. Aber als sie am Ufer aus dem Boot steigen, empfängt sie ein Anblick, der schlimmer ist als der sturmgepeitschte See in der Nacht.

Aus einem Versteck zwischen den Gräbern stürzen zwei Besessene auf sie zu, als ob sie sie in Stücke reißen wollten. An diesen Männern hängen noch Teile der Ketten, die sie zerrissen haben, als sie aus dem Gefängnis geflohen sind. Ihre aufgerissene Haut blutet, ihre Augen starren zwischen langen und zottigen Haaren hindurch; sie weisen nicht mehr die geringste Ähnlichkeit mit menschlichen Wesen auf, sehen wilden Tieren ähnlicher als Menschen.

Die Jünger und ihre Begleiter fliehen entsetzt; aber dann bemerken sie, dass Jesus nicht mehr bei ihnen ist, und wenden sich nach ihm um: Er steht weiterhin dort, von wo sie weggelaufen sind. Er, der den Sturm bändigte, der zuvor Satan begegnet war und ihn besiegt hatte, flieht nun auch nicht vor diesen Dämonen. Als die Besessenen zähneknirschend und mit Schaum vor dem Mund auf ihn zustürzen, hebt Jesus die Hand, die den Wellen Ruhe befohlen hatte – und die Männer können nicht näher kommen. Sie stehen vor ihm, wutschnaubend, aber machtlos.

Voller Autorität gebietet er nun den unreinen Geistern, aus den Männern auszufahren. Die Unglücklichen erkennen, dass ihnen hier einer nahe ist, der sie von den quälenden Geistern befreien kann. Sie fallen dem Heiland zu Füßen, um ihn um Gnade anzuflehen – aber als sie ihren Mund öffnen, reden die Dämonen aus ihnen und schreien: „Was willst du von uns, du Sohn Gottes? Bist du hergekommen, uns zu quälen, ehe es Zeit ist?" (Matthäus 8,29) Doch Jesus befiehlt den Dämonen, ihre Opfer zu verlassen, und sofort geschieht mit den Besessenen eine wunderbare Verwandlung. Ihr Denken gewinnt wieder Vernunft, ihre Augen drücken wieder Verständigkeit aus. Die Gesichtszüge, die so lange unter dem Einfluss Satans verzerrt waren, werden plötzlich sanftmütig, die blutbefleckten Hände finden Ruhe, und die Männer beginnen, Gott zu loben.

Inzwischen sind die Dämonen, nachdem sie aus ihren menschlichen Behausungen vertrieben wurden, in eine Herde Schweine gefahren und haben diese einen Uferabhang hinunter in den Tod gestürzt. Die Hüter der Herde laufen entsetzt davon, um dieses Ereignis weiterzuerzählen; da strömt die ganze Bevölkerung zusammen, um Jesus zu sehen. Waren doch die zwei Besessenen der Schrecken des ganzen Landstrichs gewesen; nun sind diese Männer vernünftig gekleidet und wieder ganz bei Sinnen. Sie sitzen zu Füßen Jesu, hören seinen Worten zu und rühmen den Namen dessen, der sie gesund gemacht hat. Aber die Menschenmenge, die diese wunderbare Szene erlebt, freut sich zunächst gar nicht. Der Verlust der Schweine erscheint ihnen nämlich gewichtiger als die Befreiung dieser Gefangenen Satans. Voller Schrecken drängen sie sich um Jesus und bitten ihn, er möge doch ihre Gegend verlassen. Er erfüllt diese Bitte und steigt sofort in ein Schiff, um zum gegenüberliegenden Ufer zu fahren.

Ganz anders ist es um das Empfinden der beiden Geheilten bestellt. Sie möchten auf jeden Fall bei ihrem Befreier bleiben; in seiner Gegenwart fühlen sie sich sicher vor den Dämonen, die sie gequält und vieler guter Lebensjahre beraubt haben. Als Jesus im Begriff ist, in das Schiff zu steigen, bleiben sie dicht an seiner Seite, ja knien vor ihm nieder und flehen darum, bei ihm bleiben zu dürfen, um weiter seinen Worten lauschen zu können. Jesus aber fordert sie auf, in ihre Heimat zurückzukehren und zu erzählen, was der Herr Großes an ihnen getan hat.

Das also ist es, was sie tun sollen – in einer heidnischen Heimat von den Segnungen berichten, die sie durch Jesus erfahren haben. Es fällt ihnen schwer, sich von ihrem Heiland zu trennen. Vom Zusammentreffen mit ihren heidnischen Landsleuten haben sie nur

Schwierigkeiten zu erwarten. Außerdem macht sie die lange Zeit, die sie außerhalb menschlicher Gesellschaft verbracht haben, nicht gerade fähiger für diese Aufgabe. Doch als Jesus ihnen ihre Pflicht vor Augen führt, gehorchen sie bereitwillig.

So berichteten sie nicht nur ihren eigenen Familien und Nachbarn von Jesus, sondern gingen auch durch das ganze Zehn-Städte-Land; überall bezeugten sie seine Rettermacht und verkündeten, wie er sie von den Dämonen befreit hatte.

Obwohl die Gerasener zunächst nichts von Jesu Lehre wissen wollten, überließ er sie nicht der Dunkelheit, die sie sich erwählt hatten. Denn als sie ihn baten, ihre Gegend wieder zu verlassen, hatten sie seine Botschaft noch nicht gehört; sie wussten also gar nicht, was sie da zurückwiesen. Deshalb sandte er ihnen das Licht auf andere Weise, und zwar durch jene, denen sie bereitwilliger zuhören würden.

Satan vernichtete die Schweine, um damit die Bevölkerung gegen den Heiland aufzubringen und die Verkündigung der frohen Botschaft in dieser Gegend zu verhindern. Aber andererseits weckte gerade dieses Ereignis diese Region in einer Weise auf, wie es kein anderer Vorfall hätte bewirken können, und lenkte so die Aufmerksamkeit aller auf Christus. Der Heiland selbst ging weg, aber die von ihm geheilten Männer blieben als Zeugen seiner Macht zurück. Diese ehemaligen Werkzeuge des Fürsten der Finsternis wurden zu Trägern des Lichts, zu Botschaftern des Sohnes Gottes. Als Jesus später in das Zehn-Städte-Land zurückkehrte, scharten sich die Menschen um ihn, und drei Tage lang hörten Tausende aus allen umliegenden Gegenden die Botschaft der Erlösung.

Die zwei Geheilten waren die ersten Missionare, die Christus zur Verbreitung des Evangeliums in die Zehn-Städte-Region aussandte. Nur kurze Zeit hatten diese Männer seinen Worten gelauscht; vor diesem Zusammentreffen mit Jesus war ihnen nicht eine einzige Predigt von ihm zu Ohren gekommen. Deshalb konnten sie die Menschen nicht so unterrichten wie die Jünger, die tagein, tagaus mit Jesus zusammen waren. Aber sie konnten erzählen, was sie wussten, was sie selbst von der Macht des Heilands gesehen, gehört und gespürt hatten. Und das ist es, was *jeder* tun kann, dessen Herz von der Gnade Gottes angerührt worden ist. Das ist das Zeugnis, zu dem unser Herr aufruft – und an dessen Mangel die Welt zugrunde zu gehen droht.

Nicht als eine leblose Theorie soll das Evangelium vermittelt werden, sondern als eine lebendige Kraft, die das Leben verändert. Gott will durch das Zeugnis seiner Diener deutlich machen, dass Menschen durch seine Gnade einen christusähnlichen Charakter erhalten und sich der Gewissheit seiner großen Liebe erfreuen können. Er kann erst zufrieden sein, wenn alle, die die Erlösung annehmen möchten, zurückgewonnen und wieder in ihre heiligen Vorrechte als seine Söhne und Töchter eingesetzt sind.

Sogar jene, deren Lebensweise ihn in höchstem Maße beleidigt hat, nimmt er gern wieder an. Wenn sie bereuen, gibt er ihnen von seinem göttlichen Geist und sendet sie dann ins Lager der Ungläubigen, um dort seine Gnade zu verkünden. Auch heute noch werden Seelen, die zu Werkzeugen Satans erniedrigt worden sind, durch die Macht Christi in Botschafter der Gerechtigkeit verwandelt und ausgesandt zu erzählen, was für große Dinge der Herr für sie getan und wie er sich ihrer erbarmt hat.

„Dich rühme ich immerdar"

Nachdem die Frau aus Kapernaum durch die Berührung im Glauben geheilt worden war, wünschte Jesus, dass sie den erhaltenen Segen auch als einen solchen bekannte. Die Gaben, die das Evangelium anbietet, sollen nicht im geheimen angenommen oder genossen werden. „Ihr seid meine Zeugen, spricht der Herr, und ich bin Gott." (Jesaja 43,12)

Unser Bekenntnis seiner Treue ist das von Gott erwählte Mittel, um der Welt Christus zu offenbaren. Wir sollen seine Gnade bekennen, wie sie uns von heiligen Menschen vergangener Zeiten bekannt gemacht worden ist; aber am wirksamsten wird die Bezeugung unserer *eigenen* Erfahrungen sein.

Wir sind Zeugnisse für Gott, indem wir mit unserer Person das Wirken einer Macht aufzeigen, die göttlich ist. Jeder einzelne hat seinen Lebensweg, der sich von dem aller anderen unterscheidet, und seine eigenen Erfahrungen mit Gott, die von denen der anderen grundsätzlich verschieden sind. Gott will, dass mein Lobpreis zu ihm aufsteigt, als einer, der auch unverwechselbar als der meine erkennbar ist. Diese wertvollen Bekenntnisse zum Preis der Herrlichkeit seiner Gnade üben, wenn sie von einem christusähnlichen Leben bekräftigt werden, eine unwiderstehliche Macht zur Errettung von Seelen aus.

Es dient zu unserem eigenen Vorteil, wenn wir alles, was wir Gott verdanken, in unserem Gedächtnis lebendig erhalten. Dadurch wird unser Glaube gestärkt, von Gott immer mehr zu erbitten und zu erhalten. In dem kleinsten Segen, den wir selbst von Gott empfangen, liegt eine größere Ermutigung für uns, als in allen Berichten, die wir vom Glauben und der Erfahrung anderer lesen können. Die Seele, die dankbar auf die Gnade Gottes reagiert, wird einem gut bewässerten Garten gleichen: Er wird rasch gedeihen, und die Herrlichkeit des Herrn wird an ihm wahrgenommen werden.

„Wie soll ich dem Herrn vergelten all seine Wohltat, die er an mir tut? Ich will den Kelch des Heils nehmen und des Herrn Namen anrufen. Ich will meine Gelübde dem Herrn erfüllen vor all seinem Volk." (Psalm 116,12–14)

„Ich will dem Herrn singen mein Leben lang und meinen Gott loben, solange ich bin. Mein Reden möge ihm wohlgefallen. Ich freue mich des Herrn." (Psalm 104,33–34)

„Wer kann die großen Taten des Herrn alle erzählen und sein Lob genug verkündigen?" (Psalm 106,2)

„Danket dem Herrn und rufet an seinen Namen; verkündigt sein Tun unter den Völkern! Singet und spielet ihm, redet von allen seinen Wundern! Rühmet seinen heiligen Namen; es freue sich das Herz derer, die den Herrn suchen!" (Psalm 105,1–3)

„Denn deine Güte ist besser als Leben; meine Lippen preisen dich. So will ich dich loben mein Leben lang und meine Hände in deinem Namen aufheben. Das ist meines Herzens Freude und Wonne, wenn ich dich mit fröhlichem Munde loben kann; wenn ich mich zu Bette lege, so denke ich an dich, wenn ich wach liege, sinne ich über dich nach. Denn du bist mein Helfer, und unter dem Schatten deiner Flügel frohlocke ich." (Psalm 63,4–8)

„Auf Gott hoffe ich und fürchte mich nicht; was können mir Menschen tun? Ich habe dir, Gott, gelobt, dass ich dir danken will. Denn du hast mich vom Tode errettet, meine Füße vom Gleiten, dass ich wandeln kann vor Gott im Licht der Lebendigen." (Psalm 56,12–14)

„Du Heiliger Israels. Meine Lippen und meine Seele, die du erlöst hast, sollen fröhlich sein und dir lobsingen. Auch meine Zunge soll täglich reden von deiner Gerechtigkeit" (Psalm 71,22–24).

„Denn du bist meine Zuversicht, Herr, mein Gott, meine Hoffnung von meiner Jugend an … Dich rühme ich immerdar." (Psalm 71,5–6)

„Ich will deinen Namen kundmachen von Kind zu Kindeskind; darum werden dir danken die Völker immer und ewig." (Psalm 45,18)

„Umsonst habt ihr's empfangen, umsonst gebt es auch"

Die Einladung des Evangeliums darf nicht nur einer ausgesuchten kleinen Anzahl von Menschen angeboten werden, die wir für würdig erachten, diese Einladung zu empfangen. Die Botschaft muss *allen* gebracht werden. Wenn Gott seine Kinder segnet, tut er das nicht allein um ihretwillen, sondern auch um der Welt willen. Wenn er uns also *seine* Gaben *verleiht,* dann deshalb, damit wir sie durch ihre Weitergabe vervielfältigen.

Die Samariterin, die mit Jesus am Jakobsbrunnen redete, brachte sofort, nachdem sie ihn als den Heiland erkannt hatte, andere Menschen zu ihm. Damit erwies sie sich als eine wirkungsvollere Missionarin als Jesu eigene Jünger. Diese nämlich hielten Samaria nicht für ein lohnendes Arbeitsfeld.

Ihre Gedanken waren statt dessen auf ein großartiges und in der Zukunft liegendes Werk fixiert. Sie nahmen nicht wahr, dass es jetzt und hier um sie herum eine Ernte einzubringen gab. Mit Hilfe der Frau aber, die sie verachtet hatten, wurde die Bevölkerung einer ganzen Stadt dazu bewegt, Jesus zuzuhören. Sie trug das Licht sofort zu ihren Landsleuten.

Diese Frau repräsentiert die Arbeitsweise eines Glaubens an Christus, der sofort praktisch tätig wird. Jeder wahre Jünger wird als ein potentieller Missionar in das Reich Gottes hineingeboren. Sobald er den Heiland kennenlernt, will er auch andere mit ihm bekannt machen. Die rettende und heiligende Wahrheit kann er dann einfach nicht mehr für sich behalten.

Wer vom Wasser des Lebens getrunken hat, wird selbst zu einer Quelle des Lebens. Der Empfänger wird zum Geber. Die Gnade Christi in der Seele ist wie eine Quelle in der Wüste, die hervorquillt, um allen zu trinken zu geben, und die besonders jene, die am Rand des Todes stehen, begierig das Wasser des Lebens aufnehmen lässt.

Wenn wir diese Arbeit tun, werden wir reicher gesegnet, als wenn wir nur zu unserem eigenen Nutzen tätig werden. Durch die *Verbreitung* der guten Nachricht von der Erlösung werden wir *selbst* dem Heiland nahe kommen.

Von denen, die seine Gnade empfangen, sagt der Herr folgendes: „Ich will sie und alles, was um meinen Hügel her ist, segnen und auf sie regnen lassen zu rechter Zeit. Das sollen gnädige Regen sein." (Hesekiel 34,26) „Aber am letzten Tag des Festes, der der höchste war, trat Jesus auf und rief: Wen da dürstet, der komme zu mir und trinke! Wer an mich glaubt, wie die Schrift sagt, von dessen Leib werden Ströme lebendigen Wassers fließen." (Johannes 7,37–38)

Wer etwas geschenkt bekommt, soll es auch an andere weitergeben. Von überall her kommen doch Hilferufe. Gott ruft uns alle auf, unseren Mitmenschen freudig zu dienen. Unvergängliche Kronen und ein himmlisches Reich warten auf uns, wenn wir einer Welt, die an ihrer Unwissenheit zugrunde zu gehen droht, die Gute Nachricht bringen.

„Sagt ihr nicht selber: Es sind noch vier Monate, dann kommt die Ernte? Siehe, ich sage euch: Hebt eure Augen auf und seht auf die Felder, denn sie sind reif zur Ernte. Wer erntet, empfängt schon seinen Lohn und sammelt Frucht zum ewigen Leben, damit sich miteinander freuen, der da sät und der da erntet." (Johannes 4,35–36)

„Siehe, ich bin bei euch alle Tage“

Drei Jahre lang hatten die Jünger das Vorrecht, die persönliche Gegenwart Jesu zu erleben. Tag für Tag gingen und redeten sie mit ihm, hörten sie seine ermutigenden Worte an die Mühseligen und Beladenen und sahen die Offenbarungen seiner Macht an den Kranken und Leidenden.

Als die Zeit des Abschieds kam, gab Jesus ihnen Gnade und Vollmacht, dieses Werk in seinem Namen weiterzuführen. Sie sollten nun das Licht seines Evangeliums der Liebe und Heilkraft verbreiten. Und der Heiland versprach, stets mit ihnen zu sein. Durch den Heiligen Geist würde er ihnen sogar näher sein als zur Zeit seiner persönlichen Gegenwart unter den Menschen.

Die Arbeit, die die Jünger dann getan haben, ist beispielhaft für uns. Jeder Christ soll ein Missionar sein. Voller Mitgefühl sollen wir den Hilfsbedürftigen dienen und jede Gelegenheit nutzen, das Elend der leidenden Menschheit zu lindern.

Da gibt es für alle etwas zu tun. Niemand braucht das Gefühl zu haben, dass es für ihn keine Möglichkeit gäbe, für Christus zu arbeiten. Der Heiland identifiziert sich mit jedem Menschenkind. Damit wir wieder Mitglieder der himmlischen Familie werden können, wurde er ein Mitglied der irdischen Familie. Er ist der Sohn eines Menschen und somit ein Bruder jedes Sohnes und jeder Tochter Adams. Seine Nachfolger dürfen sich nicht über die zugrunde gehende Welt erhaben fühlen. Sie sind immer noch Teil der großen Menschheitsfamilie, und der Himmel betrachtet sie sowohl als Geschwister der Sünder wie der Heiligen.

Millionen und Abermillionen von Menschen leben in Krankheit, Unwissenheit und Sünde. Sie haben noch nie etwas von Christi Liebe gehört. Stellen wir uns vor, wir wären in ihrer Lage und sie in der unsrigen – was würden wir dann sehnlichst von ihnen erwarten? Genau das sollen wir für sie tun, soweit es in unserer Macht steht. Christi Lebensregel, gemäß der jeder von uns im Gericht entweder bestehen oder verurteilt werden wird, lautet: „Alles nun, was ihr wollt, dass euch die Leute tun sollen, das tut ihnen auch!“ (Matthäus 7,12)

Mit allem, was uns gegenüber anderen Vorteile verschafft – sei es Ausbildung und Lebensart, ein edler Charakter, christliche Erziehung oder religiöse Erfahrung – stehen wir in der Schuld der weniger Begünstigten und sollen ihnen dienen, soweit es in unserer Macht steht. Wenn wir stark sind, ist es unsere Aufgabe, die Hände der Schwachen stärken.

Engel der Herrlichkeit, die stets das Angesicht des Vaters im Himmel sehen, haben Freude daran, seinen Kindern zu dienen. Engel sind immer gegenwärtig, wo sie dringend gebraucht werden; sie sind bei denen, die die härtesten Gefechte mit ihrem Ich auszutragen haben, und bei denen, die allen Mut verloren haben. Schwachen und zitternden Seelen mit unschönen Charakterzügen gilt ihre besondere Aufmerksamkeit. Was selbstsüchtige Menschen als Zumutung betrachten, nämlich denen zu dienen, die elend und in jeder Hinsicht niederen Charakters sind, das sehen sündlose Wesen des Himmels vorrangig als ihre Aufgabe.

Jesus wollte nicht im Himmel verweilen, während wir verloren waren. Er entschied sich freiwillig für ein Leben der Anfeindungen und Beleidigungen und für einen Tod in Schande. Er, dem die unermesslichen Reichtümer des Himmels gehörten, wurde arm, damit wir durch seine Armut reich werden konnten. Und wir sollen seinem Beispiel folgen.

Wer ein Kind Gottes geworden ist, sollte sich von nun an als ein Glied in der Kette ansehen, die vom Himmel bis in diese Welt hinabreicht, um sie zu retten, als ein Teil des Planes Jesu zur Suche und Rettung Verlorener.

Viele halten es für ein besonderes Vorrecht, die Plätze aufzusuchen, wo Jesus auf Erden weilte, zu gehen, wo er ging, auf den See zu schauen, an dem er so gern lehrte, und die Hügel und Täler zu betrachten, auf denen seine Augen so oft ruhten. Aber wir brauchen nicht nach Nazareth, Kapernaum oder Bethanien zu reisen, um in den Fußspuren Jesu zu gehen.

Seinen Spuren können wir auch in unserer unmittelbaren Nähe folgen: am Bett eines Kranken, in den Hütten der Armen, auf den verstopften Straßen unserer Großstädte und an jedem Platz, wo Menschen Trost und Hilfe brauchen.

Es ist unsere Aufgabe, den Hungernden Nahrung zu geben, die Bedürftigen mit Kleidung auszustatten und den Kranken und Geplagten zu helfen. Wir sollen den Verzweifelnden dienen und den Hoffnungslosen wieder Mut machen.

Durch unseren selbstlosen Dienst wird sich die Liebe Christi bei der Bekehrung eines Ungerechten wirksamer erweisen als Waffengewalt oder Gerichtsandrohung. Diese sind notwendig zur Abschreckung potentieller Gesetzesbrecher, aber der liebevolle Missionar kann mehr tun als das. Oft wird ein Herz, das durch Bestrafung nur noch härter würde, unter der Liebe Christi schmelzen.

Der Missionar wird nicht nur körperliche Krankheiten heilen, sondern den Sünder außerdem zu dem Großen Arzt führen, der auch die Seele vom Aussatz der Sünde zu reinigen vermag. Durch seine Nachfolger möchte Gott zu den Kranken, den Unglücklichen und von bösen Geistern Besessenen sprechen. Mit Hilfe seiner menschlichen Werkzeuge will er ein Tröster sein, wie ihn die Welt sonst nicht kennt.

Der Heiland hat sein kostbares Leben hingegeben, um eine Gemeinde zu gründen, die den Leidenden, Traurigen und Versuchten dient. Eine Gruppe von Gläubigen mag arm, ungebildet und unbekannt sein – aber mit der Kraft Christi können sie in Familien, in ihrer Stadt und selbst in weiter entfernten Gegenden doch ein Werk vollbringen, dessen Ergebnisse bis in die Ewigkeit reichen.

Den heutigen Nachfolgern Christi gelten die folgenden Worte Jesu nicht weniger als den ersten Jüngern: „Mir ist gegeben alle Gewalt im Himmel und auf Erden. Darum gehet hin und machet zu Jüngern alle Völker." (Matthäus 28,18–19) „Gehet hin in alle Welt und predigt das Evangelium aller Kreatur." (Markus 16,15)

Und auch uns gilt das Versprechen seiner Gegenwart: „Siehe, ich bin bei euch alle Tage bis an der Welt Ende." (Matthäus 28,20)

Heutzutage strömen keine neugierigen Menschenmengen mehr an einsamen Plätzen zusammen, um Jesus zu sehen und zu hören. Im Lärm unseres Straßenverkehrs wird seine Stimme nicht wahrgenommen. Es ertönt kein Ruf: „Jesus von Nazareth geht vorbei." (Lukas 18,37) Und doch gilt dieses Wort auch heute noch. Denn Christus geht unsichtbar durch unsere Straßen. Mit seiner Botschaft der Gnade kommt er in unsere Häuser. Er möchte mit allen zusammenarbeiten, die in seinem Namen dienen wollen. Er ist mitten unter uns, um zu heilen und zu segnen, wenn wir ihn nur aufnehmen.

„So spricht der Herr: Ich habe dich erhört zur Zeit der Gnade und habe dir am Tage des Heils geholfen und habe dich behütet und zum Bund für das Volk bestellt, dass du das Land aufrichtest und das verwüstete Erbe zuteilst, zu sagen den Gefangenen: Geht heraus! und zu denen in der Finsternis: Kommt hervor!" (Jesaja 49,8–9)

„Wie lieblich sind auf den Bergen die Füße der Freudenboten, die da Frieden verkündigen, Gutes predigen, Heil verkündigen, die da sagen zu Zion: Dein Gott ist König!" (Jesaja 52,7)

„Seid fröhlich und rühmt miteinander, ihr Trümmer Jerusalems; denn der Herr hat sein Volk getröstet und Jerusalem erlöst. Der Herr hat offenbart seinen heiligen Arm vor den Augen aller Völker, dass aller Welt Enden sehen das Heil unsres Gottes." (Jesaja 52,9–10)

Teil II

Das Werk des Arztes

Kapitel 7

Das Zusammenwirken des Göttlichen mit dem Menschlichen

Der Arzt soll bei seinem Dienst des Heilens mit Christus zusammenarbeiten. Der Heiland diente nicht nur dem Körper, sondern auch der Seele. Das Evangelium, das er lehrte, war ebenso eine Botschaft geistlichen Lebens wie körperlichen Gesundwerdens. Befreiung von Sünde und Heilung von Krankheit waren miteinander verbunden.

Derselbe Dienst ist dem christlichen Arzt aufgegeben. Er soll es Christus gleichtun und sich um die geistlichen Nöte seiner Mitmenschen genauso bemühen wie um die körperlichen. Den Kranken kann er ein Botschafter der Gnade sein, indem er ihnen ein Heilmittel sowohl für den kranken Körper als auch für die von Sünden belastete Seele gibt.

Tatsächlich ist Christus der „Chef" des ärztlichen Berufsstandes. Er ist der Verantwortliche, der neben jedem gottesfürchtigen praktizierenden Arzt steht, wenn er sich für die Linderung menschlichen Leids einsetzt. Wenn nun der Arzt die Heilmittel der Natur gegen körperliche Erkrankungen einsetzt, sollte er seine Patienten außerdem auf Jesus hinweisen, der gleichermaßen von Leiden des Körpers und der Seele freimachen kann.

Wozu die Ärzte nur einen Beitrag leisten können, das bringt Christus ganz zuwege; sie bemühen sich darum, das Heilungswerk der Natur zu unterstützen – aber der, der eigentlich heilt, ist Christus. Der Arzt strebt danach, Leben zu *erhalten,* Christus aber *gibt* Leben.

Woher jede Heilung letztlich kommt

Mit seinen Heilungswundern offenbarte Jesus die Quelle der Kraft, die für die Menschen unentwegt am Werk ist, um sie am Leben zu erhalten und zu heilen.

Gott ist es, der – durch die Gesetzmäßigkeiten der Schöpfung – Tag für Tag, Stunde um Stunde, ja, in jedem Moment dafür sorgt, uns am Leben zu erhalten, zu stärken und zu regenerieren. Sobald irgendein Körperteil verletzt wird, beginnt auch schon der Heilungsprozess; die Kräfte der Natur werden eingesetzt, um unsere Gesundheit wiederherzustellen. Die Macht nun, die durch diese Kräfte wirksam wird, ist die Macht Gottes. Überhaupt stammt jede lebenspendende Kraft von ihm. Immer wenn wir von einer Krankheit genesen, ist es Gott, der uns gesundgemacht hat. Krankheit, Leiden und Sterben sind das Werk einer ganz anderen, gegnerischen Macht. Satan ist der Zerstörer, Gott aber der Heilende und Helfende.

Gottes Wort an das Volk Israel gilt auch heute noch für alle, die körperlich oder seelisch wieder gesund werden: „Ich bin der Herr, dein Arzt." (2. Mose 15,26) Was Gott für jeden Menschen will, ist in folgenden Worten ausgedrückt: „Mein Lieber, ich wünsche, dass es dir in allen Dingen gut gehe und du gesund seist, so wie es deiner Seele gut geht." (3. Johannes 2) Gott ist es, der „... dir alle deine Sünde vergibt und heilet alle deine Gebrechen, der dein Leben vom Verderben erlöst, der dich krönet mit Gnade und Barmherzigkeit" (Psalm 103,3–4).

Wenn Christus Krankheiten heilte, warnte er viele der Leidenden: „Sündige hinfort nicht mehr, dass dir nicht etwas Schlimmeres widerfahre." (Johannes 5,14) Damit machte er deutlich, dass sie ihre Erkrankung durch Übertretung der Gesetze Gottes häufig selbst verursacht hatten, und dass sie deshalb nur durch Gehorsam gesund bleiben konnten.

Der Arzt sollte seinen Patienten vermitteln, dass sie im Heilungsprozess mit Gott zusammenarbeiten müssen. Immer deutlicher erkennen Heilkundige die Tatsache, dass Krankheit häufig das Ergebnis von Sünde ist. Es wird ihnen klar, dass die Gesetzmäßigkeiten der Natur ebenso wie die Vorschriften der Zehn Gebote von Gott kommen und dass somit nur durch Gehorsam gegenüber diesen Regeln Gesundheit zurückerlangt oder aufrechterhalten werden kann. Sie sehen viele infolge schädlicher Gewohnheiten leiden, die wieder gesund werden könnten, wenn sie nur ihren Lebensstil ändern würden. Der Arzt muss ihnen bewusst machen, dass jede Gewohnheit, die die körperlichen, geistigen oder seelischen Kräfte zerstört, Sünde ist. Gesundheit kann man nur durch Gehorsam gegen Gottes Gesetze erhalten, die er zum Besten aller Menschen gegeben hat.

Wenn ein Arzt bei seinem Patienten eine Krankheit feststellt, die von falschen Ess-, Trink- oder anderen Lebensgewohnheiten herrührt, ihm das aber nicht sagt, dann begeht er an diesem Mitmenschen ein Unrecht. Alkoholiker, seelisch Zerrüttete und die, die sich einem zügellosen Leben ergeben haben – sie alle müssen sich von ihrem Arzt klar und deutlich sagen lassen, dass Krankheit durch Trennung von Gott verursacht wird. Wer die Grundprinzipien des Lebens verstanden hat, sollte gewissenhaft sein in dem Bemühen, gegen die Ursachen einer Krankheit vorzugehen. Der Arzt steht im ständigen Kampf gegen Schmerzen, er arbeitet unentwegt an der Linderung von Leiden – wie kann er sich da hinsichtlich der Ursachen vornehm heraushalten? Ist er etwa wohlwollend und gütig, wenn er es unterlässt, strenge Mäßigkeit als ein Heilmittel gegen Krankheiten anzuordnen?

Zeigt den Menschen unmissverständlich, dass der Weg, den Gottes Gebote vorgeben, der Weg des Lebens ist. Gott hat die Naturgesetze gemacht, und seine Zehn Gebote sind ebenfalls keine willkürlichen Forderungen. Jedes „Du sollst nicht", im Natur- wie im Sittengesetz, enthält auch eine Verheißung: Wenn wir es befolgen, wird unser Lebensweg gesegnet sein. Gott zwingt uns zwar niemals, das Richtige zu tun, aber er will uns vor Bösem bewahren und uns zum Guten führen.

Lenkt die Aufmerksamkeit auf die Gesetze, die dem Volk Israel gegeben wurden. Gott gab ihnen klare Richtlinien für ihr Leben. Er machte sie mit den Grundlagen bekannt, die sowohl für das körperliche wie für das geistliche Wohlergehen von Bedeutung sind;

wenn sie seinen Weisungen gehorchten, versprach er ihnen, dass er „alle Krankheit von dir nehmen wird" (5. Mose 7,15). „Nehmt zu Herzen alle Worte, die ich euch heute bezeuge" (5. Mose 32,46), „denn sie sind das Leben denen, die sie finden, und heilsam ihrem ganzen Leibe" (Sprüche 4,22).

Gott möchte, dass wir den Zustand der Vollkommenheit erreichen, was uns durch das Opfer Christi ermöglicht worden ist. Er ruft uns auf, uns für die richtige Seite zu entscheiden, uns mit himmlischen Kräften zu verbinden und die Grundsätze zu übernehmen, die das Bild Gottes in uns wiederherstellen werden. In der Bibel und im großen Buch der Natur hat er ja die Prinzipien des Lebens offenbart. Unsere Aufgabe ist es, sie kennenzulernen und bei der Wiederherstellung körperlicher wie seelischer Gesundheit gehorsam mit Gott zusammenzuarbeiten.

Dabei müssen wir aber erkennen, dass wir die ungeschmälerten Segnungen dieses Gehorsams nur als ein Gnadengeschenk von Christus erhalten können. Denn seine Gnade ist es, die Menschen befähigt, die Gebote Gottes zu befolgen. Diese Gnade ist es auch, die uns die Fesseln schlechter Gewohnheiten zerreißen lässt. Sie ist die einzige Macht, die uns auf den richtigen Weg bringen kann und uns Standhaftigkeit verleiht.

Wenn Menschen das Evangelium in seiner ganzen Reinheit und Macht annehmen, zieht dies eine Heilung aller Erkrankungen nach sich, die von der Sünde herrühren. Denn dann geht die Sonne der Gerechtigkeit „mit Heil unter ihren Flügeln" auf (Maleachi 4,2). Demgegenüber kann rein nichts, was diese Welt aufzubieten hat, ein zerbrochenes Herz heilen, der Seele Frieden bringen, Sorgen vertreiben oder Krankheiten nachhaltig beseitigen. Berühmtheit, Genialität, herausragendes Können – all dies ist nicht imstande, ein leidbeladenes Herz wieder glücklich werden zu lassen oder einem verpfuschten Leben neuen Sinn zu geben. Die einzige Hoffnung des Menschen liegt vielmehr darin, dass Gott seine Seele heilt.

Die Liebe, mit der Christus den ganzen Menschen erfüllt, stellt eine belebende Kraft dar. Jedem lebenswichtigen Körperteil, dem Gehirn, dem Herzen und den Nerven, bringt sie Heilung. Durch sie werden die höchsten Potentiale des Menschen aktiviert. Sie befreit die Seele von Schuld und Kummer, von Ängstlichkeit und übertriebener Besorgnis, die die Lebensenergien aufzehren. Mit ihr ziehen statt dessen Gelassenheit und Ausgeglichenheit ein. Sie pflanzt eine Freude in die Seele, die von nichts Irdischem zerstört werden kann, nämlich eine vom Heiligen Geist bewirkte, gesundmachende, lebenspendende Freude.

Die Worte unseres Heilands: „Kommt her zu mir, ... ich will euch erquicken" (Matthäus 11,28) sind ein Rezept zur Heilung körperlicher, geistiger und geistlicher Leiden. Obwohl sich Menschen Krankheiten häufig durch ihre eigenen Fehler zugezogen haben, sieht Jesus voller Mitleid auf sie; in ihm können sie Hilfe finden, denn er will Großes für die tun, die ihm vertrauen.

Obwohl der Einfluss der Sünde im Laufe der Weltgeschichte immer mehr zugenommen hat, obwohl Satan listig und trickreich versucht, das Wort Gottes in seine Richtung umzudeuten und in den Menschen beständig Zweifel an Gottes Güte sät, hört doch die göttliche Gnade und Liebe nicht auf, in breiten Strömen zur Erde zu fließen. Wenn Menschen ihre Seele für Himmlisches empfänglich machten und dadurch die göttlichen Gaben wirklich nutzten, dann würde eine Flut von Heilkraft in sie strömen.

Ein Arzt, der mit Christus gut zusammenarbeiten will, wird danach streben, sein Bestes zu geben. Er wird deshalb mit Sorgfalt studieren, um für die Verantwortlichkeiten seines Berufs gut qualifiziert zu sein. Ständig wird er ein höheres Niveau anstreben, indem er sich fachlich weiterbildet, seine Fähigkeiten optimal einsetzt und sein Urteilsvermögen stetig vertieft. Jeder Arzt sollte sich bewusstmachen, dass schlechte, erfolglose Arbeit nicht nur die Kranken betrifft, sondern auch den Ruf des Ärztestandes schädigt. Ein Arzt, der sich mit einem niedrigen Kenntnis- und Fähigkeitsniveau zufriedengibt, schadet nicht nur dem Ansehen des Arztberufs, sondern verunehrt zudem Christus, seinen „Chefarzt".

Wer erkennt, dass er für die Arbeit als Arzt nicht geeignet ist, sollte besser eine andere Tätigkeit wählen. Und wer sich für einen Heilberuf zwar gut eignet, aber nur eine unzureichende Ausbildung und medizinische Qualifikation besitzt, täte gut daran, zunächst die einfacheren Arbeiten zu übernehmen und als Krankenpfleger zuverlässig zu dienen. Durch geduldigen Dienst unter talentierten Ärzten kann man beständig dazulernen; wenn man jede Chance hierzu wahrnimmt und intensiv nutzt, wird vielleicht im Lauf der Zeit eine Qualifikation erreicht, die ein Medizinstudium ohne Einschränkungen möglich macht. Lasst die jüngeren Ärzte „als Mitarbeiter [des höchsten Arztes] die Gnade Gottes nicht vergeblich empfangen", lasst sie „in nichts irgendeinen Anstoß geben, damit der Dienst [an den Kranken] nicht verlästert werde, sondern lasst sie sich in allem als Diener Gottes erweisen" (2. Korinther 6,1–4).

Es ist Gottes höchstes Ziel, dass wir unser Können beständig weiterentwickeln. Der wahre missionarische Arzt wird deshalb seine Fähigkeiten immer mehr vervollkommnen. Besonders talentierte Ärzte mit herausragenden beruflichen Fähigkeiten sollten gefunden und dazu ermutigt werden, dort eine Aufgabe für Gott zu übernehmen, wo sie andere zu medizinischen Missionaren ausbilden und anleiten können.

Der Arzt sollte die Erkenntnisse des Wortes Gottes gewissenhaft verinnerlichen. Er sollte zudem stetig in der Gnade wachsen. Die Religion darf für ihn nicht nur ein Einfluss neben anderen sein, sondern soll alle anderen Einflüsse dominieren. Er soll aus hohen, heiligen Motiven handeln – aus Motiven, die mächtig sind, weil sie von dem Einen herrühren, der sein Leben dafür gab, dass wir das Böse überwinden können.

Wenn der Arzt treu und sorgfältig nach einer erfolgreichen Ausübung seines Berufs strebt, sich gleichzeitig dem Dienst für Christus widmet und zur Prüfung seiner innersten Überzeugung Zeit nimmt, wird er erkennen, wie er den Geheimnissen seiner ganz besonderen Berufung gerecht werden kann. Er wird sich dann selbst so disziplinieren und erziehen, dass alle in seinem Einflussbereich die herausragende Güte der Erziehung und Weisheit wahrnehmen, die jemand aufweist, der mit dem Gott der Weisheit und Heilkraft verbunden ist.

Kein anderer Dienst erfordert eine engere Christusnachfolge als der des Arztes. Wer die ärztlichen Aufgaben richtig erfüllen will, muss täglich, ja stündlich ein christliches Leben führen. Denn das Schicksal des Patienten liegt in der Hand des Arztes.

Eine schlampige Diagnose oder falsche Verordnung in einem ernsten Fall, eine fahrige oder auch nur ungeschickte Handbewegung während einer Operation – und ein Leben kann zu Ende, eine Seele ausgelöscht sein. Es geht um Leben oder Tod! Wie wichtig ist es deshalb, dass der Arzt stets unter der Aufsicht seines göttlichen „Chefarztes" bleibt!

Der Heiland will allen helfen, die ihn um Weisheit und klare Gedankengänge bitten. Wer aber brauchte das mehr als der Arzt, von dessen Entscheidungen so viel abhängt? Möge also der, der Leben verlängern will, im Glauben auf Christus schauen, damit dieser jede seiner Bewegungen lenke. Der Heiland wird ihm dann Gespür und Sorgfalt bei der Behandlung schwieriger Fälle schenken.

Die Chancen, im Umgang mit Kranken Zeugnis abzulegen, sind großartig. Macht den Kranken bei allem, was zu ihrer Wiederherstellung getan wird, deutlich, dass es das Ziel des Arztes ist, beim Kampf gegen die Krankheit mit Gott zusammenzuarbeiten. Lasst sie spüren, dass sie bei jedem Schritt in Übereinstimmung mit den Gesetzen Gottes auch die Hilfe göttlicher Kraft erwarten dürfen.

Die Kranken und Leidenden werden einem Arzt viel mehr vertrauen, von dem sie zuverlässig wissen, dass er Gott liebt und fürchtet. Auf seine Aussagen verlassen sie sich, in der Gegenwart und Obhut dieses Arztes fühlen sie sich sicher.

Da er den Herrn Jesus kennt, ist es das Vorrecht des christlichen Arztes, ihn im Gebet in das Krankenzimmer einzuladen. Auch vor einer schwierigen Operation sollte der Arzt um die Hilfe des Großen Arztes bitten. Er wird dem Kranken versichern, dass Gott ihn sicher durch diesen Eingriff hindurchführen kann, dass Gott in allen kritischen Zeiten denen ein Hort der Sicherheit ist, die ihm vertrauen. Der Arzt, der das nicht kann, verliert einen Kranken nach dem anderen, der sonst vielleicht hätte gerettet werden können. Wenn ein Arzt den Glauben an einen Heiland erwecken könnte, der jeden Schmerz mitfühlt, und die Sorgen des Patienten Jesus im Gebet vorlegen würde, könnte die Krisis öfter erfolgreich überwunden werden.

Nur Er, der das menschliche Herz kennt, weiß, mit welchem Zittern und mit welcher inneren Angst viele Patienten einem chirurgischen Eingriff zustimmen. Sie erkennen durchaus die Gefahr. Zwar mögen sie der Geschicklichkeit des Arztes vertrauen, aber sie wissen um dessen Fehlbarkeit. Wenn sie sich jedoch gemeinsam mit dem Arzt im Gebet beugen und Hilfe von Gott erbitten, erfüllt sie dies mit besonderem Vertrauen. Dankbarkeit und Zuversicht öffnen dann ihre Herzen für die Heilkraft Gottes, die Energien des ganzen Menschen werden aktiviert, und die Kräfte des Lebens triumphieren.

Auch für den Arzt bedeutet die Gegenwart des Heilands eine Stärkung, denn oft erfüllen die Belastungen und alles, was ihm im Berufsalltag begegnet, seine Gedanken mit Sorgen. Unsicherheit und Furcht könnten seine Arbeit behindern, aber die Zusicherung, dass der göttliche Ratgeber neben ihm steht, um ihn zu führen und zu stärken, verleiht ihm Gelassenheit und Mut. Wenn Christus die Hand des Arztes führt, schafft das Zuversicht, Vertrauen und Stärke.

Sobald die Krisis überstanden ist und der Behandlungserfolg sichtbar wird, verbringe mit dem Patienten einige Augenblicke im Gebet. Bringe darin deine Dankbarkeit über das gerettete Menschenleben zum Ausdruck. Wenn der Patient Worte des Dankes an dich richtet, dann gib diese Lob- und Danksagung an Gott weiter. Sage dem Patienten, dass sein Leben erhalten wurde, weil er unter dem Schutz des himmlischen Arztes stand. Der Arzt, der so handelt, führt seinen Patienten zu dem Einen, von dem sein Leben abhängt, dem Einen, der ausnahmslos alle erretten kann, die zu ihm kommen.

Eine tiefe Sehnsucht danach, Seelen zu retten, sollte die medizinische Missionsarbeit bestimmen. Dem Arzt ist ebenso wie dem Seelsorger das Höchste anvertraut, was Menschen jemals übertragen wurde. Jeder Arzt ist – ob er es nun erkennt oder nicht – mit der Heilung von Seelen betraut.

In ihrem täglichen Kampf gegen Krankheit und Tod verlieren Ärzte nur zu leicht den Blick für die ernste Wirklichkeit des zukünftigen Lebens. Bei ihrem angestrengten Bemühen, die Gefahr vom Körper abzuwenden, vergessen sie oft die Fürsorge für die Seele. Dadurch kann der Patient, den sie behandeln, seinen inneren Halt verlieren. Letzte Gelegenheiten zur Stärkung des Glaubens werden versäumt. Diesem Menschen muss der Arzt dann an Christi Richterstuhl wieder begegnen.

Oft versäumen wir wertvollste Segnungen, indem wir es unterlassen, ein Wort zur rechten Zeit auszusprechen. Wenn man nicht sorgfältig auf die goldene Gelegenheit achtet, dann bleibt sie ungenutzt, und möglicherweise wird es keine weitere geben. Meinungsunterschiede über Glaubensbekenntnisse oder theologische Streitigkeiten gehören nicht ans Krankenbett. Zeigt dem Leidenden vielmehr den Einen, der alle zu retten gewillt ist, die im Glauben zu ihm kommen. Seid ebenso ernsthaft wie taktvoll bestrebt, der Seele zu helfen, die zwischen Leben und Tod steht.

Ein Arzt, der Christus als persönlichen Erlöser angenommen hat, weiß auch mit den zitternden, schuldbeladenen Seelen umzugehen, die sich hilfesuchend an ihn wenden. Er kann die Frage „Was muss ich tun, um gerettet zu werden?“ beantworten. Er kann die Liebe des Erlösers weitergeben.

Aus eigener Erfahrung wird er von der Macht der Reue und des Glaubens sprechen. In einfachen und gleichzeitig ernsten Worten kann er Gott die Not des Kranken im Gebet vorlegen und den Kranken ermutigen, ebenfalls um die Gnade des mitfühlenden Heilands zu bitten und sie anzunehmen. Bei diesem Dienst des Arztes am Krankenbett und in seinen hilfreichen und tröstenden Worten arbeitet der Herr mit ihm. Wenn die Gedanken des Kranken auf Jesus gerichtet werden, dann erfüllt der Friede Christi sein Herz, und die geistliche Gesundheit wird mitwirken bei der Heilung des Körpers.

Bei seinen Krankenbesuchen wird der Arzt auch oft Gelegenheit finden, an den Angehörigen des Kranken einen Dienst zu erfüllen. Denn wenn sie am Krankenbett wachen und sich doch außerstande sehen, wirkungsvoll Hilfe zu leisten, dann wird sie das sehr belasten. Oft werden sie ihren Kummer, den sie vor anderen verborgen halten, dem Arzt offenbaren. Dies ist dann die Gelegenheit, die Sorgenbeladenen auf den zu verweisen, der den Mühseligen und Beladenen angeboten hat, zu ihm zu kommen. Der Arzt kann anbieten, für sie und mit ihnen zu beten und ihre Nöte dem größten Arzt, dem Linderer aller Sorgen, vorzulegen.

Was Gott verheißen hat

Dem Arzt bieten sich kostbare Gelegenheiten, seine Patienten auf die Verheißungen des Wortes Gottes hinzuweisen. Aus Gottes Schatzkammer kann er neue wie altbewährte Dinge hervorholen und immer wieder die Worte des Trostes und der Unterweisung aussprechen, die gerade benötigt werden. In seinen Gedanken braucht er einen Vorrat nützlicher und förderlicher Ideen. Er soll das Wort Gottes sorgfältig studieren, um mit seinen Verheißungen vertraut zu sein.

Der Arzt kann die aufmunternden Worte wiederholen, die Christus während seines Dienstes auf dieser Erde aussprach, als er lehrte und heilte. Er sollte von den Heilungstaten Christi erzählen, von seiner mitfühlenden Haltung und seiner Liebe. Niemals sollte er es versäumen, die Gedanken seiner Patienten auf Christus, den obersten Arzt, zu lenken.

Dieselbe Macht, die Christus ausübte, als er sichtbar unter uns Menschen weilte, liegt in seinem Wort. Es war ja auch sein Wort, wodurch Jesus Krankheiten heilte und Dämonen austrieb; mit seinem Wort stillte er Stürme und rief Tote ins Leben zurück – und die Menschen bezeugten, dass sein Wort machtvoll war. Er verkündete das Wort Gottes, so wie er es allen Propheten und Lehrern des Alten Testaments verkündet hatte. Die ganze Bibel ist ja eine Offenbarung von Jesus Christus.

Die Heilige Schrift soll als Gottes Wort an uns aufgenommen werden, und zwar nicht nur als geschriebenes, sondern auch als gesprochenes Wort. Als die von Krankheit Geplagten zu Jesus kamen, sah er in ihnen nicht nur diejenigen, die ihn gerade jetzt um Hilfe baten, sondern auch alle, die während späterer Jahrhunderte mit ähnlichen Bedürfnissen und einem ähnlichen Glauben zu ihm kommen würden. Wenn er also zu dem Gichtbrüchigen sagte: „Sei getrost, mein Sohn, deine Sünden sind dir vergeben" (Matthäus 9,2), oder zu der Frau aus Kapernaum sprach: „Meine Tochter, dein Glaube hat dir geholfen. Geh hin in Frieden!" (Lukas 8,48), so redete er damit auch zu allen Kranken und Sündenbeladenen, die ihn in späteren Zeiten um Hilfe bitten würden.

So verhält es sich mit allen Verheißungen in Gottes Wort. Mit ihnen spricht er zu uns persönlich, und dies so unmittelbar, als ob wir seine Stimme hören könnten. Diese Verheißungen sind es, durch die Christus uns seine Gnade und Macht vermittelt. Sie sind Blätter des Baumes, der „zur Heilung der Völker" dient (Offenbarung 22,2).

Wenn wir sie annehmen und in uns aufnehmen, werden sie unseren Charakter stärken und unserem Leben Ausrichtung und Festigkeit verleihen. Nichts anderes kann eine solche Heilkraft entfalten, nichts anderes den Mut und den Glauben stärken, die das ganze Dasein mit Lebensenergie erfüllen.

Der Arzt soll also dem, der zitternd vor Furcht am Rand des Grabes steht, dem, der die Last seiner Leiden und Sünden kaum mehr ertragen kann, bei sich bietender Gelegenheit die Worte des Heilands wiederholen – denn alle Worte der Heiligen Schrift stammen von ihm:

„Fürchte dich nicht, denn ich habe dich erlöst; ich habe dich bei deinem Namen gerufen; du bist mein! Wenn du durch Wasser gehst, will ich bei dir sein, dass dich die Ströme nicht ersäufen sollen; und wenn du ins Feuer gehst, sollst du nicht brennen, und die Flamme soll dich nicht versengen. Denn ich bin der Herr, dein Gott, der Heilige Israels, dein Heiland. (…) weil du in meinen Augen so wertgeachtet und auch herrlich bist und weil ich dich liebhabe." (Jesaja 43,1–4) „Ich, ich tilge deine Übertretungen um meinetwillen und gedenke deiner Sünden nicht." (Jesaja 43,25) „So fürchte dich nun nicht, denn ich bin bei dir." (Jesaja 43,5)

„Wie sich ein Vater über seine Kinder erbarmt, so erbarmt sich der Herr über die, die ihn fürchten. Denn er weiß, was für ein Gebilde wir sind; er gedenkt daran, dass wir Staub sind." (Psalm 103,13–14)

„Allein erkenne deine Schuld, dass du wider den Herrn, deinen Gott, gesündigt hast". (Jeremia 3,13) „Wenn wir aber unsre Sünden bekennen, so ist er treu und gerecht, dass er uns die Sünden vergibt und reinigt uns von aller Ungerechtigkeit." (1. Johannes 1,9)

„Ich tilge deine Missetat wie eine Wolke und deine Sünden wie den Nebel. Kehre dich zu mir, denn ich erlöse dich!" (Jesaja 44,22)

„So kommt denn und lasst uns miteinander rechten, spricht der Herr. Wenn eure Sünde auch blutrot ist, soll sie doch schneeweiß werden, und wenn sie rot ist wie Scharlach, soll sie doch wie Wolle werden. Wollt ihr mir gehorchen, so sollt ihr des Landes Gut genießen." (Jesaja 1,18–19)

„Ich habe dich je und je geliebt, darum habe ich dich zu mir gezogen aus lauter Güte." (Jeremia 31,3) „Ich habe mein Angesicht im Augenblick des Zorns ein wenig vor dir verborgen, aber mit ewiger Gnade will ich mich deiner erbarmen, spricht der Herr, dein Erlöser." (Jesaja 54,8)

„Euer Herz erschrecke nicht!" (Johannes 14,1) „Den Frieden lasse ich euch, meinen Frieden gebe ich euch. Nicht gebe ich euch, wie die Welt gibt. Euer Herz erschrecke nicht und fürchte sich nicht." (Johannes 14,27)

„Ein jeder von ihnen wird sein wie eine Zuflucht vor dem Wind und wie ein Schutz vor dem Platzregen, wie Wasserbäche am dürren Ort, wie der Schatten eines großen Felsens im trockenen Lande." (Jesaja 32,2)

„Die Elenden und Armen suchen Wasser, und es ist nichts da, ihre Zunge verdorrt vor Durst. Aber ich, der Herr, will sie erhören; ich, der Gott Israels, will sie nicht verlassen." (Jesaja 41,17)

„So spricht der Herr, der dich gemacht … hat: … Ich will Wasser gießen auf das Durstige und Ströme auf das Dürre: ich will meinen Geist auf deine Kinder gießen und meinen Segen auf deine Nachkommen." (Jesaja 44,2–3)

„Wendet euch zu mir, so werdet ihr gerettet, aller Welt Enden". (Jesaja 45,22)

„Er hat unsre Schwachheit auf sich genommen, und unsre Krankheit hat er getragen." (Matthäus 8,17, wo Jesaja 53,4 zitiert wird.) „Aber er ist um unsrer Missetat willen verwundet und um unsrer Sünde willen zerschlagen. Die Strafe liegt auf ihm, auf dass wir Frieden hätten, und durch seine Wunden sind wir geheilt." (Jesaja 53,5)

Kapitel 8

Der Arzt ist auch Erzieher

Der wahre Arzt ist zugleich ein Erzieher. Er erkennt seine Verantwortung nicht nur gegenüber den Kranken, die seiner unmittelbaren Obhut anvertraut sind, sondern auch gegenüber der Gesellschaft, in der er lebt. In ihr steht er als ein Wächter sowohl der körperlichen als auch der moralischen Gesundheit.

Er wird nicht nur die richtigen Methoden für die Behandlung von Kranken vermitteln, sondern auch zu gesundheitsfördernden Lebensgewohnheiten ermutigen und sein Wissen über wichtige Grundsätze weitergeben.

Die Unterrichtung in Gesundheitsgrundsätzen ist notwendig

Die Unterrichtung in Gesundheitsgrundsätzen war noch nie so dringend wie heute. Trotz des wunderbaren Fortschritts auf so vielen Gebieten des Lebens, besonders in der Vorbeugung und Behandlung von Krankheiten, ist die Abnahme der körperlichen Kräfte und Ausdauer doch alarmierend. Sie erfordert die Aufmerksamkeit aller, denen das Wohlergehen ihrer Mitmenschen am Herzen liegt.

Unsere hochgesteckte Zivilisation begünstigt manche Übel, die gute Grundsätze zerstören. Trends und Mode-Erscheinungen liegen im Kampf mit der Natur. Die Lebensformen, die sie einem aufzwingen, und die Anpassung, die sie fordern, verringern fortwährend die körperliche und geistige Kraft und werden für die Menschheit eine unerträgliche Last. Unmäßigkeit und Kriminalität, Krankheit und Elend sind allgegenwärtig.

Viele vernachlässigen eine gesunde Lebensweise aus Unwissenheit und benötigen deshalb Unterweisung. Eine große Anzahl

Menschen wissen jedoch mehr, als sie tatsächlich umsetzen. Ihnen muss die Notwendigkeit eingeprägt werden, aus ihrem bloßen Wissen eine Richtlinie für ihr tatsächliches Leben zu machen. Hier hat der Arzt viele Gelegenheiten, sowohl Wissen über Gesundheitsprinzipien zu vermitteln als auch die Bedeutsamkeit ihrer praktischen Umsetzung aufzuzeigen. Mit guter Unterweisung kann er eine Menge zur Verbesserung von Missständen tun, die unsäglichen Schaden verursachen.

Eine Gewohnheit, die den Grund zu einer Unzahl von Erkrankungen und sogar noch ernsteren Übeln legt, stellt der schrankenlose Gebrauch von gefährlichen Arzneimitteln dar. Bei einer Erkrankung scheuen viele die Mühe, nach der wahren Ursache ihrer Krankheit zu forschen. Ihr Hauptbestreben geht vielmehr dahin, möglichst schnell die Schmerzen und Unannehmlichkeiten zu beseitigen. Deshalb nehmen sie bedenkenlos Medikamente ein, von deren wirklichen Eigenschaften sie wenig wissen, oder sie erwarten vom Arzt eine Arznei, die die Auswirkungen ihres Fehlverhaltens abstellen soll, ohne jedoch eine Änderung ihrer gesundheitsschädigenden Lebensgewohnheiten in Betracht zu ziehen. Wenn dann nicht kurzfristig eine Besserung eintritt, probiert man ein anderes Mittel und darauf noch ein weiteres aus. Das Grundproblem aber bleibt unbeachtet.

Diesen Menschen muss klargemacht werden, dass gefährliche Arzneimittel eine Krankheit nicht dauerhaft heilen. Richtig ist, dass sie manchmal eine kurzzeitige Erleichterung herbeiführen und der Patient als Folge ihres Gebrauchs zu genesen scheint; dies geschieht aber nur, weil die menschliche Natur genügend Lebenskraft hat, um das Arzneigift wieder auszuscheiden und die Bedingungen, die die Krankheit verursacht haben, zu kompensieren. Die Gesundheit wird so *trotz* des Arzneimittels wiederhergestellt. In den meisten Fällen jedoch verändert das Medikament nur die Symptomatik und den Ort der Erkrankung.

Oft scheint die Wirkung des Arzneigiftes eine Zeitlang überwunden zu sein, aber die Folgen bleiben im Organismus doch bestehen und verursachen Schäden, die erst zu späterer Zeit sichtbar werden.

Viele ziehen sich durch die Einnahme schädlicher Arzneimittel chronische Erkrankungen zu, und manche verlieren sogar ihr Leben, das bei Anwendung natürlicher Heilmethoden hätte erhalten werden können. Die Giftstoffe, die in vielen sogenannten Heilmitteln enthalten sind, machen abhängig und erzeugen Süchte, die Seele und Körper zerstören. Viele gängige Präparate, ‚patentierte Arzneimittel' genannt, und sogar einige der Medikamente, die von Ärzten abgegeben werden, bilden die Grundlage für den gewohnheitsmäßigen Konsum von Alkohol, Opium und Morphium, der einen fürchterlichen Fluch für die Gesellschaft darstellt.

Die einzige Hoffnung auf eine Besserung dieser Verhältnisse liegt in der Aufklärung der Menschen über die richtigen Prinzipien. Verantwortungsbewusste Ärzte müssen der Bevölkerung bewusst machen, dass die Heilkraft nicht in gefährlichen Arzneimitteln liegt, sondern in der Natur selbst. Krankheit stellt das Bemühen der Natur dar, den Organismus von Zuständen zu befreien, die aus einer Verletzung der Gesundheitsgesetze resultieren.

Bei einer Erkrankung sollte man sich deshalb zuerst Gewissheit über ihre Ursache verschaffen. Gesundheitsschädigende Lebensumstände sollten dann verändert und falsche Gewohnheiten korrigiert werden. Schließlich muss die Natur in ihrem Bemühen unterstützt werden, die Schadstoffe auszuscheiden und im Organismus normale Funktionen wiederherzustellen.

Natürliche Heilmittel

Reine Luft, Sonnenlicht, Enthaltsamkeit, Ruhe, Bewegung, richtige Ernährung, Wasseranwendungen und Vertrauen in die göttliche Macht – dies sind die wahren Heilmittel. Jeder sollte diese Heilmittel der Natur und die Möglichkeiten ihrer Anwendung kennen. Es ist einerseits wichtig, die Grundsätze der Behandlung Kranker zu verstehen, und andererseits praktische Erfahrungen zu haben, die dazu befähigten, dieses Wissen richtig anzuwenden.

Die Anwendung natürlicher Heilmittel erfordert ein hohes Maß an Sorgfalt und Anstrengung, das viele nicht aufzubringen gewillt sind. Der natürliche Prozess der Heilung und Regeneration verläuft stufenweise, und dies geht den Ungeduldigen zu langsam. Die Überwindung schädlicher Genüsse verlangt Opfer. Aber schließlich werden wir erkennen, dass die Natur – wenn wir sie nicht hindern – ihr Werk weise und gut verrichtet. Wer dann weiterhin ihren Gesetzen gehorcht, wird die Belohnung in Form eines gesunden Körpers und eines gesunden Geistes erfahren.

Im allgemeinen wird der *Erhaltung* der Gesundheit zu wenig Aufmerksamkeit geschenkt. Weitaus besser ist es, einer Erkrankung vorzubeugen, als zu wissen, wie man sie behandelt, wenn sie eingetreten ist. Jeder ist – zu seinem eigenen Nutzen und der Gesellschaft gegenüber – verpflichtet, sich über die Gesetze des Lebens zu informieren und sie gewissenhaft zu befolgen. Wir sollen mit dem wunderbarsten aller Organismen, dem menschlichen Körper, vertraut werden. Die Aufgaben der verschiedenen Organe und ihre wechselseitigen Abhängigkeiten sollten uns bekannt sein, ebenso der Einfluss des Geistes auf den Körper und der des Körpers auf den Geist. Es lohnt sich, die Gesetzmäßigkeiten zu studieren, von denen sie bestimmt werden.

Erziehung, um im Lebenskampf zu bestehen

Immer wieder müssen wir uns bewusst machen, dass Gesundheit nicht vom Zufall abhängt; sie ist vielmehr ein Ergebnis des Gehorsams gegenüber den Naturgesetzen.

Die Wettkämpfer in der Leichtathletik und anderen Sportarten erkennen das deutlich. Diese Menschen bereiten sich auf das sorgfältigste vor. Sie unterwerfen sich gewissenhaftem Training und strikter Disziplin. Jede körperliche Gewohnheit wird genau geregelt. Sie wissen, dass fehlende wie übermäßige Beanspruchung oder Mangel an Sorgfalt, die jedes Organ und jede Funktion des Körpers schwächen oder lähmen können, eine sichere Niederlage bedeuten würde.

Um wieviel wichtiger ist solche Sorgfalt bei der Sicherung des Erfolgs im Wettkampf des *Lebens*. Worin wir hier einbezogen sind, das ist ja kein spielerischer Kampf, tragen wir doch ein Gefecht aus, aus dem sich immerwährende Folgen ergeben. Wir haben es mit unsichtbaren Feinden zu tun: Böse Engel kämpfen um die Herrschaft über jeden Menschen. Alles, was die Gesundheit beeinträchtigt, mindert nicht nur die körperliche Leistungsfähigkeit, sondern schwächt tendenziell auch die geistigen und moralischen Kräfte. Nachgiebigkeit bei irgendeiner gesundheitsschädlichen Lebensgewohnheit erschwert es dem Betroffenen, zwischen richtig und falsch zu unterscheiden, und verringert die Kraft, dem Bösen zu widerstehen. Sie vergrößert somit die Gefahr, Fehler zu begehen und Niederlagen zu erleiden.

„Die in der Kampfbahn laufen, laufen alle, aber *einer* empfängt den Siegespreis." (1. Korinther 9,24) In dem Kampf, den wir auszutragen haben, können *alle* gewinnen, die Selbstdisziplin durch Gehorsam gegenüber richtigen Grundsätzen üben. Die Anwendung dieser Grundsätze in den einzelnen Situationen des Lebens wird allzu häufig als unwichtig angesehen – als eine Angelegenheit, die zu banal ist, um unsere Aufmerksamkeit zu erfordern. Aber angesichts dessen, was auf dem Spiel steht, ist nichts zu unwichtig, womit wir zu tun haben. Jede Handlung wirft ihr Gewicht in die Waagschale, die über des Lebens Sieg oder Niederlage entscheidet. Die Bibel gebietet uns: „Lauft so, dass ihr den Siegespreis erlangt." (1. Korinther 9,24)

Bei unseren ersten Eltern führte unmäßiges Begehren zum Verlust des Gartens Eden. Entsprechend hat Mäßigkeit in allen Dingen mit unserer Wiedereinsetzung ins Paradies mehr zu tun, als die Menschen üblicherweise erkennen.

Paulus verweist auf die Selbstverleugnung, die von den Wettkämpfern bei den antiken griechischen Spielen praktiziert wurde, und schreibt: „Jeder aber, der kämpft, enthält sich aller Dinge; jene nun, damit sie einen vergänglichen Kranz empfangen, wir aber einen unvergänglichen. Ich aber laufe nicht wie aufs Ungewisse; ich kämpfe mit der Faust, nicht wie einer, der in die Luft schlägt, sondern ich bezwinge meinen Leib und zähme ihn, damit ich nicht andern predige und selbst verwerflich werde." (1. Korinther 9,25–27)

Der Fortschritt in der Lebensreform hängt von einer klaren Erkenntnis der grundlegenden Wahrheiten ab. Während einerseits Gefahr in einer engstirnigen Anschauung und einer harten, kalten

Orthodoxie lauert, besteht andererseits genauso große Gefahr in einem sorglosen Liberalismus. Die Grundlage aller nachhaltigen Lebensreform ist das Gesetz Gottes. Wir sollen in klaren und bestimmten Zügen die Notwendigkeit darlegen, diesem Gesetz zu gehorchen. Dessen Prinzipien müssen den Menschen vor Augen gestellt werden; sie sind ebenso ewig und unveränderlich wie Gott selbst.

Eine der beklagenswertesten Auswirkungen des ersten Abfalls bestand im Verlust der menschlichen Kraft zur Selbstbeherrschung. Nur wenn diese Kraft zurückgewonnen wird, kann wirklicher Fortschritt eintreten.

Der Körper ist das einzige Mittel, wodurch Geist und Seele zur Charakterbildung entwickelt werden. Deshalb richtet der Feind der Seelen seine Versuchungen auf die Schwächung und Herabwürdigung der körperlichen Kräfte. Sein Erfolg auf diesem Gebiet bedeutet zugleich die Kapitulation des ganzen Menschen vor der Sünde. Die Sehnsüchte unserer menschlichen Natur werden unweigerlich Verderben und Tod hervorbringen, wenn sie nicht unter der Herrschaft einer höheren Macht stehen.

Der Körper muss sich unterordnen; die höheren Kräfte des Menschen sollen ihn regieren. Die Leidenschaften müssen von einem Willen beherrscht werden, der seinerseits unter der Kontrolle Gottes steht. Die erhabene Kraft des Verstandes, durch göttliche Gnade geheiligt, soll unser Leben regieren.

Dem Gewissen müssen wieder die Forderungen Gottes eingeprägt werden. Männern und Frauen muss die Pflicht zur Selbstbeherrschung, die Notwendigkeit der Reinheit, die Freiheit von jeglicher verderblichen Begierde und Gewohnheit aufs neue vermittelt werden. Es muss ihnen die Tatsache eingeprägt werden, dass alle ihre geistigen und körperlichen Kräfte ein Geschenk Gottes darstellen und deshalb zum Dienst für ihn in bestmöglichem Zustand erhalten werden sollen.

Im alttestamentlichen Opferdienst, der das Evangelium symbolisch darstellte, durfte kein fehlerhaftes Opfer zum Altar Gottes gebracht werden. Ein Opfer, das Christus darstellen sollte, musste makellos sein. Das Wort Gottes deutet das als eine Beschreibung dessen, was seine Kinder sein sollen – „ein lebendiges Opfer", „heilig und untadelig", „Gott wohlgefällig" (Römer 12,1; Epheser 5,27).

Ohne die Kraft Gottes kann keine echte Reform gelingen, denn menschliche Barrieren gegen natürliche und anerzogene Neigungen bieten kaum mehr Schutz als eine Sandbank gegen den Strom. Erst wenn die Kraft Christi eine lebenspendende Macht in unserem Leben wird, können wir den Versuchungen widerstehen, die uns von innen und außen umgeben.

Christus kam auf diese Welt und lebte getreu dem Gesetz Gottes, damit der Mensch über seine natürlichen, sündigen Neigungen, die die Seele zerstören, vollständig herrschen kann. Der Arzt für Seele und Körper wird den Sieg schenken über alle Begierden, die uns zu schaffen machen. Er hat jede Vorkehrung dafür getroffen, dass der Mensch einen vollkommenen Charakter erlangen kann.

Wenn sich jemand Christus übergibt, dann steht sein Geist unter der Kontrolle des Gesetzes; aber es ist das königliche Gesetz, das jedem Gefangenen Freiheit zuspricht. Indem der Mensch mit Christus eins wird, ist er befreit. Unterwerfung unter den Willen Christi bedeutet somit Wiederherstellung der vollkommenen Menschlichkeit.

Gehorsam gegenüber Gott bedeutet Freiheit von der Sklaverei der Sünde, Befreiung von menschlicher Leidenschaft und Neigung. Der Mensch *kann* als Sieger über sich selbst dastehen, als Sieger über seine sündigen Neigungen, als Sieger über „Mächtige und Gewaltige", über „die Herren der Welt, die in dieser Finsternis herrschen", über „die bösen Geister unter dem Himmel" (Epheser 6,12).

Nirgendwo ist eine solche Unterweisung nötiger und wird sie mehr Gutes bewirken als im Heim. Eltern haben es mit der ersten Prägung von Gewohnheiten und Charakter zu tun. Die Lebensreformbewegung muss deshalb damit beginnen, ihnen die Prinzipien des Gesetzes Gottes und ihren Bezug zu körperlicher wie moralischer Gesundheit aufzuzeigen. Verdeutlicht ihnen, dass Gehorsam gegenüber Gottes Wort unsere einzige Sicherheit gegen das Böse darstellt, das die Welt in die Zerstörung treibt. Macht den Eltern ihre Verantwortung bewusst, nicht nur für sich selbst, sondern auch für ihre Kinder. Denn sie geben diesen ein Beispiel entweder für Gehorsam oder für Übertretung. Ihr Beispiel und ihre Unterweisung entscheiden über das Schicksal ihrer Familien. Die Kinder werden, wozu ihre Eltern sie machen.

Wenn Eltern vorausschauend die Ergebnisse ihrer Erziehung sehen und dabei erkennen könnten, wie sie mit ihrem Beispiel und ihrer Belehrung die Macht der Sünde oder die der Gerechtigkeit fördern, würden sie sicherlich anders handeln. Viele würden sich dann von Tradition und Gewohnheit abwenden und die göttlichen Lebensgrundsätze annehmen.

Die Macht des Vorbilds

Der Arzt, der Menschen in ihren Wohnungen besucht, der am Bett der Kranken wacht und ihre Leiden lindert, der sie vom Rand des Grabes zurückholt und den Sterbenden Hoffnung zuspricht, erlangt damit ein Maß an Vertrauen und Zuneigung, wie es nur wenige andere erhalten. Nicht einmal dem Prediger des Evangeliums bieten sich derart große Möglichkeiten oder ein derart weitreichender Einfluss.

Das Vorbild des Arztes sollte, ebenso wie seine Unterweisung, eine positive Wirkung im Sinne Gottes ausüben. Die Sache der Lebensreform verlangt nach Männern und Frauen, deren Lebensführung Selbstdisziplin aufweist. Es ist die Anwendung unserer erklärten Überzeugungen, die ihnen Gewicht verleiht. Die Welt benötigt eine konkrete Demonstration dessen, was Gottes Gnade bei der Wiederherstellung der Würde des Menschen als „Krone der Schöpfung" bewirken kann, indem sie ihm Selbstbeherrschung verleiht. Nichts braucht die Welt so dringend wie das Wissen um die rettende Kraft des Evangeliums, die sich in einer christusähnlichen Lebensweise offenbart.

Der Arzt kommt ständig mit Menschen in Kontakt, die die Stärke und Ermutigung eines guten Vorbilds brauchen, denn viele verfügen kaum noch über sittliche Kraft. Ihnen fehlt jede Selbstdisziplin, weshalb sie leicht Versuchungen unterliegen. Der Arzt kann diesen Seelen nur helfen, wenn er in seinem eigenen Leben eine Grundsatztreue aufweist, die es ihm ermöglicht, jede schädliche Gewohnheit und jede zerstörerische Leidenschaft zu besiegen. In seinem Leben muss das Wirken einer Kraft sichtbar werden, die göttlich ist. Wenn er hierin versagt, wird sein Einfluss – wie beeindruckend und überzeugend seine Worte auch immer sein mögen – doch nur zugunsten des Bösen wirken.

Viele, die aufgrund ihrer eigenen falschen Gewohnheiten zu seelischen Wracks geworden sind, suchen ärztlichen Rat und Behandlung. Sie sind schwach und verwundet, erkennen ihre Fehlerhaftigkeit, aber auch die Unfähigkeit, etwas zu verändern. Aus der Umgebung solcher Menschen muss alles entfernt werden, was die Fortsetzung der Gedanken und Gefühle begünstigt, die sie zu dem gemacht haben, was sie sind. Statt dessen sollen sie eine Atmosphäre der Reinheit und hoher, edler Gedanken atmen. Wie schrecklich ist die Verantwortung derer, die ihnen ein richtiges Vorbild geben sollten und selbst von schädlichen Gewohnheiten gefangen sind. Das würde die Macht der Versuchung noch verstärken!

Der Arzt und sein Einsatz für Mäßigkeit

Viele kommen in ärztliche Behandlung, die durch den Genuss von Tabak oder alkoholischen Getränken Körper und Seele ruiniert haben. Der Arzt, der seine Verantwortung ernst nimmt, muss diesen Patienten die Ursache ihres Leidens aufzeigen. Wenn er nun aber selbst raucht oder Alkohol trinkt – welches Gewicht wird man dann seinen Worten beimessen? Wird er in dem Bewusstsein seiner eigenen Nachgiebigkeit nicht zögern, auf die dunklen Flecken im Leben seiner Patienten hinzuweisen? Wenn er diese Genussmittel selbst gebraucht – wie kann er dann die Jugend von deren schädlichen Folgen überzeugen?

Wie kann ein Arzt in der sozialen Gemeinschaft als ein Vorbild für Gesundheit und Selbstdisziplin dastehen, wie kann er ein erfolgreicher Arbeiter im Mäßigkeitswerk sein, während er sich selbst einer schlechten Gewohnheit ergibt? Wie kann er am Bett der Kranken und Sterbenden wirkungsvoll helfen, wenn sein Atem nach Alkohol oder Tabak riecht?

Wie kann jemand, der selbst sein Nervensystem zerstört und sein Gehirn durch den Konsum narkotisierender Gifte benebelt, dem Vertrauen gerecht werden, das man ihm als zuverlässigem Arzt entgegenbringt? Wie unmöglich ist es doch für ihn, schnell zu entscheiden oder präzise zu handeln!

Wenn er die Gesetze, die auch für sein Leben gelten, nicht befolgt, wenn er selbstsüchtige Befriedigung der Gesundheit von Geist und Körper vorzieht – erklärt er sich damit nicht für untauglich, die Verantwortung für Menschenleben zu hegen?

Wie sorgfältig und gewissenhaft ein Arzt auch sein mag, in seiner Arbeit wird es doch viele scheinbare Entmutigungen und Niederlagen geben. Häufig sind seine Heilerfolge nicht von Dauer. Obwohl die Gesundheit seiner Patienten wiederhergestellt ist, bedeutet dies keinen wirklichen Nutzen für sie oder die Gesellschaft. Denn viele werden gesund, um dann die Nachgiebigkeiten zu wiederholen, die sie erkranken ließen. Mit demselben Eifer wie zuvor stürzen sie sich wieder in den Kreislauf von Selbstbemitleidung und Unvernunft. Die Arbeit des Arztes an ihnen scheint verschwendete Mühe gewesen zu sein.

Christus machte häufig diese Erfahrung, verringerte deshalb aber seine Bemühungen um eine leidende Seele nicht. Von den zehn geheilten Aussätzigen wusste nur einer sein Geschenk zu würdigen, und das war ein Fremder, ein Samariter. Aber für diesen einen heilte Christus auch die anderen neun. Wenn der Arzt nun keine bessere Erfolgsquote erzielt als der Heiland, soll er von seinem „Chefarzt" eine Lektion lernen: Wird doch von Christus geschrieben, dass er „nicht auslöschen und nicht zerbrechen" wird (Jesaja 42,4); „weil seine Seele sich abgemüht hat, wird er das Licht schauen und die Fülle haben" (Jesaja 53,11).

Selbst wenn nur eine Seele die frohe Botschaft seiner Gnade angenommen hätte, so hätte Christus zur Rettung dieser einen sein Leben der Mühe und Erniedrigung und seinen entwürdigenden Tod auf sich genommen. Wenn nun durch unser Bemühen nur ein Mensch aufgerichtet und veredelt wird, vorbereitet dafür, im Himmel vor Gott zu bestehen, haben wir dann nicht Ursache zur Freude?

Die Pflichten des Arztes sind schwer und anstrengend. Um sie so erfolgreich wie möglich zu erfüllen, muss er eine starke Konstitution und eine robuste Gesundheit aufweisen. Ein schwacher oder kränklicher Mensch kann die aufreibende Arbeit, die der Beruf des Arztes mit sich bringt, nicht durchstehen. Jemand, dem vollkommene Selbstdisziplin fehlt, kann nicht dazu ausgebildet werden, alle Arten von Erkrankungen zu behandeln.

Oft um den Schlaf gebracht, manchmal sogar um die Mahlzeiten, häufig notgedrungen auf die Freuden der Geselligkeit oder religiöse Gemeinschaft verzichtend – so scheint das Leben des Arztes unter ständiger Belastung zu stehen. Die vielen Erkrankungen, die er sieht, die ständig um Hilfe bittenden Menschen, sein Kontakt mit den Verwahrlosten drücken das Gemüt nieder und lassen ihn manchmal an der Menschheit zweifeln.

Im Kampf gegen Krankheit und Tod werden alle Kräfte bis an ihre Grenzen beansprucht. Die Auswirkung dieser aufreibenden Belastung prüft den Charakter aufs äußerste. In solchen Zeiten haben Versuchungen die größte Chance auf Erfolg. Mehr als die Menschen in jedem anderen Beruf benötigt der Arzt Selbstdisziplin, Klarheit des Denkens und einen Glauben, der sich an den Himmel hält. Um der anderen und seiner selbst willen kann er es sich nicht leisten, die Naturgesetze zu missachten. Rücksichtslosigkeit bei natürlichen Gewohnheiten verweist auf Rücksichtslosigkeit in sittlichen Belangen.

Die einzige Sicherheit des Arztes besteht darin, unter allen Umständen Grundsatztreue zu wahren, gestärkt und veredelt durch eine Zielstrebigkeit, die ihre Kraft nur aus Gott schöpfen kann. Er soll in der moralischen Vollkommenheit des Charakters Gottes stehen. Tag für Tag, Stunde um Stunde, in jedem Augenblick soll er vor den Augen der unsichtbaren Welt leben. Wie Mose muss er sich beständig an den halten, „den er nicht sah, als sähe er ihn".

Gerechtigkeit hat ihre Wurzel im Gehorsam gegen Gott. Niemand kann vor seinen Mitmenschen beständig ein reines und tatkräftiges Leben führen, wenn dieses Leben nicht mit Christus in Gott geborgen ist. Je bedeutungsvoller die Tätigkeit unter den Menschen, um so enger muss das Herz mit dem Himmel verbunden sein.

Je dringender seine Pflichten und je größer seine Verantwortung, um so mehr braucht der Arzt auch göttliche Kraft. Bei den irdischen Belangen muss Zeit eingespart werden, um für die ewigen Dinge Zeit zu gewinnen. Er muss einer besitzergreifenden Welt widerstehen, die so starken Druck auf ihn ausüben würde, dass er von der Quelle seiner Kraft getrennt würde. Mehr als alle anderen Menschen sollte sich der Arzt durch Gebet und Bibelstudium unter den Schutzschild Gottes stellen. Er soll in ständigem Kontakt und bewusster Übereinstimmung mit den Prinzipien der Wahrheit, Gerechtigkeit und Gnade leben, die die Eigenschaften Gottes an der menschlichen Seele sichtbar werden lassen.

Genau in dem Ausmaß, in dem Gottes Wort angenommen und befolgt wird, wird es mit seiner Kraft und Lebendigkeit jeden Handlungsansatz und jeden Bereich des Charakters prägen und berühren. Es wird jeden Gedanken reinigen und jedes Begehren in seine Schranken weisen. Die auf Gottes Wort vertrauen, werden als gefestigte Menschen leben und stark sein. Sie werden sich über alle niederen Dinge in eine Sphäre erheben, die frei von jeglicher Verunreinigung ist.

Wenn ein Mensch in Gemeinschaft mit Gott lebt, wird jener unwandelbare Vorsatz, der Joseph und Daniel inmitten ethisch verwahrloster heidnischer Königshöfe bewahrte, auch sein Leben in unbeschmutzter Reinheit erhalten. Das Gewand seines Charakters wird ohne Flecken bleiben. Das Licht Christi wird in seinem Leben nicht verdunkelt. Der helle Morgenstern wird in beständiger Herrlichkeit über ihm leuchten.

Ein solches Leben wird in der sozialen Gemeinschaft ein Mosaikstein der Stärke sein. Es wird eine Schranke gegen das Böse, eine Zuflucht für die Versuchten und ein Leitstern für alle sein, die inmitten von Schwierigkeiten und Entmutigungen den richtigen Weg suchen.

Teil III

Ärztliche Missionare

Kapitel 9

Lehren und Heilen

Als Christus seine zwölf Jünger zu ihrer ersten Missionsreise aussandte, gebot er ihnen: „Geht aber und predigt und sprecht: Das Himmelreich ist nahe herbeigekommen. Macht Kranke gesund, weckt Tote auf, macht Aussätzige rein, treibt böse Geister aus. Umsonst habt ihr's empfangen, umsonst gebt es auch." (Matthäus 10,7–8) Zu den siebzig später ausgesandten Jüngern sagte er: „Und wenn ihr in eine Stadt kommt, ... dann heilt die Kranken, die dort sind, und sagt ihnen: Das Reich Gottes ist nahe zu euch gekommen." (Lukas 10,8–9) Die Gegenwart und Kraft Jesu begleitete sie, „die Siebzig kamen zurück voll Freude und sprachen: Herr, auch die bösen Geister sind uns untertan in deinem Namen" (Lukas 10,17). Nach Christi Himmelfahrt wurde dasselbe Werk fortgesetzt. Die Jünger wiederholten seine Wundertaten.

„Es kamen auch viele aus den Städten rings um Jerusalem und brachten Kranke und solche, die von unreinen Geistern geplagt waren; und alle wurden gesund." (Apostelgeschichte 5,16)

Und die Jünger „... zogen aus und predigten an allen Orten. Und der Herr wirkte mit ihnen" (Markus 16,20). „Philippus aber kam hinab in die Hauptstadt Samariens und predigte ihnen von Christus. Und das Volk neigte einmütig dem zu, was Philippus sagte ... Denn die unreinen Geister fuhren ... aus vielen Besessenen, auch viele Gelähmte und Verkrüppelte wurden gesund gemacht; und es entstand große Freude in dieser Stadt." (Apostelgeschichte 8,5–8)

Das Werk der Jünger nachahmen

Lukas, der Autor des Evangeliums, das seinen Namen trägt, war ein ärztlicher Missionar. In der Bibel wird er „der geliebte Arzt" genannt (Kolosser 4,14). Der Apostel Paulus hörte von seiner Begabung als Arzt und sonderte ihn aus als jemanden, dem der Herr ein besonderes Werk anvertraut hatte. Er sicherte sich seine Mitarbeit, und Lukas begleitete ihn eine Zeitlang auf seinen Reisen von Ort zu Ort.

Später ließ Paulus Lukas in Philippi in Mazedonien zurück. Hier wirkte er mehrere Jahre lang sowohl als Arzt als auch als Prediger des Evangeliums. Mit seiner ärztlichen Tätigkeit diente er den Kranken und betete darum, dass die Heilkraft Gottes auf ihnen ruhen möge. Auf diese Weise war der Weg für die Botschaft des Evangeliums geebnet. Lukas' Erfolg als Arzt verschaffte ihm viele Gelegenheiten, Christus unter den Heiden zu predigen. Gottes Plan besteht darin, dass auch wir so arbeiten sollen, wie die Jünger gearbeitet haben. Die körperliche Heilung ist mit dem Evangeliumsauftrag verknüpft. In der Evangeliumsarbeit sollen Lehre und Heilung niemals voneinander getrennt werden.

Das Werk der Jünger bestand darin, ihr Wissen um die Frohe Botschaft zu verbreiten. Ihr Auftrag war es, der ganzen Welt die Gute Nachricht zu verkünden, die Christus der Menschheit gebracht hatte. Diese Aufgabe erfüllten sie an den Menschen ihrer Zeit; während einer einzigen Generation wurde das Evangelium im gesamten Römischen Reich verbreitet.

Die Weitergabe der Frohbotschaft an die Welt ist das Werk, das Gott jenen aufgetragen hat, die den Namen „Christ" tragen. Für die Sünden und das Elend dieser Erde stellt das Evangelium das einzige Gegenmittel dar. Die Botschaft von der Gnade Gottes der ganzen Menschheit bekanntzumachen, ist die wichtigste Aufgabe aller, die deren Heilkraft kennen.

Als Christus die Jünger mit der Evangeliumsbotschaft aussandte, war der Glaube an Gott und sein Wort nahezu von der Erde verschwunden. Die Juden, die sich für Jahwes auserwähltes Volk hielten, hatten sein Wort beiseite gesetzt zugunsten der Tradition und menschlicher Spekulation. Selbstsüchtiger Ehrgeiz, Angeberei und Gewinnsucht beherrschten die Gedanken der Menschen. Mit der Ehrfurcht vor Gott schwand zugleich auch das Mitgefühl gegenüber den Menschen. Eigennutz war der oberste Grundsatz, und

Satan erreichte sein Ziel im Elend und der Herabwürdigung der Menschheit.

Die Werkzeuge Satans nahmen die Menschen in Besitz. Menschliche Körper, geschaffen als Wohnort des Geistes Gottes, wurden zu Behausungen von Dämonen. Die Sinne, Nerven und Organe von Menschen wurden von übernatürlichen Kräften zur Befriedigung niedrigster Begierden getrieben. Die Gesichter dieser Menschen waren dämonisch gezeichnet; sie trugen die Spuren des Wirkens von Legionen satanischer Geister, von denen sie besessen waren.

Wie ist es nun um die heutige Welt bestellt? Ist nicht der Glaube an die Bibel durch die gegenwärtige höhere Textkritik und exegetische Spekulation ebenso gründlich zerstört worden, wie er durch Tradition und das Rabbinertum in den Tagen Christi zerstört war? Beherrschen nicht Gier, Ehrgeiz und Vergnügungssucht die Herzen heute ebenso stark wie damals? Wie wenige in der sogenannten christlichen Welt und selbst in den sogenannten Gemeinden Christi lassen sich von christlichen Prinzipien leiten. Wie wenige in wirtschaftlichen, sozialen, familiären und selbst religiösen Kreisen verwirklichen die Lehren Jesu in ihrem Alltagsleben. Ist es denn nicht so, dass „das Recht zurückgewichen ist, … die Aufrichtigkeit keinen Eingang findet,… und sich ausplündern lassen muss, wer vom Bösen weicht“ (Jesaja 59,14–15)?

Wir leben inmitten einer „Epidemie des Verbrechens“, vor der nachdenkende, gottesfürchtige Menschen überall bestürzt dastehen. Die menschliche Feder vermag die vorherrschende ethische Verwahrlosung nicht zu beschreiben. Jeder Trag bringt neue Enthüllungen von politischen Skandalen, Bestechungen und Betrügereien. Jeder Tag zeitigt seine bedrückende Liste der Gewalt und Gesetzlosigkeit, der Gleichgültigkeit gegenüber menschlichem Leid, der brutalen und niederträchtigen Zerstörung von Menschenleben. Jeder Tag belegt die Zunahme des Wahnsinns, des Mordens und des Selbstmordes.

Wer kann daran zweifeln, dass hier satanische Kräfte mit gesteigerter Aktivität unter den Menschen am Werk sind, bemüht, den Verstand zu zerrütten und zu zerstören und den Körper zu entwürdigen und zu vernichten?

Und während die Welt von diesen Übeln strotzt, wird das Evangelium nur allzuoft auf so gleichgültige Weise dargeboten, dass es nur geringen Eindruck auf das Gewissen oder das Leben der Menschen macht. Überall aber gibt es Herzen, die nach etwas rufen, was ihnen fehlt. Sie sehnen sich nach einer Macht, die ihnen Herrschaft über die Sünde gibt, einer Macht, die sie von den Fesseln des Bösen befreit, einer Macht, die Gesundheit, Leben und Seelenfrieden verleiht. Viele von denen, die einmal die Kraft des Wortes Gottes kannten, haben dann in einer gottlosen Umgebung gelebt, und sehnen sich deshalb wieder nach der göttlichen Gegenwart.

Die Welt braucht heute, was sie auch vor zweitausend Jahren brauchte – eine Offenbarung Christi. Nötig ist ein großes Reformationswerk, und nur durch die Gnade Christi kann dieses Werk der körperlichen, geistigen und geistlichen Reformation durchgeführt werden.

Allein die Vorgehensweise Christi wird den wahren Erfolg garantieren. Der Heiland aber begab sich unter die Menschen als einer, der Gutes für sie wünschte. Er bewies sein Mitgefühl für sie, half ihren Nöten ab und gewann ihr Vertrauen. Erst dann gebot er ihnen: „Folgt mir nach."

Es ist also notwendig, durch persönlichen Einsatz den Menschen erst einmal nahe zu kommen. Wenn weniger Zeit mit klugen und schönen Worten und mehr mit persönlichem Hilfsdienst verbracht würde, sähe man größere Ergebnisse. Den Armen soll geholfen, die Kranken sollen versorgt, die Trauernden und Betrübten getröstet, die Unwissenden unterwiesen und die Unerfahrenen beraten werden. Wir sollen mit den Weinenden weinen und uns mit den Fröhlichen freuen. Wenn dieses Werk von der Macht der Überzeugung, des Gebets und der Liebe Gottes begleitet wird, kann und wird es nicht fruchtlos bleiben.

Wir sollten uns immer daran erinnern, dass das Ziel der medizinischen Missionsarbeit darin besteht, sündenkranke Männer und Frauen zu dem Mann am Kreuz zu führen, der die Sünden der Welt wegnimmt. Wenn sie auf ihn schauen, werden sie ihm ähnlich werden. Wir sollen also die Kranken und Leidtragenden ermutigen, auf Jesus zu sehen und dadurch zu leben. Die Mitarbeiter sollen

Christus, den Großen Arzt, beständig jenen vor Augen führen, die von Krankheiten des Körpers und der Seele entmutigt sind. Verweist sie auf den Einen, der sowohl körperliche als auch geistliche Krankheit heilen kann. Erzählt ihnen von dem Einen, der mit ihren Schwachheiten mitfühlt. Ermutigt sie, sich der Fürsorge dessen anzuvertrauen, der sein Leben dafür gab, dass ihnen ewiges Leben möglich wird. Sprecht von seiner Liebe; erzählt von seiner Macht, zu retten.

Dies ist die hohe Pflicht und das wertvolle Vorrecht des medizinischen Missionars, und oft bereitet persönlicher Dienst den Weg hierfür vor. Oft erreicht Gott Menschenherzen durch unsere Bemühungen, körperliches Leid zu lindern.

Medizinische Missionsarbeit stellt die Pionierarbeit des Evangeliums dar. In der Wortverkündigung wie in der medizinischen Missionsarbeit soll die Frohbotschaft gepredigt und praktiziert werden.

In fast jeder sozialen Gruppierung gibt es viele Menschen, die nie Predigten hören und keinen Gottesdienst besuchen. Wenn sie vom Evangelium erreicht werden sollen, muss es in ihre Heime gebracht werden. Oft stellt die Linderung ihrer körperlichen Leiden den einzigen Weg dar, auf dem sie erreicht werden können. Missionarische Krankenschwestern, die die Kranken versorgen und die Not der Armen lindern, werden also viele Gelegenheiten finden, mit ihnen zu beten, ihnen aus Gottes Wort vorzulesen und vom Heiland zu sprechen. Sie können mit und für die Hilflosen beten, die keine Willenskraft mehr haben, die durch Esslust entarteten Bedürfnisse zu kontrollieren. Sie können einen Hoffnungsstrahl in das Leben der Unterlegenen und Entmutigten bringen. Ihre selbstlose Liebe, die sich in Taten uneigennütziger Freundlichkeit ausdrückt, wird es diesen Leidenden einfacher machen, an die Liebe Christi zu glauben.

Viele glauben nicht an Gott und haben auch das Vertrauen zu Menschen verloren, aber sie anerkennen Taten des Mitgefühls und der Hilfsbereitschaft. Wenn sie nun sehen, dass jemand aus freien Stücken ohne besondere Anerkennung oder gar Bezahlung in ihr Heim kommt, den Kranken dient, den Hungrigen Nahrung gibt, die Mittellosen mit Kleidung ausstattet, die Traurigen tröstet und alle mit Feingefühl auf den Einen verweist, von dessen Liebe und Mitleid der Mitarbeiter nur ein Botschafter ist – dann werden ihre Herzen berührt. Dann erwachen Dankbarkeit und Glaube. Sie erkennen, dass Gott für sie sorgt, und sie sind bereit zuzuhören, wenn ihnen sein Wort erschlossen wird.

In der Außen- wie auch der Heimatmission finden Missionare, Männer wie Frauen, viel leichter Zugang zu den Menschen und sie werden viel mehr Erfolg haben, wenn sie in der Lage sind, den Kranken zu dienen. Frauen, die als Missionare in nichtchristliche Länder gehen, können so Gelegenheit finden, die Frohbotschaft den Frauen dieser Länder weiterzugeben, wenn ansonsten jede andere Zugangstür verschlossen ist. Alle Diener des Evangeliums sollten die einfachsten Behandlungen ausführen können, die so viel zur Linderung von Schmerzen und zur Heilung von Krankheiten beitragen.

Gesundheitsgrundsätze vermitteln

Missionsmitarbeiter sollten in der Lage sein, in den Grundsätzen gesunder Lebensweise zu unterweisen. Überall gibt es Krankheit, aber viele Leiden könnten durch Beachtung der Gesundheitsgesetze vermieden werden. Die Menschen müssen den Einfluss dieser Gesetze auf ihr Wohlergehen sowohl in diesem als auch im künftigen Leben erkennen.

Sie müssen wieder an ihre Verantwortung erinnert werden, dass ihr Leib ein Tempel sein soll, der von ihrem Schöpfer zu seiner Wohnung gemacht wurde, und dass es ihre Aufgabe ist, diesen Leib gesund zu erhalten. Ihnen muss die Wahrheit eingeprägt werden, die im folgenden Text der Heiligen Schrift ausgedrückt ist: „Wir aber sind der Tempel des lebendigen Gottes; wie denn Gott spricht (3. Mose 26,11–12; Hesekiel 37,27): Ich will unter ihnen wohnen und wandeln und will ihr Gott sein, und sie sollen mein Volk sein.“ (2. Korinther 6,16)

Tausende brauchen Unterweisung – die sie froh annähmen – in den einfachen Methoden der Behandlung Kranker, in Methoden, die die Einnahme schädlicher Medikamente ersetzen. Es besteht großer Bedarf an Information über die diätetische Lebensreform.

Falsche Essgewohnheiten und der Verzehr ungesunder Nahrungsmittel sind zum großen Teil verantwortlich für die Unmäßigkeit, Kriminalität und ethische Verwahrlosung, mit denen die Welt gestraft ist.

Beim Lehren der Gesundheitsgrundsätze sollten wir allerdings jederzeit das Wesentliche der Lebensreform im Auge behalten – dass nämlich ihr Zweck darin besteht, die höchstmögliche Entwicklung von Körper, Geist und Seele zu gewährleisten. Weist darauf hin, dass die Naturgesetze – die ja Gesetze Gottes sind – für uns zum Guten gemacht sind, dass somit ihre Einhaltung das Glück schon in diesem Leben unterstützt und uns bei der Vorbereitung auf das ewige Leben hilft.

Leitet die Menschen zum Studium der Offenbarung von Gottes Liebe und Weisheit in den Werken der Natur an. Veranlasst sie zum Studium jenes wunderbaren Organismus – des menschlichen Körpers – und der Gesetze, von denen er bestimmt wird. Wer dann die Beweise der Liebe Gottes wahrnimmt, wer etwas von der Weisheit und Güte seiner Gesetze versteht und die guten Ergebnisse des Gehorsams erlebt, wird ihre Pflichten und Gebote aus einer völlig anderen Perspektive betrachten.

Anstatt den Gehorsam gegenüber den Gesundheitsgesetzen als Opfer oder Einschränkung anzusehen, werden sie ihn als das wahrnehmen, was er in Wirklichkeit ist, nämlich als einen unschätzbaren Segen.

Jeder, der die Frohbotschaft weitergibt, sollte erkennen, dass die Unterweisung in den Regeln eines gesunden Lebens einen Teil der von ihm übernommenen Aufgabe darstellt. Diese Unterweisung wird dringend benötigt, und die Welt ist für sie zugänglich.

Überall ist die Tendenz zu erkennen, persönliche Anstrengung durch die Arbeit von Organisationen zu ersetzen. Die menschliche Weisheit neigt zur Zentralisierung, zum Aufbau von großen Kirchen und Institutionen. Viele überlassen deshalb das karitative Engagement solchen Institutionen und Organisationen; sie wenden sich so von ihrer Umwelt ab, und ihre Herzen werden kalt. Sie beschäftigen sich mit sich selbst und werden gleichgültig. Die Liebe zu Gott und den Menschen erstirbt in ihren Seelen.

Christus aber überträgt seinen Nachfolgern ein *persönliches* Werk – eines, das nicht von einem Bevollmächtigten ausgeführt werden kann.

Der Dienst an Kranken und Armen und die Weitergabe der Frohbotschaft an die Verlorenen darf nicht entsprechenden Vereinen oder gemeinnützigen Organisationen überlassen werden. Was die Frohbotschaft von uns verlangt, sind vielmehr persönliche Verantwortung, persönliche Anstrengung und persönliche Opfer.

„Geh hinaus auf die Landstraßen und an die Zäune und nötige sie hereinzukommen", lautet Christi Gebot, „dass mein Haus voll werde." (Lukas 14,23) Er bringt Menschen in Kontakt mit solchen, denen sie Gutes tun möchten. „Die im Elend ohne Obdach sind, führe ins Haus", sagt Jesus; „wenn du einen nackt siehst, so kleide ihn." (Jesaja 58,7) „Auf Kranke werden sie die Hände legen, so wird's besser mit ihnen werden." (Markus 16,18) Durch direkten Kontakt und persönlichen Dienst sollen die Segnungen der Frohbotschaft verbreitet werden.

Als Gott in der Zeit des Alten Testaments seinem Volk Erkenntnis schenkte, wirkte er bereits damals nicht ausschließlich durch eine einzige soziale Schicht. Daniel war ein judäischer Prinz und Jesaja stammte ebenfalls aus einer königlichen Linie; David aber war der Sohn eines Hirten, Amos ein Hirte, Sacharja ein Gefangener aus Babylon und Elisa ein Landwirt. Der Herr erhob Propheten und Königssöhne, Adlige und Menschen einfacher Herkunft zu seinen Gesandten und lehrte sie die Wahrheiten, die die Welt erfahren sollte.

Jedem, der Teilhaber seiner Gnade wird, überträgt der Herr ein Werk für andere. Jeder einzelne von uns soll an seinem ihm zugewiesenen Platz stehen und sagen: „Hier bin ich, sende mich!" (Jesaja 6,8) Die Verantwortung ruht auf allen – auf dem Prediger des Wortes, der verkündigungsorientierten Krankenschwester, dem christlichen Arzt und jedem einzelnen Christen, ob er nun ein Kaufmann oder Landwirt, ein Gelehrter oder ein Handwerker ist. Es ist unsere Aufgabe, den Menschen die Frohbotschaft von ihrer Errettung zu verkündigen; alles, was wir unternehmen, sollte diesem Zweck dienen.

Diejenigen, die sich an dieser Arbeit beteiligen, werden nicht nur ein Segen für andere, sondern auch selbst gesegnet sein. Das Bewusstsein, ihre Pflicht gut erfüllt zu haben, wird unmittelbar ihre eigene Seele beeinflussen; die Niedergeschlagenen vergessen dann ihre Schwermut, die Schwachen werden stark, die Unwissenden reich an Kenntnissen – und alle gemeinsam werden in dem, der sie berufen hat, einen unfehlbaren Helfer erkennen.

Die Gemeinde Christi ist gegründet worden, damit sie dient; ihr Leitspruch lautet „Dienst". Ihre Mitglieder sind Kämpfer, die für den Kampf unter dem Hauptmann ihrer Errettung ausgebildet werden sollen. Christliche Prediger, Ärzte und Lehrer haben einen umfangreicheren Auftrag, als vielen bewusst ist. Sie sollen nicht nur den Menschen dienen, sondern sie auch dazu anleiten, ihrerseits zu dienen. Sie sollten nicht nur in den richtigen Grundsätzen unterweisen, sondern ihre Zuhörer auch dazu anhalten, diese Grundsätze weiterzutragen. Denn Wahrheit, die nicht gelebt und nicht weitergegeben wird, verliert ihre lebenspendende und heilende Kraft. Ihren Segen kann man nur erfahren, wenn man sie anderen mitteilt.

Die Einförmigkeit unseres Dienstes für Gott muss durchbrochen werden. Jedes Gemeindeglied sollte irgendeine Aufgabe für den Herrn übernehmen. Einige können nicht so viel tun wie andere, aber jeder sollte sein Bestes geben, um die Flut von Krankheit und Leiden zurückzudrängen, die unsere Welt überschwemmt. Viele wären zur Mitarbeit bereit, wenn man ihnen zeigen würde, wie sie damit anfangen sollen. Sie müssen ausgebildet und ermutigt werden.

Jede Ortsgemeinde sollte ein Ausbildungsort für Missionsarbeiter sein. Die Gemeindeglieder sollten unterwiesen werden, Schriftlesungen abzuhalten, Sabbatschulklassen zu bilden und zu leiten, den Armen und Kranken bestmöglich zu helfen und an den Unbekehrten zu wirken.

Es sollten Gesundheitskurse, Kochkurse und Kurse auf weiteren Gebieten christlicher Missionsarbeit eingerichtet werden. Dabei sollte nicht nur gelehrt, sondern auch, unter erfahrener Anleitung, praktische Arbeit getan werden. Lasst die Lehrer in der Arbeit unter den Menschen vorangehen; andere werden sich ihnen dann anschließen und von ihrem Beispiel lernen. Ein praktisches Beispiel ist mehr wert als viele theoretische Unterweisungen.

Alle sollen ihre körperlichen und geistigen Fähigkeiten bestmöglich entwickeln, so dass sie dort für Gott arbeiten können, wohin seine Vorsehung sie rufen wird. Dieselbe Gnade, die von Christus auf Paulus und Apollos überging und ihnen geistliche Spitzenbegabungen verlieh, wird auch heute demütigen christlichen Missionaren geschenkt. Gott will, dass seine Kinder Klugheit und Kenntnisse aufweisen, damit sein Ruhm auf unserer Welt in unmissverständlicher Klarheit und Kraft offenbart werde.

Gebildete Mitarbeiter, die sich Gott geweiht haben, können auf vielfältigere Weise Dienst tun und ein größeres Arbeitspensum bewältigen als ungebildete. Ihre gedankliche Disziplin verschafft ihnen Vorteile. Aber auch diejenigen, die weder große Talente noch eine umfangreiche Ausbildung besitzen, können anderen nützliche Hilfe leisten. Denn Gott will Menschen gebrauchen, die sich gebrauchen lassen wollen. Es sind also nicht unbedingt die glänzendsten oder talentiertesten Personen, die die größten Erfolge und dauerhaftesten Ergebnisse zu verzeichnen haben. Vielmehr werden Männer und Frauen gebraucht, die eine Botschaft vom Himmel vernommen haben. Die erfolgreichsten Mitarbeiter sind die, welche dem Aufruf folgen: „Nehmt auf euch mein Joch und lernt von mir." (Matthäus 11,29)

Benötigt werden Personen, die von ganzem Herzen Missionare sind. Wessen Herz Gott berührt, der ist von einer großen Zuneigung für die erfüllt, die Gottes Liebe bisher nie kennengelernt haben. Ihr Zustand verursacht in ihm ein Gefühl eigenen Schmerzes. Deshalb geht er ohne langes Zögern als ein vom Himmel gesandter und inspirierter Zeuge hinaus, um ein Werk zu tun, bei dem Engel mitarbeiten können.

Wenn solche, die Gott mit besonderen Fähigkeiten ausgerüstet hat, diese Gaben selbstsüchtig gebrauchen, werden sie, nach einer Phase der Prüfung, ihrem eigenen Weg überlassen. Gott wird dann Menschen einsetzen, die scheinbar nicht so reich begabt sind und kein so ausgeprägtes Selbstbewusstsein aufweisen, und wird die Schwachen stärken, weil diese darauf vertrauen, dass Gott für sie tut, was sie selbst nicht tun können. Gott wird den Dienst annehmen, der aus ungeteiltem Herzen getan wurde, und wird seinerseits das Fehlende dazutun.

Der Herr hat sich als seine Mitarbeiter oft Menschen erwählt, die nur eine begrenzte Schulausbildung erhalten konnten. Diese Menschen haben jedoch ihre Begabungen auf das sorgfältigste genutzt, und der Herr hat ihre Treue zu seinem Werk, ihren Fleiß und ihren Wissensdurst belohnt. Er hat ihre Tränen gesehen und ihre Gebete gehört. Wie sein Segen auf die Gefangenen am babylonischen Hof kam, so gibt er seinen Mitarbeitern auch heute Weisheit und Erkenntnis.

Menschen mit nur geringer Schulausbildung und von niedrigem sozialem Stand sind durch die Gnade Christi bei der Gewinnung von Seelen manchmal ausgesprochen erfolgreich gewesen. Das Geheimnis ihres Erfolges lag in ihrem Vertrauen auf Gott. Täglich lernten sie von ihm, dessen Rat wunderbar und dessen Kraft mächtig ist.

Solche Mitarbeiter sollen ermutigt werden. Der Herr bringt sie in Verbindung mit Befähigteren, um die Lücken zu füllen, die andere hinterlassen. Ihr schneller Blick dafür, was zu tun ist, ihre Bereitschaft, Bedürftigen zu helfen, ihre freundlichen Worte und Taten sowie der Wunsch, anderen nützlich zu sein, öffnen Türen, die andernfalls verschlossen blieben. Sie kommen an die heran, die in Schwierigkeiten sind, und der überzeugende Einfluss ihrer Worte weist die Kraft auf, die nötig ist, um viele angsterfüllte Seelen zu Gott zu ziehen. Ihr Werk zeigt, was Tausende andere tun könnten, wenn sie nur wollten.

Das Lebenskonzept verbreitern

Nichts wird einen so selbstaufopferungsvollen Eifer entfalten und die charakterliche Entwicklung derart fördern, wie der engagierte Einsatz zugunsten anderer. Viele sogenannte bekennende Christen denken nur an sich, wenn sie ihre Gemeinde auswählen. Sie wollen ein abwechslungsreiches Gemeindeleben und kompetente Seelsorge genießen; deshalb werden sie Mitglieder großer und gedeihender

Ortsgemeinden und finden sich damit ab, nur wenig für andere zu tun. Damit aber berauben sie sich selbst der kostbarsten Segnungen.

Viele würden großen Segen erfahren, wenn sie ihre angenehmen, die Bequemlichkeit fördernden Beziehungen aufgeben. Sie sollen dorthin gehen, wo ihre Kräfte von missionarischer Arbeit beansprucht werden und sie lernen können, Verantwortung zu übernehmen.

Bäume, die sehr dicht beieinander stehen, werden in der Regel nicht kräftig. Deshalb verpflanzt der Gärtner sie, damit sie Raum zur Entfaltung erhalten. Eine ähnliche Maßnahme würde vielen Gliedern großer Ortsgemeinden nützen. Sie müssen dorthin „verpflanzt" werden, wo ihre Energien bei aktiver Missionsarbeit gebraucht werden. Andernfalls erstirbt ihr geistliches Leben, verkümmern sie aus Mangel an selbstaufopfernder Arbeit für andere und werden nutzlos. Würde man sie in ein anderes Missionsfeld versetzen, würden sie in ihrer Leistungsfähigkeit kräftig wachsen.

Niemand braucht jedoch zu warten, bis er in ein entferntes Feld berufen wird, bevor er anfängt, anderen zu helfen. Gelegenheiten zu helfen gibt es überall; überall um uns her gibt es Menschen, die unsere Hilfe brauchen: Witwen, Waisen, Kranke und Sterbende, Deprimierte und Entmutigte, Unwissende und Ausgestoßene – überall sind sie zu finden.

Wir sollten es als unsere besondere Pflicht erachten, für unsere Nachbarn zu arbeiten. Überlegt dabei, wie ihr jenen am besten helfen könnt, die sich nicht für religiöse Dinge interessieren. Zeigt beim Besuch eurer Freunde und Nachbarn ein Interesse an ihrem geistlichen wie auch weltlichen Wohlergehen. Sprecht zu ihnen von Christus als einem Heiland, der die Sünden vergibt. Ladet die Nachbarn in euer Heim ein und lest mit ihnen aus der kostbaren Bibel und aus Büchern, die biblische Wahrheiten erklären. Ladet sie dazu ein, mit euch zu singen und zu beten. In diesen kleinen Versammlungen wird Christus selbst gegenwärtig sein, wie er es versprochen hat, und Herzen werden von seiner Gnade berührt werden.

Gemeindeglieder sollten sich zu diesem Werk ausbilden. Denn das ist genauso wichtig wie die Rettung der in Unkenntnis lebenden Menschen in fremden Ländern. Während einige die Verantwortung für Menschen in der Ferne spüren, sollen die vielen Daheimgebliebenen die Verantwortung für die wertvollen Menschen übernehmen, die in ihrer Umgebung leben und ebenso sorgfältig für ihre Rettung arbeiten.

Viele bedauern, dass sie nur auf so begrenztem Raum wirken können. Aber sie selbst können ihren Wirkungskreis erweitern und an Einfluss gewinnen, wenn sie nur wollen. Wer Jesus mit Herz, Sinn und Seele liebt und seinen Nächsten wie sich selbst, hat ein weites Betätigungsfeld, auf dem er seine Fähigkeiten und seinen Einfluss zur Geltung bringen kann.

Auch kleine Gelegenheiten wahrnehmen

Niemand soll kleine Gelegenheiten ungenutzt verstreichen lassen, um nach größeren Aufgaben zu suchen. Du könntest nämlich die kleine Aufgabe erfolgreich erfüllen, beim Versuch an dem größeren Werk aber gänzlich scheitern und so in Entmutigung verfallen.

Erst indem du mit vollem Einsatz tust, was immer du zu tun vorfindest, entwickelst du eine Eignung für größere Aufgaben. Die Geringschätzung der alltäglichen Pflichten und die Vernachlässigung der kleinen Dinge, die scheinbar so schnell erledigt sind, lassen viele erfolglos und mutlos werden.

Macht euch nicht von menschlicher Hilfe abhängig; seht über die Menschen hinaus auf den Einen, der von Gott dazu erwählt wurde, unseren Kummer und unsere Sorgen zu tragen und unseren Bedürfnissen abzuhelfen. Nehmt Gott beim Wort, fangt an, wo immer ihr Aufgaben seht, und geht mit unerschütterlichem Glauben voran. Es ist der Glaube an Christi Gegenwart, der Kraft und Ausdauer verleiht. Arbeitet mit selbstlosem Interesse, mit äußerstem Einsatz und unermüdlicher Energie.

In Gebieten, wo die Bedingungen so widrig und entmutigend sind, dass viele nicht dorthin gehen wollen, sind doch durch die Anstrengungen aufopferungswilliger Mitarbeiter bemerkenswerte Veränderungen erreicht worden. Sie arbeiteten dort geduldig und ausdauernd, wobei sie sich nicht auf ihre menschliche Kraft, sondern auf Gott verließen, und seine Gnade unterstützte sie tatsächlich. Das Ausmaß des so bewirkten Guten wird in dieser Welt niemals bekannt werden, aber die segensreichen Ergebnisse werden auf der neuen Erde zu sehen sein.

Als selbstunterhaltender Missionar tätig sein

Selbstunterhaltende Missionare können vielerorts erfolgreich arbeiten. Der Apostel Paulus hat auf diese Weise in vielen Teilen der Welt Christus verkündigt. Er predigte täglich das Evangelium in den Großstädten Kleinasiens und Europas und arbeitete zudem als Handwerker, um für sich und seine Begleiter den Lebensunterhalt zu verdienen. Das können wir seiner Abschiedsrede an die Ältesten von Ephesus entnehmen; sie enthält kostbare Lehren für jeden, der für Gottes Sache arbeitet:

„Ihr wisst, wie ich mich vom ersten Tag an ... die ganze Zeit bei euch verhalten habe ... Ich habe euch nichts vorenthalten, was nützlich ist, dass ich's euch nicht verkündigt und gelehrt hätte, öffentlich und in den Häusern ... Ich habe von niemandem Silber oder Gold oder Kleidung begehrt. Denn ihr wisst selber, dass mir diese Hände zum Unterhalt gedient haben für mich und die, die mit mir gewesen sind. Ich habe euch in allem gezeigt, dass man so arbeiten und sich der Schwachen annehmen muss im Gedenken an das Wort des Herrn Jesus, der selbst gesagt hat: Geben ist seliger als nehmen." (Apostelgeschichte 20,18.20.33–35)

Ähnlich wie Paulus könnten heute viele ein gutes Werk tun, wenn sie von demselben Geist der Selbstaufopferung erfüllt wären. Lasst zwei oder mehrere gemeinsam zur Evangeliumsarbeit aufbrechen. Lasst sie zu den Menschen gehen, um zu beten, zu singen, zu lehren, die Bibel auszulegen und den Kranken zu helfen. Die einen können sich als Buchevangelisten ihren Unterhalt verdienen, andere wie der Apostel in einem Handwerk oder in anderen Bereichen arbeiten. Wenn sie mit ihrer Arbeit begonnen haben und dann ihre Hilflosigkeit erkennen, sich aber demütig auf Gott verlassen, machen sie eine segensreiche Erfahrung. Der Herr Jesus geht vor ihnen her, so dass sie bei Reichen wie bei Armen Wohlwollen und Hilfe finden.

Wer zu medizinischer Missionsarbeit in fremden Ländern ausgebildet ist, sollte ermutigt werden, unverzüglich an den vorgesehenen Ort zu reisen und mit der Arbeit unter den Menschen zu beginnen. Beim Arbeiten lernt er dann auch die dortige Landessprache. Schon bald wird er die einfachen Wahrheiten des Wortes Gottes lehren können.

Überall auf der Welt werden Boten der Barmherzigkeit gebraucht. Christliche Familien sind aufgerufen, in Bevölkerungsgruppen zu arbeiten, die in Dunkelheit und Irrtum leben, in ausländische Missionsfelder zu gehen, mit den Bedürfnissen ihrer Mitmenschen vertraut zu werden und sich für die Sache des Herrn einzusetzen. Wenn solche Familien an den Orten der Erde lebten, wo sich Menschen in geistlicher Dunkelheit befinden und das Licht des Lebens Jesu widerspiegeln würden – was für ein hervorragendes Werk könnte dann getan werden.

Dieses Werk erfordert Selbsthingabe. Viele warten jedoch darauf, dass ihnen jedes Hindernis aus dem Weg geräumt werde; so bleibt die Arbeit, die sie tun könnten, ungetan, und viele Menschen sterben unterdessen ohne Hoffnung und ohne Gott. Einige wagen sich aus finanziellen Interessen oder zu wissenschaftlichen Studien in unwirtliche Regionen und ertragen dort fröhlich Entbehrungen und Not. Aber wie wenige sind um ihrer Mitmenschen willen bereit, mit ihren Familien in Gegenden zu ziehen, die das Evangelium brauchen. Die Menschen zu erreichen, wo und in welchem Rang oder unter welchen Bedingungen sie auch leben, und ihnen auf jede mögliche Weise zu helfen – das ist wahrer Dienst. Mit solchem Einsatz kann man Herzen gewinnen und Zugang zu verlorengehenden Seelen finden.

Denkt bei all eurer Arbeit daran, dass ihr eng mit Christus verbunden, dass ihr ein Teil des großen Erlösungsplanes seid. Die Liebe Christi soll in einem heilenden, belebenden Strom durch euer Leben fließen. Lasst in dem Bestreben, andere in den Kreis dieser Liebe zu ziehen, eure aufrichtige und eindeutige Sprache, euren selbstlosen Dienst, euren freudevollen Umgang von der Kraft der Gnade Christi zeugen. Stellt der Welt den Herrn Jesus so klar und deutlich vor Augen, dass sie Ihn in seiner Schönheit sehen.

Es hilft wenig, andere ändern zu wollen, indem man ihre schlechten Gewohnheiten *angreift*. Solche Versuche richten oft mehr Schaden an, als dass sie helfen. In seinem Gespräch mit der Samariterin setzte Christus den Jakobsbrunnen nicht herab, sondern zeigte ihr etwas Besseres. „Wenn du erkenntest die Gabe Gottes", sagte er, „und wer der ist, der zu dir sagt: Gib mir zu trinken!, du bätest ihn, und er gäbe dir lebendiges Wasser." (Johannes 4,10) Er richtete das Gespräch auf den Schatz, den *er* schenken konnte, und bot der Frau etwas Besseres, als sie besaß: lebendiges Wasser, die Freude und Hoffnung des Evangeliums.

So sollen auch wir heute arbeiten. Wir müssen den Menschen etwas Besseres anbieten, als sie besitzen, bis hin zu dem Frieden Christi, der „höher ist als jede Vernunft". Wir müssen ihnen von Gottes heiligem Gesetz erzählen, das ein Ausdruck seines Wesens ist und auch eine Beschreibung dessen, wie sie nach seinem Willen werden sollen. Zeigt ihnen, wie unendlich wertvoller der unvergängliche Ruhm des Himmels ist, verglichen mit den flüchtigen Freuden und Vergnügungen dieser Welt. Erzählt ihnen von der Freiheit und Ruhe, die im Heiland zu finden sind. „Wer aber von dem Wasser trinken wird, das ich ihm gebe, den wird in Ewigkeit nicht dürsten", sagte er (Johannes 4,14). Weist wie Johannes auf Jesus hin und lasst die Menschen erkennen: „Siehe, das ist Gottes Lamm, das der Welt Sünde trägt!" (Johannes 1,29) Er allein kann die Bedürfnisse des Herzens stillen und der Seele Frieden schenken.

Von allen Menschen sollten Lebensreformer die selbstlosesten, freundlichsten und höflichsten sein. In ihrem Leben sollte man die wahre Güte selbstloser Taten sehen. Wessen Höflichkeit aber unzulänglich ist, wen die Unwissenheit oder Eigenwilligkeit anderer ungeduldig macht, wer übereilt redet oder gedankenlos handelt, der kann sich den Zugang zu Menschen verschließen.

Wie Tau und Regen wohltuend auf vertrocknende Pflanzen fallen, so lasst die Worte behutsam wirken bei dem Bemühen, Menschen vom Irrtum zu befreien. Gott will zuerst das Herz erreichen. Wir sollen die Wahrheit in Liebe verkündigen und dabei auf Gott vertrauen, dass er ihr lebensverändernde Kraft verleiht. Liebevolle Worte kann der Heilige Geist auf die Seele wirken lassen.

Von Natur aus sind wir egoistisch und rechthaberisch. Aber wenn wir lernen, was Christus uns lehren will, werden wir zu Teilhabern seines Wesens; wir leben dann sein Leben. Das wunderbare Beispiel Christi, das einzigartige Mitempfinden, mit dem er auf die Gefühle anderer einging, mit den Weinenden weinte und sich mit den Fröhlichen freute, muss tief auf den Charakter aller wirken, die ihm aufrichtig nachfolgen. Mit freundlichen Worten und Taten werden sie versuchen, erschöpften Menschen den Weg zu erleichtern.

„Gott der Herr hat mir eine Zunge gegeben, wie sie Jünger haben, dass ich wisse, mit den Müden zu rechter Zeit zu reden." (Jesaja 50,4)

Überall um uns her gibt es geplagte Menschen; wir können sie wirklich allerorts finden. Lasst uns diese Leidenden wahrnehmen und ein Wort zur rechten Zeit sagen, um sie zu trösten. Seien wir so immer Vermittler des Mitgefühls Christi.

Dabei sollten wir daran denken, dass es im Leben andere Dinge gibt, von denen wir nichts wissen. Da gibt es Erlebnisse, die vor Neugierigen sorgfältig verborgen werden. Da sind lange, harte Kämpfe mit widrigen Umständen, vielleicht Schwierigkeiten im Familienleben, die tagaus, tagein an den Kräften zehren. Mitmenschen, deren Leben unter solch großen Spannungen verläuft, können dennoch durch kleine Aufmerksamkeiten gestärkt und ermutigt werden, die nur ein wenig Liebe kosten. Für diese Menschen ist der feste, helfende Händedruck eines wahren Freundes wertvoller als Gold oder Silber. Und freundliche Worte sind hier so willkommen wie das Lächeln von Engeln.

Es gibt zudem viele, die mit Armut kämpfen, für geringen Lohn hart arbeiten müssen und sich nur den allernötigsten Lebensunterhalt sichern können. Mühe und Entbehrung ohne Hoffnung auf Erleichterung machen ihre Last drückend. Wenn dann noch Schmerzen und Krankheit hinzukommen, wird die Bürde fast unerträglich. Von Sorgen geplagt, wissen sie nun nicht mehr, wohin sie sich um Hilfe wenden sollen. Fühlt mit ihnen in ihren materiellen und seelischen Notlagen, in ihren Enttäuschungen: So könnt ihr ihnen helfen. Sprecht mit ihnen über die Verheißungen Gottes, betet mit ihnen und für sie und gebt ihnen Hoffnung.

Worte der Aufmunterung und Ermutigung in Zeiten seelischen Schmerzes und der Mutlosigkeit werden vom Heiland so angesehen, als seien sie zu ihm gesprochen. Außerdem erfreuen Menschen, denen wir so geholfen haben, auch die himmlischen Engel.

Von jeher war der Herr bestrebt, die Menschen auf ihre gottgewollte Geschwisterlichkeit hinzuweisen. Seid darin seine Mitarbeiter. Während in der Welt Misstrauen und Entfremdung an der Tagesordnung sind, sollen die Nachfolger Christi den Geist verkörpern, der im Himmel herrscht. Sprecht, wie Christus sprechen würde, handelt, wie er handeln würde. Zeigt beständig die Freundlichkeit seines Wesens. Weist jenen Reichtum an Liebe auf, der all seinen Lehren und seinem ganzen Umgang mit Menschen zugrunde liegt. Der einfachste Mitarbeiter kann so im Zusammenwirken mit Jesus Großes und Unvergessliches erreichen.

Himmlische Wesen wollen mit bereitwilligen Menschen zusammenarbeiten, um der Welt zu zeigen, was aus Menschen werden und was durch engstes Vertrauen auf Gott zur Rettung Verlorener getan werden kann. Grenzenlos ist jemandes Brauchbarkeit, wenn er sein Ich entmachtet, den Heiligen Geist auf sein Herz wirken lässt und ein völlig gottgeweihtes Leben führt. Alle, die Körper, Seele und Geist dem Dienst für Christus weihen, werden ständig neue körperliche, geistige und geistliche Kraft erhalten. Die unerschöpflichen Angebote des Himmels stehen zu ihrer Verfügung. Christus schenkt ihnen die Kraft seines eigenen Geistes, die Lebendigkeit seines eigenen Lebens.

Der Heilige Geist benutzt seine höchsten Fähigkeiten, um in Sinn und Herz zu wirken. Mit Hilfe dieser Gaben können wir Siege erringen, die uns aufgrund unserer irrigen Meinungen und Vorurteile, unserer Charakterfehler und unseres Kleinglaubens bisher unmöglich erschienen.

Jedem, der sich ohne Vorbehalte dem Herrn zum Dienst zur Verfügung stellt, wird überrascht sein, was durch Gottes Kraft möglich ist. Für diese Menschen wird Gott große Dinge tun. Er wird auf die Gesinnung von Menschen einwirken, so dass in ihrem Leben schon in dieser Welt eine Erfüllung der Verheißung für die zukünftige Welt sichtbar werden wird?

„Die Wüste und Einöde wird frohlocken, und die Steppe wird jubeln und wird blühen wie die Lilien. Sie wird blühen und jubeln in aller Lust und Freude. Die Herrlichkeit des Libanon ist ihr gegeben, die Pracht von Karmel und Scharon. Sie sehen die Herrlichkeit des Herrn, die Pracht unsres Gottes. Stärket die müden Hände und macht fest die wankenden Knie! Saget den verzagten Herzen: ‚Seid getrost, fürchtet euch nicht! Seht, da ist euer Gott!' Dann werden die Augen der Blinden aufgetan und die Ohren der Tauben geöffnet werden. Dann werden die Lahmen springen wie ein Hirsch, und die Zunge der Stummen wird frohlocken. Denn es werden Wasser in der Wüste hervorbrechen und Ströme im dürren Lande. Und wo es zuvor trocken gewesen ist, sollen Teiche stehen, und wo es dürre gewesen ist, sollen Brunnquellen sein … Und es wird dort eine Bahn sein, die der heilige Weg heißen wird. Kein Unreiner darf ihn betreten, nur sie werden auf ihm gehen; auch die Toren dürfen nicht darauf umherirren. Es wird da kein Löwe sein und kein reißendes Tier darauf gehen; sie sind dort nicht zu finden, sondern die Erlösten werden dort gehen. Die Erlösten des Herrn werden wiederkommen und nach Zion kommen mit Jauchzen; ewige Freude wird über ihrem Haupte sein; Freude und Wonne werden sie ergreifen, und Schmerz und Seufzen wird entfliehen." (Jesaja 35,1–10)

Kapitel 10

Den Versuchten helfen

Nicht weil wir Christus zuerst geliebt hätten, liebte er uns, sondern „als wir noch Sünder waren", starb er für uns. Er behandelt uns nicht so, wie wir es verdient haben. Obwohl unsere Sünden uns die Verdammung eingebracht haben, verdammt er uns doch nicht. Jahr für Jahr trägt er uns in unserer Schwachheit und Unwissenheit, in unserer Undankbarkeit und Eigenwilligkeit. Trotz unseres oft chaotischen Lebens, unserer Hartherzigkeit und unserer Geringschätzung seines Wortes bleibt seine Hand ausgestreckt.

Gnade ist eine Eigenschaft Gottes, die er an Menschen erweist, von denen keiner sie verdient hat. Wir suchten nicht nach *ihr*, sondern sie wurde ausgesandt, um *uns* zu suchen. Gott freut sich darüber, wenn er uns seine Gnade schenken darf – nicht, weil wir ihrer wert wären, sondern weil wir ihrer gänzlich unwürdig sind. Unser einziger „Anspruch" auf seine Gnade besteht in unserem großen Bedürfnis nach ihr.

Gott der Herr streckt durch Jesus Christus beständig seine Hand aus, um die von Sünde Beladenen einzuladen. Er will alle annehmen, alle bei sich willkommen heißen. Darin besteht seine Herrlichkeit, selbst dem größten Sünder zu vergeben. Er will den Gewalttätigen die Opfer entreißen, die Gefangenen befreien und die in Feuer Verbrennenden aus den Flammen reißen. Er will die goldene Kette seiner Gnade in die untersten Tiefen menschlicher Verkommenheit herablassen und die von Sünden zerstörte Seele heraufziehen.

Jeder Mensch ist ein Ziel liebevoller Anteilnahme dessen, der sein Leben dafür gab, die Menschheit zu Gott zurückzuführen. Er sorgt für schuldig gewordene und hilflose Seelen, die den Künsten und Schlichen Satans zu erliegen drohen, wie ein Hirte für die Schafe seiner Herde sorgt.

Dieses Beispiel des Heilands soll auch das Vorbild für unseren Dienst an den Versuchten und Irrenden sein. Dieselbe Anteilnahme, Einfühlsamkeit und Geduld, die er uns erwiesen hat, sollen wir auch anderen erweisen. „Wie ich euch geliebt habe", sagt er, „so sollt ihr euch untereinander lieben" (Johannes 13,34). Wenn Jesus in uns wohnt, werden wir seine selbstlose Liebe gegenüber allen praktizieren, mit denen wir in Kontakt kommen. Wenn wir sehen, dass Männer und Frauen Mitgefühl und Unterstützung benötigen, sollen wir nicht fragen: „Sind sie es wert?", sondern: „Wie kann ich ihnen helfen?"

Die Reichen wie die Armen, die Angesehenen wie die einfachen Leute, die Unabhängigen und die Abhängigen – sie alle sind Gottes Erben. Er, der sein Leben zur Erlösung der Menschheit hingab, sieht in jedem einzelnen Menschen einen Wert, den man in irdischen Bezugsgrößen nicht ermessen kann. Angesichts des Geheimnisses und der Herrlichkeit des Kreuzes sollen wir seine Einschätzung des Wertes jeder Seele erkennen. Wenn wir das tun, werden wir fühlen, dass Menschen, auch wenn sie noch so heruntergekommen zu sein scheinen, einen zu hohen Preis kosteten, um kalt und verächtlich behandelt zu werden. Wir sollen erkennen, wie wichtig die Arbeit für unsere Mitmenschen ist, damit sie möglichst wieder den Weg zum Thron Gottes finden können.

Der verlorene Groschen im Gleichnis des Heilands war, obwohl er in Staub und Schmutz lag, immer noch ein Stück Silber. Die Eigentümerin suchte ihn, weil er wertvoll war. So ist auch jede Seele, wie durch Sünde erniedrigt sie auch sein mag, in Gottes Augen wertvoll. Wie die Münze das Bild und die Inschrift des Regenten trug, so wies der Mensch bei seiner Erschaffung das Bild und die Inschrift Gottes auf. Obwohl die Seele nun vom Einfluss der Sünde entstellt und geschwächt ist, bleiben die Spuren dieser Inschrift doch in jeder Seele erhalten. Gott will diese Seele zurückgewinnen und in ihr sein eigenes Bild in Gerechtigkeit und Heiligkeit wiederherstellen.

Wie wenig teilen wir doch mit Christus, was das stärkste Band der Gemeinschaft zwischen uns und ihm sein sollte – das Mitgefühl für heruntergekommene, schuldige, leidende Seelen, die tot in

Übertretungen und Sünden sind! Die Unmenschlichkeit von Menschen gegenüber Menschen ist unsere größte Sünde. Viele meinen, sie müssten die Gerechtigkeit Gottes hervorheben. Dabei versäumen sie völlig, sein Mitgefühl und seine große Liebe auszustrahlen. Oft stehen die, denen sie hart und streng gegenübertreten, gerade unter dem Ansturm von Versuchungen. Satan kämpft gerade um diese Seelen, und harsche, unfreundliche Worte entmutigen sie zusätzlich und lassen sie schließlich der Macht des Verführers unterliegen.

Mit menschlichen Gemütern umzugehen, ist eine komplexe Angelegenheit. Nur Er, der in den Herzen lesen kann, weiß, wie Menschen zur Reue geführt werden können. Nur seine Weisheit kann uns Gelingen schenken, wenn wir die Verlorenen erreichen wollen. Wenn man schroff auftritt in dem Gefühl: „Ich bin heiliger als du", dann spielt es keine Rolle mehr, wie fehlerlos die Argumentation oder wie zutreffend die Worte auch sein mögen. Sie werden niemals die Herzen berühren. Die Liebe Christi aber, offenbart in Wort und Tat, wird ihren Weg zu einer Seele dort finden, wo das ewige Wiederholen von Vorschriften und Argumenten nichts bewirken würde.

Wir brauchen mehr von Christi Mitgefühl, nicht nur für die, die uns fehlerlos erscheinen, sondern für arme, leidende, kämpfende Seelen, die oft ihren Schwächen unterliegen, die wiederholt sündigen und dann wieder bereuen, die immer wieder versucht und schließlich entmutigt werden. Wir sollen zu unseren Mitmenschen gehen, von der Wahrnehmung ihrer Schwachheiten angerührt wie unser barmherziger Hoherpriester.

Es waren die Ausgestoßenen, die Zöllner und Sünder, die vom Volk Verachteten, die Christus berief und mit seiner liebevollen Freundlichkeit dazu einlud, zu ihm zu kommen. Die einzige Gruppe, die nie sein Wohlwollen fand, bestand aus denen, die in ihrem Stolz und übersteigerten Selbstbewusstsein abseits standen und auf andere herabsahen.

„Geh hinaus auf die Landstraßen und an die Zäune und nötige sie hereinzukommen", bittet uns Christus, „dass mein Haus voll werde." (Lukas 14,23) Um dies zu befolgen, müssen wir zu den Nichtchristen in unserer Umgebung wie auch in weit entfernte

Gebiete gehen. Die „Zöllner und Huren“ müssen die Einladung des Heilands hören. Durch die Freundlichkeit und Geduld seiner Gesandten wird diese Einladung zu einer siegreichen Macht, die jene wieder aufrichtet, die in die untersten Tiefen der Sünde abgesunken sind.

Christliche Beweggründe erfordern, dass wir in ausdauernder, nie nachlassender Anteilnahme und beständig zunehmender Entschlossenheit für die Seelen arbeiten, die Satan zerstören will. Nichts soll das ernste, engagierte Streben nach der Rettung Verlorener lähmen.

Achten wir darauf, wie sehr das gesamte Wort Gottes von dem dringlichen Aufruf geprägt ist, Männer und Frauen nachdrücklich darum zu bitten, zu Christus zu kommen. Wir müssen jede Gelegenheit im privaten wie öffentlichen Bereich ergreifen und dabei jedes Argument einsetzen und jeden gewichtigen Grund anführen, um Menschen zu Jesus zu bringen. Wir müssen sie mit all unserer Kraft nachdrücklich darum bitten, auf ihn zu sehen und die Bedeutung seines Lebens der Selbstverleugnung und Aufopferung für sich zu erkennen. Wir müssen zeigen, dass wir von ihnen erwarten, dass sie dem Herzen Christi Freude bereiten, indem sie jede seiner Gaben zur Ehre seines Namens einsetzen.

Auf Hoffnung gerettet

Wir sind „auf Hoffnung“ gerettet (Römer 8,24). Wir müssen die in Sünde Gefallenen spüren lassen, dass es noch nicht zu spät für sie ist, zu geretteten Menschen zu werden. Christus zeichnete die Menschen durch das Vertrauen aus, das er ihnen entgegenbrachte, und wies ihnen damit einen Ehrenplatz zu. Selbst die, die ganz tief gefallen waren, behandelte er mit Respekt. Es schmerzte ihn, mit Feindseligkeit, Verkommenheit und Unreinheit in Kontakt zu kommen, aber niemals ließ er es sich anmerken, dass sein Feingefühl verletzt oder seine hohen Maßstäbe beleidigt wurden.

Welche üblen Gewohnheiten, starken Vorurteile oder maßlosen Leidenschaften die Menschen auch in sich hegen mochten – allen begegnete er mit Mitleid und Freundlichkeit. Durch die Kraft seines Geistes werden auch wir alle Menschen als unsere Geschwister betrachten, die ähnliche Versuchungen und Kämpfe erleiden, oft unterliegen und dann um einen Neubeginn ringen, die sich mit Entmutigungen und Schwierigkeiten herumschlagen und dabei Mitgefühl und Hilfe wünschen. Wir werden ihnen so begegnen, dass wir sie nicht entmutigen oder zurückweisen, sondern in ihren Herzen Hoffnung erwecken. So ermutigt, werden sie dann vertrauensvoll sagen können: „Freue dich nicht über mich, meine Feindin! Wenn ich auch darniederliege, so werde ich wieder aufstehen; und wenn ich auch im Finstern sitze, so ist doch der Herr mein Licht." Er wird „... meine Sache führen und mir Recht schaffen. Er wird mich ans Licht bringen, dass ich seine Gnade schaue." (Micha 7,8–9)

Gott „... sieht auf alle, die auf Erden wohnen. Er lenkt ihnen allen das Herz" (Psalm 33,14–15).

Er bittet uns, auf uns selbst zu sehen, dass wir nicht auch versucht werden (Galater 6,1), wenn wir uns um die Versuchten und Irrenden bemühen. Im Bewusstsein unserer eigenen Schwächen sollen wir Mitleid mit den Schwächen anderer haben. „Denn wer gibt dir einen Vorrang? Was hast du, das du nicht empfangen hast?" (1. Korinther 4,7)

„Einer ist euer Meister; ihr aber seid alle Brüder." (Matthäus 23,8) „Du aber, was richtest du deinen Bruder? Oder du, was verachtest du deinen Bruder?"

„Darum lasst uns nicht mehr einer den andern richten; sondern richtet vielmehr darauf euren Sinn, dass niemand seinem Bruder einen Anstoß oder Ärgernis bereite." (Römer 14,10.13)

Es ist immer demütigend, auf seine Fehler hingewiesen zu werden. Niemand sollte diese Erfahrung durch unnötigen zusätzlichen Tadel noch bitterer werden lassen. Keiner wurde jemals durch Vorwürfe wiedergewonnen, aber viele wurden dadurch abgestoßen und dazu veranlasst, ihre Herzen gegen die richtige Erkenntnis zu verhärten. Statt dessen können ein milder Geist und ein feines, gewinnendes Benehmen die Irrenden retten und eine Menge von Sünden zudecken.

Der Apostel Paulus erachtete es als notwendig, Unrecht beim Namen zu nennen, aber wie sorgfältig suchte er zu zeigen, dass er den Irrenden ein Freund war! Wie eindringlich erklärte er ihnen die Beweggründe seines Handelns! Er machte ihnen bewusst, dass es ihm selbst Schmerzen bereitete, ihnen Schmerzen zufügen zu müssen. Er zeigte denen sein Vertrauen und Mitgefühl, die darum kämpften zu überwinden.

„Aus großer Trübsal und Angst des Herzens schrieb ich euch unter vielen Tränen; nicht, damit ihr betrübt werden sollt, sondern damit ihr die Liebe erkennt, die ich habe besonders zu euch." (2. Korinther 2,4)

„Denn wenn ich euch auch durch den Brief traurig gemacht habe, reut es mich nicht. Und wenn es mich reute, ... so freue ich mich doch jetzt nicht darüber, dass ihr betrübt worden seid, sondern darüber, dass ihr betrübt worden seid zur Reue ... Siehe: eben dies, dass ihr betrübt worden seid nach Gottes Willen, welches Mühen hat das in euch gewirkt, dazu Verteidigung, Unwillen, Furcht, Verlangen, Eifer, Bestrafung! Ihr habt in allen Stücken bewiesen, dass ihr rein seid in dieser Sache ... Dadurch sind wir getröstet worden." (2. Korinther 7,8–13)

„Ich freue mich, dass ich mich in allem auf euch verlassen kann." (2. Korinther 7,16) „Ich danke meinem Gott, sooft ich euer gedenke – was ich allezeit tue in allen meinen Gebeten für euch alle, und ich tue das Gebet mit Freuden –, für eure Gemeinschaft am Evangelium vom ersten Tage an bis heute; und ich bin darin guter Zuversicht, dass der in euch angefangen hat das gute Werk, der wird's auch vollenden bis an den Tag Christi Jesu. Wie es denn recht und billig ist, dass ich so von euch allen denke, weil ich euch in meinem Herzen habe." (Philipper 1,3–7)

„Also, meine lieben Brüder, nach denen ich mich sehne, meine Freude und meine Krone, steht fest in dem Herrn, ihr Lieben." (Philipper 4,1)

„Denn nun sind wir wieder lebendig, wenn ihr fest steht in dem Herrn." (1. Thessalonicher 3,8)

Paulus schrieb diesen Geschwistern als „Geheiligten in Christus Jesus", aber dabei ging es keineswegs um Menschen, die einen vollkommenen Charakter besaßen. Er schrieb ihnen vielmehr als Männern und Frauen, die gegen Versuchungen ankämpften und Gefahr liefen zu unterliegen. Er verwies sie auf den „Gott des Friedens, der den großen Hirten der Schafe, unsern Herrn Jesus, von den Toten heraufgeführt hat" (Hebräer 13,20). Er versicherte ihnen, dass Gott „durch das Blut des ewigen Bundes euch tüchtig macht in allem Guten, zu tun seinen Willen, und in uns schafft, was ihm gefällt, durch Jesus Christus" (Hebräer 13,21).

Wenn jemand, der gesündigt hat, sich seines Versagens bewusst wird, dann achtet darauf, seine Selbstachtung nicht zu zerstören. Entmutigt ihn nicht durch Gleichgültigkeit oder Misstrauen. Sagt nicht: „Bevor ich ihm wieder vertraue, werde ich abwarten, um zu sehen, ob er in der Überwindung seiner Sünde auch durchhält." Oft bringt gerade dieses Misstrauen die Versuchten erneut zu Fall.

Wir sollten uns deshalb darum bemühen, die Schwachheit anderer zu verstehen. Wir wissen doch wenig von den Gewissenskämpfen jener, die in Ketten der Dunkelheit gebunden sind und nicht genügend Entschlossenheit und sittliche Kraft haben. Höchst bedauernswert ist der Zustand dessen, der von Gewissensbissen überwältigt wird. Er ist wie einer, der betäubt ist, schwankt und dann in den Staub sinkt. Nichts kann er mehr klar erkennen. Sein Verstand ist benommen. Er weiß nicht, welche Schritte er als nächstes gehen soll. So manche arme Seele wird missverstanden, geringgeschätzt und ist voller Verzweiflung und Qualen – ein verlorenes, herumirrendes Schaf. Die Seele kann Gott nicht finden und hat doch den brennenden Wunsch nach Vergebung und Frieden.

Sprecht hier bitte kein Wort aus, das den Schmerz noch vertieft! Zeigt dem Menschen, der von einem Leben voller Sünde müde geworden ist, aber nicht weiß, wo Hilfe zu finden ist, vielmehr den mitfühlenden Heiland. Nehmt ihn bei der Hand, richtet ihn auf und sagt ihm Worte, die ihm Mut und Hoffnung geben. Helft ihm, die Hand des Retters zu erfassen.

Wir lassen uns zu leicht entmutigen, wenn Menschen auf unsere Anstrengungen nicht sogleich entsprechend reagieren. Wir sollten nie darin nachlassen, für eine Seele zu arbeiten, wenn es noch einen einzigen Hoffnungsschimmer gibt. Etwas so wertvolles wie Menschenseelen haben den Herrn Jesus, der sich selbst für sie geopfert hat, einen zu hohen Preis gekostet, um sie leichtfertig der Macht des Versuchers preiszugeben.

Wir sollten uns selbst in die Lage der Versuchten versetzen. Bedenken wir die Wirkung ungünstiger Erbanlagen, den Einfluss einer schlechten Umgebung und die Macht falscher Gewohnheiten. Können wir uns dann noch wundern, dass viele unter solchen Einflüssen sittlich verwahrlosen und auf alle Anstrengungen zu ihrer Umkehr nur sehr zögerlich reagieren?

Oft werden gerade die, die uns aussichtslose Fälle zu sein schienen, zu den treuesten Anhängern und Vertretern des Evangeliums, wenn sie einmal dafür gewonnen worden sind. Sie waren also zuvor nicht unrettbar verloren. Unterhalb der manchmal abschreckenden Schale liegt oft ein guter Kern, den wir erreichen können. Ohne eine hilfreiche Hand aber könnten sich viele nie mehr aufrichten, aber durch geduldige, unermüdliche Anstrengungen sind sie durchaus zu retten. Solche Menschen brauchen einfühlsame Worte, freundliche Zuwendung und spürbare Hilfe. Sie brauchen jene Art des Rates, die den schwachen Funken des Mutes in der Seele nicht auslöscht. Lasst die Mitarbeiter, die mit ihnen in Kontakt kommen, dies jederzeit bedenken.

Wir werden auch solche Menschen antreffen, deren Gedankenwelt so lange schlechtem Einfluss ausgesetzt war, dass sie in diesem Leben niemals mehr das erreichen können, was unter günstigeren Umständen möglich gewesen wäre. Aber die hellen Strahlen der Sonne der Gerechtigkeit können ihre Seele wärmen. Es ist ihr Vorrecht, das Leben zu erlangen, das sein Maß an Gottes Leben nimmt. Erfüllt ihren Sinn mit erhebenden, veredelnden Gedanken. Lasst sie an eurem Leben den Unterschied zwischen Laster und Reinheit, Dunkelheit und Licht erkennen. Lasst sie an eurem Vorbild ablesen, was es bedeutet, ein Christ zu sein. Christus ist imstande, selbst die Sündigsten zu retten und sie dorthin zu stellen, wo sie als Kinder Gottes anerkannt werden, als Miterben Christi an dem immerwährenden Erbe.

Durch das Wunder göttlicher Gnade können viele dennoch zu einem gottgewollten Lebensstil finden. Verachtet und verlassen, sind sie völlig entmutigt worden; sie mögen manchmal gleichgültig und stur erscheinen. Aber unter der Wirkung des Heiligen Geistes wird sich die Abstumpfung, die eine Verbesserung ihres Lebens so aussichtslos erscheinen ließ, auflösen. Der benommene und benebelte Verstand wird wieder hell; die Abhängigkeit von der Sünde ist vorbei. Laster werden verschwinden und Unwissenheit wird überwunden. Mit Hilfe des Glaubens, der durch die Liebe wirkt, wird das Herz gereinigt und der Verstand wieder erleuchtet.

Kapitel 11

Für die Unmäßigen arbeiten

Jede wahre Lebensreform hat ihren legitimen Platz in der Verbreitung des Evangeliums und verhilft dem Menschen zu einem neuen und edleren Leben. Besonders die Mäßigkeitsbewegung erfordert die Unterstützung durch missionarische Christen. Sie sollten auf dieses Werk aufmerksam machen und es mit Leben erfüllen. Überall sollten sie den Menschen die Grundsätze echter Mäßigkeit aufzeigen und dazu aufrufen, diesen Lebensstil zu verwirklichen. Intensive Anstrengungen sollten für die unternommen werden, die in schädlichen Süchten gefangen sind.

Überall gibt es ein Werk an denen zu tun, die durch ihre Unmäßigkeit in Sünde gefallen sind. Inmitten von Gemeinden, religiösen Institutionen und sich christlich nennenden Familien befinden sich viele Jugendliche auf dem Weg der Selbstzerstörung. Durch einen zügellosen Lebensstil ziehen sie sich Krankheiten zu, und in dem Bestreben, immer mehr Geld für ihre sündigen Süchte zu beschaffen, verfallen sie auf gefährliche Praktiken. Gesundheit und Charakter sind schließlich ruiniert. Von Gott entfremdet, aus der Gesellschaft ausgestoßen, fühlen diese armen Seelen nun, dass sie weder für dieses Leben noch für das künftige noch Hoffnung haben. Die Herzen der Eltern sind gebrochen.

Menschen bezeichnen diese Verirrten als hoffnungslose Fälle; Gott aber sieht sie keineswegs als solche an. Er versteht all die Umstände, die sie zu dem gemacht haben, was sie nun sind, und er sieht mit Mitleid auf sie. Das ist eine Menschengruppe, die besondere Hilfe braucht. Gebt ihnen nie Anlass zu sagen: „Niemand kümmert sich um meine Seele."

Die Opfer der Unmäßigkeit stammen aus allen Schichten und Berufen. Auch Menschen aus gehobenen Schichten, mit herausragenden Talenten und mit großen beruflichen Erfolgen haben sich der Zügellosigkeit ergeben, bis sie völlig die Kontrolle über sich selbst verloren haben. Einige von ihnen, die zuvor wohlhabend waren, leben nun ohne Familie, ohne Freunde, in einem Zustand des Leidens, des Elends, der Krankheit und Erniedrigung. Wenn ihnen niemand eine helfende Hand entgegenstreckt, werden sie immer weiter im Elend versinken. Bei diesen Menschen ist das Sich-Gehen-Lassen dann nicht mehr nur eine Sünde, sondern auch eine körperliche Erkrankung.

Oft müssen wir uns – wie oft genug auch Christus – bei der Hilfe für die Suchtgefährdeten zunächst um ihren körperlichen Zustand kümmern. Sie brauchen Vollwertspeisen und -getränke, die nicht abhängig machen, saubere Kleidung und Gelegenheit zu regelmäßiger Körperpflege. Sie brauchen eine Umgebung mit einer Atmosphäre hilfreichen, erhebenden christlichen Einflusses. In jeder Stadt sollte eine Einrichtung geschaffen werden, in der Suchtgefährdeten die Hilfe geboten wird, die sie benötigen, um die sie fesselnden Ketten zu zerreißen. Ein alkoholisches Getränk wird von vielen als der einzige Trostspender in schwierigen Lagen angesehen; das aber müsste nicht sein, wenn die, die sich Christen nennen, dem Vorbild des barmherzigen Samariters folgten, anstatt die Rolle des Priesters oder des Leviten zu spielen.

Im Umgang mit den Suchtgefährdeten müssen wir stets daran denken, dass wir es nicht mit gesunden Menschen zu tun haben, sondern mit solchen, die bis auf weiteres unter der Macht eines Dämons stehen. Seid also geduldig und nachsichtig. Denkt nicht an das abstoßende, anwidernde Äußere, sondern an das wertvolle Leben, zu dessen Erlösung Christus starb. Wenn der Alkoholiker seinen unwürdigen Zustand erkennt, dann tut alles in eurer Macht stehende, um ihm zu zeigen, dass ihr seine Freunde seid.

Sprecht kein Wort des Tadels aus; lasst keine Handlung und keinen Blick Vorwurf oder Abneigung signalisieren. Helft dem Menschen vielmehr dabei, frei zu werden. Sagt etwas, das ihn zum Glauben ermutigt. Versucht, jede gute Seite seines Charakters zu stärken. Lehrt ihn, wie es wieder aufwärts gehen kann. Zeigt ihm, dass es möglich ist, wieder so zu leben, dass er die Achtung seiner

Mitmenschen zurückgewinnt. Helft ihm, den Wert der Begabungen zu erkennen, die Gott ihm verliehen hat, deren Entwicklung er jedoch versäumte.

Obwohl sein Wille entstellt und geschwächt ist, gibt es Hoffnung für ihn in Christus. Er wird in ihm den Antrieb und die Sehnsucht nach einem gottgefälligen Leben wecken. Ermutigt ihn, Halt in der Hoffnung zu finden, die das Evangelium ihm anbietet. Schlagt mit dem Versuchten und Kämpfenden die Bibel auf und lest ihm immer wieder die Verheißungen Gottes vor. Diese werden für ihn wie die Blätter vom Baum des Lebens sein. Setzt euer Bemühen geduldig fort, bis die zitternde Hand in dankbarer Freude die Hoffnung auf Erlösung durch Christus ergreift.

Ihr müsst euch nachhaltig um diejenigen kümmern, denen ihr zu helfen versucht; andernfalls werdet ihr nie und nimmer Erfolg haben. Beständig stehen sie in der Versuchung zum Bösen. Immer wieder erliegen sie dem Verlangen nach Alkohol [oder anderen Suchtmitteln], immer wieder können sie einen Rückfall erleben. Aber lasst deshalb in euren Bemühungen nicht nach.

Sie haben sich entschieden zu versuchen, für Christus zu leben, aber ihre Willenskraft ist geschwächt. Sie müssen deshalb sorgfältig von denen betreut werden, die sich der Verantwortung für solche Menschen bewusst sind. Sie haben jeden Halt im Leben verloren, und den müssen sie erst wieder zurückgewinnen. Viele haben gegen ein schlimmes Erbgut anzukämpfen. Unnatürliche Begierden und übersteigerte Sinnlichkeit waren von Geburt an ihre Erblast; davor müssen sie sorgfältig bewahrt werden. In ihnen und um sie herum kämpfen das Gute und das Böse um die Vorherrschaft. Wer solche Erfahrungen nie gemacht hat, kann die beinahe unüberwindliche Macht der Sucht oder die Heftigkeit des Kampfes zwischen dem gewohnheitsmäßigen Sich-Gehen-Lassen und dem Entschluss zur Mäßigkeit in allen Dingen nicht ermessen. Immer und immer wieder wird dieser Kampf aufflammen.

Viele werden einerseits zu Christus gezogen und bringen andererseits doch nicht den moralischen Mut auf, ihren Kampf gegen Begierden und Leidenschaften fortzusetzen. Aber der Mitarbeiter Gottes darf sich davon nicht entmutigen lassen. Sind es denn nur solche, die aus den tiefsten Tiefen gerettet sind, die dann wieder zurückfallen?

Denkt daran, dass ihr nicht allein arbeitet; dienstbare Engel vereinigen sich bei der Erfüllung von Missionsaufgaben mit jedem treuen Kind Gottes. Und Christus ist es, der die Heilung bewirkt. Der Große Arzt selbst steht neben seinen treuen Mitarbeitern und sagt der bereuenden Seele: „Mein Sohn, deine Sünden sind dir vergeben." (Markus 2,5)

Viele von denen, die die ihnen angebotene Hoffnung im Evangelium annehmen und einmal im himmlischen Königreich sein werden, sind heute noch die Ausgestoßenen der Gesellschaft, während andere, die mit guten Begabungen und reicher Erkenntnis gesegnet waren, sie aber nicht gebrauchten, in der Dunkelheit gelassen werden.

Den Opfern ihrer üblen Gewohnheiten muss die Notwendigkeit verdeutlicht werden, sich auch selbst anzustrengen. Andere können auf das ernsthafteste bestrebt sein, sie aufzurichten, die Gnade Gottes ist reichlich vorhanden, Christus kann für sie eintreten, seine Engel können ihm dienen – aber all das wird vergeblich sein, wenn sie selbst sich nicht dazu aufraffen, den Kampf auszufechten, der *sie* betrifft.

Die letzten Worte Davids an Salomo, zu der Zeit ein junger Mann und zukünftiger König Israels, lauteten: „Sei stark und sei ein Mann." (1. Könige 2,2) Diese inspirierten Worte sind an jedes Menschenkind, jeden Anwärter auf eine unvergängliche Krone gerichtet. Die Willensschwachen müssen zu der Einsicht geführt werden, dass eine durchgreifende sittliche Erneuerung notwendig ist, wenn sie gefestigte Menschen werden wollen. Gott ruft sie, damit sie aufwachen und durch die Kraft Christi die gottgewollte gefestigte Menschlichkeit zurückgewinnen, die durch sündhafte Nachgiebigkeit verlorenging.

Viele fühlen die fürchterliche Macht der Versuchung, das drängende Verlangen, das zum Nachgeben führt, und rufen dann verzweifelt aus: „Ich kann dem Übel nicht widerstehen." Sagt ihnen, dass sie *doch* können, dass sie widerstehen *müssen*. Sie mögen bisher immer wieder überwältigt worden sein – aber das muss nicht so bleiben. Sie haben eine nur schwache moralische Kraft und werden von den Gewohnheiten eines Lebens in Sünde bestimmt. Ihre Versprechungen und Vorsätze sind kurzlebig. Die Erinnerung an ihre gebrochenen Versprechen und Gelöbnisse lässt sie an ihrer eigenen Aufrichtigkeit zweifeln und meinen, dass Gott sie nicht mehr akzeptieren oder in ihren Bemühungen unterstützen könne. Sie brauchen jedoch nicht zu verzweifeln.

Diejenigen, die ihr Vertrauen auf Christus setzen, sollen von keiner ererbten oder anerzogenen Gewohnheit oder Verhaltensweise abhängig werden. Statt in den Fesseln der niederen Natur festgehalten zu werden, sollen sie jedes Verlangen und jede Leidenschaft beherrschen. Gott hat uns im Kampf gegen das Böse nicht alleingelassen, so dass wir nur mit unserer eigenen begrenzten Kraft kämpfen müssten. Was auch immer unsere ererbte oder anerzogene Neigung zu Falschem sein mag, wir können sie durch die Kraft überwinden, die er uns verleihen möchte.

Die Kraft des Willens

Die Versuchten müssen die tatsächliche Kraft des Willens erkennen. Dies ist die herrschende Macht in der menschlichen Natur – die Macht der Entscheidung, der Wahl. Alles hängt vom richtigen Gebrauch des Willens ab.

Gutes und Reines zu wünschen ist richtig, aber wenn wir hierbei stehenbleiben, bewirkt das nichts. Viele laufen ihrem Ruin entgegen, während sie hoffen und wünschen, ihre schlechten Neigungen zu überwinden. Sie übergeben ihren Willen nicht Gott. Sie *entscheiden* sich nicht, ihm zu dienen.

Gott hat uns die Macht der Wahl gegeben; es liegt bei uns, sie zu gebrauchen. Wir können unsere Herzen nicht verändern, unsere Gedanken, Impulse und Gefühle nicht kontrollieren. Wir können uns nicht selbst reinigen, nicht zum Dienst für Gott fähig machen. Aber wir können *wählen,* Gott zu dienen, wir können ihm unseren Willen übergeben; dann wird er in uns bewirken, dass wir zu seinem Wohlgefallen handeln. Auf diese Weise unterstellen wir unsere ganze menschliche Natur der Kontrolle Christi.

Der richtige Gebrauch des Willens kann einen vollständigen Wandel in unserem Leben bewirken. Durch die Übergabe unseres Willens an Christus verbünden wir uns mit der göttlichen Macht. Wir erhalten dann Kraft von oben, die uns Standhaftigkeit verleiht. Ein reines und edles Leben, ein Leben des Sieges über Begierden und Sinnenlust ist jedem möglich, der seinen schwachen, schwankenden menschlichen Willen mit dem allmächtigen, unwandelbaren Willen Gottes vereinigt.

Diejenigen, die gegen die Macht der Begierde ankämpfen, sollten in den Grundsätzen gesunder Lebensweise unterrichtet werden. Es sollte ihnen gezeigt werden, dass eine Verletzung der Gesundheitsgesetze durch eine krankmachende Lebensführung und unnatürliche Begierden die Grundlage für den Konsum von Alkohol [oder anderen Suchtmitteln] legt. Nur durch ein Leben in Gehorsam gegenüber den Gesundheitsgrundsätzen können sie darauf hoffen, von dem Verlangen nach unnatürlichen Stimulantien befreit zu werden. Sie sind zwar von der Kraft Gottes abhängig, wenn sie die Fesseln der Sucht zerschneiden, müssen aber durch Gehorsam gegenüber seinen Gesetzen, den ethischen wie denen der Natur, mit ihm zusammenarbeiten.

Wer sein Leben umgestalten möchte, sollte auch einer geregelten Arbeit nachgehen. Keinem, der arbeiten kann, sollte vermittelt werden, dass es Nahrung, Kleidung und Obdach umsonst gibt. Um ihrer selbst wie auch um der anderen willen sollte eine Regelung gefunden werden, wodurch sie für das Erhaltene eine Gegenleistung erbringen. Unterstützt jede Anstrengung eines Menschen, die darauf gerichtet ist, wieder selbst für seinen Lebensunterhalt zu sorgen; dies wird die Selbstachtung stärken und außerdem die materielle Unabhängigkeit sichern. Eine Beschäftigung des Geistes und des Körpers mit nützlicher Arbeit ist auch ein wichtiger Schutz vor Versuchung.

Enttäuschungen und Gefahren

Diejenigen, die für die im Leben Gestrandeten arbeiten, werden von vielen enttäuscht, die ihnen eine Veränderung ihrer Lebensweise versprachen. Manche ändern ihre Gewohnheiten und Praktiken nur oberflächlich. Sie folgen sprunghaft irgendwelchen Eingebungen. Vorübergehend scheinen sie sich zwar geändert zu haben, aber ihr Herz hat sich nicht tiefgreifend gewandelt. Sie huldigen weiterhin der Selbstliebe, sind weiterhin begierig auf törichte Vergnügungen und lassen ihrem Hang zur Selbstverwirklichung freien Lauf.

Sie wissen nichts von der schwierigen Arbeit der Entwicklung des Charakters, und man kann sich auf sie nicht wie auf grundsatztreue Menschen verlassen. Durch ihre Nachgiebigkeit gegenüber Begierden und Leidenschaften haben sie viel von ihren geistigen und geistlichen Kräften verloren, und dies macht sie schwach. Sie sind unberechenbar und unbeständig; ihre Neigungen sind auf Sinnliches gerichtet. Diese Menschen sind für andere oftmals eine Quelle der Gefahr. Man hält sie für gereifte Männer und Frauen, vertraut ihnen verantwortungsvolle Aufgaben an und stellt sie an Plätze, wo ihr Einfluss Unschuldige verdirbt.

Selbst die, die ernsthaft bestrebt sind, ihr Leben zu verändern, sind über die Gefahr des Misserfolgs nicht erhaben. Sie sollten deshalb mit großer Weisheit und großem Einfühlungsvermögen behandelt werden. Die Neigung, die in den Vordergrund zu stellen und ihnen zu schmeicheln, die aus tiefsten Tiefen gerettet worden sind, führt manchmal zu ihrem Verderben. Die Gepflogenheit, Männer und Frauen dazu einzuladen, öffentlich über die Erfahrungen ihres früheren Lebens in Sünde zu berichten, birgt viele Gefahren für Sprecher wie Hörer. Sich mit den Erfahrungen des Bösen ausgiebig zu beschäftigen, verdirbt Geist und Seele, und die Geretteten derart in den Blickpunkt der Öffentlichkeit zu rücken, ist für sie schädlich. Viele werden dadurch zu dem Gefühl veranlasst, dass ihnen ihr früheres Leben voller Sünde eine gewisse Auszeichnung vor anderen verschafft hat. Eine Liebe zu ihrer traurigen Berühmtheit und ein Geist des übersteigerten Selbstvertrauens werden genährt, die sich als verheerend für die Seele erweisen. Nur in einem gesunden Misstrauen gegenüber sich selbst und in der Abhängigkeit von der Gnade Christi können sie bestehen.

Alle, die die Veränderung ihres Lebens dauerhaft beweisen, sollten dazu ermutigt werden, für andere tätig zu werden. Niemand darf eine Seele abweisen, die den Dienst für Satan zugunsten des

Dienstes für Christus quittiert. Wenn jemand deutlich erkennen lässt, dass der Geist Gottes an ihm arbeitet, dann ermutigt ihn auf jede Weise, in den Dienst für den Herrn einzutreten: „Und erbarmt euch derer, die zweifeln." (Judas 22)

Diejenigen, die an der Weisheit teilhaben, die von Gott kommt, werden Seelen erkennen, die Hilfe benötigen, die zwar aufrichtig bereut haben, aber ohne entsprechende Ermutigung kaum wagen würden zu hoffen. Der Herr wird den Herzen seiner Diener eingeben, diese zitternden, reuevollen Menschen in ihrem Kreis der Nächstenliebe willkommen zu heißen. Was auch immer ihre Lieblingssünden waren, wie tief sie auch gefallen sein mögen – wenn sie reuevoll zu Christus kommen, nimmt er sie an. Gebt ihnen dann eine Aufgabe für Jesus. Wenn sie dafür arbeiten wollen, andere aus dem Verderben zu ziehen, aus dem sie selbst gerettet wurden, dann gebt ihnen hierzu Gelegenheit. Bringt sie mit erfahrenen Christen in Kontakt, damit sie an geistlicher Stärke zunehmen. Füllt ihre Herzen und Hände mit Arbeit für den Meister.

Wenn das Licht Gottes in die Seele leuchtet, werden einige, die der Sünde besonders ergeben waren, zu erfolgreichen Missionaren gerade unter solchen Sündern, wie sie selbst es früher waren. Aufgrund ihres Glaubens an Christus werden einige von ihnen in hohe Dienststellen aufsteigen und mit Verantwortung in der Arbeit der Seelenrettung betraut. Sie sehen deutlich, wo ihre eigene Schwäche liegt, und sie erkennen die Gefallenheit ihrer Natur. Sie wissen um die Stärke der Sünde und die Macht übler Gewohnheiten. Sie sehen ihre Unfähigkeit ein, ohne Christi Hilfe zu überwinden, und ihr beständiger Gebetsruf lautet: „Ich gebe meine hilflose Seele dir, Herr, anheim."

Diese Menschen können anderen helfen. Wer selbst versucht und geprüft worden ist, wessen Hoffnung fast gänzlich zerstört war, wer aber durch das Hören einer Botschaft der Liebe gerettet wurde, der kann die hohe Kunst der Seelenrettung begreifen. Wessen Herz mit Liebe zu Christus erfüllt ist, weil er selbst vom Heiland gesucht und zur Herde zurückgebracht worden ist, der weiß, wie man die Verlorenen findet. Er kann Sündern das Lamm Gottes zeigen. Er hat sich rückhaltlos Gott übergeben und ist in dessen geliebtem

Sohn angenommen worden. Die Hand, die sich in ihrer Schwachheit nach Hilfe ausstreckte, wurde ergriffen. Durch den Dienst solcher Menschen werden viele Verlorene zum Vater gebracht.

Für jede Seele, die danach strebt, sich aus einem Leben in Sünde zu einem Leben in Reinheit zu erheben, liegt das Geheimnis der Kraft in dem einzigen Namen unter dem Himmel, der den Menschen gegeben ist, darin selig zu werden (vgl. Apostelgeschichte 4,12). „Wen da dürstet" nach Hoffnung, die zur Ruhe kommen lässt, und nach Befreiung von sündigen Neigungen, zu dem sagt Jesus: „Komm zu mir und trinke!" (Johannes 7,37) Das einzige Mittel gegen die Sucht besteht in der Gnade und Kraft Christi.

Die guten Entschlüsse, die man aus eigener Anstrengung fasst, fruchten nichts. Selbst alle Gelübde dieser Welt können die Macht übler Gewohnheiten nicht brechen. Niemals wird ein Mensch Mäßigkeit in allen Dingen üben, bevor nicht sein Herz durch die göttliche Gnade erneuert ist. Aus eigener Kraft können wir uns nicht einen Moment lang von der Sünde fernhalten; vielmehr sind wir darin jeden Augenblick von Gott abhängig.

Die wahre Lebensreform beginnt mit einer Reinigung der Seele. Unser Werk für die Süchtigen wird nur dann wirklich Erfolg haben, wenn die Gnade Christi den Charakter umformt und die Seele in eine lebendige Verbindung mit Gott gebracht wird.

Christus führte ein Leben vollkommenen Gehorsams gegenüber Gottes Gesetz und gab damit ein Vorbild für jeden Menschen. Das Leben, das er auf dieser Erde führte, sollen wir durch seine Kraft und unter seiner Leitung auch führen.

Bei unserer Arbeit für die in Sünde Gefallenen sollen die Anforderungen des Gesetzes Gottes und die Notwendigkeit des Gehorsams ihm gegenüber in Sinn und Herz gelegt werden. Versäumt es nie zu zeigen, dass sich der, der Gott dient, von dem, der ihm nicht dient, klar unterscheidet. Gott ist Liebe, aber er kann eine willentliche Missachtung seiner Gebote nicht entschuldigen. Die Verfügungen seiner Herrschaft sind dergestalt, dass die Menschen den Konsequenzen ihres Ungehorsams nicht entfliehen werden. Nur die, die ihm die Ehre geben, kann Gott auch ehren. Wie der Mensch auf dieser Welt lebt, das entscheidet über sein Schicksal in der Ewigkeit. Was er gesät hat, muss er dann auch ernten. Jeder Ursache wird die entsprechende Wirkung folgen.

Nur vollkommener Gehorsam kann den Anforderungen Gottes entsprechen. Über diese Anforderungen hat er uns nicht im unklaren gelassen. All seine Verordnungen haben nur das eine Ziel: den Menschen in Harmonie zu ihm zu bringen. Wir sollen Sünder auf Gottes Ideal des Charakters hinweisen und sie zu Christus führen. Nur durch dessen Gnade kann dieses Ideal erreicht werden.

Der Heiland nahm die Schwächen des Menschseins auf sich und führte dabei ein sündloses Leben, damit die Menschen nicht zu fürchten brauchten, dass sie wegen der Schwachheit der menschlichen Natur nicht überwinden könnten. Christus kam, um uns zu „Teilhabern an der göttlichen Natur" zu machen, und sein Leben bezeugt, dass Menschlichkeit, wenn sie mit Göttlichkeit verknüpft ist, keine Sünde begeht.

Der Heiland überwand, um jedem Menschen zu zeigen, wie auch er überwinden kann. Allen Versuchungen Satans begegnete Christus mit dem Wort Gottes. Durch sein Vertrauen auf Gottes Verheißungen empfing er die Kraft zum Gehorsam gegenüber Gottes Geboten, und der Versucher konnte keine Überlegenheit erringen. Auf jede Versuchung lautete Jesu Antwort: „Es steht geschrieben." So hat Gott auch uns sein Wort gegeben, um damit dem Bösen zu widerstehen. Überaus große und kostbare Verheißungen sind uns dafür gegeben, dass wir „Anteil bekommen an der göttlichen Natur", die wir „entronnen sind der verderblichen Begierde in der Welt" (2. Petrus 1,4).

Bittet den Versuchten, nicht auf die Umstände, die Schwachheit seiner selbst oder die Macht der Versuchung zu sehen, sondern auf die Kraft des Wortes Gottes. Dessen ganze Macht steht für uns bereit. „Dein Wort", sagt der Psalmist, „behalte ich in meinem Herzen, damit ich nicht wider dich sündige." (Psalm 119,11) „Im Treiben der Menschen bewahre ich mich vor gewaltsamen Wegen durch das Wort deiner Lippen." (Psalm 17,4)

Sprecht den Menschen Mut zu, erhebt sie im Gebet zu Gott. Viele, die von Versuchung überwunden worden sind, empfinden tiefe Niedergeschlagenheit, und sie meinen, für sie sei es vergeblich, sich

Gott zu nahen; aber solche Gedanken stammen von Satan. Wenn sie gesündigt haben und deshalb meinen, nicht beten zu können, dann sagt ihnen, dass gerade das die Zeit ist zu beten. Sie können beschämt und tief gedemütigt sein – wenn sie gleichzeitig ihre Sünden bekennen, dann wird der, der treu und gerecht ist, ihre Sünden vergeben und sie von aller Ungerechtigkeit reinigen.

Nichts ist anscheinend hilfloser, in Wahrheit aber weniger besiegbar, als eine Seele, die ihre Nichtigkeit erkennt und deshalb völlig den Verdiensten des Heilands vertraut. Durch Gebet und das Studium seines Wortes, durch den Glauben an Christi beständige Gegenwart kann selbst der schwächste Mensch in Verbindung mit dem lebendigen Erlöser leben, und seine Hand wird ihn niemals loslassen.

Die folgenden kostbaren Bibelworte kann jede Seele, die in Christus bleibt, zu ihren eigenen machen. Sie kann sagen:

„Ich aber will auf den Herrn schauen und harren auf den Gott meines Heils; mein Gott wird mich erhören. Freue dich nicht über mich, meine Feindin! Wenn ich auch darniederliege, so werde ich wieder aufstehen; und wenn ich auch im Finstern sitze, so ist doch der Herr mein Licht." (Micha 7,7–8)

„Er wird sich unser wieder erbarmen, unsere Schuld unter die Füße treten und alle unsere Sünden in die Tiefen des Meeres werfen." (Micha 7,19)

Gott hat verheißen: „Ich will, dass ein Mann kostbarer sein soll als feinstes Gold und ein Mensch wertvoller als Goldstücke aus Ofir." (Jesaja 13,12)

„Wenn ihr zu Felde liegt, glänzt es wie Flügel der Tauben, die wie Silber und Gold schimmern." (Psalm 68,14)

Diejenigen, denen Christus am meisten vergeben hat, werden ihn am meisten lieben. Es werden die sein, die am Jüngsten Tag seinem Thron am nächsten stehen. Sie werden „… sein Angesicht sehen, und sein Name wird an ihren Stirnen sein" (Offenbarung 22,4).

Kapitel 12

Hilfe für Arbeitslose und Obdachlose

Es gibt großherzige Männer und Frauen, die engagiert die Lage der Armen zu verbessern suchen. Wie den Arbeits- und Obdachlosen geholfen werden kann, ein geregeltes Leben zu führen, wie Gott es für alle Menschen vorgesehen hat, das ist eine Frage, um deren Beantwortung sich viele ernsthaft bemühen. Es gibt jedoch nicht viele – selbst unter Lehrern und Politikern –, die die Ursachen für den gegenwärtigen Zustand der Gesellschaft durchschauen. Die politischen Machthaber sind nicht in der Lage, die Probleme der um sich greifenden Armut sowie der ansteigenden Kriminalität zu lösen. Sie mühen sich zudem vergeblich, die Wirtschaft auf eine sicherere Grundlage zu stellen.

Wenn die Menschen die Lehren des Wortes Gottes mehr beachten würden, fänden sie eine Lösung dieser Probleme, die sie so verwirren. Hinsichtlich der Arbeitslosigkeit und der Hilfe für die Armen könnten wir viel aus dem Alten Testament lernen.

Gottes Plan für Israel

In Gottes Plan für Israel hatte jede Familie ein Heim auf dem Land mit genügend Ackerfläche zur Bewirtschaftung. Hier gab es weder Bevorzugung noch Benachteiligung. Jede Familie konnte ein selbstunterhaltendes Leben führen. Kein menschlicher Plan hat jemals diesen Plan übertreffen können. Vielmehr sind die heutige Armut und Verwahrlosung zu einem großen Teil eine Folge der Abwendung der Welt von Gottes Plan.

Bei der Landnahme Israels in Kanaan wurde die Ackerfläche unter das ganze Volk aufgeteilt; nur die Leviten als Diener des Heiligtums wurden von der gleichmäßigen Verteilung ausgenommen.

Die Stämme wurden nach Familien gezählt, und jeder Familie wurde gemäß ihrer Größe ein Erbteil zugemessen.

Obwohl man über sein Besitztum vorübergehend frei verfügen konnte, konnte man das Erbe seiner Kinder doch nicht auf Dauer verspielen. Wenn man sein Land wieder zurückkaufen wollte, so war das zu jeder Zeit möglich. Schulden wurden alle sieben Jahre erlassen, und in jedem fünfzigsten Jahr – auch Erlassjahr genannt – fiel alles Grundeigentum wieder an den ursprünglichen Besitzer zurück.

„Darum sollt ihr das Land nicht verkaufen für immer", lautete die Anweisung des Herrn, „denn das Land ist mein, und ihr seid Fremdlinge und Beisassen bei mir. Und bei all eurem Grundbesitz sollt ihr für das Land die Einlösung gewähren. Wenn dein Bruder verarmt und etwas von seiner Habe verkauft, so soll sein nächster Verwandter kommen und einlösen, was sein Bruder verkauft hat. Wenn aber jemand … so viel aufbringen kann, um es einzulösen, so soll er … wieder zu seiner Habe kommen. Kann er aber nicht so viel aufbringen, um es ihm zurückzuzahlen, so soll, was er verkauft hat, in der Hand des Käufers bleiben bis zum Erlassjahr." (3. Mose 25,23–28)

„Und ihr sollt das fünfzigste Jahr heiligen und sollt eine Freilassung ausrufen im Lande für alle, die darin wohnen; es soll ein Erlassjahr für euch sein. Da soll ein jeder bei euch wieder zu seiner Habe und zu seiner Sippe kommen." (3. Mose 25,10)

Auf diese Weise war der Besitz jeder Familie abgesichert und Vorkehrung getroffen gegen die Entstehung der Extreme des Überflusses und des Mangels.

Ausbildung zu handwerklicher Arbeit

In Israel wurde das Erlernen eines Handwerks als eine Pflicht betrachtet. Jeder Vater sollte seine Söhne in einem nützlichen Handwerk unterrichten. Selbst die führenden Männer in Israel mussten in der Lage sein, ein Handwerk auszuüben.

Auch für jede Frau war es selbstverständlich, die Pflichten der Haushaltsführung zu kennen. Tüchtigkeit in diesen Dingen galt selbst bei Frauen aus den oberen Gesellschaftsschichten als ehrenvoll. In den Prophetenschulen wurde ebenfalls eine Reihe von Handwerksberufen gelehrt, und viele Schüler verdienten sich ihren Lebensunterhalt durch handwerkliche Arbeit.

Vorkehrungen für die Armen

Diese Regelungen konnten jedoch die Armut nicht völlig beseitigen. Es war auch nicht Gottes Absicht, dass Armut völlig verschwinden sollte; sie ist nämlich eines seiner Mittel zur Charakterentwicklung.

Er sagt: „Es werden allezeit Arme sein im Lande; darum gebiete ich dir und sage, dass du deine Hand auftust deinem Bruder, der bedrängt und arm ist in deinem Lande." (5. Mose 15,11) „Wenn einer deiner Brüder arm ist in irgendeiner Stadt in deinem Lande, das der Herr, dein Gott, dir geben wird, so sollst du dein Herz nicht verhärten und deine Hand nicht zuhalten gegenüber deinem armen Bruder, sondern sollst sie ihm auftun und ihm leihen, soviel er Mangel hat." (5. Mose 15,7–8)

„Wenn dein Bruder neben dir verarmt und nicht mehr bestehen kann, so sollst du dich seiner annehmen wie eines Fremdlings oder Beisassen, dass er neben dir leben könne." (3. Mose 25,35)

„Wenn du dein Land aberntest, sollst du nicht alles bis an die Ecken deines Feldes abschneiden." (3. Mose 19,9)

„Wenn du auf deinem Acker geerntet und eine Garbe vergessen hast auf dem Acker, so sollst du nicht umkehren, sie zu holen … Wenn du deine Ölbäume geschüttelt hast, so sollst du nicht nachschütteln; … Wenn du deinen Weinberg abgelesen hast, so sollst du nicht nachlesen; es soll dem Fremdling, der Waise und der Witwe zufallen." (5. Mose 24,19–21)

Niemand brauchte zu befürchten, seine Freigebigkeit bringe ihm Not. Gehorsam gegenüber Gottes Geboten sollte gewiss wirtschaftliches Gedeihen nach sich ziehen: „Denn dafür wird dich der Herr, dein Gott, segnen in allen deinen Werken und in allem, was du unternimmst." (5. Mose 15,10) „Dann wirst du vielen Völkern leihen, doch du wirst von niemand borgen; du wirst über viele Völker herrschen, doch über dich wird niemand herrschen." (5. Mose 15,6)

Grundsätze des Geschäftslebens

Das Wort Gottes heißt keine Vorgehensweise gut, bei der sich eine Bevölkerungsgruppe durch die Unterdrückung und das Leiden einer anderen bereichert. Für alle unsere geschäftlichen Transaktionen lehrt es uns vielmehr, uns in die Lage derjenigen zu versetzen, mit denen wir es gerade zu tun haben, also nicht nur unsere eigenen Interessen wahrzunehmen, sondern auch die der andern.

Wer aus dem Missgeschick anderer für sich Vorteile zieht, oder wer darauf aus ist, sich durch die Schwäche oder Unfähigkeit eines anderen Gewinn zu verschaffen, verletzt sowohl die Grundsätze als auch die Gebote des Wortes Gottes.

„Du sollst das Recht des Fremdlings und der Waise nicht beugen und sollst der Witwe nicht das Kleid zum Pfand nehmen.“ (5. Mose 24,17)

„Wenn du deinem Nächsten irgend etwas borgst, so sollst du nicht in sein Haus gehen und ihm ein Pfand nehmen, sondern du sollst draußen stehen, und er, dem du borgst, soll sein Pfand zu dir herausbringen. Ist er aber bedürftig, so sollst du dich nicht schlafen legen mit seinem Pfand.“ (5. Mose 24,10–12)

„Wenn du den Mantel deines Nächsten zum Pfande nimmst, sollst du ihn wiedergeben, ehe die Sonne untergeht, denn sein Mantel ist seine einzige Decke ...; worin soll er sonst schlafen? Wird er aber zu mir schreien, so werde ich ihn erhören; denn ich bin gnädig.“ (2. Mose 22,26)

„Wenn du nun deinem Nachbarn etwas verkaufst oder ihm etwas abkaufst, soll keiner seinen Bruder übervorteilen.“ (3. Mose 25,14)

„Ihr sollt nicht unrecht handeln im Gericht, mit der Elle, mit Gewicht, mit Maß.“ (3. Mose 19,35)

„Du sollst nicht zweierlei Gewicht, groß und klein, in deinem Beutel haben, und in deinem Hause soll nicht zweierlei Maß, groß und klein, sein.“ (5. Mose 25,13–14)

„Rechte Waage, rechtes Gewicht, rechter Scheffel und rechtes Maß sollen bei euch sein.“ (3. Mose 19,36)

„Gib dem, der dich bittet, und wende dich nicht ab von dem, der etwas von dir borgen will.“ (Matthäus 5,42)

„Der Gottlose muss borgen und bezahlt nicht, aber der Gerechte ist barmherzig und kann geben.“ (Psalm 37,21)

„Gib Rat, schaffe Recht, mache deinen Schatten des Mittags wie die Nacht; verbirg die Verjagten und verrate die Flüchtigen nicht! Lass Moabs Verjagte bei dir herbergen, sei du für Moab eine Zuflucht vor dem Verwüster!“ (Jesaja 16,3–4)

Der Lebensplan, den Gott Israel gab, war als eine Zielvorgabe für die ganze Menschheit vorgesehen. Wenn diese Prinzipien auch heute angewandt würden, wie ganz anders sähe es dann auf dieser Welt aus!

Innerhalb der weiten Grenzen der Natur gibt es durchaus noch genügend Raum, den Leidenden und Bedürftigen eine Wohnung zu geben. Die Natur hält außerdem genügend Nahrungsmittel bereit, um alle zu sättigen. Und der Bergbau fördert Segnungen für alle zutage, die mutig, willensstark und ausdauernd genug sind, diese Bodenschätze heraufzubringen.

Die Landwirtschaft, die Beschäftigung, zu der Gott die Menschen in Eden bestimmt hat, eröffnet ein Arbeitsfeld, das vielen Gelegenheit gibt, ihren Lebensunterhalt zu verdienen.

„Hoffe auf den Herrn und tu Gutes, bleibe im Lande und nähre dich redlich.“ (Psalm 37,3)

Tausende, ja Zehntausende könnten in der Landwirtschaft tätig sein, die jetzt auf engstem Raum in den Städten hausen und auf Gelegenheitsjobs warten. In vielen Fällen wird dieser geringe Verdienst zudem nicht für Brot ausgegeben, sondern landet in der Kasse des Spirituosenladens. So werden Seele und Körper ruiniert.

Viele sehen Arbeit als eine Plackerei an und versuchen deshalb, ihren Lebensunterhalt lieber mit krummen Geschäften als mit ehrlicher Anstrengung zu verdienen. Dieser Wunsch, zu leben, ohne zu arbeiten, öffnet das Tor zu Elend, Laster und Verbrechen fast grenzenlos weit.

Die Armenviertel der Großstädte

In unseren Großstädten leben viele Menschen, die weniger Fürsorge und Rücksichtnahme erfahren als unsere vierbeinigen

Hausgenossen. Denken wir an die Familien, die in elenden Behausungen – vielfach in dunklen Kellern, die von Feuchtigkeit triefen und von Schmutz starren – zusammengepfercht leben müssen. An solch elenden Plätzen werden Kinder geboren, wachsen auf und sterben. Von den Naturschönheiten, die Gott geschaffen hat, um die Sinne zu erfreuen und die Seele zu erheben, nehmen sie kaum etwas wahr. Unzureichend bekleidet und halb verhungert, leben sie inmitten von Verbrechen und Verderben; ihr Charakter wird vom Elend und der Sünde geprägt, die sie umgeben.

Den Namen Gottes lernen sie nur in respektloser Weise kennen. Sie bekommen laufend übles Geschwätz, Verwünschungen und Beschimpfungen zu hören. Der Gestank von Alkoholika und Tabak, andere widerliche Gerüche und moralische Verwahrlosung verderben ihre Sinne. Damit wird in vielen die Grundlage geschaffen, kriminell zu werden, zu Feinden der Gesellschaft, die sie diesem Elend und dieser Erniedrigung überlassen hat.

Doch nicht alle Armen in solchen Stadtvierteln zählen zu dieser Gruppe. Gottesfürchtige Männer und Frauen geraten aufgrund von Krankheit oder Unglück in schlimmste Armut, oft infolge der unaufrichtigen Machenschaften jener, die vom Betrug an ihren Mitmenschen leben. Viele Aufrichtige und Gutmütige verarmen, weil ihnen eine solide handwerkliche Ausbildung fehlt. In ihrer Unwissenheit sind sie nicht in der Lage, gegen die Schwierigkeiten, die das Leben mit sich bringt anzukämpfen. Sie kommen in die Städte, können dort aber oft keine Anstellung finden. Um sich herum sehen und hören sie nur das Laster und sind üblen Versuchungen ausgesetzt. Mit lasterhaften und heruntergekommenen Menschen zusammengepfercht und ihnen oft auch sozial gleichgestellt, gelingt es nur durch fast übermenschliche Anstrengungen und eine ebensolche Kraft, sie vor dem Versinken in denselben Tiefen zu bewahren. Viele *bleiben* unbeirrbar anständig, wählen lieber das Leid, als dass sie sündigten. Diese Menschengruppe benötigt vor allem unsere Hilfe, Mitgefühl und Ermutigung.

Wenn diese Armen, die nun in den Städten zusammengedrängt werden, Heime auf dem Lande finden könnten, wären sie nicht nur imstande, ihren Lebensunterhalt zu verdienen, sondern auch

Gesundheit und Glück zu finden – das sie nun kaum noch kennen. Harte Arbeit, einfache Nahrung, strenge Sparsamkeit und oft auch Schwierigkeiten und Entbehrungen würden hier zwar ihr Leben bestimmen. Aber wie sehr wären sie damit gesegnet, wenn sie die Stadt mit ihren Verlockungen zum Bösen, ihrer Rastlosigkeit und Kriminalität, ihrer Armut und Verwahrlosung verlassen und statt dessen auf dem Lande wohnen könnten, wo das Leben meist ruhig, friedlich und in geordneten Bahnen verläuft.

Vielen Stadtbewohnern, die keinen Fußbreit Grünland besitzen, deren Blicke jahrein, jahraus nur auf schmutzige Hinterhöfe und enge Gassen, auf Beton- und Steinmauern gerichtet sind und die in einen staub- und rauchverhangenen Himmel schauen, würden es fast wie paradiesisch empfinden, wenn sie wieder in einem ländlichen Gebiet leben könnten, wo sie von grünen Feldern, Wäldern, Hügeln und Bächen, einem klaren Himmel und frischer, reiner Luft umgeben wären.

Zu einem gewissen Grad vom Kontakt mit und der Abhängigkeit von Menschen und den zerstörerischen Vorstellungen, Gewohnheiten und Lustbarkeiten der Welt befreit, kämen sie der Natur wieder näher. Hier würden sie wieder die Gegenwart Gottes und ihre Abhängigkeit von ihm erkennen. Durch die Natur würde seine Stimme zu ihren Herzen reden von seinem Frieden und seiner Liebe, und Geist, Seele und Körper wären hier für diese heilsame, lebenspendende Macht empfänglich.

Sehr viele benötigen, bevor sie sich selbst um ihren Lebensunterhalt kümmern können, zunächst Beistand, Ermutigung und Anleitung. Es gibt zahllose Familien, für die es der wichtigste missionarische Dienst wäre, ihnen bei der Ansiedlung auf dem Lande zu helfen und ihnen zu zeigen, wie sie in der Landwirtschaft ihren Lebensunterhalt verdienen können.

Die Notwendigkeit solcher Hilfe und Anleitung ist aber nicht nur auf Städter begrenzt; auch auf dem Lande sind – trotz all der hiesigen Möglichkeiten zu einem besseren Leben – unzählige Arme in großen Schwierigkeiten. Ganzen dörflichen Gemeinden fehlt es an handwerklichen und gesundheitsberuflichen Ausbildungseinrichtungen. Familien leben in Hütten mit mangelhafter Einrichtung, ohne ausreichende Bekleidung, ohne geeignetes Werkzeug, ohne Bücher, ohne jede Annehmlichkeit oder Behaglichkeit und ohne geeignete Bildungsmöglichkeiten. Gedanklich abgestumpfte Seelen sowie geschwächte und kränkliche Körper offenbaren die Auswirkungen bösen Erbes und falscher Lebensgewohnheiten. Diese Menschen müssen von Grund auf ausgebildet werden. Sie haben bisher ein hilfloses, unproduktives und verwahrlostes Leben geführt und müssen deshalb erst zu guten Gewohnheiten erzogen werden.

Wie kann man sie zu der Einsicht führen, dass es nötig ist, ihre Lebensweise zu verbessern? Wie hilft man ihnen, ein höheres Lebensideal anzustreben? Wie kann man ihnen zu einer besseren Lebensqualität verhelfen? Was kann dort getan werden, wo Armut regiert und man ihr auf Schritt und Tritt begegnet? Diese Aufgabe ist sicher schwierig. Die notwendige Lebensreform wird nie gelingen, es sei denn, Männer und Frauen werden dabei von einer Macht unterstützt, die von außen kommt. Es ist Gottes Absicht, dass die Reichen und die Armen durch Mitgefühl und Hilfsbereitschaft miteinander verbunden werden. Wer also Mittel, Begabungen und Fähigkeiten hat, sollte diese Möglichkeiten zum Segen seiner Mitmenschen einsetzen.

Christliche Landwirte können echte Missionsarbeit leisten, indem sie Armen dabei helfen, Heime auf dem Lande zu finden, und ihnen die notwendigen Kenntnisse der Landbewirtschaftung vermitteln. Lehrt sie die Geräte richtig einzusetzen, die verschiedenen Getreidearten anzupflanzen und Obstplantagen anzulegen und zu pflegen.

Viele Landwirte erzielen keine angemessenen Erträge, weil ihnen die entsprechenden Kenntnisse fehlen. Sie pflegen ihre Obstplantagen nicht richtig, das Getreide wird nicht rechtzeitig eingebracht, und auch um eine gute Bodenqualität bemüht man sich nur halbherzig. Sie führen ihren Misserfolg einfach auf eine zu geringe Fruchtbarkeit des Bodens zurück. Man verkennt die Güte des Bodens, wenn man landwirtschaftliche Flächen geringschätzt, die bei kundiger Bearbeitung reichen Ertrag brächten. Die beschränkten Arbeitspläne, die geringe investierte Kraft und die unzureichende Kenntnis der besten Methoden rufen laut nach einer Reform.

Alle Lernwilligen sollten deshalb in zeitgemäßen Landbaumethoden unterrichtet werden. Lasst denjenigen, die sich nur schwer an neue Methoden gewöhnen, die Instruktionen indirekt zukommen. Bebaut euer eigenes Land entsprechend diesen Kenntnissen vorbildlich. Lasst dann, wenn möglich, ein paar Worte gegenüber eurem Nachbarn fallen, und im übrigenmöge der Ernte-Erfolg selbst für die richtigen Methoden sprechen. Demonstriert also, was aus dem Boden werden kann, wenn er richtig bearbeitet wird.

Auch der Einrichtung verschiedener Handwerksbetriebe sollte Aufmerksamkeit gewidmet werden, so dass arme Familien Arbeit finden können. Tischler und Schlosser, ja, jeder, der irgendeine nützliche Arbeit tun kann, sollte sich dafür verantwortlich fühlen, die Ungelernten und Arbeitslosen auszubilden und zu unterstützen.

Der Dienst an den Armen bildet ein breites Tätigkeitsfeld für Frauen wie Männer. Der tüchtige Koch, die Haushälterin, die Näherin, die Krankenschwester – ihrer aller Hilfe wird gebraucht. Den Mitgliedern armer Familien soll beigebracht werden, wie man kocht, wie man Kleidung selbst schneidert und instand hält, Kranke versorgt und den Haushalt richtig führt. Und alle heranwachsenden Jungen und Mädchen sollten sorgfältig in einem nützlichen Beruf ausgebildet werden.

Missionarische Familien

Wir brauchen missionarische Familien, die sich an Orten niederlassen, wo Fachleute fehlen. Landwirte, Geschäftsleute, Bauhandwerker – ja, alle, die in den verschiedenen Fachgebieten und Handwerksberufen geschickt sind, sollen in noch unversorgte Gebiete gehen, um dort die Landwirtschaft zu verbessern, Dienstleistungsunternehmen oder Handwerksbetriebe zu gründen, bescheidene Heime für sich selbst einzurichten und ihren Nachbarn zu helfen.

Die rauhen Plätze der Natur, die wilden Orte, hat Gott dadurch anziehend gemacht, dass er wunderschöne Dinge unter das Unscheinbare gemengt hat. Dies ist das Werk, zu dem auch wir berufen sind. Selbst die öden Regionen der Erde, die auf den ersten Blick abschreckend erscheinen, können buchstäblich zu Gottes Garten werden.

„Zu der Zeit werden die Tauben hören die Worte des Buches, und die Augen der Blinden werden aus Dunkel und Finsternis sehen; und die Elenden werden wieder Freude haben am Herrn, und die Ärmsten unter den Menschen werden fröhlich sein in dem Heiligen Israels." (Jesaja 29,18–19)

Oft können wir den Armen durch Anleitung in praktischen Dingen am wirksamsten helfen. In aller Regel fehlen denen, die man nicht zur Arbeit angehalten hat, die Leistungsbereitschaft, das Durchhaltevermögen, die Sparsamkeit und der Wille, sich einzuschränken. Sie verstehen nicht, richtig zu wirtschaften. Oft wird aus zu geringem Verantwortungsbewusstsein und Urteilsvermögen das verschwendet, was ihren Familien ein standesgemäßes und behagliches Leben verschaffen könnte, wenn man es verantwortungsvoll und haushälterisch einsetzen würde. „Es ist viel Speise in den Furchen der Armen; aber wo kein Recht ist, da ist Verderben." (Sprüche 13,23)

Wir können den Armen helfen – und ihnen damit schaden, weil wir sie zur Abhängigkeit erziehen. Eine solche Art des Gebens verstärkt einerseits den Egoismus und andererseits die Hilflosigkeit; oft führt sie gar zu Trägheit, Verschwendungssucht und Unmäßigkeit. Niemand, der sich seinen Lebensunterhalt selbst verdienen kann, hat das Recht, auf Kosten anderer zu leben. Der Wahlspruch, „Die menschliche Gesellschaft schuldet mir einen Lebensunterhalt", trägt in sich bereits den Kern von Verschlagenheit, Betrug und Raub. *Nichts* schuldet die menschliche Gesellschaft jemandem, der arbeiten und seinen Lebensunterhalt selbst verdienen kann.

Wahre Nächstenliebe hilft Menschen zur Selbsthilfe. Wenn jemand an unserer Tür um Nahrung bittet, sollten wir ihn nicht hungrig wegschicken; seine Armut kann von einem Unglück herrühren. Aber wahre Wohltätigkeit bedeutet mehr, als nur zu schenken; sie bedeutet ein echtes Interesse am Wohlergehen des anderen. Wir sollten versuchen, die Bedürfnisse der Armen und Verzweifelten zu verstehen, und ihnen die Hilfe zu leisten, die ihnen am meisten nützt. Sich gedanklich, zeitlich und persönlich einzusetzen kostet weit mehr, als jemandem einfach ein Geldstück in die Hand zu drücken; aber es ist aufrichtigste Nächstenliebe.

Diejenigen, die verstanden haben, dass man nur für seinen eigenen Einsatz bezahlt wird, werden auch bereitwilliger lernen, das meiste daraus zu machen. Und indem sie lernen, auf sich selbst gestellt zu sein, erwerben sie nicht nur das, was sie zur Eigenständigkeit befähigt, sondern auch das, was ihnen die Hilfeleistung für andere ermöglicht. Vermittelt denen die Wichtigkeit der alltäglichen Pflichten, die ihre Möglichkeiten ungenutzt lassen. Zeigt ihnen, dass der biblische Glaube Menschen niemals zu Müßiggängern macht. Christus forderte immer zu Fleiß auf. „Was steht ihr den ganzen Tag müßig da?" sagte er zu den faulen Arbeitern (Matthäus 20,6). „Wir müssen die Werke ... wirken, ... solange es Tag ist; es kommt die Nacht, da niemand wirken kann." (Johannes 9,4)

Es ist das Vorrecht aller, mit ihrem Familienleben, ihren Gewohnheiten, Praktiken und Lebensregeln vor den Menschen Zeugnis davon abzulegen, was das Evangelium an denen bewirken kann, die ihm gehorchen. Christus kam in unsere Welt, um uns ein Vorbild dafür zu geben, was aus uns werden kann. Er erwartet deshalb von seinen Nachfolgern, dass sie ihrerseits in jeder Hinsicht Vorbilder für eine richtige Lebensweise sind. Er möchte, dass an den äußeren Dingen die göttliche Prägung sichtbar wird.

Unsere Heime und unsere sonstigen Einflussbereiche sollten Lehrbeispiele sein und Wege zur Verbesserung aufzeigen, so dass Arbeitseifer, Sauberkeit, guter Geschmack und feines Benehmen an die Stelle von Faulheit, Unsauberkeit, Rohheit und Unordnung treten. Mit unserem vorbildlichen Leben können wir anderen zur Wahrnehmung dessen verhelfen, was an ihrem Charakter oder in ihrem Umfeld abstößt, und mit christlicher Höflichkeit zu Verbesserungen ermuntern. Wenn wir Interesse für sie zeigen, werden wir auch Gelegenheit finden, sie zu lehren, wie sie ihre Kräfte am besten einsetzen können.

Hoffnung und Mut haben und geben

Ohne Mut und Beharrlichkeit können wir nichts zustande bringen. Gebt also den Armen und Entmutigten Worte der Hoffnung und Ermutigung. Stellt nötigenfalls eure Anteilnahme ganz praktisch unter Beweis, indem ihr ihnen helft, wenn sie in Schwierigkeiten kommen.

Diejenigen, die zu ihrer Entwicklung beste Voraussetzungen gehabt haben, sollten daran denken, dass sie selbst auch nicht in allem perfekt sind und dass es auch ihnen wehtut, wenn man ihre Fehler offenlegt und ihnen vorhält, wie weit sie noch vom Ideal der Vollkommenheit entfernt sind. Bedenkt, dass Freundlichkeit mehr zuwege bringt als Kritik. Wenn du andere anzuleiten suchst, dann lass sie erkennen, dass du ihnen zum höchstmöglichen Niveau verhelfen möchtest. Wenn das in einigen Punkten misslingt, dann verurteile sie nicht vorschnell.

Einfachheit, die Bereitschaft zu Verzicht und Sparsamkeit, Lektionen, die zu lernen für die Armen so notwendig ist, erscheinen ihnen oft schwierig und unwillkommen. Das Beispiel und der Geist der Welt erregen und fördern beständig Stolz, den Wunsch, im Mittelpunkt zu stehen, Zügellosigkeit, Verschwendung und Trägheit. Diese Übel stürzen Tausende in Armut und hindern viele weitere Tausende daran, sich aus Erniedrigung und Elend zu erheben. Christen sollten die Armen dazu ermutigen, diesen Einflüssen zu widerstehen.

Jesus kam in Demut auf diese Welt; er stammte aus einer niedrigen gesellschaftlichen Schicht. Die Majestät des Himmels, der König der Herrlichkeit, der Herrscher über alle Engelscharen demütigte sich so weit, das Menschsein anzunehmen, und wählte noch dazu ein Leben in Armut und Erniedrigung. Er verfügte nicht über Möglichkeiten, die die Armen nicht auch hätten. Armut, Mühsal und Entbehrung gehörten zu seiner Alltagserfahrung. „Die Füchse haben Gruben", sagte er, „und die Vögel unter dem Himmel haben Nester; aber der Menschensohn hat nichts, wo er sein Haupt hinlege." (Lukas 9,58)

Jesus suchte nicht die Bewunderung oder den Beifall der Menschen. Er befehligte keine Armee; er regierte kein weltliches Reich. Er bemühte sich nicht um das Wohlwollen der Reichen und Angesehenen dieser Welt. Er beanspruchte keinen Platz unter den Führern des Landes. Er wohnte vielmehr unter den Niedrigen; er hielt sich nicht an die unnatürliche Einteilung gesellschaftlicher Schichten.

Entsprechend ignorierte er die Aristokratien der Geburt, des Reichtums, der Begabung, der Bildung und des beruflichen Ranges.

Er war der Königssohn des Himmels und wählte seine Jünger gleichwohl nicht aus den Rechtsgelehrten, Herrschern, Schriftgelehrten oder Pharisäern aus. An diesen ging er vorbei, weil sie sich mit ihrer Klugheit und ihrer gesellschaftlichen Stellung brüsteten. Sie waren ganz von ihren Traditionen und abergläubischen Vorstellungen eingenommen. Er, der in allen Herzen lesen konnte, wählte sich einfache Fischer, die sich etwas lehren ließen. Er aß mit den Zöllnern und Sündern und mischte sich unter das einfache Volk, aber nicht, um mit ihnen niedrig und irdisch gesinnt zu werden, sondern um ihnen durch Lehre und Vorbild die richtigen Grundsätze aufzuzeigen und sie aus ihrer Weltlichkeit und Erniedrigung emporzuheben.

Jesus war stets bestrebt, den falschen Maßstab zur Beurteilung des Wertes eines Menschen zu korrigieren. Deshalb wählte er seinen Platz bei den Armen, um der Armut den Makel zu nehmen, mit dem die Welt sie belegt hatte. Er hat sie für immer von der Verachtung befreit, indem er die Armen, die Erben des göttlichen Königreichs, segnete. Er zeigt uns den Weg, den er ging, und sagt: „Wer mir folgen will, der verleugne sich selbst und nehme sein Kreuz auf sich täglich und folge mir nach." (Lukas 9,23)

Christliche Missionare sollen die Menschen dort treffen, wo diese sind, und sie unterrichten, nicht in Stolz, sondern in Charakterentwicklung. Erzählt ihnen, wie Christus tätig war und dabei seine eigenen Interessen zurückstellte. Unterstützt sie dabei, von ihm Verzicht und Hingabe zu lernen. Lehrt sie, sich davor zu hüten, um jeden Preis die vorherrschende Mode der Selbstverwirklichung zu übernehmen. Das Leben ist zu wertvoll und hat zu viele ernste, feierliche Verantwortlichkeiten, als dass man es nur mit der Befriedigung eigener Wünsche verschwenden dürfte.

Das Beste des Lebens

Noch haben Männer und Frauen kaum damit begonnen, den wahren Zweck des Lebens zu begreifen. Sie werden von Glanz und Glamour angezogen; sie streben nach hohen gesellschaftlichen Positionen. Dem werden die wahren Lebensziele geopfert. Die besten Dinge des Lebens – Einfachheit, Ehrlichkeit, Wahrhaftigkeit, Reinheit und Redlichkeit – können nicht gekauft oder verkauft werden. Sie sind für die Ungebildeten ebenso frei erhältlich wie für die Gebildeten, für den einfachen Arbeiter ebenso wie für den hochgeachteten Staatsmann.

Gott hält für jeden eine Freude bereit, die von Reichen und Armen gleichermaßen empfunden werden kann – die Freude der Entwicklung einer sauberen Gedankenwelt und selbstlosen Handelns, die Freude, die aus der Äußerung mitfühlender Worte und aus Taten der Freundlichkeit erwächst. Wer so dient, spiegelt Jesu Licht wider und erhellt damit Menschenleben, die von vielen Schatten verdunkelt werden.

Wenn du den Bedürftigen in praktischen Dingen hilfst, dann behalte stets auch ihre geistlichen Bedürfnisse im Blick. Lass dein eigenes Leben die bewahrende Kraft des Heilands bezeugen. Lass deinen Charakter den hohen Maßstäben genügen, denen alle genügen können. Lehre das Evangelium in einfachen und anschaulichen Lektionen. Lass alles, womit du zu tun hast, eine Lehrstunde in Charakterbildung sein.

Selbst in primitivster Umgebung bei alltäglicher Arbeit können auch die allerschwächsten und allereinfachsten Arbeiter mit Gott zusammenarbeiten und den Trost seiner Gegenwart und helfenden Gnade spüren. Sie sollen sich nicht mit aufreibenden und unnötigen Sorgen verschleißen. Lasst sie einen Tag nach dem anderen arbeiten und treulich die Aufgabe erfüllen, die ihnen Gottes Vorsehung bestimmt, dann wird Er für sie sorgen. Sagt er doch folgendes: „Sorgt euch um nichts, sondern in allen Dingen lasst eure Bitten in Gebet und Flehen mit Danksagung vor Gott kundwerden! Und der Friede Gottes, der höher ist als alle Vernunft, bewahre eure Herzen und Sinne in Christus Jesus." (Philipper 4,6–7)

Des Herrn Fürsorge erstreckt sich auf alle seine Geschöpfe. Er liebt sie alle und macht keine Unterschiede, bis auf den, dass er das tiefste Mitgefühl für die empfindet, die die schwersten Bürden des Lebens zu tragen haben. Kinder Gottes müssen Prüfungen und

Schwierigkeiten aushalten. Aber sie sollten ihr Los in freudiger Gesinnung annehmen, im festen Vertrauen darauf, dass für alles, was die Welt ihnen nicht gibt, Gott selbst sie auf wunderbare Weise entschädigen wird.

Gerade dann, wenn wir in Schwierigkeiten geraten, erweist er seine Macht und Weisheit beim Erhören einfacher Gebete. Vertraut ihm als einem Gebete hörenden und erhörenden Gott. Er wird sich euch als jemand offenbaren, der in jeder Notlage helfen kann. Er, der den Menschen erschuf und mit wunderbaren körperlichen, geistigen und geistlichen Fähigkeiten ausstattete, wird euch das nicht vorenthalten, was zur Erhaltung des Lebens notwendig ist. Er, der uns sein Wort gegeben hat – die Blätter vom Baum des Lebens –, wird uns nicht das Wissen darüber vorenthalten, wie für seine bedürftigen Kinder Nahrung beschafft werden kann.

Wie kann Weisheit von jemandem erlangt werden, der nur den Pflug hält und die Ochsen antreibt? Indem er sie wie Silber sucht und nach ihr wie nach einem verborgenen Schatz forscht. „So unterwies ihn sein Gott und lehrte ihn, wie es recht sei." (Jesaja 28,26)

„Auch das kommt her vom Herrn Zebaoth; sein Rat ist wunderbar, und er führt es herrlich hinaus." (Jesaja 28,29)

Er, der Adam und Eva in Eden lehrte, wie sie den Garten bebauen sollten, will die Menschen auch heute anleiten. So gibt er auch demjenigen Weisheit, der den Pflug führt und die Saat aussät. Denen, die ihm vertrauen und gehorchen, wird Gott Wege eröffnen, die sie voranbringen. Sie sollen mutig vorwärtsgehen und ihm dabei vertrauen, dass er ihre Bedürfnisse in seiner reichen Güte stillen wird.

Er, der Tausende mit fünf Broten und zwei kleinen Fischen sättigte, kann uns auch heute den Ertrag unserer Arbeit geben. Den galiläischen Fischern sagte er: „Werft eure Netze zum Fang aus!" (Lukas 5,4) Als sie gehorchten, füllte er ihre Netze bis zum Zerreißen. Er möchte, dass sein Volk darin ein Versprechen dessen erkennt, was er auch heute noch tun will. Der Gott, der den Kindern Israel in der Wüste Manna vom Himmel gab, lebt und regiert auch heute noch. Er will sein Volk führen und ihm Verständnis und Fähigkeiten für die Aufgabe geben, die zu erfüllen sie berufen sind.

Er wird denen Weisheit verleihen, die ihre Pflicht gewissenhaft und verständig erfüllen wollen. Er, dessen Eigentum die Welt ist, ist reich an Schätzen und will jeden segnen, der anderen ein Segen sein will.

Wir müssen nur im Glauben nach oben blicken. Von scheinbaren Fehlschlägen und Verzögerungen dürfen wir uns nicht entmutigen lassen. Wir sollten freudig, hoffnungsvoll und dankbar arbeiten, im Vertrauen darauf, dass die Erde den getreuen Arbeiter ihre reichen Schätze sammeln lässt, reichere Schätze als Gold und Silber. Berge und Hügel unterliegen der Erosion, die Erde veraltet wie ein Kleidungsstück, aber der Segen Gottes, der seinem Volk sogar in der Wüste einen Tisch bereitete, wird niemals enden.

Kapitel 13

Die hilflosen Armen

Wenn alles getan wurde, was getan werden konnte, um den Armen Hilfe zur Selbsthilfe zu gewähren, bleiben doch noch die Witwen und Waisen, die Alten, die Hilflosen und die Kranken, die Mitgefühl und Fürsorge beanspruchen; sie sollten niemals vernachlässigt werden. Gott selbst hat sie nämlich der Barmherzigkeit, Liebe und freundlichen Fürsorge aller anvertraut, die er zu seinen Dienern gemacht hat.

Die Glaubensfamilie

„Darum, solange wir noch Zeit haben, lasst uns Gutes tun an jedermann, allermeist aber an des Glaubens Genossen." (Galater 6,10)

In gewissem Sinn hat Christus seiner Gemeinde die Pflicht auferlegt, für die Bedürftigen in ihren eigenen Reihen zu sorgen. Er lässt es zu, dass seine Armen in jeder Gemeinde vertreten sind; sie sollen immer unter uns sein, und er verpflichtet die Gemeindeglieder, jeden persönlich, für sie zu sorgen.

Wie die Mitglieder einer biologischen Familie füreinander sorgen, also die Kranken versorgen, die Schwachen unterstützen, die Unwissenden anleiten und die Unerfahrenen trainieren, so soll die Glaubensfamilie für ihre bedürftigen und hilflosen Mitglieder sorgen. Auf keinen Fall dürfen diese vernachlässigt werden.

Witwen und Waisen

Die Witwen und Waisen genießen die besondere Fürsorge des Herrn: „Ein Vater der Waisen und ein Helfer der Witwen ist Gott in seiner heiligen Wohnung." (Psalm 68,6)

„Denn der dich gemacht hat, ist dein Mann – Herr Zebaoth ist sein Name –, und dein Erlöser ist der Heilige Israels, der aller Welt Gott genannt wird.“ (Jesaja 54,5)

„Verlass nur deine Waisen, ich will sie am Leben erhalten, und deine Witwen sollen auf mich hoffen.“ (Jeremia 49,11)

Viele Väter sind, wenn sie sterben und deshalb ihre Lieben verlassen mussten, im Glauben an Gottes Verheißung gestorben, dass er für diese sorgen werde. Und der Herr *sorgt* für die Witwen und Waisen, nicht durch ein Wunder wie das Manna vom Himmel oder etwa Raben, die die Nahrung bringen, sondern durch ein am menschlichen Herz wirkendes Wunder, das die Selbstsucht vertreibt und die Quellen christlicher Nächstenliebe aufschließt. Er vertraut seinen Nachfolgern die Geplagten und Hinterbliebenen als eine kostbare Gabe an; sie haben auf das entschiedenste Anspruch auf unser Mitgefühl.

In komfortabel ausgestatteten Heimen, in Vorratsspeichern, die mit reichen Ernten angefüllt sind, in Kleiderlagern und Tresoren hat Gott Mittel zur Unterstützung dieser Bedürftigen bereitgelegt. Er fordert uns auf, Kanäle seiner Gaben zu sein.

So manche Witwe und Mutter vaterloser Kinder kämpft tapfer darum, ihre nun doppelt schwere Bürde tragen zu können; die harte Arbeit, die sie tut, um ihre Kinder bei sich zu behalten und zu versorgen, übersteigt ihre Kräfte oft bei weitem. Nur noch wenig Zeit bleibt ihr für deren Erziehung und Unterrichtung, nur wenige Gelegenheiten, ihnen Erlebnisse zu verschaffen, die ihr Leben erhellen. Sie braucht deshalb Ermutigung, Mitgefühl und finanzielle sowie praktische Hilfe.

Gott fordert uns auf, diesen Kindern, so gut wir können, die fehlende väterliche Fürsorge zu leisten. Helft ihnen in jeder nur möglichen Weise, anstatt abseits zu stehen und euch über ihre Fehler und die Mühe zu beklagen, die sie womöglich verursachen. Seid bestrebt, der von Sorgen geplagten Mutter zu helfen; erleichtert ihre Lasten.

Außerdem gibt es sehr viele Kinder, denen das elterliche Vorbild und der charakterformende Einfluss eines christlichen Heims gänzlich fehlen. Christen sollen ihre Herzen und Heime für diese Hilflosen öffnen. Das Werk, das Gott ihnen als *ihre* Pflicht aufgetragen hat, sollte nicht auf eine Wohltätigkeitsinstitution abgewälzt oder gar den Zufällen weltlicher Fürsorge überlassen werden. Wenn die Kinder keine Verwandten haben, die für sie sorgen können, sollen die Gemeindeglieder ihnen ein Zuhause geben. Unser Schöpfer bestimmte, dass wir familienweise zusammenleben sollen, und die Persönlichkeit des Kindes wird sich in der liebevollen Atmosphäre eines christlichen Heims am besten entwickeln.

Viele, die keine eigenen Kinder haben, könnten mit der Fürsorge für die Kinder anderer ein gutes Werk tun. Anstatt ihre Aufmerksamkeit Haustieren zuzuwenden und diese stummen und nicht vernunftbegabten Geschöpfe mit Gefühlen zu überhäufen, sollten sie sich kleiner Kinder annehmen, deren Charaktere sie nach dem Bild Gottes formen können. Schenkt eure Liebe den Mitgliedern der Menschheitsfamilie, die kein Heim haben. Überdenkt, wie viele dieser Kinder ihr zur Erziehung und Ermahnung durch den Herrn aufnehmen könnt. Dadurch werdet ihr auch selbst reichlich gesegnet.

Die Alten

Auch die Alten brauchen die Geborgenheit einer Familie. In einem Heim von Brüdern und Schwestern in Christus kann der Verlust ihres eigenen Heims fast vollständig ersetzt werden. Wenn sie dazu ermutigt werden, an den Interessen und Beschäftigungen der Haushaltsmitglieder Anteil zu nehmen, hilft ihnen dies zu sehen, dass sie immer noch nützlich sind. Lasst sie fühlen, dass ihre Hilfe geschätzt wird, dass es für sie im Dienst für andere immer noch etwas zu tun gibt; dies wird ihr Herz erfreuen und ihrem Leben Sinn geben.

Lasst jene, deren graues Haar und gebrechliche Schritte anzeigen, dass sie bald sterben müssen, so lange wie möglich bei Freunden und in familiären Verbindungen bleiben. Lasst sie Gottesdienst mit denen halten, die sie gekannt und geliebt haben. Lasst sie von liebevollen und gefühlvollen Händen gepflegt werden.

Wenn irgend möglich, sollte es das Vorrecht der Mitglieder jeder Familie sein, ihre eigenen Verwandten zu versorgen. Ist dies unmöglich, wird es Aufgabe der Gemeinde und sollte sowohl als ein Vorrecht als auch als eine Pflicht angenommen werden. Alle, die den Geist Christi aufweisen, werden den Schwachen und Alten liebevolle Aufmerksamkeit entgegenbringen.

Die Anwesenheit eines solchen hilfsbedürftigen Menschen in unseren Heimen ist eine kostbare Gelegenheit, mit Christus in seinem Dienst der Barmherzigkeit zusammenzuarbeiten und Charakterzüge zu entwickeln, die ihm ähnlich sind. Außerdem liegt in der Verbindung alter und junger Menschen ein Segen. Die Jungen können Sonnenschein in Herz und Leben der Alten bringen; die Alten, deren Anteil an den Lebensvorgängen langsam abnimmt, brauchen den Segen des Kontakts mit der Hoffnung und dem Elan der Jugend. Und den Jungen kann die Weisheit und Erfahrung der Alten helfen. Vor allem aber müssen sie die Lektion selbstlosen Dienens lernen. Die Anwesenheit von jemandem, der Mitgefühl, Nachsicht und opferbereite Liebe braucht, wäre für viele Haushalte ein unschätzbarer Segen. Sie würde das häusliche Leben verschönern und verfeinern und bei jung und alt jene christlichen Umgangsformen fördern, die aus der göttlichen Freundlichkeit und dem unvergänglichen Schatz des Himmels stammen.

Eine Prüfung des Charakters

„Ihr habt allezeit Arme bei euch", sagte Christus, „und wenn ihr wollt, könnt ihr ihnen Gutes tun." (Markus 14,7)

„Ein reiner und unbefleckter Gottesdienst vor Gott, dem Vater, ist der: die Waisen und Witwen in ihrer Trübsal besuchen und sich selbst von der Welt unbefleckt halten." (Jakobus 1,27)

Christus prüft alle, die sich seine Nachfolger nennen, indem er ihnen Hilflose und Arme anvertraut, die auf ihre Fürsorge angewiesen sind. Durch unsere Liebe und unseren Dienst für diese bedürftigen Gotteskinder erweisen wir die Echtheit unserer Liebe zu Gott. Diese Bedürftigen zu vernachlässigen würde bedeuten, uns zu falschen Jüngern zu erklären, denen Christus und seine Liebe fremd sind.

Wenn alles getan würde, was getan werden könnte, um für Waisenkinder ein Heim bei Familien zu schaffen, blieben dennoch sehr viele übrig, die Fürsorge benötigen. Viele von ihnen haben ein schlechtes Erbgut mitbekommen. Sie scheinen nicht sehr vielversprechend, wirken oftmals abstoßend und verdorben, aber sie sind durch Christi Blut erkauft und in seinen Augen ebenso wertvoll wie unsere eigenen Kinder. Wenn keine helfende Hand nach ihnen ausgestreckt wird, wachsen sie in Unwissenheit auf und schlittern in Laster und Kriminalität. Viele dieser Kinder könnten durch das Werk von Waisenhäusern vor einem solchen Schicksal bewahrt werden.

Solche Einrichtungen sollten, um möglichst erfolgreich zu sein, so weit wie möglich gemäß dem Plan für ein christliches Heim gestaltet werden. Anstatt viele Kinder in Großorganisationen zusammenzufassen, sollten kleine Einrichtungen auf verschiedene Orte verteilt werden. Diese sollten zudem nicht in oder nahe bei einer Stadt oder Großstadt gelegen sein, sondern auf dem Lande, wo man Boden für eine Landwirtschaft erwerben kann. Dort können die Kinder eine Beziehung zur Natur entwickeln und die Vorteile einer handwerklichen Ausbildung genießen.

Die Leiter solcher Heime sollten Männer und Frauen sein, die weitherzig, rücksichtsvoll und opferbereit sind, Männer und Frauen, die dieses Werk aus Liebe zu Christus auf sich nehmen und die Kinder für Ihn erziehen. Unter einer solchen Fürsorge können viele Waisen und Vernachlässigte darauf vorbereitet werden, nützliche Mitglieder der Gesellschaft zu sein, Christus zur Ehre zu gereichen und ihrerseits anderen zu helfen.

Viele verachten Sparsamkeit, weil sie sie mit Geiz und Engstirnigkeit verwechseln. Sparsamkeit ist jedoch mit ausgeprägtester Freigebigkeit vereinbar. Ja, ohne Sparsamkeit kann es gar keine wahre Freigebigkeit geben. Wir müssen sparen, um geben zu können.

Niemand kann wahre Wohltätigkeit üben ohne Bereitschaft zum Verzicht. Nur bei einem Leben in Einfachheit, strenger Sparsamkeit und Opferbereitschaft ist es uns möglich, das Werk zu vollbringen, das uns als Vertreter Christi aufgetragen ist. Stolz und weltlicher Ehrgeiz müssen aus unseren Herzen entfernt werden. In unserer ganzen Arbeit soll der Grundsatz der Selbstlosigkeit, wie er sich im Leben Christi erwiesen hat, sichtbar werden. An den Wänden unserer Heime, auf den Bildern und an den Möbeln soll man lesen können: „Die im Elend ohne Obdach sind, führe ins Haus!" (Jesaja 58,7)

An unseren Kleiderschränken soll wie mit dem Finger Gottes geschrieben sein: „Wenn du einen nackt siehst, so kleide ihn!" (Jesaja 58,7)

Im Esszimmer, auf dem mit reichlichen Speisen beladenen Esstisch, sollte zu lesen sein: „Solltest du nicht dem Hungrigen dein Brot brechen?" (Jesaja 58,7; abgewandelt)

Tausend Türen stehen uns offen, um nützliche Werke zu tun. Oft klagen wir über die geringen verfügbaren Mittel. Aber wenn Christen wirklich ernst machten, könnten sie diese Mittel vertausendfachen. Selbstsucht und Maßlosigkeit in den eigenen Wünschen verhindern, dass Gott uns gebrauchen kann.

Welch ein Vermögen wird oft für Dinge ausgegeben, die bloße Götzen sind. Sie beanspruchen Gedanken, Zeit und Energie, die einem höheren Zweck zugewandt werden sollten! Wieviel Geld wird für teure Häuser und Möbel, selbstsüchtige Vergnügungen, üppige und ungesunde Nahrungsmittel und schädlichen Luxus verschleudert! Wieviel wird für Geschenke verschwendet, die niemandem nützen! Für Dinge, die nicht gebraucht werden und oft schädlich sind, geben vermeintliche Christen heute mehr, ja ein vielfaches mehr aus als dafür, Seelen vor dem Versucher zu retten.

Viele vorgebliche Christen verbrauchen soviel Geld für ihre Garderobe, dass nichts mehr für die Bedürfnisse anderer übrigbleibt. Sie bilden sich ein, kostbaren Schmuck und teure Kleidung haben zu müssen, ohne Rücksicht auf die Bedürftigkeit jener zu nehmen, die sich nur unter Schwierigkeiten mit den einfachsten Kleidungsstücken ausstatten können.

Meine Schwestern, wenn ihr eure Bekleidungsgewohnheiten in Übereinstimmung mit den Regeln der Bibel brächtet, hättet ihr reichlich, womit ihr euren ärmeren Schwestern helfen könntet. Ihr hättet dann nicht nur Mittel übrig, sondern auch Zeit. Gerade diese wird am meisten gebraucht. Es gibt nämlich viele, denen ihr mit euren Vorschlägen, eurem Taktgefühl und eurer Geschicklichkeit helfen könntet. Zeigt ihnen, wie man sich einfach und doch geschmackvoll kleidet. Viele Frauen bleiben der Gemeinde fern, weil ihre abgetragene und schlecht sitzende Kleidung einen riesigen Kontrast zu der anderer Frauen darstellt. Viele empfindliche Frauen hegen wegen dieses Gegensatzes Gefühle der Scham und bitterer Ungerechtigkeit. Dies führt manche sogar dazu, an der Wahrheit des Wortes zu zweifeln und ihre Herzen gegen das Evangelium zu verhärten.

Christus gebietet uns: „Sammelt die übrigen Brocken, damit nichts umkommt." (Johannes 6,12) Während täglich Tausende an Hunger, in Kriegen, Brandkatastrophen und Epidemien sterben, sollte jeder Freund der Menschen darauf achten, dass nichts verschwendet und nichts nutzlos ausgegeben wird, womit einem Menschen geholfen werden könnte.

Es ist unrecht, unsere Zeit zu verschwenden, und unrecht, unsere Gedanken zu vergeuden. Wir verlieren jeden Augenblick, den wir der Selbstsucht widmen. Wenn jede Minute geschätzt und sinnvoll genutzt würde, sollten wir Zeit für alles haben, was wir für uns und für die Welt tun müssen. In der Verwendung von Geld, im Gebrauch von Zeit, Kraft und Gelegenheiten sollte jeder Christ auf Gott sehen und sich von ihm führen lassen. „Wenn es aber jemandem unter euch an Weisheit mangelt, so bitte er Gott, der jedermann gern gibt und niemanden schilt; so wird sie ihm gegeben werden." (Jakobus 1,5)

„Tut Gutes und leiht, wo ihr nichts dafür zu bekommen hofft. So wird euer Lohn groß sein, und ihr werdet Kinder des Allerhöchsten sein; denn er ist gütig gegen die Undankbaren und Bösen … Gebt, so wird euch gegeben." (Lukas 6,35–38)

„Wer … seine Augen abwendet, der wird von vielen verflucht", aber „wer dem Armen gibt, dem wird nichts mangeln" (Sprüche 28,27).

„Gebt, so wird euch gegeben. Ein volles, gedrücktes, gerütteltes und überfließendes Maß wird man in euren Schoß geben" (Lukas 6,38).

Kapitel 14

Den Reichen dienen

Cornelius, der römische Hauptmann, war reich und von vornehmer Herkunft. Er bekleidete eine verantwortungsvolle und angesehene Position. Von Geburt, Erziehung und Ausbildung ein Heide, hatte er durch seinen Kontakt mit den Juden Kenntnis über den wahren Gott erlangt; diesem diente er und erwies dabei die Redlichkeit seines Glaubens durch tätiges Mitgefühl für die Armen: „Er gab dem Volk viele Almosen und betete immer zu Gott." (Apostelgeschichte 10,2)

Cornelius kannte das Evangelium nicht anhand des Lebens und Sterbens Christi, weshalb ihm Gott eine Botschaft unmittelbar vom Himmel gab und durch eine weitere Botschaft den Apostel Petrus anwies, ihn aufzusuchen und zu unterweisen. Cornelius war kein Mitglied der jüdischen Glaubensgemeinschaft, von den Rabbinern wäre er als ein Heide und als unrein angesehen worden; aber Gott sah die Aufrichtigkeit seines Herzens und sandte Botschafter von seinem Thron aus, die sich mit seinem irdischen Diener dazu vereinigen sollten, dem römischen Hauptmann das Evangelium zu verkünden.

So sucht Gott auch heute Seelen unter den Hohen wie unter den Einfachen. Wie Cornelius gibt es viele Menschen, die Gott seiner Gemeinde hinzufügen möchte. Ihre Sympathien gelten dem Volk Gottes, aber die Fesseln, die sie an die Welt binden, halten sie fest. Sie brauchen moralische Unterstützung, um neben den einfachen Menschen Position zu beziehen. Für diese Seelen, die wegen ihrer Verantwortlichkeiten und Verbindungen in so großer Gefahr stehen, sollten besondere Anstrengungen unternommen werden.

Vieles ist hinsichtlich unserer Pflicht gegenüber den missachteten Armen gesagt worden; sollte aber nicht auch den vernachlässigten Reichen einige Aufmerksamkeit gewidmet werden? Viele betrachten diese Gruppe als hoffnungslos und tun wenig, die Augen jener zu öffnen, die – geblendet und gebannt vom Glanz weltlichen Ruhms – die Ewigkeit aus dem Blick verloren haben. Tausende reicher Menschen starben, ohne gewarnt worden zu sein. Aber wenn sie auch gleichgültig erscheinen mögen, ist die Seele vieler Reicher doch schwer beladen.

„Wer Geld liebt, wird vom Geld niemals satt, und wer Reichtum liebt, wird keinen Nutzen davon haben.“ (Prediger 5,9)

Wer zum Feingold sagt, „Du bist meine Zuversicht“, hat damit „verleugnet Gott in der Höhe“ (vgl. Hiob 31,24.28).

„Kann doch keiner einen andern auslösen oder für ihn an Gott ein Sühnegeld geben – denn es kostet zuviel, ihr Leben auszulösen; er muss davon abstehen ewiglich.“ (Psalm 49,8–9)

Reichtümer und weltliche Ehren können die Seele nicht zufriedenstellen. Viele unter den Reichen sehnen sich nach einer von *Gott* gegebenen Sicherheit, nach einer geistlichen Hoffnung. Sie suchen nach etwas, das die Langeweile ihres ziellosen Lebens beendet. Viele im öffentlichen Leben spüren ein Bedürfnis nach etwas, das sie nicht haben. Jedoch gehen nur wenige von ihnen in eine Kirche, denn sie haben den Eindruck gewonnen, dass sie hier nur wenig Erfüllung finden. Die Lehren, die sie hier hören, erreichen nicht ihr Herz. Sollten wir sie da nicht persönlich zu uns einladen?

Unter den Opfern von Begierde und Sünde gibt es auch solche, die früher reich waren. Menschen aus verschiedensten Berufen und gesellschaftlichen Schichten sind von der moralischen Verkommenheit der Welt, vom Alkoholkonsum, von der unmäßigen Befriedigung ihrer Triebe besiegt worden und der Versuchung unterlegen. Diese Gefallenen erfordern natürlich Mitleid und Hilfe; sollte aber nicht auch denen einige Aufmerksamkeit geschenkt werden, die zwar noch nicht in diese Tiefen abgestiegen, aber schon dorthin unterwegs sind?

Tausende in Vertrauens- und Ehrenstellungen frönen Begierden, die den Ruin für Seele und Körper bedeuten. Prediger des Evangeliums, Staatsmänner, Schriftsteller, Männer von Reichtum und Talent, erfolgreiche Geschäftsleute mit wertvollen Erfahrungen stehen in tödlicher Gefahr, weil sie die Notwendigkeit der Selbstkontrolle in allen Bereichen nicht erkennen. Man muss sie auf die Prinzipien der Mäßigkeit aufmerksam machen, nicht auf engstirnige oder rücksichtslose Weise, sondern im Licht von Gottes großer Erlösungsabsicht für die Menschheit. Wenn ihnen so die Grundsätze wahrer Mäßigkeit vermittelt werden könnten, gäbe es viele aus den höheren Gesellschaftsschichten, die den Wert dieser Grundsätze erkennen und sie von Herzen annehmen würden.

Wir sollten diesen Menschen die Auswirkungen schädlicher Begierden vor Augen stellen, nämlich die Schwächung körperlicher, geistiger und moralischer Kräfte. Helft ihnen, ihre Verantwortung als Treuhänder göttlicher Gaben zu erkennen. Weist sie auf das Gute hin, das sie mit dem Geld tun könnten, welches sie jetzt für Dinge ausgeben, die ihnen nur schaden. Weist sie auf den Nutzen völliger Enthaltsamkeit von schädlichen Genussmitteln hin und bittet sie, das Geld, das sie bisher für Alkohol, Tabak und ähnliches ausgeben, zur Hilfe für Kranke, sozial Schwache oder zur Erziehung von Kindern und Jugendlichen zu spenden. So würden sie der Gesellschaft einen Dienst erweisen. Einem solchen Appell verschlössen sich nur wenige.

Es gibt noch eine weitere Gefahr, der die Reichen besonders ausgesetzt sind, und die ebenfalls eine Aufgabe für den medizinischen Missionar darstellt. Viele, die in der Welt erfolgreich sind und die sich niemals den gewöhnlichen Formen des Lasters hingeben, laufen dennoch dem Verderben entgegen, und zwar durch ihre Liebe zum Reichtum. Der Kelch, der am schwierigsten zu tragen ist, ist nicht der leere, sondern der bis zum Rand gefüllte. Dieser muss am sorgfältigsten balanciert werden. Leid und Not führen zu Enttäuschung und Sorge, aber der Wohlstand gefährdet das geistliche Leben am meisten.

Diejenigen, die vom Unglück betroffen sind, sollen an den Dornbusch denken, den Mose in der Wüste sah. Er brannte, aber er *ver*brannte nicht. Der Engel des Herrn war inmitten des Busches. Genauso umgibt uns in Not und Kummer der helle Lichtschein der Gegenwart des Unsichtbaren, um uns zu trösten und zu bewahren. Oft wird zum Gebet für die aufgerufen, die Krankheit oder Not leiden; aber noch mehr brauchen jene Menschen unsere Gebete, die über Wohlstand und Einfluss verfügen.

Im Tal der Demut, wo Menschen ihre Unzulänglichkeit fühlen und auf Gottes Führung vertrauen, herrscht vergleichsweise hohe Sicherheit. Die Menschen aber, die sozusagen auf einer hohen Zinne stehen und von denen aufgrund ihrer Position angenommen wird, sie besäßen große Weisheit – diese befinden sich in größter Gefahr. Wenn diese Menschen sich nicht auf Gott verlassen, werden sie ganz bestimmt zu Fall kommen.

Die Bibel verdammt niemanden wegen seines Reichtums, wenn er ihn auf ehrliche Weise erworben hat. Nicht das Geld, sondern die Liebe zum Geld ist die Wurzel allen Übels. Es ist Gott, der den Menschen die Kraft gibt, Reichtum zu erwerben. In den Händen dessen, der als Gottes Diener handelt und somit seine Mittel nicht selbstsüchtig gebraucht, ist Reichtum ein Segen, sowohl für seinen Besitzer als auch für die Welt. Aber viele, die von der Sorge um die Vermehrung ihrer Reichtümer völlig eingenommen sind, werden unsensibel für die Ansprüche Gottes und die Nöte ihrer Mitmenschen. Sie betrachten den Reichtum als Mittel zur Verherrlichung ihrer selbst. Sie kaufen ein Haus und ein Stück Land nach dem anderen und füllen ihre Heime mit Luxus, während um sie herum Menschen mit Elend und Verbrechen, Krankheit und Tod kämpfen. Wer in seinem Leben so ausschließlich für eigene Bedürfnisse arbeitet, entwickelt in sich nicht die Eigenschaften Gottes, sondern die des Bösen.

Diese Menschen brauchen das Evangelium. Ihr Blick muss auf die Vergänglichkeit alles Materiellen gerichtet werden, damit sie die Kostbarkeit der ewigen Reichtümer Gottes erkennen können. Sie müssen die Freude des Gebens und den Segen erfahren, Gottes Mitarbeiter zu sein.

Der Herr bittet uns: „Den Reichen in dieser Welt gebiete", dass sie „nicht hoffen auf den unsicheren Reichtum, sondern auf Gott, der uns alles reichlich darbietet, es zu genießen; dass sie Gutes tun, reich werden an guten Werken, gerne geben, behilflich seien, sich selbst einen Schatz sammeln als guten Grund für die Zukunft, damit sie das wahre Leben ergreifen." (1. Timotheus 6,17–19)

Ein gelegentlicher oder zufälliger Hinweis genügt nicht, um reiche, weltverliebte, geldanbetende Seelen zu Christus zu führen. Diese Menschen sind oft am schwierigsten zu gewinnen. Persönlicher Einsatz von Männern und Frauen, die mit missionarischem Geist erfüllt sind und nicht versagen oder sich entmutigen lassen, ist hier vonnöten.

Einige sind für die Arbeit in höheren Gesellschaftsschichten besonders geeignet. Sie sollten Weisheit von Gott erbitten, um zu erkennen, wie sie diese Menschen erreichen können. Ein nur gelegentlicher Kontakt dazu genügt nicht, sondern sie müssen sie durch persönlichen Einsatz und lebendigen Glauben auf die Bedürfnisse der Seele hinweisen und sie zu einer Erkenntnis der Wahrheit führen, die in Jesus liegt.

Viele meinen, dass man, um die höheren Schichten zu erreichen, deren Lebensweise und Arbeitsmethoden übernehmen muss. Ein Anschein von Reichtum, kostspielige Gebäude, teure Bekleidung, luxuriöse Autos und Accessoires, Anpassung an weltliche Gepflogenheiten, die künstliche Etikette der vornehmen Gesellschaft, klassische Bildung und rhetorisches Geschick werden für notwendig erachtet. Das aber ist ein Irrtum. Diese weltliche Methode ist nicht Gottes Weg zur Erreichung der höheren Schichten. Was sie am wirkungsvollsten erreicht, ist eine konsequente, selbstlose Darbietung des Evangeliums von Christus.

Die Erfahrung des Apostels Paulus bei seinem Zusammentreffen mit den Philosophen Athens erteilt uns diesbezüglich eine Lehre. Als er das Evangelium auf dem Areopag predigte, begegnete er der Logik mit Logik, der Wissenschaft mit Wissenschaft und der Philosophie mit Philosophie. Die klügsten seiner Zuhörer waren erstaunt und verstummten. Seinen Worten konnten sie nichts entgegensetzen, aber diese Bemühungen brachten nur wenig Frucht. Nur wenige wurden zur Annahme des Evangeliums geführt. Von nun an wählte Paulus eine andere Arbeitsweise. Er vermied sorgfältig ausgearbeitete Argumentationen und die Erörterung von Theorien und wies Männer und Frauen statt dessen in einfacher Weise auf Christus als den Erlöser der Sünder hin. Im Brief an die Korinther schrieb er: „Auch ich, liebe Brüder, als ich zu euch kam, kam ich nicht mit hohen Worten und hoher Weisheit, euch das Geheimnis Gottes zu verkündigen. Denn ich hielt es für richtig, unter euch nichts zu wissen als allein Jesus Christus, den Gekreuzigten … mein Wort und meine Predigt geschahen nicht mit überredenden Worten menschlicher Weisheit, sondern in Erweisung des Geistes und der Kraft, damit euer Glaube nicht stehe auf Menschenweisheit, sondern auf Gottes Kraft.“ (1. Korinther 2,1–5).

Ferner schrieb er im Brief an die Römer: „Ich schäme mich des Evangeliums nicht; denn es ist eine Kraft Gottes, die selig macht alle, die daran glauben, die Juden zuerst und ebenso die Griechen.“ (Römer 1,16)

Diejenigen, die für die höheren Schichten arbeiten, sollen durch ihr würdevolles Auftreten das Bewusstsein vermitteln, von Engeln begleitet zu sein. Sie sollen die Schatzkammer ihres Geistes und Herzens mit dem „Es steht geschrieben“ gefüllt haben. Die kostbaren Worte Christi, in unser Gedächtnis eingeprägt, sind weit wertvoller als Gold oder Silber.

Christus sagte, dass es für ein Kamel leichter sei, durch ein Nadelöhr zu kriechen, als für einen reichen Menschen, in das Königreich Gottes zu gelangen. In der Arbeit für diese Schicht wird es oft Entmutigungen und manche traurigen Erfahrungen geben. Doch mit Gott sind alle Dinge möglich. Er kann und will durch menschliche Werkzeuge auf die Gedanken von Menschen einwirken, deren Lebensziel nur der Gelderwerb ist.

Es gibt hier Wunder in echter Bekehrung, Wunder, die wir jetzt noch nicht erkennen. Auch die mächtigsten Menschen der Erde stehen im Machtbereich eines wunderwirkenden Gottes. Wenn seine menschlichen Mitarbeiter ihre Pflicht mutig und treu erfüllen, wird Gott Menschen bekehren, die auf verantwortungsvollen Positionen stehen, Menschen mit hoher Intelligenz und großem Einfluss. Durch die Kraft des Heiligen Geistes werden viele zur Annahme der göttlichen Grundsätze geführt werden.

Wenn ihnen bewusstgemacht wird, dass der Herr von ihnen als seinen Vertretern erwartet, der leidenden Menschheit zu helfen, werden viele dem Folge leisten und ihre Mittel und ihr Mitgefühl zum Segen der Armen einsetzen. Während sie ihre Gedanken von egozentrischen Zielen abwenden, werden sich viele Christus übergeben. Mit ihren Einflussmöglichkeiten und materiellen Mitteln werden sie sich froh mit dem einfachen Missionar in der Wohltätigkeitsarbeit zusammentun, der Gottes Werkzeug zu ihrer Bekehrung war. Durch einen sinnvollen Gebrauch ihrer irdischen Reichtümer werden sie sich „... Schätze im Himmel sammeln, wo sie weder Motten noch Rost fressen und wo die Diebe nicht einbrechen und stehlen" (Matthäus 6,20).

Wenn sie zu Christus bekehrt sind, werden viele bei der Arbeit für andere aus ihren eigenen Schichten zu Werkzeugen in der Hand Gottes. Sie werden spüren, dass ihnen die Verbreitung des Evangeliums unter denen übertragen ist, die bisher nur für materielle Ziele lebten. Zeit und Geld werden Gott geweiht, Talent und Einfluss werden der Seelengewinnung für Christus gewidmet werden.

Erst die Ewigkeit wird enthüllen, was diese Art des Dienstes bewirkt hat – wie viele Seelen, die krank vor Zweifel und müde von Oberflächlichkeit und Rastlosigkeit waren, zu dem großen Erneuerer gefunden haben, der ausnahmslos alle erretten will, die zu ihm kommen. Christus ist unser auferstandener Erretter, und in ihm ist Heilung.

Teil IV

Die Pflege der Kranken

Kapitel 15

Im Krankenzimmer

Wer Kranken dient, sollte begriffen haben, wie wichtig eine sorgfältige Beachtung der Gesundheitsgesetze ist. Nirgendwo ist Gehorsam gegenüber diesen Gesetzen wichtiger als im Krankenzimmer. Nirgendwo hängt seitens des Pflegepersonals so viel von der Treue im Kleinen ab, wie hier.

In Fällen schwerer Erkrankung kann schon eine kleine Nachlässigkeit, eine geringfügige Unaufmerksamkeit hinsichtlich der besonderen Bedürfnisse oder Risiken eines Patienten, z. B. das Zeigen von Angst, Aufregung oder Verdrossenheit, ja schon ein Mangel an Sympathie die Waagschalen, die Leben und Tod wägen, in Bewegung setzen und einen Patienten ins Grab bringen, der sonst möglicherweise gesund geworden wäre.

Der Erfolg der Krankenschwester hängt in hohem Maß von ihrer körperlichen Konstitution ab. Je besser ihre Gesundheit ist, desto besser erträgt sie die Anstrengungen der Krankenpflege und desto erfolgreicher kann sie ihre Pflichten erfüllen. Wer für Kranke sorgt, sollte seinen Ernährungsgewohnheiten, seiner Körperpflege, seinem Aufenthalt in frischer Luft und seiner körperlichen Bewegung besondere Aufmerksamkeit widmen. Eine ähnliche Sorgfalt seitens ihrer Familie hilft ihr ebenfalls, die besonderen Belastungen ihres Berufes zu ertragen, und schützt sie vor ansteckenden Krankheiten.

Im Falle einer ernsten Erkrankung, die Tag und Nacht die Pflege einer Krankenschwester erfordert, sollte die Arbeit unter wenigstens zwei tüchtigen Pflegerinnen aufgeteilt werden, so dass jede von beiden Erholungspausen einlegen und sich an frischer Luft körperlich bewegen kann. Dies ist besonders wichtig in Fällen, wo es schwierig ist, viel frische Luft im Krankenzimmer zu gewährleisten. Infolge der Geringschätzung von frischer Luft wird manchmal die Atmung eingeschränkt, was sowohl das Leben des Patienten als auch das der Pflegerin gefährdet.

Bei umfassender Sorgfalt brauchen selbst ansteckende Krankheiten nicht auf andere übertragen zu werden. Beachtet die notwendigen Vorsichtsmaßnahmen und haltet das Krankenzimmer durch richtige Lüftung von Giftstoffen frei. Unter solchen Bedingungen werden die Kranken viel wahrscheinlicher genesen, und in aller Regel werden weder die Pfleger noch die Familienangehörigen die Krankheit aufschnappen.

Sonnenlicht, gute Lüftung und die richtige Zimmertemperatur

Um dem Patienten die günstigsten Bedingungen für seine Genesung zu schaffen, sollte sein Zimmer groß, hell, freundlich und gut zu lüften sein. Das Zimmer im Haus, das diese Erfordernisse am besten erfüllt, sollte zum Krankenzimmer erwählt werden. Zwar haben viele Häuser keine besonderen Vorkehrungen für eine richtige Durchlüftung, und diese dennoch zu gewährleisten ist manchmal schwierig; trotzdem sollte jede nur mögliche Anstrengung unternommen werden, um das Krankenzimmer so einzurichten, dass es Tag und Nacht von frischer Luft durchströmt werden kann.

Im Krankenzimmer sollte die Temperatur möglichst konstant gehalten werden. Hierzu sollte man auf ein Thermometer achten; denn die Krankenpfleger – die oft ihres Schlafes beraubt oder nachts geweckt werden, um nach dem Patienten zu sehen – neigen zum Frösteln und sind deshalb keine guten Ratgeber hinsichtlich einer gesundheitsförderlichen Zimmertemperatur.

Die Ernährung des Patienten

Ein wichtiger Punkt der Pflichten einer Krankenschwester ist die Sorge um die Ernährung des Patienten. Man sollte ihn weder durch eine unzureichende Ernährung leiden lassen oder gar schwächen noch seine reduzierten Verdauungskräfte überanstrengen. Sorgfalt sollte darauf verwendet werden, die Nahrung so zuzubereiten und zu servieren, dass sie wohlschmeckend ist, aber sie muss auch in weiser Überlegung den Bedürfnissen des Patienten sowohl quantitativ als auch qualitativ angepasst werden. Vor allem in der Phase der Rekonvaleszenz, in der der Appetit schon wieder kräftiger, das Stoffwechselsystem aber noch nicht so belastbar ist, besteht große Gefahr, dass Ernährungsfehler Schaden anrichten.

Die Pflichten der Krankenschwestern und -pfleger

Die Pflegerinnen und Pfleger sowie alle, die im Krankenzimmer zu tun haben, sollten heiter, ruhig und selbstbeherrscht sein. Alle Eile, Aufregung und Hektik sollte vermieden werden.

Die Türen sollten sorgfältig geöffnet und geschlossen werden, und im ganzen Haushalt sollte es ruhig zugehen. Hat der Patient Fieber, ist besondere Sorgfalt vonnöten, wenn die Krisis eintritt und das Fieber anschließend abklingt. Hier ist oftmals ununterbrochene Beobachtung erforderlich. Unwissenheit, Vergesslichkeit und Rücksichtslosigkeit haben den Tod vieler Patienten verursacht, die überlebt hätten, wenn sie die richtige Betreuung durch sorgfältig überlegendes und urteilendes Pflegepersonal erfahren hätten.

Krankenbesuche

Eine falsch verstandene Freundlichkeit oder Höflichkeit veranlasst Menschen zu der Annahme, Kranke müssten häufig besucht werden. Wer sehr krank ist, sollte überhaupt nicht besucht werden. Die Aufregung, die mit dem Empfang von Besuchern verbunden ist, schwächt den Patienten in einer Zeit, in der er am dringendsten eine ruhige, ungestörte Erholung braucht.

Für einen Genesenden oder einen chronisch Kranken ist es oft erfreulich und wohltuend, zu erfahren, dass man sich seiner freundlich erinnert; aber diese Versicherung wird, wenn sie sich in einer schriftlichen Sympathiebekundung oder einem kleinen Geschenk erweist, oft hilfreicher sein als ein persönlicher Besuch und kann mit Sicherheit keinen Schaden anrichten.

Die Krankenpflege in Anstalten

In Sanatorien und Kliniken, wo die Pflegekräfte permanent eine große Anzahl Kranker betreuen, erfordert es ein entschiedenes Bemühen, stets nett und heiter zu sein und jedes Wort und jede Handlung mit sorgfältiger Überlegung zu verbinden. In solchen Institutionen ist es äußerst wichtig, dass die Pflegekräfte danach streben, ihre Arbeit weise und gut auszuführen. Sie müssen sich immer daran erinnern, dass sie mit der Erfüllung ihrer täglichen Pflichten dem Herrn Jesus dienen.

Die Kranken brauchen es, dass man hilfreiche Worte an sie richtet. Pflegekräfte sollten deshalb täglich die Bibel studieren, damit sie den Leidenden aufklärende und hilfreiche Worte sagen können. Engel Gottes befinden sich in den Räumen, in denen diese Kranken gepflegt werden, und die Atmosphäre, die den Behandelnden umgibt, sollte rein und angenehm sein. Ärzte und Krankenschwestern sollen die Grundsätze Christi in Ehren halten; in ihrem Leben sollen seine Eigenschaften sichtbar werden. Dadurch werden sie mit dem, was sie tun und sagen, den Kranken zum Heiland führen.

Die christliche Krankenschwester wird im Rahmen ihrer Pflegearbeit zugleich den Sinn des Patienten in einer angenehmen und erfolgreichen Weise auf Jesus lenken, den Arzt für Seele und Körper. Die so vermittelten Gedanken – hier einige und dort einige – *werden* ihren Einfluss entfalten. Die erfahreneren Krankenschwestern sollten keine günstige Gelegenheit versäumen, die Aufmerksamkeit des Kranken auf Christus zu lenken. Sie sollten stets dazu bereit sein, die geistliche Heilung mit der körperlichen zu verknüpfen.

Krankenschwestern sollten dem Kranken auf die freundlichste und einfühlsamste Art bewusst machen, dass zur Heilung unbedingt der Wille gehört, mit der Übertretung des Gesetzes Gottes aufzuhören. Er darf nicht weiterhin ein Leben in Sünde wählen. Gott kann den nicht segnen, der durch eine willentliche Verletzung der Gesetze des Himmels weiterhin Krankheit und Leid auf sich lädt. Zu jenen aber, die aufhören, Schlechtes zu tun, und lernen, das Richtige zu tun, kommt Christus durch den Heiligen Geist als eine heilkräftige Macht.

Wer Gott nicht liebt, wird fortwährend gegen die wahren Bedürfnisse von Seele und Körper arbeiten. Wer aber die Wichtigkeit eines gottgefälligen Lebens in dieser gegenwärtigen bösen Welt erkannt hat, der wird jede falsche Gewohnheit ablegen. Dankbarkeit und Liebe werden dann die Herzen der Kranken erfüllen. Sie wissen, dass Christus ihr Freund ist. In vielen Fällen bedeutet die Erkenntnis, dass sie einen solchen Freund haben, für die Leidenden in ihrem Genesungsprozess mehr als die bestmögliche fachmedizinische Behandlung. Aber beide Arten des Dienstes sind wichtig; sie sollen Hand in Hand gehen.

Kapitel 16

Das Gebet für die Kranken

Die Bibel sagt, dass man „allezeit beten und darin nicht nachlassen soll" (Lukas 18,1); und wenn es je eine Zeit gibt, in der Menschen ihre Gebetsbedürftigkeit spüren, so ist es dann, wenn ihre Kräfte schwinden und ihnen gar das Leben zu entgleiten droht.

Wer gesund ist, vergisst oft die wunderbaren, Tag für Tag, jahrein, jahraus empfangenen Gnadengaben und gibt Gott für seine Wohltaten keine Dankopfer. Wenn man dann aber krank wird, erinnert man sich an Gott; wenn menschliche Stärke versagt, erkennen die Kranken, dass sie göttliche Hilfe brauchen. Und niemals wendet sich unser gnädiger Gott von einer Seele ab, die ihn aufrichtig um Hilfe bittet. Er ist unsere Zuflucht in Krankheit wie in Gesundheit.

„Wie sich ein Vater über seine Kinder erbarmt, so erbarmt sich der Herr über die, die ihn fürchten. Denn er weiß, was für ein Gebilde wir sind; er gedenkt daran, dass wir Staub sind." (Psalm 103,13–14)

„Die Toren, die geplagt waren um ihrer Übertretung und um ihrer Sünde willen, dass ihnen ekelte vor aller Speise und sie todkrank wurden, die dann zum Herrn riefen in ihrer Not, und er half ihnen aus ihren Ängsten, er sandte sein Wort und machte sie gesund und errettete sie, dass sie nicht starben: Die sollen dem Herrn danken für seine Güte …" (Psalm 107,17–21)

Heute heilt Gott Kranke ebenso bereitwillig wie damals, als der Heilige Geist diese Worte durch den Psalmisten sprach. Und Christus ist heute derselbe mitfühlende Arzt, der er während seines Dienstes auf Erden war. In ihm ist Heilkraft für jede Krankheit und Stärkung für jede Schwachheit. Seine heutigen Jünger sollen für die Kranken ebenso ernsthaft beten wie seine damaligen. Die

Heilungen *werden* dann eintreten, denn „das Gebet des Glaubens wird dem Kranken helfen" (Jakobus 5,15). Wir haben die Kraft des Heiligen Geistes und die beruhigende Gewissheit des Glaubens, die sich auf Gottes Verheißungen stützen kann. Die Verheißung des Herrn, dass sie auf Kranke die Hände legen werden, und es dann besser mit ihnen werden wird (vgl. Markus 16,18), gilt heute ebenso zuverlässig wie in den Tagen der Apostel. Sie hebt das Vorrecht der Kinder Gottes hervor, und unser Glaube sollte sich auf alles berufen, was sie umschließt. Christi Diener sind der Kanal seines Wirkens; durch sie will er seine heilende Macht ausüben. Es ist unsere Aufgabe, die Kranken und Leidenden in den Armen unseres Glaubens zu Gott zu bringen. Wir sollten sie lehren, ihr Vertrauen auf den Großen Arzt zu setzen.

Der Heiland will, dass wir die Kranken, die Hoffnungslosen und die Geplagten ermutigen, durch seine Stärke wieder Halt zu gewinnen. Durch Glaube und Gebet kann das Krankenzimmer in ein Bethel verwandelt werden. Ärzte und Krankenschwestern können in Wort und Tat und so deutlich, dass es nicht missverstanden werden kann, bekunden, dass „Gott an diesem Platz ist", um zu retten, und nicht, um zu verderben. Christus will, dass seine Gegenwart im Krankenzimmer offenbar wird und dass die Herzen der Ärzte und Krankenschwestern vom Mitgefühl seiner Liebe erfüllt werden. Wenn das Leben der Krankenschwestern und -pfleger so beschaffen ist, dass Christus mit ihnen an das Krankenbett treten kann, dann wird der Patient die Überzeugung gewinnen, dass der mitfühlende Heiland gegenwärtig ist, und diese Überzeugung wird viel zur Heilung der Seele wie des Körpers beitragen.

Und Gott *erhört* Gebete. Denn Christus hat versprochen: „Was ihr mich bitten werdet in meinem Namen, das will ich tun." (Johannes 14,14) Und noch einmal sagt er es: „Wer mir dienen wird, den wird mein Vater ehren." (Johannes 12,26). Wenn wir in Übereinstimmung mit seinem Wort leben, wird jede kostbare Verheißung, die er uns gegeben hat, an uns erfüllt werden. Zwar verdienen wir seine Gnade nicht, aber wenn wir uns ihm übergeben, nimmt er uns an. Er will für und durch diejenigen wirken, die ihm nachfolgen.

Bedingungen für die Gebetserhörung

Nur wenn wir in Gehorsam gegenüber seinem Wort leben, können wir die Erfüllung der Verheißungen Jesu erbitten. Der Psalmist sagt: „Wenn ich Unrechtes vorgehabt hätte in meinem Herzen, so hätte der Herr nicht gehört." (Psalm 66,18) Wenn wir ihm nur teilweise und halbherzig gehorchen, werden sich seine Verheißungen an uns nicht erfüllen.

Im Wort Gottes finden wir klare Anweisungen für das Krankenheilungsgebet. Die Darbringung eines solchen Gebets ist eine höchst heilige Handlung und sollte nicht ohne sorgfältige Überlegung begonnen werden. In vielen Fällen, in denen Krankenheilungsgebete gesprochen werden, stellt das, was Glaube genannt wird, nichts anderes als Vermessenheit dar.

Viele Menschen ziehen sich Krankheiten durch eine nachlässige Lebensweise zu. Sie haben nicht in Übereinstimmung mit den Naturgesetzen oder den Prinzipien kompromissloser Ethik gelebt. Andere haben mit ihren Ess-, Trink-, Bekleidungs- oder Arbeitsgewohnheiten die Gesetze der Gesundheit missachtet. Oft ist irgendein Laster die Ursache von Schwachheit des Geistes oder des Körpers. Erhielten diese Personen nun die Segnung der Gesundung, würden viele von ihnen denselben Kurs der leichtfertigen Übertretung von Gottes Natur- und Sittengesetzen fortsetzen. Sie hätten die Vorstellung, dass sie, wenn Gott sie durch Erhörung ihrer Gebete heilt, die Freiheit besitzen, ihren ungesunden Lebensstil wie gewohnt weiterzuführen und sich ohne Einschränkung übersteigerten Begierden hinzugeben. Wenn Gott an diesen Personen ein Heilungswunder vollbrächte, würde er sie damit zur Sünde ermutigen.

Es ist vergebliche Mühe, Menschen zu lehren, in Gott den Arzt für ihre Gebrechen zu sehen, wenn ihnen nicht gleichzeitig verdeutlicht wird, dass sie gesundheitswidrige Lebenspraktiken aufgeben müssen. Um seinen Segen in Form einer Heilung durch Gebete zu erhalten, müssen sie aufhören, Böses zu tun, und lernen, richtig zu leben. Ihre Umgebung muss gesundheitsförderlich, ihre Lebensgewohnheiten müssen richtig sein. Sie müssen in Übereinstimmung mit dem Gesetz Gottes, und zwar dem Natur- wie dem Sittengesetz, leben.

Seine Sünden bekennen

Jenen, die ein Krankenheilungsgebet wünschen, sollte verdeutlicht werden, dass jeder Verstoß gegen Gottes Gesetz, und zwar das Natur- wie das Sittengesetz, Sünde ist, und dass diese bekannt und aufgegeben werden muss, um den Segen Gottes zu erhalten.

Die Heilige Schrift fordert uns auf: „Bekennt ... einander eure Sünden und betet füreinander, dass ihr gesund werdet." (Jakobus 5,16) Wer um ein Heilungsgebet bittet, dem sollten folgende Gedanken nahegelegt werden: „Wir können nicht in deinem Herzen lesen oder die geheimen Dinge deines Lebens wissen. Diese kennen nur du und Gott. Aber wenn du deine Sünden bereust, ist es deine Pflicht, sie zu bekennen." Sünden *persönlicher* Art sollen allein Christus, dem einzigen Mittler zwischen Gott und den Menschen, bekannt werden. Denn „wenn jemand sündigt, so haben wir einen Fürsprecher bei dem Vater, Jesus Christus, der gerecht ist" (1. Johannes 2,1). Jede Sünde ist eine Missachtung Gottes und soll deshalb ihm – durch Christus – bekannt werden. Jede *offensichtliche* Sünde aber sollte auch entsprechend offen bekannt werden. An einem Mitmenschen begangenes Unrecht sollte auch diesem gegenüber bereinigt werden.

Wenn jemand, der um Gesundung bittet, sich übler Nachrede schuldig gemacht und in der Familie, der Nachbarschaft oder der Gemeinde Zwietracht gesät hat, wenn er Entfremdung voneinander und Uneinigkeit hervorgerufen hat oder durch irgendeine falsche Lebensgewohnheit andere zur Sünde verführt hat, dann sollten diese Dinge zuerst vor Gott *und* den Menschen, denen Unrecht geschah, bekannt werden. „Wenn wir aber unsre Sünden bekennen, so ist er treu und gerecht, dass er uns die Sünden vergibt und reinigt uns von aller Ungerechtigkeit." (1. Johannes 1,9)

Sobald das Unrecht dann bereinigt ist, dürfen wir die Bedürfnisse des Kranken in stillem Vertrauen dem Herrn vorlegen, so wie es sein Geist uns eingibt. Er kennt jeden einzelnen mit Namen und sorgt für ihn so, als gäbe es auf der Erde keinen anderen, für den er seinen geliebten Sohn hingab. Weil Gottes Liebe so groß und zuverlässig ist, sollte der Kranke ermutigt werden, ihm zu vertrauen und zuversichtlich zu sein. Um sich selbst besorgt zu sein, verursacht leicht Schwachheit und Krankheit. Wenn der Kranke aber Niedergeschlagenheit und Schwermut überwindet, verbessern sich seine Aussichten auf Gesundung; denn „des Herrn Auge achtet auf alle, … die auf seine Güte hoffen" (Psalm 33,18).

Unterwerfung unter Gottes Willen

Beim Gebet für Kranke sollten wir daran denken, dass „wir wissen nicht, was wir beten sollen, wie sich's gebührt" (Römer 8,26). Wir wissen nicht, ob die erbetene Heilung dem Kranken zum Guten gereicht oder nicht. Deshalb sollte unser Beten den folgenden Gedankengang einschließen: „Herr, du kennst jedes Geheimnis der Seele. Du bist auch mit diesem Menschen vertraut. Jesus, sein Fürsprecher, gab sein Leben für ihn. Seine Liebe zu ihm ist größer, als unsere überhaupt sein kann. Wenn es also dir zur Ehre und dem Kranken zum Guten dient, bitten wir dich im Namen Jesu, dass er wieder gesund werde. Wenn dies aber nicht dein Wille ist, bitten wir, dass deine Gnade ihn trösten und deine Gegenwart ihm in seinem Leiden helfen möge."

Gott kennt schon von Anfang an auch das Ende. Er ist mit den Herzen aller Menschen vertraut; er entschlüsselt jedes Geheimnis der Seele. Er weiß somit, ob diejenigen, für die wir beten, die Versuchungen bestehen würden, die auf sie zukämen, wenn sie am Leben blieben, oder nicht. Er weiß, ob ihr weiteres Leben für sie und die Welt ein Segen oder ein Fluch würde. Dies ist ein Grund, warum wir, wenn wir Gott mit Ernst unsere Bitten vorlegen, sagen sollten: „Doch nicht mein, sondern dein Wille geschehe!" (Lukas 22,42) Jesus fügte diese Worte der Unterwerfung unter die Weisheit und den Willen Gottes an, als er im Garten Gethsemane um folgendes bat: „Mein Vater, ist's möglich, so gehe dieser Kelch an mir vorüber." (Matthäus 26,39) Wenn diese Worte für ihn, den Sohn Gottes, angemessen waren, um wieviel nötiger werden sie dann auf den Lippen begrenzter, irrender Sterblicher!

Der angemessene Weg besteht darin, unsere Wünsche unserem allweisen himmlischen Vater zu übergeben und dann in vollkommenem Vertrauen alles ihm anheimzustellen. Wir wissen doch, dass Gott uns erhört, wenn wir seinem Willen gemäß um etwas bitten. Aber unsere Anliegen ohne einen Geist der Unterwerfung fordernd vorzutragen, ist nicht richtig; unsere Gebete müssen die Gestalt einer Fürbitte, nicht die einer Forderung aufweisen.

Es gibt Fälle, wo Gott in seiner Allmacht bewirkt, dass Menschen wieder gesund werden. Jedoch nicht alle Kranken werden geheilt. Viele werden in Jesus zur Ruhe gelegt. Johannes wurde auf der Insel Patmos eingegeben, folgendes zu schreiben: „Selig sind die Toten, die in dem Herrn sterben von nun an. Ja, spricht der Geist, sie sollen ruhen von ihrer Mühsal; denn ihre Werke folgen ihnen nach." (Offenbarung 14,13) Daran erkennen wir, dass auch Menschen, denen die Gesundheit nicht wiedergeschenkt wird, deshalb nicht als glaubensschwach eingestuft werden dürfen.

Wir alle wünschen uns sofortige und direkte Antworten auf unsere Gebete und verlieren manchmal die Geduld, wenn sich die Antwort Gottes verzögert oder auf unerwartete Weise gegeben wird. Aber Gott ist zu weise und zu gütig, um unsere Gebete immer gerade zu der erbetenen Zeit und in der erwünschten Art zu erhören. Er will mehr und Besseres für uns tun, als nur einfache Wünsche zu erfüllen. Und weil wir seiner Weisheit und Liebe trauen können, sollten wir ihn nicht darum bitten, *unserem* Willen zu entsprechen, sondern danach streben, mit seinen Absichten eins zu werden und *diese* zu verwirklichen.

Unsere Wünsche und Interessen sollten in seinem Willen aufgehen. Diese Erfahrungen, die unseren Glauben prüfen, dienen uns zum Guten. Durch sie wird offenbar, ob unser Glaube echt und ernsthaft ist, ob er allein auf Gottes Wort beruht, oder ob er von den Umständen abhängt und deshalb unsicher und unbeständig ist. Der Glaube wächst, wenn man ihn praktiziert. Wir müssen lernen, geduldig abzuwarten, indem wir uns daran erinnern, dass die Bibel kostbare Verheißungen für alle enthält, die auf den Herrn vertrauen.

Diese Prinzipien verstehen nicht alle. Viele, die die heilende Gnade des Herrn erbitten, meinen, sie müssten eine direkte und sofortige Antwort auf ihre Gebete erhalten, weil andernfalls ihr Glaube unzureichend sei. Deshalb brauchen diejenigen, die von Krankheit geschwächt sind, weisen Rat, um besonnen zu handeln. Sie sollten ihre Pflicht gegenüber ihren Angehörigen, die sie möglicherweise überleben werden, nicht verletzen, aber auch nicht versäumen, die Kräfte der Natur zur Heilung einzusetzen.

Hier liegt oft eine Gefahr des Irrtums. Davon überzeugt, dass sie in Erhörung ihrer Gebete geheilt würden, scheuen sich einige davor, irgend etwas zu tun, das als ein Zeichen mangelnden Glaubens gelten könnte. Aber sie sollten durchaus ihre Angelegenheiten so ordnen, wie sie es tun würden, wenn sie zu sterben erwarteten. Außerdem sollten sie sich nicht scheuen, diejenigen Worte der Ermutigung oder des Rates auszusprechen, die sie ihren Lieben in der Stunde des Abschieds vom Leben sagen würden.

Wer im Gebet um Heilung bittet, sollte dabei nicht versäumen, auch die ihm zur Verfügung stehenden Heilmittel zu gebrauchen. Es stellt keine Verleugnung des Glaubens dar, solche Heilmittel zu gebrauchen, die Gott uns zur Linderung von Schmerzen und zur Unterstützung des Heiligungswerkes der Natur gegeben hat. Es heißt nicht den Glauben verleugnen, wenn man mit Gott zusammenarbeitet und die bestmöglichen Voraussetzungen für eine Heilung schafft. Gott hat uns ermöglicht, Wissen über die Gesetze des Lebens zu erlangen. Dieses Wissen steht uns zur Verfügung und soll auch angewandt werden. Wir sollten jedes Mittel zur Wiederherstellung der Gesundheit anwenden, jeden möglichen Vorteil wahrnehmen und in Übereinstimmung mit den Naturgesetzen vorgehen. Wenn wir um die Gesundung des Kranken gebetet haben, können wir mit um so mehr Energie an der Heilung arbeiten, voll Dankbarkeit gegenüber Gott, dass wir das Vorrecht der Zusammenarbeit mit ihm haben, und verbunden mit der Bitte um seinen Segen für die Mittel, die er selbst uns gewährt hat.

Auch das Wort Gottes beschreibt den Gebrauch von Heilmitteln. Hiskia, ein König Israels, wurde krank, und ein Prophet Gottes überbrachte ihm die Botschaft, dass er sterben müsse. Er rief den Herrn an, und dieser erhörte seinen Diener und ließ ihm sagen, dass ihm fünfzehn weitere Lebensjahre gegeben seien. Nun hätte ein einziges Wort von Gott Hiskia sofort heilen können; aber er gab eine spezifische Heilungsanweisung: „Und Jesaja sprach, man solle ein Pflaster von Feigen nehmen und auf sein Geschwür legen, dass er gesund würde." (Jesaja 38,21)

Als Jesus einen Blinden heilte, bestrich er die Augen des Kranken mit einem Brei aus Erde und sprach zu ihm: „Geh zum Teich Siloah ... und wasche dich! Da ging er hin und wusch sich und kam sehend wieder." (Johannes 9,7) Auch diese Heilung hätte allein durch ein Wort des Großen Arztes geschehen können, aber Jesus machte von den einfachen Mitteln der Natur Gebrauch. Während er gefährliche Medikamente nicht gut hieß, befürwortete er jedoch die Anwendung einfacher und natürlicher Heilmittel.

Wenn wir um die Heilung Kranker gebetet haben, dann lasst uns den Glauben an Gott nicht verlieren, wie auch immer der Fall ausgehen mag. Wenn der Herr entschieden hat, den Kranken zur Ruhe zu legen, dann lasst uns den bitteren Kelch annehmen, und daran denken, dass er aus der Hand des himmlischen Vaters kommt. Wenn aber der Kranke wieder gesund wird, wollen wir nicht vergessen, gemeinsam mit dem Geheilten Gott zu loben. Nachdem die zehn Aussätzigen geheilt waren, kehrte nur einer um, um Jesus aufzusuchen und ihn zu lobpreisen. Niemand von uns soll einer der neun Undankbaren sein, deren Herzen von der Gnade Gottes unberührt blieben. „Alle gute Gabe und alle vollkommene Gabe kommt von oben herab, von dem Vater des Lichts, bei dem keine Veränderung ist noch Wechsel des Lichts und der Finsternis." (Jakobus 1,17)

Kapitel 17

Der Gebrauch von Heilmitteln

Krankheit tritt nie ohne eine Ursache auf. Vielmehr wird ihr durch die Missachtung der Gesundheitsgesetze der Weg bereitet, wird sie dadurch geradezu eingeladen. Manche leiden als Folge eines Fehlverhaltens ihrer Eltern. Nun sind sie nicht verantwortlich dafür, was ihre Eltern getan haben. Doch es ist ihre Pflicht, herauszufinden, womit ihre Eltern gegen die Gesundheitsgesetze verstoßen haben. Die falschen Gewohnheiten ihrer Eltern sollten sie dann vermeiden und für sich selbst durch eine richtige Lebensweise bessere Voraussetzungen schaffen.

Die Mehrheit jedoch leidet aufgrund ihrer eigenen falschen Lebensweise. Sie missachten mit ihren Ess-, Trink-, Bekleidungs- und Arbeitsgewohnheiten die Gesundheitsprinzipien. Ihre Übertretung der Naturgesetze wird unwiderrufliche Folgen haben; wenn sich die Krankheit dann einstellt, erkennen viele nicht die wahre Ursache ihres Leidens, sondern hadern deswegen mit Gott. Aber Gott ist nicht für das Leid verantwortlich, das aus einer Missachtung der Naturgesetze folgt.

Gott hat uns mit einer bestimmten Menge an Lebenskraft ausgestattet. Außerdem hat er uns mit Organen für die verschiedenen Lebensfunktionen geschaffen und will, dass diese Organe harmonisch zusammenwirken. Wenn wir die Lebenskraft sorgfältig bewahren und den komplizierten Mechanismus unseres Körpers in Ordnung halten, so hat dies ein Gesundbleiben zur Folge; wenn aber die Lebenskraft überbeansprucht wird, holt sich das Nervensystem Kraft aus den Energiereserven, und wenn ein Organ Schaden nimmt, leiden auch alle anderen darunter. Der Körper erträgt viel Missbrauch scheinbar ohne Reaktion. Doch wenn die Toleranzgrenze überschritten ist, meldet er sich zu Wort und strengt sich mit Nachdruck an, die Auswirkungen der erlittenen Misshandlung zu beseitigen. Im Zuge des Bemühens, diese Fehler zu korrigieren, kommt es häufig zu Fieber und verschiedenen anderen Krankheitssymptomen.

Heilmittel des gesunden Menschenverstandes

Wenn der Raubbau an der Gesundheit so lange fortgesetzt wird, dass sich eine ernste Krankheit einstellt, gibt es manches, was der Leidende selbst für sich tun muss, da es sonst niemand für ihn tun kann. Zunächst muss die genaue Art der Erkrankung festgestellt werden; anschließend geht es an das Herausfinden und die Beseitigung der Ursachen. Wenn das harmonische Zusammenwirken der Körperfunktionen durch Überarbeitung, übermäßiges Essen oder andere Regelverletzungen außer Kontrolle geraten ist, kann man die Schwierigkeiten nicht dadurch beheben, dass man den Körper auch noch mit giftigen Medikamenten vollstopft.

Oft ist maßloses Essen die Krankheitsursache, und was die Natur hier am dringendsten benötigt, ist eine Gewichtsabnahme. In vielen Krankheitsfällen besteht das beste Heilmittel für den Patienten darin, während einer oder zwei Mahlzeiten zu fasten, so dass die überbeanspruchten Verdauungsorgane Gelegenheit zur Regeneration erhalten. Geistig Arbeitenden hat eine mehrtägige Obstdiät schon oft große Linderung gebracht. Häufig hat auch eine kurze Zeit des kontrollierten Fastens mit anschließender einfacher und maßvoller Ernährung zu einer Aktivierung der natürlichen Heilkräfte und schließlich zur Genesung geführt. Eine Reduktionsdiät von einem oder zwei Monaten Dauer würde viele Kranke davon überzeugen, dass der Weg des freiwilligen Verzichtens zugleich der Weg zur Gesundheit ist.

Ruhe als Heilmittel

Manche machen sich durch Überarbeitung selbst krank. Für sie sind Ruhe, Sorgenfreiheit und ein sparsames Essen zur Gesundung wesentlich. Wer wegen beständigen Arbeitens und räumlicher

Beengtheit geistig erschöpft und nervös ist, dem hilft am meisten ein Aufenthalt auf dem Lande, wo er einfach und sorgenfrei leben und die Schönheit der Natur wiederentdecken kann. Durch Felder und Wälder streifen, Blumen pflücken und dem Zwitschern der Vögel zuhören, all das wird der Genesung wesentlich zuträglicher sein als irgendein anderes Heilmittel.

Wasseranwendungen

Für Gesunde wie Kranke ist reines Wasser eine der erlesensten Segnungen des Himmels. Sein richtiger Gebrauch fördert die Gesundheit. Es ist das Getränk, das Gott zur Stillung des Durstes von Tieren wie Menschen bereitet hat. Reichlich getrunken, hilft es dem Körper, seine Bedürfnisse zu befriedigen, und Erkrankungen zu widerstehen. Die äußerliche Anwendung von Wasser stellt einen der leichtesten und erfolgreichsten Wege zur Regulierung der Blutzirkulation dar. Ein kaltes oder kühles Bad ist ein hervorragendes Stärkungsmittel. Warme Bäder öffnen die Poren und helfen so bei der Entgiftung des Körpers. Warme und laue Bäder beruhigen die Nerven und kräftigen den Blutkreislauf.

Viele jedoch haben die wohltätigen Wirkungen des richtigen Gebrauchs von Wasser nie erfahren; sie fürchten sich davor. Wasseranwendungen können gar nicht hoch genug geschätzt werden, aber ihre sorgfältige Handhabung erfordert Kenntnisse, über die viele nicht verfügen. Niemand sollte sich jedoch bei diesem Thema wegen Unwissenheit oder Gleichgültigkeit entschuldigt fühlen. Es gibt viele Arten, wie Wasser zur Schmerzlinderung und Krankheitsbekämpfung angewandt werden kann. Jeder sollte sich über einfache häusliche Anwendungsmöglichkeiten informieren. Vor allem die Mütter sollten wissen, wie sie mit Wasseranwendungen in Zeiten der Gesundheit und der Krankheit für ihre Familien sorgen können.

Bewegung

Tätigkeit ist eines unserer Daseinsgesetze. Jedes Körperorgan hat seine ihm zugeordnete Aufgabe, von deren Ausübung seine

Entwicklung und Stärke abhängen. Die normale Tätigkeit stärkt und kräftigt das Organ, während eine fehlende Beanspruchung Verfall und Tod begünstigt. Stellt einen Arm für einige Wochen ruhig. Wenn ihr ihn dann wieder gebrauchen wollt, werdet ihr feststellen, dass er schwächer ist als der andere Arm, der die ganze Zeit hindurch normal im Einsatz war. Körperliche Untätigkeit hat dieselben Folgen für die gesamte Muskulatur.

Bewegungsmangel spielt bei vielen Beschwerden eine Rolle. Körperliche Bewegung nämlich beschleunigt und kräftigt die Blutzirkulation; dies unterbleibt bei Bewegungslosigkeit, was den für Leben und Gesundheit so nötigen Stoffwechsel herabsetzt. Auch die Haut wird dann träge. Schadstoffe werden nicht ausgeschieden, wie es geschähe, wenn die Blutzirkulation durch kräftige Bewegung beschleunigt, die Haut in gesundem Zustand erhalten und die Lunge mit viel reiner und frischer Luft versorgt worden wären. Diese Trägheit der Körperfunktionen bürdet den anderen Ausscheidungsorganen eine doppelte Last auf, was Erkrankungen zur Folge hat.

Kranke sollten nicht zu Bewegungslosigkeit ermutigt werden. Wenn es bei jemandem in irgendeiner Richtung zu einer ernstlichen Überbeanspruchung gekommen ist, wird eine zeitweilige völlige Schonung manchmal eine ernsthafte Erkrankung abwenden; im Falle lang andauernder Krankheit aber ist es nur selten notwendig, jegliche Bewegung zu vermeiden.

Wer infolge übermäßiger geistiger Arbeit zusammengebrochen ist, sollte seinem Geist eine Pause gönnen; das sollte aber nicht zu der Annahme verleiten, es sei generell gefährlich, seine Geisteskräfte zu nutzen. Viele Menschen neigen dazu, ihren Zustand schlimmer einzuschätzen, als er tatsächlich ist; diese Gesinnung aber ist der Genesung abträglich und sollte deshalb nicht gefördert werden.

Prediger, Lehrer, Schüler und andere geistig Tätige leiden aufgrund einer starken geistigen Belastung ohne Ausgleich durch körperliche Bewegung oft an Krankheiten.

Was diese Menschen brauchen, ist ein bewegungsreicheres Leben. Etwas reduzierte Arbeitsbelastung, verbunden mit angemessener körperlicher Betätigung, würde die geistige wie körperliche Kraft erhalten und allen geistig Arbeitenden große Ausdauer verleihen.

Wenn jemand seine körperlichen Kräfte überbeansprucht hat, sollte er nicht dazu ermutigt werden, körperliche Arbeit nun gänzlich zu meiden. Statt dessen sollte die Arbeit, um möglichst zuträglich zu sein, systematisch angelegt und angenehm sein. Bewegung im Freien ist das beste; sie sollte so geplant werden, dass sie die geschwächten Organe durch ihren Einsatz stärkt. Und das Herz sollte dabei sein, die Arbeit der Hände sollte nie zu stumpfsinniger Plackerei werden.

Wenn Kranke nichts haben, was ihre Zeit und Aufmerksamkeit beansprucht, kreisen ihre Gedanken nur um sich selbst. So entwickeln sie in ihrer Vorstellung weitere Krankheiten und werden unleidlich. Sie hängen ihren schlechten Gedanken nach, bis sie sich für wesentlich kranker halten, als sie in Wirklichkeit sind, und verlieren schließlich jeden Antrieb zur Besserung.

In allen diesen Fällen würde sich eine gut angeleitete körperliche Bewegung als wirkungsvolles Heilmittel erweisen. In einigen Fällen ist sie sogar zur Genesung unerlässlich. Mit der Arbeit der Hände wächst auch die Willenskraft, und was diese Kranken brauchen, ist eine Stärkung ihres Willens. Wenn der Wille schwach ist, wächst um so mehr die Einbildungskraft, und dies macht es unmöglich, eine Krankheit zu heilen.

Untätigkeit stellt für die meisten Kranken den größtmöglichen Fluch dar. Leichte Beschäftigung mit nützlicher Arbeit, die Geist oder Körper nicht zu sehr beansprucht, entfaltet auf beide einen günstigen Einfluss. Sie beansprucht die Muskeln, verbessert die Blutzirkulation und vermittelt dem Kranken die Erkenntnis, dass er in dieser geschäftigen Welt nicht gänzlich nutzlos ist. Zuerst mag er noch wenig leisten, aber bald wird er spüren, wie seine Kraft zunimmt, und dann können die Anforderungen entsprechend vergrößert werden.

Bewegung hilft bei Verdauungsstörungen, indem sie den Verdauungsorganen einen gesunden Anreiz gibt. Schwere geistige oder körperliche Tätigkeit unmittelbar nach dem Essen beeinträchtigt die Stoffwechselfunktionen, aber ein kurzer Spaziergang nach einer Mahlzeit, mit erhobenem Kopf und in aufrechter Haltung, ist von großem Nutzen.

Trotz allem, was über die Wichtigkeit körperlicher Bewegung gesagt und geschrieben worden ist, wird sie von vielen immer noch vernachlässigt. Einige entwickeln Übergewicht, weil ihr Stoffwechsel nicht mehr funktioniert. Andere werden schmächtig und schwach, weil ihre Lebenskräfte durch die Bewältigung eines Übermaßes an Nahrung aufgezehrt werden. Die Entgiftungsfunktion der Leber wird dadurch überlastet, was Erkrankungen zur Folge hat.

Menschen mit sitzender Lebensweise sollten sich, wenn es das Wetter erlaubt, im Sommer wie im Winter täglich im Freien bewegen. Gehen ist dem Radfahren vorzuziehen, weil es mehr Muskeln beansprucht. Die Lungen werden kräftig aktiviert, da es unmöglich ist, rasch zu gehen, ohne tief zu atmen.

Solche Bewegung wäre in vielen Fällen für die Gesundheit hilfreicher als Arzneimittel. Oft raten Ärzte ihren Patienten um eines Klimawechsels willen zu einer Schiffsreise, zum Besuch einer Heilquelle oder zum Aufenthalt in fremden Gegenden. In den meisten Fällen könnten diese Kranken schon durch Maßhalten beim Essen und regelmäßige körperliche Bewegung genesen und auf diese Weise Zeit und Geld sparen.

Kapitel 18

Die Heilung des Geistes

Zwischen Geist und Körper besteht eine sehr enge Beziehung. Wenn einer von beiden beeinträchtigt ist, leidet der andere mit. Der Zustand des Geistes beeinflusst die Gesundheit in viel stärkerem Maße, als man allgemein denkt.

So manche Krankheiten, an denen Menschen leiden, sind das Ergebnis geschwächter Geisteskräfte. Kummer, Angst, Unzufriedenheit, Gewissensbisse, Schuld, Misstrauen – sie alle helfen mit, die Lebenskräfte zu verschleißen und Verfall und Tod zu begünstigen.

Krankheit wird häufig durch Einbildung ausgelöst und oft durch sie erheblich verschlimmert. Viele sind ihr ganzes Leben lang krank, obwohl sie gesund sein könnten, wenn sie es nur begreifen würden. Sie hören z. B. morgens die Wettervorhersage und überlegen dann, unter welchen Wettereinflüssen sie an diesem Tag wohl leiden müssen – und die Auswirkungen folgen prompt, weil sie erwartet werden. Viele sterben an Krankheiten, die von nichts als Einbildungen verursacht wurden.

Mut, Hoffnung, Glaube, Mitgefühl und Liebe begünstigen dagegen die Gesundheit und verlängern das Leben. Ein zufriedenes Gemüt und ein fröhlicher Geist bedeuten Gesundheit für den Körper und Stärke für die Seele. „Ein fröhliches Herz tut dem Leibe wohl.“ (Sprüche 17,22)

Bei der Behandlung Kranker sollte die Wirksamkeit geistigen Einflusses nicht übersehen werden. Denn richtig eingesetzt, stellt dieser Einfluss eines der erfolgreichsten Mittel bei der Krankheitsbekämpfung dar.

Wenn ein anderer Geist unseren Geist beherrscht

Es gibt jedoch eine Form der Therapie des kranken Geistes, die eines der wirksamsten Mittel des Bösen darstellt. Mit Hilfe dieser sogenannten wissenschaftlichen Methode wird ein Geist unter die Kontrolle eines anderen Geists gebracht, so dass die persönliche Freiheit des schwächeren der des stärkeren Geistes untergeordnet wird. Die therapierte Person lebt dann ganz den Willen einer anderen aus. Es wird behauptet, dass dadurch die Ausrichtung der Gedanken verändert und gesundheitsfördernde Impulse übertragen werden könnten und der Patient auf diese Weise befähigt werde, der Krankheit zu widerstehen und sie zu überwinden.

Diese Behandlungsmethode wird von Menschen ausgeübt, die oft ihre wahren Hintergründe nicht erkennen, sondern meinen, es handele sich um eine hilfreiche Maßnahme für die Kranken. Aber diese sogenannte Wissenschaft beruht auf falschen Prinzipien. Sie ist der Natur und dem Geist Christi fremd. Sie führt deshalb nicht zu ihm, der das Leben und die Errettung ist. Wer die Heilung aus eigener Kraft propagiert, verleitet vielmehr zu einer Trennung von der wahren Quelle der Kraft.

Es ist nicht die Absicht Gottes, dass ein Mensch seinen Geist und Willen der Kontrolle eines anderen Menschen unterwirft und damit ein passives Instrument in dessen Händen wird. Niemand soll seine Persönlichkeit in der eines anderen aufgehen lassen. Niemand soll irgendein anderes menschliches Wesen als die Quelle seiner Heilung ansehen; er muss sich der Abhängigkeit von Gott bewusst sein. In der Würde seiner gottgegebenen Menschlichkeit soll er von Gott selbst, und nicht von irgendeinem menschlichen Geist geleitet sein.

Gott möchte mit den Menschen eine direkte Verbindung aufnehmen. In all seinem Handeln mit menschlichen Wesen anerkennt er jedoch das Prinzip der persönlichen Entscheidungsfreiheit. Gleichzeitig möchte er aber den Menschen persönliche Abhängigkeit bewusstmachen und die Notwendigkeit einer persönlichen Führung einprägen. Er möchte die Menschen in Verbindung mit dem *Göttlichen* bringen, so dass der Mensch zu seiner Gottähnlichkeit zurückfindet. Satan möchte genau das Gegenteil erreichen. Er will eine Abhängigkeit der Menschen untereinander verstärken. Wenn also Menschen in ihrem Denken von Gott abgebracht werden, kann sie der Versucher unter seine Herrschaft bringen; er kann so die Menschheit kontrollieren.

Die Theorie der Kontrolle des Geistes durch einen anderen menschlichen Geist wurde von Satan entwickelt, um sich einen Wirkungskanal zu verschaffen und menschliche Philosophie dort in den Vordergrund zu stellen, wo göttliche Philosophie herrschen sollte. Unter allen Irrtümern, die bei vorgeblichen Christen Anerkennung finden, gibt es keine gefährlichere Täuschung, keine, die den Menschen nachhaltiger von Gott trennt, als diese Theorie. Mag sie auch noch so harmlos in Erscheinung treten – wenn sie bei Patienten angewandt wird, wird sie deren Verderben bewirken, nicht ihre Gesundung. Sie öffnet eine Tür, durch die Satan eintreten wird, um von beiden Besitz zu ergreifen; von dem, der es zulässt, von einem anderen kontrolliert zu werden, und auch von dem, der meint, dass er andere kontrollieren könnte.

Die Macht, die mittels dieser Therapie böswilligen Männern und Frauen gewährt wird, ist fürchterlich. Welche Gelegenheiten eröffnet sie denen, die davon leben, aus den Schwächen oder Dummheiten anderer Vorteile zu ziehen! Wie viele werden durch die Kontrolle schwacher oder kranker Geister Wege finden, ihre sexuelle oder materielle Gier zu befriedigen!

Wir sollten uns für etwas Besseres einsetzen als für die Herrschaft von Menschen über Menschen. Der Arzt sollte seine Patienten dahin führen, ihren Blick von Menschlichem weg auf Göttliches zu richten. Statt Kranke zu lehren, zur Heilung von Seele und Körper in Abhängigkeit von menschlichen Wesen zu geraten, sollte er sie auf den Einen verweisen, der alle vollkommen retten kann, die zu ihm kommen. Er, der den menschlichen Geist geschaffen hat, weiß auch, was dieser braucht. Gott allein ist der Eine, der heilen kann. Wessen Geist und Körper erkrankt ist, der soll auf Christus, den Heilkundigen, sehen. „Denn ich lebe", sagt er, „und ihr sollt auch leben." (Johannes 14,19) Dies ist das Leben, auf das wir die Kranken verweisen sollen; wir sollen ihnen sagen, dass er ihnen seine

Lebenskraft einflößen wird, wenn sie an ihn als den Heilkräftigen glauben und dabei mit ihm zusammenarbeiten, also den Gesundheitsgesetzen gehorchen und in Ehrfurcht vor ihm nach vollkommener Heiligung streben. Wenn wir sie auf diese Weise zu Christus führen, vermitteln wir ihnen eine Kraft, eine Stärke, die Wert hat; denn sie kommt von oben. Dies ist die wahre Wissenschaft der Heilung von Körper und Seele.

Mitgefühl

Bei der Behandlung psychosomatischer Erkrankungen ist große Weisheit vonnöten. Ein verletztes, krankes Herz und ein entmutigter Geist brauchen eine schonende Behandlung.

Oft frisst sich gravierender häuslicher Ärger wie ein Krebsgeschwür in die Seele und schwächt die Lebenskraft. Und manchmal liegt der Fall so, dass Gewissensbisse über Sünden die Konstitution untergräbt und den Geist aus dem Gleichgewicht bringt. Hier braucht man großes Einfühlungsvermögen, das dieser Patientengruppe wohltut. Der Arzt sollte zuerst ihr Vertrauen gewinnen und sie dann auf den Großen Arzt hinweisen. Wenn ihr Glaube auf den wahren Arzt ausgerichtet werden kann, und sie darauf vertrauen können, dass er sich ihres Falles angenommen hat, wird dies dem Geist Erleichterung und damit oft auch dem Körper Heilung verschaffen.

Sympathie und Taktgefühl werden bei dem Kranken oft mehr bewirken als die sorgfältigste Therapie, die in einer kalten und gleichgültigen Weise ausgeübt wird. Wenn ein Arzt auf relativ lässige Art an das Krankenbett tritt und auf den Leidenden einen gleichgültigen Eindruck macht, dann in Wort oder Tat den Eindruck erweckt, dass der Fall keiner großen Aufmerksamkeit bedarf, und schließlich den Patienten seinem eigenen Grübeln überlässt, hat er ihm objektiv Schaden zugefügt. Der Zweifel und die Entmutigung, die von solcher Gleichgültigkeit hervorgerufen werden, werden die guten Wirkungen der Heilmittel, die der Arzt verordnen mag, wieder aufheben.

Wenn sich Ärzte mehr in diejenigen hineinversetzen könnten, deren Leiden ihren Geist niedergedrückt und den Willen geschwächt hat und die sich nach Worten des Mitleids und der Ermutigung sehnen, wären sie eher imstande, deren Gefühlen gerecht zu werden. Wenn mit dem ärztlichen Fachwissen die Liebe und das Mitgefühl verbunden werden, die Christus den Kranken gegenüber offenbarte, wird bereits die bloße Gegenwart des Arztes ein Segen sein.

Offenheit im Gespräch mit einem Patienten vermittelt Vertrauen und stellt so eine wichtige Hilfe zur Genesung dar. Manchmal halten es Ärzte für klüger, dem Patienten Ursache und Schwere seines Leidens zu verheimlichen. Sie befürchten, den Patienten durch eine Bekundung der Wahrheit aufzuregen oder zu entmutigen. Dabei wecken sie falsche Hoffnungen auf Heilung und nehmen sogar in Kauf, dass ein Patient stirbt, ohne dass ihm die Gefahr bewusst war. Das ist sehr gefährlich. Allerdings mag es nicht bei jedem Patienten angebracht sein, ihm das volle Ausmaß seiner Erkrankung offenzulegen; dies könnte ihn stark beunruhigen und seine Genesung verzögern oder gar verhindern.

Am wenigsten vertragen diejenigen die Wahrheit, deren Gebrechen größtenteils eingebildet sind. Viele dieser Personen sind unvernünftig und haben sich nicht zur Selbstdisziplin erzogen. Sie hegen merkwürdige Vorstellungen und bilden sich vieles über sich und andere ein, das falsch ist. Sie halten diese Dinge aber für wahr, und die, die für sie sorgen, müssen hier eine gleichbleibende Freundlichkeit sowie unermüdliche Geduld und Taktgefühl aufbringen. Wenn diesen Patienten die Wahrheit gesagt würde, wären einige beleidigt, andere entmutigt. Christus sagte seinen Jüngern: „Ich habe euch noch viel zu sagen; aber ihr könnt es jetzt nicht ertragen." (Johannes 16,12)

Wenn man die Wahrheit somit nicht in jedem Fall vollständig aussprechen mag, ist es andererseits doch niemals notwendig oder zu rechtfertigen, jemanden anzulügen. Niemals sollten der Arzt oder die Krankenschwester sich auf Ausflüchte einlassen. Wer sich dazu hergibt, handelt in einer Weise, bei der Gott nicht mehr mit ihm zusammenarbeiten kann, und indem er so das Vertrauen seiner Patienten verspielt, wirft er eine der wirksamsten menschlichen Hilfen für ihre Genesung beiseite.

Die Macht des Willens

Die Macht des Willens erfährt nicht die ihr gebührende Wertschätzung. Lasst den Willen gestärkt und richtig gelenkt werden, und er wird dem ganzen Menschen Energie einflößen und bei der Gesunderhaltung eine wunderbare Hilfe sein. Er stellt aber auch im Umgang mit Krankheit eine Macht dar.

In der richtigen Weise ausgeübt, kontrolliert er die Einbildungskraft und wirkt als mächtiges Hilfsmittel bei der Vorbeugung und bei der Überwindung von Krankheiten sowohl des Geistes als auch des Körpers. Wenn Patienten, die ihre Lebenskraft wiedererlangen wollen, dabei ihre Willenskraft einsetzten, könnten sie damit die Heilungsbemühungen ihres Arztes wesentlich unterstützen. Es gibt Tausende, die gesund werden könnten, wenn sie nur wollten. Der Herr möchte nicht, dass sie krank sind. Vielmehr wünscht er, dass sie gesund und glücklich sind, und sie sollten sich dazu entschließen, gesund zu sein.

Oftmals können Kranke ihrem Leiden einfach dadurch widerstehen, dass sie sich weigern, den Gebrechen gegenüber zu kapitulieren und sich einem Zustand der Untätigkeit zu überlassen. Wenn sie sich über ihre Leiden und Schmerzen erheben, dann lasst sie sich in nützlicher Arbeit engagieren, die ihrer Belastbarkeit entspricht. Durch eine solche Tätigkeit und ausgiebige Nutzung von frischer Luft und Sonnenlicht könnten viele ausgezehrte Kranke Gesundheit und Kraft wiedererlangen.

Biblische Heilungsprinzipien

Für alle, die ihre Gesundheit zurückgewinnen oder erhalten wollen, steht in der Bibel ein Rat: „Sauft euch nicht voll Wein, woraus ein unordentliches Wesen folgt, sondern lasst euch vom Geist erfüllen." (Epheser 5,18) Weder durch die Anregung oder das Vergessen, wie es unnatürliche oder ungesunde Stimulantien erzeugen, noch durch Nachgiebigkeit gegenüber den niedrigen Begierden oder Leidenschaften kann wahre Heilung oder Erquickung für Körper oder Seele erlangt werden.

Unter den Kranken gibt es viele, die ohne Gott und ohne Hoffnung leben. Sie leiden unter unerfüllten Sehnsüchten, ungezügelten Leidenschaften und der Verurteilung durch ihr eigenes Gewissen; sie verlieren ihren Halt in diesem Leben und haben keine Hoffnung auf das künftige. Lasst die Krankenpfleger nicht hoffen, diesen Patienten etwas Gutes zu tun, wenn sie ihnen oberflächliche Ablenkungen verschaffen. Diese waren ja der Fluch ihres bisherigen Lebens. Die bedürftige Seele wird unausgesetzt hungern und dürsten, solange sie auf diese Weise Erfüllung finden will. Wer von der Quelle egozentrischen Vergnügens trinkt, wird betrogen. Er verwechselt übermütige Ausgelassenheit mit Stärke; wenn dann das aufreizende Vergnügen vorbei ist, endet auch die Hochstimmung, und Unzufriedenheit und Niedergeschlagenheit sind wieder da.

Nachhaltiger Friede und wahre Ruhe des Geistes haben nur eine Quelle. Von ihr hat Christus gesprochen, als er sagte: „Kommt her zu mir, alle, die ihr mühselig und beladen seid; ich will euch erquicken." (Matthäus 11,28) „Den Frieden lasse ich euch, meinen Frieden gebe ich euch. Nicht gebe ich euch, wie die Welt gibt." (Johannes 14,27) Dieser Friede ist nicht etwas, das er losgelöst von sich selbst gibt; er ist in Christus, und wir können ihn nur erhalten, wenn wir Christus annehmen.

Christus ist die Quelle des Lebens. Was viele brauchen, ist ein klareres Wissen von ihm; sie brauchen eine geduldige und freundliche, jedoch ernsthafte Unterrichtung darüber, wie das ganze Dasein den heilenden Kräften des Himmels unterstellt werden kann. Wenn das Licht der Liebe Gottes die verdunkelten Regionen der Seele erhellt, werden ruheloser Überdruss und Unerfülltheit zu Ende gehen, und bleibende Freuden werden dem Geist Stärke und dem Körper Gesundheit und Vitalität verleihen.

Hilfe in jeder Prüfung

Wir leben in einer Welt voller Leiden. Schwierigkeiten, Versuchungen und Kummer erwarten uns auf unserem Weg zur himmlischen Heimat. Doch es gibt viele, die sich die Lasten des Lebens doppelt schwer machen, indem sie dauernd Probleme voraussehen. Wenn sie Schwierigkeiten oder Enttäuschungen erleben, meinen sie, nun werde alles misslingen, sie hätten das härteste Los von allen und müssten nun untergehen. Auf diese Weise vermiesen sie sich und anderen das Leben. Alles, was sie tun sollen, wird ihnen zur Last. Aber so muss es nicht sein.

Eine entschiedene Anstrengung ist nötig, um die Grundausrichtung ihrer Gedanken zu ändern. Aber diese Änderung *kann* gelingen. Ihr Glück, sowohl für dieses Leben als auch für das künftige, hängt davon ab, dass sie sich in ihren Gedanken mit erfreulichen Dingen beschäftigen. Lasst sie von dem düsteren Bild, das sie selbst gezeichnet haben, wegblicken auf die Wohltaten, die Gott auf ihren Lebensweg gestreut hat, und außerdem auf das Unsichtbare und Ewige.

Für jede Prüfung hat Gott Hilfe vorgesehen. Als das Volk Israel in der Wüste zu den bitteren Wassern von Mara kam, rief Mose zum Herrn. Gott gab ihnen nicht irgendein Wundermittel; vielmehr machte er sie auf etwas aufmerksam, das schon da war: ein Strauch, also ein Teil seiner Schöpfung, musste in die Quelle geworfen werden, um das bittere Wasser rein und süß zu machen. Als das geschehen war, trank das Volk von dem Wasser und wurde erquickt. In jeder Prüfung will uns Christus helfen, wenn wir uns bittend an ihn wenden. Unsere Augen werden geöffnet werden, um die Verheißungen der Hilfe zu erkennen, die uns in Gottes Wort gegeben sind. Der Heilige Geist wird uns lehren, wie wir all den Segen gebrauchen sollen, der ein wirksames Gegenmittel gegen jeden Kummer darstellt. Für jede Bitterkeit, die das Leben mit sich bringt, werden wir einen heilsamen Strauch finden.

Die Zukunft mit ihren großen Problemen und unbefriedigenden Aussichten soll unsere Herzen nicht zaghaft, unsere Knie nicht zitternd und unsere Hände nicht untätig machen. „Lasst sie Zuflucht bei mir suchen“, sagt der Allmächtige, „damit sie Frieden mit mir machen, ja, sie sollen mit mir Frieden machen.“ (Jesaja 27,5) Wer sein Leben Gottes Führung und dem Dienst für ihn übergibt, wird niemals in eine Situation geraten, für die Gott nicht vorgesorgt hätte. Ganz gleich, wie unsere Lage auch sein mag, wenn wir Täter seines Wortes sind, haben wir einen Führer, der uns den Weg weist;

worüber auch immer wir ratlos sind – wir haben einen zuverlässigen Ratgeber; worunter wir auch leiden, sei es ein Trauerfall oder Einsamkeit – wir haben einen mitfühlenden Freund.

Wenn wir in unserer Unwissenheit Fehler machen, verlässt uns der Heiland nicht. Wir brauchen uns niemals allein zu fühlen; Engel begleiten uns. Der Tröster, von dem Christus verheißen hat, er werde ihn in seinem Namen senden, bleibt bei uns. Auf dem Weg, der zur Stadt Gottes führt, liegen keine Schwierigkeiten, die jene, die auf Gott vertrauen, nicht überwinden könnten. Es gibt keine Gefahren, denen sie nicht entrinnen könnten, keinen Kummer, keine Klage und keine menschliche Schwäche, gegen die Gott keine Hilfe vorgesehen hätte.

Niemand braucht sich der Entmutigung und Verzweiflung zu überlassen. Satan tritt womöglich mit folgender grausamen Einflüsterung an dich heran: „Dein Fall ist hoffnungslos; du kannst nicht mehr erlöst werden." Aber in Christus *gibt* es Hoffnung für dich. Gott fordert von uns nicht, aus eigener Kraft zu überwinden; vielmehr bittet er uns, nahe an seiner Seite zu gehen. Mit welchen Schwierigkeiten wir uns auch herumquälen, die Seele und Körper niederdrücken – Gott ist bereit, uns davon zu befreien.

Weil er das Menschsein selbst auf sich genommen hat, weiß er mit den Leiden dieses Daseins mitzufühlen. Christus kennt nicht nur jede Seele und die ihr eigenen Bedürfnisse und Prüfungen, sondern auch alle Umstände, die den Geist verwunden und verwirren. Seine Hand ist in großer Einfühlsamkeit nach jedem leidenden Gotteskind ausgestreckt. Die am meisten leiden, erhalten auch die größte „Portion" seines Mitgefühls. Er wird bewegt durch das Mitempfinden unserer Schwächen, und er will, dass wir unsere Ratlosigkeiten und Schwierigkeiten ihm zu Füßen legen und sie dort zurücklassen.

Es ist nicht klug, auf uns selbst zu sehen und unsere Empfindungen zu analysieren. Wenn wir das tun, wird uns der Feind Schwierigkeiten und Versuchungen schicken, die unseren Glauben schwächen und unseren Lebensmut zerstören. Unseren Gefühlen ausgiebig nachzugrübeln und ihnen nachzugeben bedeutet, Zweifel zu nähren und uns zu verwirren. Wir sollen von uns weg auf Jesus sehen.

Wenn dich Versuchungen bestürmen, wenn Sorge, Ratlosigkeit und Dunkelheit deine Seele einzunehmen scheinen, dann blicke zu dem Ort, wo du zuletzt das Licht gesehen hast. Ruhe in der Liebe Christi und unter seiner schützenden Fürsorge aus. Wenn Sünde in deinem Herzen um die Herrschaft kämpft, wenn Schuld die Seele bedrückt und das Gewissen belädt, wenn Unglaube den Geist vernebelt, dann erinnere dich daran, dass Christi Gnade ausreicht, die Sünde zu besiegen und die Dunkelheit zu verbannen. Indem wir in Gemeinschaft mit dem Heiland treten, betreten wir die Region des Seelenfriedens.

Die Verheißungen der Heilung

„Der Herr erlöst das Leben seiner Knechte, und alle, die auf ihn trauen, werden frei von Schuld." (Psalm 34,23)

„Wer den Herrn fürchtet, hat eine sichere Festung, und auch seine Kinder werden beschirmt." (Sprüche 14,26)

„Zion aber sprach: Der Herr hat mich verlassen, der Herr hat meiner vergessen. Kann auch ein Weib ihres Kindleins vergessen, dass sie sich nicht erbarme über den Sohn ihres Leibes? Und ob sie seiner vergäße, so will ich doch deiner nicht vergessen. Siehe, in die Hände habe ich dich gezeichnet." (Jesaja 49,14–16)

„Fürchte dich nicht, ich bin mit dir; weiche nicht, denn ich bin dein Gott. Ich stärke dich, ich helfe dir auch, ich halte dich durch die rechte Hand meiner Gerechtigkeit." (Jesaja 41,10)

„Ihr, die ihr von mir getragen werdet von Mutterleibe an und vom Mutterschoße an mir aufgeladen seid: Auch bis in euer Alter bin ich derselbe, und ich will euch tragen, bis ihr grau werdet. Ich habe es getan; ich will heben und tragen und erretten." (Jesaja 46,3–4)

Loben und Danken

Nichts trägt mehr zur Förderung körperlicher und seelischer Gesundheit bei, als eine Haltung der Dankbarkeit und des Lobes. Es ist entschieden unsere Pflicht, der Schwermut sowie Gedanken und Gefühlen der Unzufriedenheit zu widerstehen – ebenso sehr, wie wir das Gebet pflegen sollen. Wenn wir unterwegs zum Himmel sind, wie können wir dann als eine Schar Trauernder daherkommen, die während des ganzen Weges zum Vaterhaus nur stöhnen und klagen?

Wer sich Christ nennt, dabei aber dauernd etwas zu klagen hat und außerdem Fröhlichkeit und Glücklichsein für Sünde zu halten scheint, ist nicht wirklich gläubig. Wer ein trauriges Vergnügen aus allem zieht, was es in der natürlichen Welt an Deprimierendem gibt, wer lieber auf verwelkte Blätter sieht, anstatt schöne, blühende Blumen zu pflücken, wer an majestätischen Bergeshöhen und frischen grünen Tälern nichts Schönes mehr entdeckt, wer seine Sinne der frohen Stimme verschließt, die in der Natur zu ihm spricht und die für hörende Ohren schön und musikalisch klingt, der ist nicht in Christus. Er zieht Schatten und Dunkelheit an, wo er im hellen Licht stehen könnte. Ja, er verhindert, dass in seinem Herzen die Sonne der Gerechtigkeit mit dem Heil in ihren Strahlen aufgeht.

Oft mögen Schmerzen deinen Geist beeinträchtigen. Versuche dann nicht, zu grübeln. Du weißt, dass Jesus dich liebt. Er versteht deine Schwachheit. Du kannst in solchen Zeiten seinen Willen tun, indem du einfach in seinen Armen ruhst.

Es ist ein Naturgesetz, dass unsere Gedanken und Gefühle ermutigt und verstärkt werden, wenn wir sie zum Ausdruck bringen. Worte drücken Gedanken aus, aber es ist auch wahr, dass Gedanken auf Worte folgen.

Wenn wir unseren Glauben somit stärker zum Ausdruck brächten, uns mehr über die Segnungen freuten, die wir empfangen haben – nämlich die große Gnade und Liebe Gottes –, dann hätten wir mehr Glauben und größere Freude. Den Segen, der aus der Wertschätzung der Güte und Liebe Gottes folgt, kann keine Zunge aussprechen und kein sterblicher Geist begreifen. Sogar bereits auf dieser Erde können wir Freude als eine Quelle erfahren, die nie austrocknet, weil sie von den Strömen gespeist wird, die vom Thron Gottes fließen.

Lasst uns deshalb unsere Herzen und Lippen dazu erziehen, den Lobpreis Gottes für seine unvergleichliche Liebe auch auszusprechen. Lasst uns unsere Seelen dazu erziehen, voll Hoffnung zu sein und in dem Licht zu bleiben, das vom Kreuz von Golgatha her scheint. Niemals sollten wir vergessen, dass wir Kinder des himmlischen Königs sind, Söhne und Töchter des Herrn der Heerscharen. Es ist unser Vorrecht, in Gott ruhig und gelassen bleiben zu können.

„Und der Friede Christi ... regiere in euren Herzen; und seid dankbar." (Kolosser 3,15) Lasst uns unsere eigenen Schwierigkeiten und Probleme vergessen und statt dessen Gott für jede Gelegenheit preisen, seinem Namen zur Ehre zu leben. Lasst die ständig wiederkehrenden Segnungen jedes neuen Tages in unseren Herzen Lobpreis bewirken für diese Beweise seiner liebevollen Fürsorge. Wenn du morgens deine Augen öffnest, dann danke Gott, dass er dich die Nacht hindurch behütet hat. Danke ihm für seinen Frieden in deinem Herzen. Lass morgens, mittags und abends Dankbarkeit wie einen Wohlgeruch zum Himmel aufsteigen.

Wenn dich jemand fragt, wie es dir geht, dann versuche nicht, dich an etwas Trauriges zu erinnern, um dies zu erzählen und dadurch Mitleid zu erregen. Sprich nicht von deinem Mangel an Glauben, deinen Sorgen und Leiden, denn der Versucher freut sich, solche Worte zu hören. Wenn du von dunklen Dingen sprichst, verherrlichst du ihn.

Wir sollten die große Macht Satans nicht rühmen. Oft aber begeben wir uns in seinen Einflussbereich, indem wir von seiner Macht sprechen. Lasst uns doch statt dessen von der großen Macht Gottes sprechen, unsere ganze Aufmerksamkeit auf ihn richten. Sprecht von der unvergleichlichen Macht Christi und von seiner Herrlichkeit.

Der ganze Himmel interessiert sich für unsere Errettung. Die Engel Gottes – tausend mal Tausende und zehntausend mal Zehntausende an der Zahl – sind damit beauftragt, denen zu dienen, die Erben des Heils sein werden. Sie schützen uns vor Bösem und halten die dunklen Mächte zurück, die uns zerstören wollen. Haben wir also nicht in jedem Augenblick Grund zur Dankbarkeit, auch wenn es auf unserem Lebenspfad scheinbar Schwierigkeiten gibt?

Singt Loblieder!

Bringt euren Lobpreis und eure Danksagung in Liedern zum Ausdruck. Wenn ihr versucht werdet, dann lasst im Glauben ein Danklied zu Gott aufsteigen, anstatt eure Gefühle auszusprechen.

„O Gott, sei gelobt für die Liebe im Sohn, Der mit Blut uns erwarb und dann aufstieg zum Thron. O Gott, sei gelobt für den Heiligen Geist, Der zum Heiland uns führt und dann himmelwärts weist. Lob, Ehre und Preis sei für immer gebracht Dir, dem Lamm, das von Sünde uns selig gemacht! Halleluja, sei gepriesen, Halleluja, amen. Halleluja, sei gepriesen, Herr, segne uns jetzt!" (Liederbuch „Wir loben Gott", Lied Nr. 48)

Gesang ist eine Waffe, die wir immer wieder gegen Entmutigung einsetzen können. Wenn wir auf diese Weise unser Herz dem Sonnenlicht der Gegenwart des Heilands öffnen, werden wir Gesundheit und seinen Segen erhalten.

„Danket dem Herrn; denn er ist freundlich, und seine Güte währet ewiglich. So sollen sagen, die erlöst sind durch den Herrn, die er aus der Not erlöst hat." (Psalm 107,1–2)

„Singet und spielet ihm, redet von allen seinen Wundern! Rühmet seinen heiligen Namen; es freue sich das Herz derer, die den Herrn suchen!" (Psalm 105,2–3)

„Der Herr sättigt die durstige Seele und die Hungrigen füllt er mit Gutem. Die da sitzen mussten in Finsternis und Dunkel, gefangen in Zwang und Eisen, ... die dann zum Herrn riefen in ihrer Not, und er half ihnen aus ihren Ängsten und führte sie aus Finsternis und Dunkel und zerriss ihre Bande: Die sollen dem Herrn danken für seine Güte und für seine Wunder, die er an den Menschenkindern tut." (Psalm 107,9–10.13–15)

„Was betrübst du dich, meine Seele, und bist so unruhig in mir? Harre auf Gott; denn ich werde ihm noch danken, dass er meines Angesichts Hilfe und mein Gott ist." (Psalm 42,12)

„Seid dankbar in allen Dingen; denn das ist der Wille Gottes in Christus Jesus an euch." (1. Thessalonicher 5,18) Dieses Gebot ist eine Zusicherung dessen, dass selbst die Dinge, die gegen uns gerichtet zu sein scheinen, uns zum Guten gereichen werden. Denn

Gott würde uns nicht gebieten, für etwas dankbar zu sein, das uns Schaden zufügt.

„Der Herr ist mein Licht und mein Heil; vor wem sollte ich mich fürchten? Der Herr ist meines Lebens Kraft; vor wem sollte mir grauen?" (Psalm 27,1)

„Denn er deckt mich in seiner Hütte zur bösen Zeit, er birgt mich im Schutz seines Zeltes ... Darum will ich Lob opfern in seinem Zelt, ich will singen und Lob sagen dem Herrn." (Psalm 27,5–6)

„Ich harrte des Herrn, und er neigte sich zu mir und hörte mein Schreien. Er zog mich aus der grausigen Grube, aus lauter Schmutz und Schlamm, und stellte meine Füße auf einen Fels, dass ich sicher treten kann; er hat mir ein neues Lied in meinen Mund gegeben, zu loben unsern Gott." (Psalm 40,2–4)

„Der Herr ist meine Stärke und mein Schild; auf ihn hofft mein Herz, und mir ist geholfen. Nun ist mein Herz fröhlich, und ich will ihm danken mit meinem Lied." (Psalm 28,7)

Gutes tun

Eines der größten Hindernisse bezüglich der Genesung Kranker ist die anhaltende Beschäftigung mit sich selbst. Viele Kranke meinen, jeder solle mit ihnen mitfühlen und ihnen helfen, wohingegen das, was sie wirklich brauchen, ein Wegschauen von sich selbst ist, um an andere zu denken und für andere zu sorgen.

Oft werden Gebete für die Geplagten, die Leidtragenden und die Entmutigten gesprochen, und dies ist richtig so. Wir sollten darum beten, dass Gott den verdüsterten Geist erhellen und das sorgenvolle Herz trösten möge. Gott antwortet auf die Gebete derer, die sich zum Kanal seiner Segnungen machen. Wir sollten also für diese Leidtragenden beten, sie aber auch ermutigen, denen zu helfen, die noch größere Nöte haben als sie. Die Dunkelheit wird aus ihren Herzen vertrieben, wenn sie anderen zu helfen versuchen. Wenn wir danach streben, andere mit dem Trost zu trösten, mit dem wir selbst getröstet worden sind, kehrt der Segen zu uns zurück.

Das achtundfünfzigste Kapitel des Buchs Jesaja bietet ein Heilmittel für die Krankheiten des Körpers wie der Seele. Wenn wir Gesundheit und wahre Lebensfreude wünschen, müssen wir die Regeln, die uns in diesem Schriftabschnitt gegeben sind, in die Praxis umsetzen. Von dem ihm angenehmen Dienst und seinen Segnungen sagt der Herr folgendes:

„Brich dem Hungrigen dein Brot, und die im Elend ohne Obdach sind, führe ins Haus! Wenn du einen nackt siehst, so kleide ihn, und entzieh dich nicht deinem Fleisch und Blut! Dann wird dein Licht hervorbrechen wie die Morgenröte, und deine Heilung wird schnell voranschreiten, und deine Gerechtigkeit wird vor dir hergehen, und die Herrlichkeit des Herrn wird deinen Zug beschließen. Dann wirst du rufen, und der Herr wird dir antworten. Wenn du schreist, wird er sagen: Siehe, hier bin ich. Wenn du in deiner Mitte niemand unterjochst und nicht mit Fingern zeigst und nicht übel redest, sondern den Hungrigen dein Herz finden lässt und den Elenden sättigst, dann wird dein Licht in der Finsternis aufgehen, und dein Dunkel wird sein wie der Mittag. Und der Herr wird dich immerdar führen und dich sättigen in der Dürre und dein Gebein stärken. Und du wirst sein wie ein bewässerter Garten und wie eine Wasserquelle, der es nie an Wasser fehlt." (Jesaja 58,7–11)

Gute Taten sind ein doppelter Segen, sie kommen dem Geber wie dem Empfänger der Freundlichkeit zugute. Das Bewusstsein, das Richtige zu tun, stellt eines der besten Arzneimittel für kranke Körper wie Seelen dar. Wenn die Seele aus dem Gefühl heraus, eine Pflicht gut erfüllt zu haben, und in der Befriedigung, andere glücklich zu machen, frei und froh ist, bringt dieser freudige und erhebende Einfluss der ganzen Person neues Leben.

Lasst die Kranken, anstatt dauernd Mitleid für sich zu erwarten, danach streben, mit anderen mitzuleiden. Wirf die Last deiner eigenen Schwachheit, Sorgen und Schmerzen auf den mitfühlenden *Heiland*. Öffne dein Herz seiner Liebe und lass sie zu anderen weiterströmen. Bedenke, dass*alle* schwer zu tragende Prüfungen und schwer abzuwehrende Versuchungen erleben, und dass du womöglich etwas zur Erleichterung dieser Lasten beitragen kannst. Bring Dankbarkeit für die Segnungen zum Ausdruck, die du erhältst; zeige Wertschätzung für die Zuwendungen, die du empfängst. Lass' dein Herz beständig von den kostbaren Verheißungen Gottes erfüllt sein, damit du aus diesem Reichtum heraus Worte sagen kannst, die andere trösten und stärken. Dies wird dich mit einer Atmosphäre umgeben, die hilfreich und erhebend wirken wird. Setze dir zum Ziel, den Menschen um dich herum ein Segen zu sein, dann *wirst* du Wege finden, sowohl den Angehörigen deiner eigenen Familie als auch anderen Menschen zu helfen.

Wenn diejenigen, die unter gesundheitlichen Beeinträchtigungen leiden, ihr Ego über ihrem Interesse an anderen vergäßen, wenn sie das Gebot des Herrn erfüllen würden, denen zu dienen, die bedürftiger sind als sie selbst, würden sie die Wahrheit der folgenden Verheißung erkennen: „Dann wird dein Licht hervorbrechen wie die Morgenröte, und deine Heilung wird schnell voranschreiten." (Jesaja 58,8)

„Seliges Wissen: Jesus ist mein! Frieden mit Gott bringt er mir allein. Leben von oben, ewiges Heil, Völlige Sühnung ward mir zuteil. Ihm will ich leben – o welche Freud! Herrliche Gaben Jesus verleiht; Göttliche Leitung, Schutz in Gefahr, Sieg über Sünde reicht er mir dar. Völligen Frieden in aller Hast: Jesus bewahrt mich, trägt meine Last. Treu will ich dienen ihm immerdar, bis er mich ruft zur oberen Schar. Lasst mich's erzählen, Jesus zur Ehr: Wo ist ein Heiland wie unser Herr? Wer kann so segnen, wer so erfreun? Keiner als Jesus. Preis ihm allein!"

Kapitel 19

Naturverbundenheit

Der Schöpfer wählte für unsere Ureltern die Umgebung, die ihrer Gesundheit und ihrem Glück am zuträglichsten war. Er gab ihnen keinen Palast als Zuhause und umgab sie auch nicht mit den Komfortausstattungen und Luxusgütern, nach deren Erwerb heute so viele streben. Statt dessen stellte er sie in eine enge Verbindung mit der Natur und in enge Gemeinschaft mit den Heiligen des Himmels.

In dem Garten, den Gott als Heim für seine Kinder schuf, grüßten wunderschöne Sträucher und liebliche Blumen das Auge, wohin es auch blickte. Es gab Bäume vielfältigster Art, viele von ihnen trugen duftende und wohlschmeckende Früchte in Fülle. Auf ihren Zweigen sangen Vögel ihre Lieder zum Lobe Gottes. Unter ihrem Schatten tummelten sich die Tiere der Erde, ohne sich voreinander zu fürchten.

Adam und Eva erfreuten sich in ihrer unbefleckten Reinheit an der Schönheit für Auge und Ohr in Eden. Gott gab ihnen den Auftrag, den Garten zu bebauen und zu bewahren (vgl. 1. Mose 2,15). Jedes Tagewerk brachte ihnen Gesundheit und Glück, und beide begrüßten voll Freude ihren Schöpfer, der sie in der Abendkühle besuchte und mit ihnen durch den Garten ging und redete. Täglich lehrte Gott sie seine Lektionen.

Der Lebensplan, den Gott für unsere ersten Eltern festlegte, enthält auch Lehren für uns. Obwohl die Sünde ihren Schatten auf die Erde geworfen hat, will Gott, dass seine Kinder Freude an den Werken seiner Hände finden. Je genauer sein Lebensplan befolgt wird, desto wunderbarer wird er die Heilung der leidenden Menschheit bewerkstelligen. Die Kranken müssen also in einen engen Kontakt zur Natur gebracht werden. Ein Leben im Freien, inmitten einer natürlichen Umgebung, würde für hilflose und fast hoffnungslos Kranke Wunder wirken.

Der Lärm, die Hektik und das Chaos in den Städten, das beengte und unnatürliche Leben sind für Kranke höchst ermüdend und beschwerlich. Die Stadtluft mit ihrem Dunst und Staub, ihren Abgasen und Krankheitserregern stellt eine Gefahr für ihr Leben dar. Die Kranken – die die meiste Zeit zwischen vier Wänden eingeschlossen sind – bekommen fast das Gefühl, Gefangene in ihrem Zimmer zu sein. Sie schauen nur auf Häuserwände, Teerstraßen und dahineilende Menschenmengen. Vielleicht sehen sie nicht einmal einen kleinen Ausschnitt des blauen Himmels oder der Sonne, keine Wiesen, Blumen oder Bäume. Auf solche Weise eingeschlossen, brüten sie über ihrem Leiden und Kummer und werden dadurch eine Beute ihrer eigenen tristen Gedanken.

Für diejenigen, deren moralische Kraft schwach ist, bergen die Städte viele Gefahren. Hier sind Patienten, die übersteigerte Begierden zu überwinden haben, unentwegt Versuchungen ausgesetzt. Sie sollten deshalb in eine andere Umgebung gebracht werden, wo sich ihr Denken verändern kann; sie sollten Einflüssen ausgesetzt werden, die sich gänzlich von denen unterscheiden, die ihr Leben belastet haben. Entfernt sie eine Zeitlang von jenen Einflüssen, die von Gott wegführen, und setzt sie einer reineren Atmosphäre aus.

Krankenhäuser und Erholungsheime wären viel erfolgreicher, wenn sie außerhalb der Städte erbaut werden könnten. Alle, die wieder gesund werden wollen, sollten sich so oft wie möglich in ländlicher Umgebung aufhalten, wo sie die Wohltaten eines Lebens im Freien genießen können. Die Natur ist der Assistenzarzt Gottes. Die saubere Luft, der frohmachende Sonnenschein, die Blumen und Bäume, die Obstgärten und Weinberge sowie die Bewegung im Freien, inmitten dieser Umgebung, sind gesundheitsförderlich und lebensfreundlich.

Ärzte und Krankenschwestern sollten ihre Patienten dazu ermutigen, sich viel in der frischen Luft aufzuhalten. Im Freien zu sein ist für viele Kranke das einzige Arzneimittel, das sie benötigen. Dies hat eine wunderbare Macht zur Heilung von Krankheiten, die von der Hektik und den Auswüchsen unseres modernen Lebens verursacht werden, eines Lebens, das die Kräfte von Körper, Geist und Seele schwächt und zerstört.

Wie wohltuend sind die Ruhe und die unverbaute Umgebung auf dem Land für die Kranken, die des Stadtlebens, des Lichtscheins der vielen Neonlampen und des Lärms der Straßen müde sind! Wie gern wenden sie sich der Schönheit der Natur zu! Wie glücklich wären sie, wenn sie in der frischen Luft säßen, den Sonnenschein genießen und den angenehmen Duft von Bäumen und Blumen einatmen könnten! Der Balsam der Kiefer und die Duftstoffe der Zeder und der Tanne enthalten lebenspendende Eigenschaften; auch andere Bäume bieten Stoffe, die der Gesundung dienen.

Für den chronisch Kranken trägt nichts so sehr zu seiner Genesung und zum Wiedergewinnen seiner Fröhlichkeit bei wie das Leben in einer anziehenden ländlichen Umgebung. Hier können die Kranken im Sonnenlicht oder im Schatten der Bäume sitzen bzw. liegen. Sie brauchen nur ihre Augen zu öffnen, um über sich das herrliche Laubwerk zu sehen. Ein angenehmes Gefühl der Ruhe und Erquickung überkommt sie, wenn sie dem Rauschen des Windes in den Blättern zuhören. Die niedergedrückten Lebenskräfte erwachen dann wieder; die geschwundene Stärke kehrt zurück. Unbewusst kehrt Ruhe in das Gemüt ein, der unregelmäßige Puls wird ruhiger und stetiger. Wenn die Kranken wieder kräftiger werden, haben sie schließlich einige Schritte zu gehen, um einige der schönen Blumen – dieser kostbaren Botschafter der Liebe Gottes für seine geplagte Familie hier auf Erden – zu pflücken.

Es sollten Pläne dafür gelegt werden, wie man Patienten den Aufenthalt im Freien ermöglichen kann. Für die Arbeitsfähigen unter ihnen sollten einige angenehme und leichte Beschäftigungsmöglichkeiten vorgesehen sein. Vermittelt ihnen, wie annehmbar und hilfreich diese Tätigkeit im Freien für sie ist. Ermutigt sie ausgiebig, die frische Luft einzuatmen. Lehrt sie, tief zu atmen und beim Atmen wie beim Sprechen die Bauchmuskeln zu Hilfe zu nehmen. Dies ist eine Unterweisung von unschätzbarem Wert.

Bewegung in der freien Luft sollte als eine lebenspendende Notwendigkeit verordnet werden, und für solche Bewegung eignet sich nichts besser als die Landwirtschaft und der Gartenbau.

Weist den Patienten Blumenbeete zur Pflege zu, oder auch Arbeit in einem Obst- oder Gemüsegarten. Wenn sie dazu ermutigt werden, ihre Zimmer zu verlassen und Zeit mit Blumenzüchten oder einer anderen, leichten Tätigkeit in der frischen Luft zuzubringen, wird ihre Aufmerksamkeit von ihnen selbst und ihren Beschwerden abgelenkt.

Je länger man einen Patienten außerhalb des Zimmers lassen kann, desto weniger Pflege benötigt er. Je erfreulicher seine Umgebung ist, desto hoffnungsvoller wird er sein. In ein Haus eingesperrt aber wird er – auch wenn es noch so elegant ausgestattet ist – mürrisch und deprimiert. Umgebt ihn mit den schönen Dingen der Natur; gebt ihm einen Platz, wo er Blumen betrachten kann und Vögel singen hört – und sein Herz wird harmonisch in diesen Gesang einstimmen. Erleichterung wird über Körper und Geist kommen. Das Denken wird wieder aufgeweckter, die Vorstellungskraft flinker und der Geist willig zur Wahrnehmung der Schönheit des Wortes Gottes.

In der Natur lässt sich stets etwas finden, das die Aufmerksamkeit des Kranken von sich selbst weg und seine Gedanken zu Gott hinlenkt. Von Gottes wunderbaren Werken umgeben, werden seine Gedanken von den sichtbaren zu den unsichtbaren Dingen erhoben. Die Schönheit der Natur führt ihn dazu, an die himmlische Heimat zu denken, wo es nichts mehr geben wird, was diese Pracht entstellt, nichts Verderbendes oder Zerstörendes, nichts, das Krankheit oder Tod verursacht.

Die Ärzte und Krankenschwestern sollen aus den Gegebenheiten der Natur Lehren über Gott ziehen. Sie sollen die Patienten auf Gott hinweisen, dessen Hand die hohen Bäume, das Gras und die Blumen erschaffen hat, und sie so dazu ermutigen, in jeder Knospe und Blume einen Ausdruck der Liebe zu seinen Kindern zu sehen. Er, der für die Vögel und die Blumen sorgt, wird auch für die Wesen sorgen, die er nach seinem eigenen Bild erschaffen hat.

Außerhalb der Zimmer, inmitten der Dinge, die *Gott* geschaffen hat, kann den Kranken, wenn sie frische, gesundheitsförderliche Luft atmen, das neue Leben in Christus am besten vermittelt werden. Hier kann man wunderbar aus Gottes Wort vorlesen. Hier kann das Licht der Gerechtigkeit Christi in von Sünde verdunkelte Herzen hineinscheinen.

Männer und Frauen, die körperlicher und geistlicher Heilung bedürfen, sollen auf diese Weise mit jenen Menschen bekannt gemacht werden, deren Worte und Taten sie zu Christus ziehen werden. Sie sollen dem Einfluss des obersten medizinischen Missionars unterstellt werden, der sowohl die Seele als auch den Körper heilen kann. Sie sollen die Geschichte von der Liebe des Heilands hören, von der bedingungslos gewährten Vergebung für alle, die mit dem Bekenntnis ihrer Sünden zu ihm kommen.

Unter solchen Einflüssen werden viele Leidende auf den Weg des Lebens geführt werden. Himmlische Engel wirken dabei mit menschlichen Werkzeugen zusammen, um den Herzen der Kranken und Leidenden Ermutigung, Hoffnung, Freude und Frieden zu bringen. Unter solchen Umständen sind Kranke doppelt gesegnet, und viele werden so wieder gesund. Der schwächliche Gang gewinnt seine Elastizität zurück, die Augen ihren Glanz. Der Hoffnungslose bekommt wieder Hoffnung. Die einst gebeugte Körperhaltung drückt wieder Freude aus. Der klagende Ton der Stimme weicht einem Ton der Fröhlichkeit und Zufriedenheit.

Wenn die körperliche Gesundheit wiederhergestellt ist, dann sind Männer und Frauen besser imstande, jenen Glauben an Christus auszuleben, der auch die Gesundheit der Seele sichert. In dem Bewusstsein, dass die Sünden vergeben wurden, liegen unaussprechlicher Friede, Freude und Ruhe. Die zeitweise verdunkelte Hoffnung des Christen ist wieder hell geworden. Folgende Bibelworte bringen diesen Glauben zum Ausdruck: „Gott ist unsre Zuversicht und Stärke, eine Hilfe in den großen Nöten, die uns getroffen haben.“ (Psalm 46,2) „Und ob ich schon wanderte im finstern Tal, fürchte ich kein Unglück; denn du bist bei mir, dein Stecken und Stab trösten mich.“ (Psalm 23,4)

„Er gibt dem Müden Kraft, und Stärke genug dem Unvermögenden.“ (Jesaja 40,29)

Teil V

Gesundheitsgrundsätze

Kapitel 20

Allgemeine Hygiene

Das Wissen darum, dass der Mensch ein Tempel Gottes sein soll, eine Wohnung zur Offenbarung seines Ruhmes, sollte den höchsten Anreiz darstellen, unsere körperlichen Kräfte zu erhalten und zu entwickeln.

Ehrfurchtgebietend und wunderbar hat der Schöpfer den Körper des Menschen gestaltet; deshalb gebietet er uns, die Funktionen unseres Körpers zu studieren, seine Bedürfnisse zu kennen und ihn, soweit es in unserer Macht steht, vor Schaden und Befleckung zu bewahren.

Der Blutkreislauf

Um bei guter Gesundheit zu sein, müssen wir gesundes Blut haben, denn das Blut ist der Lebensstrom. Es ersetzt, was verbraucht wurde, und ernährt so den Körper.

Wenn es mit den richtigen Nahrungsbestandteilen angereichert und durch Aufenthalt an frischer Luft gereinigt und belebt wird, trägt das Blut Leben und Kraft in jede Körperzelle. Je besser die Blutzirkulation verläuft, desto umfassender wird diese Transportaufgabe erfüllt.

Mit jedem Herzschlag sollte das Blut seinen Weg schnell und leicht in alle Teile des Körpers nehmen können. Seine Zirkulation sollte weder durch einengende Kleidung oder Gürtel noch durch unzureichende Bekleidung von Armen oder Beinen, die dann schnell auskühlen, behindert werden. Alles, was die Zirkulation hemmt, staut das Blut in lebenswichtige Organe zurück; Kopfschmerzen, Husten, Herzklopfen oder Verdauungsstörungen sind oft die Folge.

Die Atmung

Um gesundes Blut zu haben, müssen wir richtig atmen. Kräftiges, tiefes Einatmen frischer Luft, das die Lungen mit viel Sauerstoff anfüllt, reinigt das Blut. Eine solche Atmung gibt ihm eine helle Farbe und lässt es lebenspendend in jeden Teil des Körpers fließen. Auf diese Weise werden die Nerven beruhigt, der Appetit angeregt, die Verdauung verbessert und ein gesunder, erfrischender Schlaf ermöglicht.

Die Lungen sollten sich so weit wie möglich ausdehnen können. Ihre Kapazität entwickelt sich in dem Maß, in dem sie sich frei bewegen können; sie sinkt ab, wenn sie eingeengt und zusammengedrückt werden. Es ist eine üble, aber sehr verbreitete Angewohnheit – besonders bei Tätigkeiten im Sitzen –, sich tief über seine Arbeit zu beugen.

In dieser Körperhaltung ist es unmöglich, richtig durchzuatmen. Oberflächliches Atmen wird schnell zu einer Gewohnheit, wobei die Lungen ihr Ausdehnungsvermögen einbüßen. Fest einschnürende Kleidung wirkt ähnlich. Der Oberbauch bekommt nicht genügend Platz; die Bauchmuskulatur, die auch zur Unterstützung der Atmung dient, kann sich nicht ungehindert bewegen, was die Lungenfunktion beeinträchtigt.

In Folge dessen kommt es zu einem Defizit bei der Sauerstoffzufuhr; das Blut strömt nur träge. Die verbrauchten, giftigen Stoffe, die beim Ausatmen ausgeschieden werden sollten, bleiben zurück, was das Blut verunreinigt. Nicht nur die Lungen, sondern auch Magen, Leber und Gehirn werden in Mitleidenschaft gezogen. Die Haut wird blassgelb, die Verdauung verlangsamt, das Herz beengt; das Gehirn wird träge, und es fällt schwer, sich zu konzentrieren und klare Gedanken zu fassen. Alle Körperfunktionen sind beeinträchtigt. Der Körper ist in seiner Aktivität eingeschränkt und vermehrt erkrankungsanfällig.

Saubere Luft

Die Lungen scheiden laufend Giftstoffe aus und müssen fortwährend mit frischer Luft versorgt werden. Schlechte, verbrauchte Luft liefert nicht die nötige Menge an Sauerstoff; das Blut strömt zum Gehirn und zu den anderen Organen, ohne genügend mit Sauerstoff angereichert zu sein. Deshalb ist sorgfältiges Atmen so wichtig.

Der Aufenthalt in geschlossenen, schlecht belüfteten Räumen, in denen die Luft abgestanden und verbraucht ist, schwächt den ganzen Körper. Er wird gegenüber kalter Luft überempfindlich – das wiederum löst Erkältungen aus.

Das Verweilen in geschlossenen Räumen lässt viele Frauen blass und schwächlich werden. Sie atmen dieselbe Luft immer wieder ein, bis sie voller Giftstoffe ist, die von den Lungen und den Poren der Haut ausgeschieden wurden. Auf diese Weise wird das Blut mit Schadstoffen angereichert.

Lüftung und Sonnenlicht

Beim Bau von Gebäuden, sowohl für öffentliche wie für Wohnzwecke, sollte darauf geachtet werden, Möglichkeiten für eine gute Durchlüftung und viel Lichteinstrahlung vorzusehen. In Kirchen und Schulen hat man diese Notwendigkeit oft nicht bedacht. Die mangelnde Belüftung ist für einen Großteil der Schläfrigkeit und Konzentrationsschwäche verantwortlich, die die Wirkung vieler Predigten zunichte und die Arbeit des Lehrers mühsam oder erfolglos machen.

Soweit möglich, sollten alle Wohngebäude auf hochgelegenem oder gut drainiertem Boden platziert werden. Dies sichert einen trockenen Standort und mindert die Gefahr, aufgrund von Feuchtigkeit und Schimmelpilzen zu erkranken. Diesen Aspekten wird oft zu wenig Beachtung geschenkt. Fortgesetzt angegriffene Gesundheit, ernsthafte Erkrankungen und viele Todesfälle resultieren aus der Feuchtigkeit und dem Malariarisiko niedrig liegender, schlecht entwässernder Baustandorte.

Sorgt für eine gute Durchlüftung und reichlich Licht in jedem Raum des Hauses. Schlafzimmer sollten so gebaut werden, dass die Luft darin Tag und Nacht frei zirkulieren kann. Räume, die nicht täglich belüftet und dem Sonnenlicht ausgesetzt werden können, sind als Schlafzimmer ungeeignet. In vielen Ländern müssen

Schlafräume außerdem mit Heizungen ausgestattet werden, damit sie bei kaltem oder feuchtem Wetter sorgfältig erwärmt oder getrocknet werden können.

Das Gästezimmer sollte nicht schlechter ausgestattet sein als die ständig genutzten Zimmer. Wie die anderen Schlafräume muss es gut zu lüften sein, vom Sonnenlicht erreicht werden und außerdem mit einer Heizung ausgestattet sein, um die Feuchtigkeit zu entfernen, die sich in einem nicht ständig genutzten Raum immer ansammelt. Wer auch immer in einem Zimmer ohne Lichteinfall oder in einem Bett schläft, das nicht sorgfältig getrocknet und gelüftet worden ist, riskiert dadurch seine Gesundheit und oft sogar sein Leben.

Beim Bauen treffen viele sehr sorgfältige Vorkehrungen für ihre Pflanzen und Blumen. Das vorgesehene Gewächshaus oder Blumenfenster ist warm und sonnig; denn ohne Wärme, Luft und Sonnenschein würden die Pflanzen nicht leben und gedeihen. Wenn nun diese Bedingungen für das Leben von Pflanzen nötig sind, um wieviel wichtiger sind sie dann für unsere eigene Gesundheit und die unserer Familien und Gäste!

Wenn in unseren Heimen Gesundheit und Glück wohnen sollen, dürfen wir nicht in nebel- und dunstverhangene Niederungen bauen, sondern müssen unsere Häuser den lebenspendenden Kräften des Himmels frei zugänglich machen. Nehmt also die schweren Vorhänge ab, öffnet die Fenster und Rollläden, lasst keine Weinranken, wie schön sie auch aussehen mögen, die Fenster beschatten und pflanzt auch keine Bäume so nah ans Haus, dass sie das Sonnenlicht aussperren.

Die Sonne mag die Vorhänge und Teppiche bleichen und die Bilderrahmen stumpf werden lassen – aber sie wird den Kindern gesunde rote Wangen geben.

Wer für betagte Menschen zu sorgen hat, sollte daran denken, dass gerade sie warme, bequeme Räume benötigen. Die Lebenskraft schwindet mit fortschreitendem Alter und verringert so die Widerstandskraft gegen ungesunde Einflüsse; für alte Menschen ist es deshalb um so wichtiger, genügend Sonnenlicht und frische, saubere Luft zu haben.

Hygiene

Unbedingte Sauberkeit ist sowohl für die körperliche als auch die geistige Gesundheit von großer Bedeutung. Durch die Haut werden fortlaufend Unreinheiten aus dem Körper ausgeschieden. Die Millionen Hautporen sind deshalb schnell verstopft, wenn sie nicht durch regelmäßiges Waschen saubergehalten werden. Zurückgehaltene Unreinheiten als Folge verstopfter Hautporen belasten zusätzlich die anderen Ausscheidungsorgane.

Den meisten Menschen würde eine kalte oder laue Dusche jeden Morgen oder Abend gut bekommen. Anstatt vermehrt erkältungsanfällig zu werden, härtet eine Dusche – richtig durchgeführt – gegen Erkältungen ab, weil sie die Blutzirkulation anregt. Die Haut wird besser durchblutet, und man erhält einen leichter und regelmäßiger fließenden Blutkreislauf. Geist und Körper werden so gleichermaßen gestärkt. Die Muskulatur wird geschmeidiger und das Denken lebhafter. Ein Bad beruhigt außerdem die Nerven. Baden hilft dem Darm, dem Magen und der Leber, indem es jedem dieser Organe Gesundheit und Kraft gibt, und es fördert die Verdauung.

Besonders wichtig ist es, die Kleidung sauberzuhalten. Getragene Kleidungsstücke haben die Ausscheidungsstoffe der Haut aufgesaugt; wenn also Kleidung nicht häufig gewechselt und gewaschen wird, nimmt man diese Stoffe erneut in sich auf.

Mangelnde Hygiene begünstigt Krankheiten. Todbringende Keime finden sich reichlich in dunklen, vernachlässigten Ecken, in verrottendem Abfall, in Feuchtigkeit und Schimmel. Man sollte keine Gemüseabfälle oder Laubhaufen in der Nähe des Hauses liegen lassen, denn sie locken Ungeziefer an und vergiften die Luft. Innerhalb des Hauses darf nichts Unsauberes oder Verrottendes herumliegen. Schon so manche Epidemie wurde durch Unrat und herumliegenden Hausmüll ausgelöst.

Gründliche Körperhygiene, reichlich Sonnenlicht und sorgfältige Beachtung der Sauberkeit in allen Bereichen des häuslichen Lebens sind für die Vermeidung von Krankheiten und die Freudigkeit und Kraft der Hausbewohner von größter Bedeutung.

Kapitel 21

Hygiene beim Volk Israel

Alle die Hygiene betreffenden Verhaltensregeln, die Gott dem Volk Israel gab, hatten die Bewahrung der Gesundheit zum Ziel. Das Volk, das während der Sklaverei jeglichen hygienischen Standard verloren hatte, wurde in der Wüste einer strengen Gesundheitserziehung unterzogen, bevor es das Land Kanaan in Besitz nahm. Gesundheitsprinzipien wurden gelehrt und Hygieneregeln durchgesetzt.

Vorbeugung gegen Erkrankungen

Nicht nur im kultischen [gottesdienstlichen] Bereich, sondern auch in allen Angelegenheiten des täglichen Lebens wurde die Unterscheidung zwischen rein und unrein befolgt. Jeder, der mit ansteckenden oder verunreinigenden Krankheiten in Kontakt gekommen war, wurde aus dem Lager entfernt und durfte ohne sorgfältige Reinigung des Körpers und der Kleidung nicht zurückkehren. Wenn jemand an einer ansteckenden Krankheit litt, hatte er die folgende Anweisung zu beachten:

„Jedes Lager, worauf er liegt, … wird unrein. Und wer sein Lager anrührt, der soll seine Kleider waschen und sich mit Wasser abwaschen und unrein sein bis zum Abend. Und wer sich hinsetzt, wo jener gesessen hat, der soll seine Kleider waschen und sich mit Wasser abwaschen und unrein sein bis zum Abend. Wer ihn anrührt, der soll seine Kleider waschen und sich mit Wasser abwaschen und unrein sein bis zum Abend … Und wer irgend etwas anrührt, das er unter sich hat, der wird unrein bis zum Abend. Und wer solches trägt, der soll seine Kleider waschen und sich mit Wasser abwaschen und unrein sein bis zum Abend. Und wen er anrührt, ehe er die Hände gewaschen hat, der soll seine Kleider waschen und sich mit Wasser abwaschen und unrein sein bis zum Abend. Wenn er ein irdenes Gefäß anrührt, das soll man zerbrechen, aber das hölzerne Gefäß soll man mit Wasser spülen." (3. Mose 15,4–12)

Die Vorschrift bei Lepra stellt ebenfalls ein Beispiel der Gründlichkeit dar, mit der diese Anweisungen umgesetzt werden sollten:

„Und solange die Stelle an ihm ist, soll er unrein sein, allein wohnen, und seine Wohnung soll außerhalb des Lagers sein. Wenn eine aussätzige Stelle an einem Kleid ist, es sei wollen oder leinen, an Gewebtem oder Gewirktem, es sei leinen oder wollen, oder an Leder oder an allem, was aus Leder gemacht wird, … so ist das eine aussätzige Stelle; darum soll es der Priester besehen … Und wenn er am siebenten Tage sieht, dass die Stelle weitergefressen hat am Kleid, am Gewebten oder am Gewirkten, am Leder oder an allem, was man aus Leder macht, so ist die Stelle fressender Aussatz, und es ist unrein. Und man soll das Kleid verbrennen oder das Gewebte oder Gewirkte, es sei wollen oder leinen, oder allerlei Lederwerk, woran solche Stelle ist; denn es ist fressender Aussatz, und man soll es mit Feuer verbrennen." (3. Mose 13,46–52)

Auch ein Haus wurde zerstört, wenn es Merkmale aufwies, die es als Wohnung unsicher machten. Der Priester sollte dann „das Haus abbrechen, Steine und Holz und allen Lehm am Hause, und soll es hinausbringen vor die Stadt an einen unreinen Ort. Und wer in das Haus geht, solange es verschlossen ist, der ist unrein bis zum Abend. Und wer darin schläft oder darin isst, der soll seine Kleider waschen." (3. Mose 14,45–47)

Reinlichkeit

Die Notwendigkeit persönlicher Reinlichkeit wurde höchst eindringlich gelehrt. Bevor sie sich am Berg Sinai versammelten, um der Verkündigung des Gesetzes durch die Stimme Gottes zuzuhören, wurden die Israeliten aufgerufen, sowohl den Körper als auch die Kleidung zu waschen. Diese Anordnung geschah sogar unter Androhung der Todesstrafe. Keine Unreinheit sollte in der Gegenwart Gottes geduldet werden.

Während des Aufenthalts in der Wüste lebten die Israeliten fast immer im Freien, wo Unsauberkeit weniger schädlich wirkt als unter den Bewohnern einer Stadt mit festen Häusern. Trotzdem wurde innerhalb wie außerhalb der Zelte strengste Beachtung von Sauberkeit gefordert. Kein Abfall durfte im oder nahe beim Lager herumliegen.

Der Herr sprach: „Der Herr, dein Gott, zieht mit dir inmitten deines Lagers, um dich zu erretten und deine Feinde vor dir dahinzugeben. Darum soll dein Lager heilig sein." (5. Mose 23,15)

Ernährungsregeln

Die Unterscheidung zwischen rein und unrein wurde auch in allen Ernährungsfragen getroffen: „Ich bin der Herr, euer Gott, der euch von den Völkern abgesondert hat, dass ihr auch absondern sollt das reine Vieh vom unreinen und die unreinen Vögel von den reinen und euch nicht unrein machet an Vieh, an Vögeln und an allem, was auf Erden kriecht, das ich abgesondert habe, dass es euch unrein sei." (3. Mose 20,24–25)

Viele Tiere, die von den in der Nachbarschaft lebenden Heiden ohne weiteres gegessen wurden, waren den Israeliten verboten. Die hier getroffene Unterscheidung bedeutete keine Willkür: Das Verbotene war ungesund. Und die Tatsache, dass es für *unrein* erklärt wurde, enthielt die Lehre, dass ein Verzehr solcher Speisen dem Körper schadet. Was dem Körper schadet, schadet tendenziell auch der Seele; es macht den Esser untauglich zur Gemeinschaft mit Gott und untauglich für verantwortungsvolle und heilige Dienste.

Lebensregeln

Im verheißenen Land wurde das Erziehungswerk, das in der Wüste begonnen hatte, unter Bedingungen fortgeführt, die die Formung richtiger Gewohnheiten begünstigten. Das Volk lebte nicht auf engstem Raum in Städten, sondern jede Familie hatte ihren eigenen Grundbesitz, der ihr all die gesundheitsförderlichen Segnungen eines natürlichen, unverfälschten Lebens sicherte.

Hinsichtlich der grausamen, ausschweifenden Praktiken der Kanaaniter, die vom Volk Israel vertrieben wurden, sagte der Herr: „Und wandelt nicht in den Satzungen der Völker, die ich vor euch her vertreiben werde. Denn das alles haben sie getan, und ich habe einen Ekel an ihnen gehabt." (3. Mose 20,23) „Darum sollst du solchen Greuel nicht in dein Haus bringen, damit du nicht dem Bann verfällst wie jene." (5. Mose 7,26).

In allen Belangen des täglichen Lebens galt für die Israeliten der vom Heiligen Geist verkündete Grundsatz: „Wisst ihr nicht, dass ihr Gottes Tempel seid und der Geist Gottes in euch wohnt? Wenn jemand den Tempel Gottes verdirbt, den wird Gott verderben, denn der Tempel Gottes ist heilig; der seid ihr." (1. Korinther 3,16–17)

Freude am Leben

„Ein fröhliches Herz tut dem Leibe wohl" (Sprüche 17,22). Dankbarkeit, Freude, Wohltätigkeit, Vertrauen auf Gottes Liebe und Fürsorge – dies sind die wichtigsten Stützen der Gesundheit. Für die Israeliten sollten sie Grundlage ihres Lebens sein.

Die Reisen nach Jerusalem, die dreimal im Jahr anlässlich der großen Feste unternommen wurden, und der einwöchige Aufenthalt in Hütten während des Laubhüttenfests boten Gelegenheiten der Erholung und des geselligen Zusammenseins im Freien. Diese Feste waren Ausdruck der Freude, die noch gesteigert wurde durch das gastfreundliche Willkommen, das dem Fremden, dem Leviten und dem Armen entboten wurde.

„Du sollst fröhlich sein über alles Gut, das der Herr, dein Gott, dir und deinem Hause gegeben hat, du und der Levit und der Fremdling, der bei dir lebt." (5. Mose 26,11)

In diesem Sinn sagte dann in späteren Jahren, als das Gesetz Gottes in Jerusalem den aus Babylon zurückgekehrten Gefangenen verlesen wurde und das Volk wegen seiner Übertretungen weinte, Nehemia folgende aufmunternden Worte:

„Weinet nicht! … Geht hin und esst fette Speisen und trinkt süße Getränke und sendet davon auch denen, die nichts für sich bereitet haben; denn dieser Tag ist heilig unserm Herrn. Und seid nicht bekümmert; denn die Freude am Herrn ist eure Stärke." (Nehemia 8,9–10)

Und sie ließen es „... kundtun und ausrufen in allen ihren Städten und in Jerusalem und sagen: Geht hinaus auf die Berge und holt Ölzweige, Balsamzweige, Myrtenzweige, Palmzweige und Zweige von Laubbäumen, dass man Laubhütten mache, wie es geschrieben steht. Und das Volk ging hinaus und holte sie und machte sich Laubhütten, ein jeder auf seinem Dach und in seinem Hof und in den Vorhöfen am Hause Gottes und auf dem Platz am Wassertor und auf dem Platz am Tor Ephraim. Und die ganze Gemeinde derer, die aus der Gefangenschaft wiedergekommen waren, machte Laubhütten und wohnte darin ... Und es war eine sehr große Freude." (Nehemia 8,15–17)

Folgen des Gehorsams gegenüber Gottes Gesetz

Gott unterwies das Volk Israel in all den Grundsätzen, die für die körperliche Gesundheit und die moralische Reinheit wesentlich waren, und er bezog sich auf beide Bereiche, als er ihnen folgendes gebot:

„Und diese Worte, die ich dir heute gebiete, sollst du zu Herzen nehmen und sollst sie deinen Kindern einschärfen und davon reden, wenn du in deinem Hause sitzt oder unterwegs bist, wenn du dich niederlegst oder aufstehst. Und du sollst sie binden zum Zeichen auf deine Hand, und sie sollen dir ein Merkzeichen zwischen deinen Augen sein, und du sollst sie schreiben auf die Pfosten deines Hauses und an die Tore." (5. Mose 6,6–9)

„Und wenn dich nun dein Sohn morgen fragen wird: Was sind das für Vermahnungen, Gebote und Rechte, die euch der Herr, unser Gott, geboten hat?, so sollst du deinem Sohn sagen: ... Der Herr hat uns geboten, nach all diesen Rechten zu tun, dass wir den Herrn, unsern Gott, fürchten, auf dass es uns wohlgehe unser Leben lang, so wie es heute ist." (5. Mose 6,20–24)

Wenn die Israeliten diese göttliche Weisung befolgt und sich deren Vorteile zunutze gemacht hätten, wären sie für ihre Umgebung *das* lebendige Vorbild für Gesundheit und Wohlergehen gewesen.

Wenn sie als ganzes Volk nach Gottes Plan gelebt hätten, wären sie vor den Krankheiten bewahrt geblieben, die andere Nationen plagten. Mehr als jedes andere Volk hätten sie körperliche Stärke und Verstandeskraft besessen. Sie wären die mächtigste Nation der Erde gewesen, denn Gott sagte: „Gesegnet wirst du sein vor allen Völkern." (5. Mose 7,14)

„Und der Herr hat dich heute sagen lassen, dass du sein eigenes Volk sein wollest, wie er dir zugesagt hat, und alle seine Gebote halten wollest und dass er dich zum höchsten über alle Völker machen werde, die er geschaffen hat, und du gerühmt, gepriesen und geehrt werdest, damit du dem Herrn, deinem Gott, ein heiliges Volk seist, wie er zugesagt hat." (5. Mose 26,18–19)

„Und weil du der Stimme des Herrn, deines Gottes, gehorsam gewesen bist, werden über dich kommen und dir zuteil werden alle diese Segnungen: Gesegnet wirst du sein in der Stadt, gesegnet wirst du sein auf dem Acker. Gesegnet wird sein die Frucht deines Leibes, der Ertrag deines Ackers und die Jungtiere deines Viehs, deiner Rinder und deiner Schafe. Gesegnet wird sein dein Korb und dein Backtrog. Gesegnet wirst du sein bei deinem Eingang und gesegnet bei deinem Ausgang." (5. Mose 28,2–6)

„Und der Herr wird gebieten dem Segen, dass er mit dir sei in dem, was du besitzt, und in allem, was du unternimmst, und wird dich segnen in dem Land, das dir der Herr, dein Gott gegeben hat. Der Herr wird dich zum heiligen Volk für sich erheben, wie er dir geschworen hat, weil du die Gebote des Herrn, deines Gottes, hältst und in seinen Wegen wandelst. Und alle Völker auf Erden werden sehen, dass über dir der Name des Herrn genannt ist, und werden sich vor dir fürchten. Und der Herr wird machen, dass du Überfluss an Gutem haben wirst, an Frucht deines Leibes, an Jungtieren deines Viehs, an Ertrag deines Ackers, in dem Lande, das der Herr deinen Vätern geschworen hat, dir zu geben. Und der Herr wird dir seinen guten Schatz auftun, den Himmel, dass er deinem Land Regen gebe zur rechten Zeit und dass er segne alle Werke deiner Hände … Und der Herr wird dich zum Kopf machen und nicht zum Schwanz, und du wirst immer aufwärts steigen und nicht heruntersinken, weil du gehorsam bist den Geboten des Herrn, deines

Gottes, die ich dir heute gebiete zu halten und zu tun." (5. Mose 28,8–13)

Aaron, dem Hohepriester, und seinen Söhnen wurde folgende Anweisung gegeben: „So sollt ihr sagen zu den Israeliten, wenn ihr sie segnet:

Der Herr segne dich und behüte dich; der Herr lasse sein Angesicht leuchten über dir und sei dir gnädig; der Herr hebe sein Angesicht über dich und gebe dir Frieden. Denn ihr sollt meinen Namen auf die Israeliten legen, dass ich sie segne." (4. Mose 6,23–27)

„Dein Alter sei wie deine Jugend! Es ist kein Gott wie der Gott Jeschuruns, der am Himmel daherfährt dir zur Hilfe, und in seiner Hoheit auf den Wolken. Zuflucht ist bei dem alten Gott und unter den ewigen Armen ... Israel wohnt sicher, der Brunnquell Jakobs unbehelligt in dem Lande, da Korn und Wein ist, dessen Himmel von Tau trieft. Wohl dir, Israel! Wer ist dir gleich? Du Volk, das sein Heil empfängt durch den Herrn, der deiner Hilfe Schild und das Schwert deines Sieges ist!" (5. Mose 33,25–29)

Doch die Israeliten erfüllten Gottes Plan nicht und empfingen deshalb auch die Segnungen nicht, die ihnen verheißen waren. Aber mit Joseph und Daniel, mit Mose und Elia und vielen anderen gibt es herausragende Beispiele für die Ergebnisse einer gottgefälligen Lebensführung. Solche Treue wird auch heute noch die gleichen Ergebnisse haben. Denn der folgende Text gilt auch uns: „Ihr aber seid das auserwählte Geschlecht, die königliche Priesterschaft, das heilige Volk, das Volk des Eigentums, dass ihr verkündigen sollt die Wohltaten dessen, der euch berufen hat von der Finsternis zu seinem wunderbaren Licht" (1. Petrus 2,9).

„Gesegnet ... ist der Mann, der sich auf den Herrn verlässt und dessen Zuversicht der Herr ist." (Jeremia 17,7)

„Der Gerechte wird grünen wie ein Palmbaum, er wird wachsen wie eine Zeder auf dem Libanon. Die gepflanzt sind im Hause des Herrn, werden in den Vorhöfen unsres Gottes grünen. Und wenn sie auch alt werden, werden sie dennoch blühen, fruchtbar und frisch sein." (Psalm 92,13–15)

„Dein Herz behalte meine Gebote, denn sie werden dir langes Leben bringen und gute Jahre und Frieden." (Sprüche 3,1–2)

„Dann wirst du sicher wandeln auf deinem Wege, so dass dein Fuß sich nicht stoßen wird. Legst du dich, so wirst du dich nicht fürchten, und liegst du, so wirst du süß schlafen. Fürchte dich nicht vor plötzlichem Schrecken noch vor dem Verderben der Gottlosen, wenn es über sie kommt; denn der Herr ist deine Zuversicht; er behütet deinen Fuß, dass er nicht gefangen werde." (Sprüche 3,23–26)

Kapitel 22

Kleidung

Die Bibel lehrt Bescheidenheit bei der Kleidung. „Desgleichen, dass die Frauen in schicklicher Kleidung sich schmücken." (1. Timotheus 2,9) Dies schließt Kleidung aus, durch die man auffallen möchte, grelle Farben und reichliche Verzierungen. Jegliche Art von Kleidung, die Aufmerksamkeit oder Bewunderung erregen soll, steht im Gegensatz zu einem schlichten Äußeren, wie es Gottes Wort fordert.

Außerdem soll unsere Kleidung nicht kostspielig, „nicht mit ... Gold oder Perlen oder kostbarem Gewand" versehen sein (1. Timotheus 2,9).

Geld ist ein Gut, das uns von Gott zu treuen Händen anvertraut ist. Wir dürfen es nicht zur Befriedigung von Stolz oder Ehrgeiz ausgeben. In den Händen von Kindern Gottes stellt es vielmehr Nahrung für die Hungrigen und Kleidung für die Bedürftigen dar. Geld kann Schutz sein für die Unterdrückten, ein Heilmittel für die Kranken und kann mithelfen, den Unwissenden das Evangelium zu predigen. Ihr könntet viele Herzen glücklich machen, wenn ihr eure Mittel weise gebrauchtet, statt mit eurem Besitz zu protzen. Bedenkt das Leben Christi. Studiert seinen Charakter und seid Teilhaber seiner Selbstverleugnung.

In unserer sich christlich nennenden Welt wird viel Geld für Schmuck und unnötig teure Kleidung ausgegeben, statt damit die Hungernden zu ernähren und die Bedürftigen zu kleiden. Für Modetorheiten und Angeberei wird das verbraucht, womit man die Armen und Leidenden versorgen könnte. Auf diese Weise verhindern wir die Verkündigung der frohen Botschaft von der Liebe des Erlösers. Missionsprojekte dümpeln vor sich hin. Viele Menschen gehen aus Mangel an christlicher Unterweisung verloren. In unserer unmittelbaren Nachbarschaft, aber auch in anderen Ländern bleiben Nichtchristen unwissend und können nicht gerettet werden. Gott hat die Erde mit seinen Gaben reichlich ausgestattet und die Vorratshäuser der Welt mit den Annehmlichkeiten des Lebens gefüllt. Er hat uns ein so umfassendes errettendes Wissen von seiner Wahrheit geschenkt. Welche Entschuldigung gibt es dafür, dass viele die Hilferufe der Witwen und Waisen, Kranken und Leidenden, der Unwissenden und der Ungeretteten ungerührt zum Himmel aufsteigen lassen? Welche Entschuldigung werden jene am Gerichtstag Gottes vorbringen, wenn wir von Angesicht zu Angesicht dem gegenübergestellt werden, der sein Leben für diese Bedürftigen hingegeben hat? Sie haben ihre Zeit und ihr Geld für Luxus ausgegeben, den Gott verboten hat. Wird Christus zu solchen nicht sagen: „Ich bin hungrig gewesen, und ihr habt mir nicht zu essen gegeben. Ich bin durstig gewesen, und ihr habt mir nicht zu trinken gegeben ... Ich bin nackt gewesen, und ihr habt mich nicht gekleidet. Ich bin krank und im Gefängnis gewesen, und ihr habt mich nicht besucht" (Matthäus 25,42–43)?

Doch sollte unsere Kleidung in ihrer Schlichtheit und Einfachheit von guter Qualität sein, passende Farben haben und zweckmäßig sein. Der Gesichtspunkt der Haltbarkeit ist wichtiger als Aufsehen zu erregen. Sie sollte warm halten und richtig schützen. Die in Salomos Sprüchen beschriebene kluge Frau „... fürchtet für die Ihren nicht den Schnee; denn ihr ganzes Haus hat wollene Kleider" (Sprüche 31,21).

Unsere Bekleidung sollte außerdem sauber und gepflegt sein. Unsaubere Kleidung ist ungesund und schadet somit dem Körper und der Seele. „Ihr seid Gottes Tempel ... Wenn jemand den Tempel Gottes verdirbt, den wird Gott verderben." (1. Korinther 3,16–17)

Die Kleidung sollte in jeder Hinsicht der Gesundheit dienen. Vor allem möchte Gott, dass wir gesund sind – gesund an Körper und Seele. Und wir sollen mit ihm zusammen an der Gesundheit sowohl der Seele als auch des Körpers arbeiten. Beides wird durch gute und zweckmäßige Kleidung gefördert.

Sie sollte Anmut, Schönheit, Angemessenheit und Natürlichkeit ausdrücken. Christus hat uns vor dem Hochmut des Lebens gewarnt, gleichzeitig aber Anmut und natürliche Schönheit hervorgehoben. Er wies auf die Blumen des Feldes, auf die in ihrer Reinheit sich entfaltende Lilie und sagte, „dass auch Salomo in aller seiner Herrlichkeit nicht gekleidet gewesen ist wie eine von ihnen" (Matthäus 6,29). So veranschaulicht Christus an Beispielen aus der Natur die Schönheit, die der Himmel wertschätzt, die bescheidene Anmut, die Einfachheit, die Reinheit und die Angemessenheit, die unsere Kleidung vor ihm angenehm machen.

Mit dem schönsten Gewand, so betont Jesus, sollen wir jedoch die Seele bekleiden. Kein äußerlicher Schmuck kann sich an Wert oder Schönheit mit jenem „sanften und stillen Geist" vergleichen, der in seinen Augen „köstlich" ist (1. Petrus 3,4).

Wie wertvoll sind seine Worte der Verheißung für jene, die ihr Leben auf die Grundsätze des Heilands bauen: „Und warum sorgt ihr euch um die Kleidung? ... Wenn nun Gott das Gras auf dem Feld so kleidet, das doch heute steht und morgen in den Ofen geworfen wird: sollte er das nicht viel mehr für euch tun ...? Darum sollt ihr nicht sorgen und sagen: ... Womit werden wir uns kleiden? ... Denn euer himmlischer Vater weiß, dass ihr all dessen bedürft. Trachtet zuerst nach dem Reich Gottes und nach seiner Gerechtigkeit, so wird euch das alles zufallen." (Matthäus 6,28–33) „Wer festen Herzens ist, dem bewahrst du Frieden; denn er verlässt sich auf dich." (Jesaja 26,3)

Die Herrschaft der Mode

In welchem Gegensatz zu den biblischen Grundsätzen stehen viele Bekleidungsformen, die die Mode vorschreibt! Überdenkt einmal die Stilrichtungen und Trends der vergangenen Jahrhunderte oder auch nur der letzten Jahrzehnte. Wie viele von ihnen hätte man als anstößig bezeichnet, wenn sie nicht in Mode gewesen wären; wie viele wären von einer kultivierten, gottesfürchtigen und sich selbst achtenden Frau als unangemessen abgelehnt worden.

Seine Bekleidung immer dem Diktat der Mode zu unterwerfen, entspricht nicht Gottes Willen. Sich stetig wandelnde Stilrichtungen und aufwendige, kostspielige Accessoires verbrauchen Zeit und Geld der Wohlhabenden und verschwenden die Kräfte des Geistes und der Seele. Die mittleren und ärmeren Schichten können diesen Ansprüchen kaum gerecht werden. Viele, die gerade so ihren Lebensunterhalt verdienen können, nähen sich ihre schlichte Kleidung selbst. Um jedoch im Trend zu sein, sind sie gezwungen, in teuren Läden einzukaufen. Wegen eines eleganten Kleides haben manche Mädchen auf warme Unterwäsche verzichtet und das mit ihrer Gesundheit bezahlt. Andere wiederum, die die Angeberei der Wohlhabenden nachmachen wollten, sind dadurch zu Unehrlichkeit und Betrug verführt worden. So manche Heime werden ihrer Behaglichkeit beraubt, und Männer veruntreuen Geld oder machen Schulden, um die extravaganten Wünsche ihrer Ehefrauen oder Kinder zu erfüllen.

Viele Frauen, die es für nötig halten, für sich oder ihre Kinder modische Bekleidung anzufertigen, wie sie gerade im Trend liegt, sind dadurch zu unaufhörlicher Plackerei verdammt. Mütter arbeiten mit flatternden Nerven und zitternden Fingern bis weit in die Nacht hinein, um die Kleidung ihrer Kinder in einer Weise zu „verschönern", die nichts zur Gesundheit, Bequemlichkeit oder wirklichen Schönheit beiträgt. Um der Mode willen opfern sie die Gesundheit und Gelassenheit, die für die richtige Führung ihrer Kinder so wesentlich ist. Die Bildung des Geistes und des Herzens wird vernachlässigt; die Seele verkümmert.

Die Mutter hat keine Zeit mehr, die Grundsätze eines gesunden Lebensstils zu erlernen, um zu wissen, wie sie für die Gesundheit ihrer Kinder sorgen kann. Sie hat keine Zeit mehr, die geistigen oder geistlichen Bedürfnisse ihrer Kinder zu erfüllen, keine Zeit mehr, sich in ihre kleinen Enttäuschungen und Probleme einzufühlen oder sich mit ihren Interessen und Zielen auseinanderzusetzen.

Beinahe unmittelbar nachdem sie auf die Welt gekommen sind, werden die Kinder dem Diktat der Mode unterworfen. Sie hören mehr über Kleidung als über ihren Heiland. Sie sehen ihre Mutter öfter in der Modeillustrierten blättern als in der Bibel. Modisch gekleidet zu sein wird für wichtiger angesehen als die Entwicklung des Charakters. Eltern und Kinder werden so dessen beraubt, was im Leben wirklich wertvoll und schön ist. Um der Mode willen werden sie um die Vorbereitung auf das künftige Leben betrogen.

Folgen unpassender Kleidung

Es war der Gegner alles Guten, der die ständig wechselnde Mode erfand. Er wünscht nichts so sehr, als Gott Kummer und Schande zu machen, indem er den Menschen Schaden zufügt. Eine der Methoden, die sich dabei als besonders wirksam erweist, stellen die modischen Auswüchse dar, die den Körper wie den Geist schwächen und die Seele herabwürdigen.

Frauen sind ernsten Krankheiten ausgesetzt – und manchmal werden ihre Leiden durch die Art ihrer Kleidung noch erheblich vergrößert. Anstatt ihre Gesundheit für mögliche Notlagen zu stärken, die es von Zeit zu Zeit geben wird, opfern sie durch ihre falschen Gewohnheiten häufig nicht nur ihre Gesundheit, sondern auch ihr Leben und hinterlassen ihren Kindern in einer zerstörten Konstitution, pervertierten Gewohnheiten und falschen Vorstellungen über das Leben ein jämmerliches Erbe.

Eine der verschwenderischsten und schädlichsten Modetorheiten ist z. B. der Rock, der am Boden entlangstreift.[1] Unsauber, unbequem, unpraktisch und ungesund – all dies und mehr trifft auf den schleppenden Rock zu. Er ist verschwenderisch sowohl wegen des überflüssigen Stoffmaterials, das man für ihn braucht, als auch wegen der sinnlosen Abnutzung aufgrund seiner Länge. Und jeder, der eine Frau in einem schleppenden Rock beobachtet hat, mit Händen voller Pakete, die versucht, eine Treppe hinauf oder hinunter zu steigen, in eine Straßenbahn einzusteigen, sich im Gedränge einer Menschenmenge zu bewegen, vielleicht im Regen oder gar auf einer schlammigen Straße zu gehen, benötigt keinen weiteren Beweis mehr für dessen Unangebrachtheit und Unbequemlichkeit.[2]

Ein weiteres ernstes Übel ist das Tragen von schweren Röcken, deren Gewicht auf den Hüften lastet. Ihre Last drückt auf die inneren Organe, presst sie nach unten und verursacht so Magenschwä-

[1] Gemeint ist die Rockmode zu Beginn des 20. Jahrhunderts. (Anmerkung der Redaktion)

[2] In der heutigen Zeit sind es eher die zu kurzen Röcke, die besonders in der kühleren Jahreszeit den Mädchen und Frauen ernsthafte Erkrankungen des Unterleibs und der Nieren, aber auch Erfrierungen der Knie verursachen. (Anmerkung der Redaktion)

che und ein Gefühl der Mattigkeit, was die Trägerin veranlasst, sich nach vorn zu beugen; dies beengt die Lungen und erschwert ein richtiges Atmen noch zusätzlich.

In den letzten Jahren sind die Gefahren, die aus dem Einschnüren der Taille erwachsen, so ausführlich diskutiert worden, dass nur noch wenige diesbezüglich unwissend sein können; die Macht der Mode ist jedoch so groß, dass das Schnüren weiterhin praktiziert wird. Mit dieser Gewohnheit fügen sich Frauen und junge Mädchen unsäglichen Schaden zu. Es ist für die Gesundheit unabdingbar, dass die Brust Platz hat, sich zu ihrer vollen Größe auszudehnen, damit die Lungen uneingeschränkt ihre Funktion erfüllen können. Werden die Lungen beengt, verringert sich die Sauerstoffmenge, die sie aufnehmen. Dadurch wird das Blut nicht mehr richtig regeneriert, und die verbrauchten, giftigen Stoffe, die durch die Lungen ausgeschieden werden sollten, bleiben im Körper. Außerdem wird der Blutkreislauf behindert, und die inneren Organe werden derart eingeengt und von ihrer natürlichen Lage weggedrückt, dass sie ihre Aufgaben nicht mehr richtig erfüllen können.

Festes Schnüren verbessert die Figur *nicht*. Eines der Hauptelemente körperlicher Schönheit ist Symmetrie, die harmonische Proportionalität aller Teile. Und das richtige Modell für körperliche Schönheit findet man nicht in den Gestalten, die von französischen Modemachern zur Schau gestellt werden, sondern in *der* menschlichen Gestalt, wie sie sich gemäß den Naturgesetzen Gottes entwickelt. Gott ist der Urheber aller Schönheit, und nur in dem Maße, wie wir uns seinem Ideal anpassen, werden wir wahre Schönheit erreichen.

Eine weitere üble Gewohnheit ist die ungleichmäßige Verteilung der Bekleidung, so dass einige Körperteile mehr als nötig, andere dagegen nur unzureichend bedeckt sind. Die Füße und Gliedmaßen, die von den lebenswichtigen Organen weit entfernt sind, sollten mit reichlicher Kleidung besonders vor Kälte geschützt werden. Es ist unmöglich, gesund zu sein, wenn die Extremitäten dauernd unterkühlt sind; denn wenn in ihnen zu wenig Blut fließt, dann fließt in anderen Körperteilen zu viel. Vollkommene Gesundheit erfordert einen ausgeglichenen Blutkreislauf; dieser aber ist nicht erreichbar, wenn dort, wo sich die lebenswichtigen Organe befinden, drei- oder viermal so viel Kleidung getragen wird wie an den Füßen und Gliedmaßen.

Viele Frauen sind nervös und sorgengeplagt, weil sie sich selbst um die frische Luft bringen, die für reines Blut sorgen würde, und um die Bewegungsfreiheit, die das Blut reichlich durch die Adern fließen ließe, und so Leben, Gesundheit und Stärke gäbe. Viele Frauen sind unheilbare Invaliden geworden, obwohl sie sich guter Gesundheit hätten erfreuen können, und viele sind frühzeitig an Tuberkulose oder anderen Krankheiten gestorben, die durchaus ein normales Lebensalter hätten erreichen können, wenn sie sich in Übereinstimmung mit den Gesundheitsprinzipien gekleidet und sich reichlich in der freien Luft bewegt hätten.

Um die gesündeste Bekleidung zu gewährleisten, müssen die Bedürfnisse jedes Körperteils sorgfältig bedacht werden. Die klimatischen Verhältnisse, die Umgebung, der Gesundheitszustand, das Alter und die Tätigkeit müssen in Betracht gezogen werden. Jedes Kleidungsstück sollte mühelos passen und weder den Blutkreislauf noch eine freie, volle, natürliche Atmung beeinträchtigen. Alles, was man trägt, sollte so locker sitzen, dass, wenn die Arme angehoben werden, sich die Kleidung entsprechend mit nach oben bewegen kann.

Frauen mit angeschlagener Gesundheit können durch vernünftige Kleidung und körperliche Bewegung viel zu ihrer Genesung beitragen. Wenn sie zur Erholung im Freien passend gekleidet sind, dann lasst sie sich in der freien Luft bewegen, zunächst behutsam, dann aber in dem Maß zunehmend, wie sie es vertragen. Bei Übernahme einer solchen Lebensweise könnten viele ihre Gesundheit zurückerlangen und wieder ihren Anteil an Arbeit in dieser Welt leisten.

Von der Mode unabhängig sein

Die Frauen sollten, statt sich für die Erfüllung von Modediktaten abzumühen, selbst den Mut aufbringen, sich gesundheitsbewusst und einfach zu kleiden. Statt nur noch in Haushaltsarbeit zu ersticken, muss die Ehefrau und Mutter sich Zeit nehmen zu lesen, auf dem laufenden zu bleiben, ihrem Ehemann eine Gefährtin zu sein und mit der geistigen Entwicklung ihrer Kinder Schritt zu halten.

Es gilt, weise alle Gelegenheiten wahrzunehmen, die sich ergeben, um ihre Lieben im Hinblick auf das ewige Leben zu beeinflussen. Sie sollen sich die Zeit nehmen, um ihnen den Herrn Jesus zu einem täglichen Begleiter und vertrauten Freund zu machen. Sie braucht die Zeit zum Studium seines Wortes sowie die Zeit, um mit den Kindern in die freie Natur zu gehen und am Beispiel der Schönheit seiner Werke von Gott zu lernen.

Bleibt heiter und quicklebendig. Macht den Abend, anstatt pausenlos an der Nähmaschine zu sitzen, zu einer angenehmen Zeit der Geselligkeit für die Familie nach den Pflichten des Tages. Viele Männer würden so dazu veranlasst, die Gesellschaft in ihrem Heim der des Vereinshauses oder der Bar vorziehen. Viele Jungen würden von der Straße oder dem Laden an der Straßenecke ferngehalten. Viele Mädchen würden vor oberflächlicher, verführerischer Gesellschaft bewahrt. Der Einfluss des Heimes wäre für Eltern und Kinder das, was er nach Gottes Absicht sein sollte: ein lebenslanger Segen.

Kapitel 23

Ernährungsweise und Gesundheit

Die Nahrung, die wir zu uns nehmen, dient zur Energieversorgung unseres Körpers. Muskelgewebe und Organe verbrauchen fortwährend Energie, und dieser Verbrauch wird durch unsere Nahrung ersetzt. Jedes Organ des Körpers benötigt seinen Anteil an der Ernährung. Das Gehirn muss mit dem Nötigen versorgt werden, ebenso die Knochen, Muskeln und Nerven.

Es ist ein wundervoller Vorgang, wie das Blut die Nährstoffe im Körper verteilt und diese dann zum Aufbau der verschiedenen Bereiche beitragen. Dieser Prozess verläuft kontinuierlich und versorgt jeden Nerv, jeden Muskel und jedes Gewebe mit Lebenskraft und Stärke.

Die Auswahl der Nahrung

Wir sollten Nahrungsmittel auswählen, die in reichem Maße die nötigen Stoffe zum Aufbau des Körpers enthalten. Bei dieser Auswahl ist der Appetit allerdings kein zuverlässiger Wegweiser; denn infolge falscher Essgewohnheiten ist er meist verdorben. Oft verlangt er nach Nahrung, die die Gesundheit beeinträchtigt und Schwäche statt Stärke verursacht. Auch von den Ernährungsgewohnheiten der Gesellschaft können wir uns nicht leiten lassen. Krankheiten und Leiden, die überall herrschen, resultieren zum großen Teil aus populären Irrtümern hinsichtlich der Ernährung.

Um zu wissen, welches die besten Nahrungsmittel sind, müssen wir Gottes ursprünglichen Plan für die Ernährung des Menschen studieren. Er, der den Menschen schuf und seine Bedürfnisse kennt, wies Adam seine Nahrung zu. „Sehet da“, sagte er, „ich habe euch gegeben alle Pflanzen, die Samen bringen, … und alle Bäume mit

Früchten, die Samen bringen, zu eurer Speise." (1. Mose 1,29) Als die Menschen Eden verließen und ihren Lebensunterhalt unter dem Fluch der Sünde mit Ackerbau erwarben, erhielten sie die Erlaubnis, auch „das Kraut auf dem Felde" (1. Mose 3,18) zu essen.

Getreide, Früchte, Nüsse und Gemüse bilden die Nahrung, die von unserem Schöpfer für uns ausgewählt worden ist. Diese Nahrungsmittel, so einfach und natürlich wie möglich zubereitet, sind die gesündesten und nahrhaftesten. Sie verleihen eine Stärke, ein Durchhaltevermögen und eine Verstandeskraft, die mit einer aufwendig zubereiteten und den Appetit stärker anregenden Nahrung nicht erreicht werden können.

Aber nicht alle Lebensmittel, die an sich gesund sind, eignen sich gleichermaßen und unter allen Umständen für unsere Bedürfnisse. Bei der Auswahl der Speisen sollte man also sorgfältig überlegen. Unsere Ernährung sollte der jeweiligen Jahreszeit entsprechen, dem Klima, in dem wir leben, und der Beschäftigung, der wir nachgehen. Einige Nahrungsmittel, die für eine bestimmte Jahreszeit oder ein bestimmtes Klima geeignet sind, passen nicht zu einer anderen Jahreszeit oder einem anderen Klima.

In gleicher Weise gibt es verschiedene Nahrungsmittel, die für Menschen mit unterschiedlichen Beschäftigungen jeweils am besten geeignet sind. Oftmals ist ein Lebensmittel, das von körperlich schwer Arbeitenden zu ihrem Vorteil genossen wird, ungeeignet für Personen mit sitzender Lebensweise oder für Menschen, die geistig intensiv beansprucht werden. Gott hat uns eine breite Vielfalt an gesunden Nahrungsmitteln gegeben, und jeder sollte die auswählen, die nach seiner Erfahrung und für seine persönlichen Erfordernisse am besten geeignet sind.

Das reichliche Angebot der Natur an Früchten, Nüssen und Getreide ist groß, und von Jahr zu Jahr wächst die Zahl der Erzeugnisse aus allen Ländern, die aufgrund der verbesserten Transportmöglichkeiten sogar weltweit angeboten werden. Deshalb sind viele Lebensmittel, die noch vor wenigen Jahren als teure Luxusgüter galten, heute allen als Nahrung für den täglichen Genuss zugänglich. Dies gilt ebenso für Frischkost wie für getrocknete und konservierte Früchte.

Nüsse und Nussprodukte finden breiten Zuspruch und nehmen dabei immer mehr den Platz von Fleischspeisen ein. Mit Nüssen kann man Getreide, Früchte und einige Wurzelgemüsearten kombinieren, um Speisen zuzubereiten, die gesund und nahrhaft sind. Man sollte Nüsse und deren Produkte jedoch nicht in zu großen Mengen verwenden. Wer nach dem reichlichen Genuss von Nussspeisen ungünstige Wirkungen verspürt, wird diese Schwierigkeiten durch eine Reduzierung der Menge beseitigen. Außerdem sollte man daran denken, dass es bei den verschiedenen Nussarten auch Unterschiede in der Bekömmlichkeit gibt. Mandeln sind Erdnüssen generell vorzuziehen; doch sind Erdnüsse in begrenzten Mengen, in Verbindung mit Getreide genossen, nahrhaft und verdaulich.

Wenn sie richtig zubereitet werden, nehmen Oliven ähnlich den Nüssen den Platz von Butter und Fleischspeisen ein. Das Öl, welches man in der Olive findet, ist tierischem Öl oder Fett bei weitem vorzuziehen. Es regt auch die Verdauung an. Seinen Genuss wird man bei Tuberkulosekranken als hilfreich erfahren; außerdem heilt es einen entzündeten, gereizten Magen.

Menschen, die sich an eine üppige, anregende Kost gewöhnt haben, besitzen einen unnatürlichen Geschmack und finden deshalb nicht sofort Gefallen an Nahrung, die schlicht und einfach ist. Der Geschmack wird einige Zeit brauchen, um sich an natürliche Speisen zu gewöhnen, und auch der Magen benötigt Zeit, um von dem Missbrauch zu genesen, den er erlitten hat. Wer aber grundsätzlich natürliche Nahrungsmittel verwendet, wird nach einiger Zeit ihren Wohlgeschmack entdecken. Ihr feiner und köstlicher Geschmack wird geschätzt, und sie werden mit größerer Freude genossen, als die sogenannten verfeinerten Speisen. Und der gesunde Magen kann seine Aufgaben problemlos erfüllen, weil er nicht dauernd überstrapaziert wird.

Abwechslung

Zur Erhaltung der Gesundheit ist ein ausreichendes Angebot an guten, nahrhaften Lebensmitteln nötig. Wenn wir klug planen, kann man das, was für die Gesundheit am förderlichsten ist, in fast jedem Land erhalten. Die verschiedenen Zubereitungsformen von Reis, Weizen, Mais und Hafer werden in jedes Land exportiert, ebenso Bohnen, Erbsen und Linsen. Diese Nahrungsmittel sowie einheimische oder importierte Früchte und die vielfältigen Gemüsesorten, die in jeder Region gedeihen, erlauben die Zusammenstellung einer Nahrung, die auch ohne den Gebrauch von Fleischspeisen vollwertig ist.

Überall, wo man Obst reichlich anbauen kann, sollte durch Einmachen oder Trocknen ein großzügiger Vorrat für den Winter angelegt werden. Kleinwüchsige Obstsorten wie Johannisbeeren, Stachelbeeren, Erdbeeren, Himbeeren und Brombeeren eignen sich zum Anbau an vielen Orten, wo sie bisher nur wenig Beachtung fanden und wo ihre Kultivierung vernachlässigt wurde.

Beim Einmachen für den Hausgebrauch sollten, wann immer möglich, eher Gläser als Blechdosen verwendet werden. Vor allem muss das Einmachobst von guter Qualität sein. Gebraucht möglichst wenig Zucker und kocht das Obst nur so lange, wie es für die Konservierung nötig ist. So zubereitet, ist es ein ausgezeichneter Ersatz für frisches Obst.[3] Überall, wo Trockenfrüchte, wie zum Beispiel Rosinen, Pflaumen, Äpfel, Birnen, Pfirsiche und Aprikosen, zu maßvollen Preisen erhältlich sind, wird man entdecken, dass sie als lagerfähige Nahrungsmittel viel reichlicher als üblich verwendet werden können, sehr zum Nutzen für Gesundheit und Kraft aller Gruppen von Arbeitenden.

Es sollte bei einer bestimmten Mahlzeit keine zu große Speisenvielfalt geben, da dies ein Sich-Überessen begünstigt und so Magenverstimmungen verursacht.

Es ist nicht gut, Obst *und* Gemüse während ein- und derselben Mahlzeit zu essen. Wenn die Verdauung schwach ist, wird der Genuss von beidem oft Müdigkeit und Unfähigkeit zu weiterer geistiger Leistung verursachen. Besser ist es, das Obst zu einer Mahlzeit zu genießen und das Gemüse zu einer anderen.

---

[3] Dank der modernen Lagermethoden im integrierten Obstanbau kann man heute während des ganzen Jahres frische Äpfel und Birnen erhalten. (Anmerkung der Redaktion)

Die Mahlzeiten sollten abwechslungsreich gestaltet werden. Ein- und dieselben Speisen, immer auf die gleiche Weise zubereitet, sollten nicht Tag für Tag auf den Tisch kommen. Die Speisen werden mit größerem Genuss gegessen und vom Körper besser verwertet, wenn man auf genügend Abwechslung achtet.

Die Zubereitung der Speisen

Es ist falsch, nur zur Befriedigung des Appetits zu essen, aber trotzdem sollte hinsichtlich der Art der Nahrung oder ihrer Zubereitung keine Einförmigkeit herrschen. Wenn man eine Mahlzeit nicht genießen kann, wird die Nahrung auch nicht so gut verwertet. Die Nahrung sollte also mit Überlegung ausgewählt und verständig sowie sorgfältig zubereitet werden.

Zum Brotbacken ist das hochfeine Weißmehl[4] nicht geeignet. Sein Einsatz ist weder gesund noch wirtschaftlich. Im Vergleich zu einem Brot, das aus Vollweizen gebacken ist, fehlen dem Weißmehlbrot die Nährstoffe. Weißmehlbrot ist eine häufige Ursache von Verstopfung und anderen Beeinträchtigungen der Gesundheit.

Der Einsatz von Backsoda oder Backpulver beim Brotbacken ist schädlich und unnötig. Soda verursacht eine Entzündung des Magens und vergiftet oftmals das gesamte Körpersystem. Viele Hausfrauen meinen zwar, sie könnten gutes Brot nicht ohne Soda backen, aber dies ist ein Irrtum. Wenn sie die Mühe auf sich nähmen, bessere Herstellungsarten zu erlernen, würde ihr Brot gesünder und für ein natürliches Geschmacksempfinden wohlschmeckender sein.

Beim Backen von Sauerteig- oder Hefebrot sollte man nicht Milch anstelle von Wasser verwenden. Die Verwendung von Milch bedeutet eine zusätzliche Ausgabe und macht das Brot viel weniger bekömmlich. Milchbrot bleibt nach dem Backen nicht so lange süß wie mit Wasser bereitetes Brot und gärt früher im Magen.

Brot sollte leicht und mild im Geschmack sein. Nicht die geringste Spur von Säure sollte darin geduldet werden. Die Brotlaibe sollten klein und so sorgfältig durchgebacken sein, dass die

[4] Type 405 (Anm. der Redaktion).

Hefe möglichst vollständig ausgebacken ist. Noch warm und ganz frisch, ist aufgegangenes Brot jeder Art schwer verdaulich. Es sollte so niemals auf den Tisch kommen. Diese Regel gilt jedoch nicht für ungesäuertes Brot. Frische Brötchen aus Weizenmehl ohne Hefe oder Sauerteig, bei hoher Temperatur gebacken, sind bekömmlich und wohlschmeckend.

Getreide für Brei oder Mus sollte mehrere Stunden lang gekocht werden. Aber weiche oder flüssige Nahrungsmittel sind weniger bekömmlich als trockene Speisen, die gründliches Zerkauen erfordern. Zwieback, also doppelt gebackenes Brot, ist eines der am leichtesten verdaulichen und wohlschmeckendsten Lebensmittel. Man schneide gewöhnliches aufgegangenes Brot in Scheiben und trockne sie im warmen Ofen bei niedriger Temperatur, bis die letzte Spur von Feuchtigkeit verschwindet. Dann lasse man sie durch und durch leicht bräunen. Solches Brot kann trocken gelagert viel länger aufbewahrt werden als gewöhnliches Brot, und wenn man es vor dem Verzehr nochmals wärmt, schmeckt es wie frisch gebacken.

Gewöhnlich wird in unserer Ernährung bei weitem zu viel Zucker verwendet. Kuchen, süße Nachspeisen, Konditorgebäck, Gelees und Marmeladen bilden häufig die Ursache für Verdauungsstörungen. Besonders schädlich sind Vanillepuddings und Nachspeisen, deren Hauptbestandteile Milch, Eier und Zucker sind. Die reichliche gleichzeitige Verwendung von Milch und Zucker sollte vermieden werden.

Wenn Milch verwendet wird, muss sie sorgfältig pasteurisiert sein; durch diese Vorsichtsmaßnahme läuft man weniger Gefahr, sich durch das Milchtrinken eine Erkrankung zuzuziehen. Butter ist weniger schädlich, wenn sie auf ausgekühltem Brot gegessen, als wenn sie in erhitzter Form verwendet wird; als Regel aber gilt, dass es besser ist, sie ganz zu meiden. Käse mit Ausnahme von Frischkäse sollte man gänzlich aus der Ernährung streichen; er ist als Nahrungsmittel völlig ungeeignet.

Unzureichende und schlecht gekochte Nahrung verdirbt das Blut, indem sie die blutbildenden Organe schwächt. Sie stört die Körperfunktionen und verursacht mit ihren Begleiterscheinungen gereizte Nerven und üble Laune. Die Opfer schlechten Kochens gehen in die Tausende und Zehntausende. Auf vielen Grabsteinen könnte der Satz stehen: „Starb an schlechtem Kochen“; „Starb an einem misshandelten Magen“.

Für diejenigen, die kochen, ist es eine heilige Pflicht, zu lernen, wie gesunde Mahlzeiten zubereitet werden. Viele Menschenseelen gehen als Ergebnis schlechten Kochens verloren. Es bedarf gedanklicher Vorbereitung und Sorgfalt, um gutes Brot zu backen; darüber hinaus ist in einem Brotlaib aber auch mehr Gläubigkeit enthalten, als viele denken. Es gibt nur wenige wirklich gute Köchinnen. Junge Frauen empfinden es als erniedrigend, zu kochen und andere Arten der Hausarbeit zu verrichten, und deshalb haben viele Mädchen, die heiraten und nun für die Familie sorgen sollen, von den Pflichten einer Ehefrau und Mutter nur wenig Ahnung.

Die Kochkunst ist keine unbedeutende Wissenschaft, sondern eine der wichtigsten im praktischen Leben. Sie ist eine Wissenschaft, die alle Frauen erlernen sollten; sie sollte zudem auf eine Weise gelehrt werden, die besonders den ärmeren Bevölkerungsschichten zugute kommt. Mahlzeiten appetitlich und zugleich einfach und nahrhaft zuzubereiten erfordert Sorgfalt, ist aber möglich. Köchinnen sollten wissen, wie man einfache Nahrungsmittel ohne großen Aufwand gesund zubereiten kann, so dass sie schmackhafter und bekömmlicher sind.

Jede Frau, die einem Familienhaushalt vorsteht und die Kunst des gesunden Kochens noch nicht beherrscht, sollte sich entschließen, das zu lernen, was für das Wohlbefinden ihrer Familie so wichtig ist. Vielerorts bieten unterschiedliche Institutionen Ernährungskurse an. Eine Frau, die keine Möglichkeit hat, daran teilzunehmen, sollte bei einer erfahrenen Köchin in die Lehre gehen, bis sie selbst eine Meisterin der Kochkunst ist.

Regelmäßigkeit der Mahlzeiten

Regelmäßigkeit beim Essen ist von lebenswichtiger Bedeutung. Für jede Mahlzeit sollte es eine bestimmte Zeit geben. Zu dieser Zeit soll jeder essen, was der Körper benötigt, und danach bis zur nächsten Mahlzeit nichts mehr zu sich nehmen.

Viele essen in unregelmäßigen Abständen und zwischen den Mahlzeiten, wenn der Körper gar keine Nahrung braucht. Sie sind nicht willensstark genug, ihren Gelüsten zu widerstehen. Auf Reisen knabbern einige unentwegt, wenn sich irgend etwas Essbares in ihrer Reichweite befindet. Das ist sehr schädlich. Wenn Reisende regelmäßig einfache und nahrhafte Mahlzeiten erhielten, würden sie keine so große Müdigkeit verspüren und nicht so sehr an Krankheiten leiden.

Eine weitere üble Angewohnheit stellt das Essen unmittelbar vor dem Zubettgehen dar. Die reguläre Abendmahlzeit mag man eingenommen haben, aber weil man sich matt fühlt, wird nochmals gegessen. Durch Nachgiebigkeit wird daraus eine Gewohnheit – und oft eine derart feste, dass man es schließlich für unmöglich hält, schlafen zu gehen, ohne zuvor noch einmal gegessen zu haben.

Infolge des späten Abendessens verschiebt sich der Verdauungsprozess in die Zeit des Schlafes. Aber obwohl der Magen beständig arbeitet, übt er seine Funktion doch nicht gründlich aus. Der Schlaf wird von unangenehmen Träumen belastet, und am Morgen erwacht man müde und mit wenig Lust auf ein Frühstück. Wenn wir uns zur Ruhe legen, sollte der Magen schon alles verdaut haben und wie die anderen Organe ruhen können. Für Menschen mit sitzender Lebensweise sind späte Abendmahlzeiten besonders schädlich. Für sie ist die dadurch ausgelöste Störung oft der Beginn einer Krankheit, die mit dem Tod endet.

In vielen Fällen rührt die Schwäche, die am späten Abend noch einmal Appetit aufkommen lässt, daher, dass die Verdauungsorgane während des Tages zu sehr beansprucht worden sind. Nach der Verdauung einer Mahlzeit benötigen Magen und Darm eine Ruhepause. Deshalb sollten fünf oder sechs Stunden zwischen den Mahlzeiten liegen. Die meisten Menschen, die es mit diesem Zeitplan versuchen, werden herausfinden, dass eine Mahlzeit weniger pro Tag besser ist als eine zuviel.

Falsche Essgewohnheiten

Speisen sollten weder zu heiß noch zu kalt gegessen werden. Wenn die Nahrung zu kalt ist, muss der Magen sie erst erwärmen, bevor die Verdauung beginnen kann. Kalte Getränke sind aus demselben Grund schädlich; der ausgiebige Genuss heißer Getränke dagegen schwächt.

In der Tat wird die Verdauung der Speise behindert, wenn während der Mahlzeit viel Flüssigkeit eingenommen wurde, muss doch die Flüssigkeit erst absorbiert werden, bevor die Verdauung einsetzen kann. Esst nicht viel Salz, vermeidet den Genuss von Essiggemüse und scharf gewürzten Speisen, esst viel Obst – und das Durstgefühl, das nach vielem Trinken während der Mahlzeit verlangt, wird weitgehend verschwinden.

Die Speisen sollten langsam gegessen und gründlich gekaut werden. Dies ist notwendig, damit der Speichel der Nahrung richtig beigemischt und die Verdauungssäfte aktiviert werden können.

Ein weiteres ernstes Problem stellt das Essen zu unpassenden Zeiten dar, wie etwa nach harter körperlicher Arbeit oder ausgiebiger sportlicher Betätigung, wenn man sehr erschöpft oder erhitzt ist. Denn unmittelbar nach dem Essen wird die Nervenkraft stark beansprucht; und wenn Geist oder Körper direkt vor oder nach dem Essen unter starker Anspannung stehen, wird die Verdauung verlangsamt.

Wenn jemand aufgeregt, ängstlich oder in Eile ist, sollte er besser nicht essen, bis er Ruhe oder Entspannung gefunden hat.

Der Magen steht in enger Verbindung mit dem Gehirn; wenn nun der Magen erkrankt ist, wird die Nervenkraft des Gehirns den geschwächten Verdauungsorganen zur Hilfe gerufen. Geschieht dies zu häufig, wird das Gehirn überbeansprucht. Wenn das Gehirn beständig beansprucht wird und es an körperlicher Bewegung mangelt, sollte selbst eine leichte Speise nur in geringer Menge genossen werden. Schüttelt zur Mahlzeit Sorgen und ängstliche Gedanken ab. Lasst euch nicht zur Eile antreiben, sondern esst langsam, mit Freude und einem Herz voller Dankbarkeit gegenüber Gott für alle seine Segnungen.

Zu reichliches Essen

Viele, die sich Fleischspeisen und andere schädliche Nahrungsmittel abgewöhnt haben, meinen, dass sie nun ihrem Appetit grenzenlos frönen können, weil ihre Mahlzeiten ja so einfach und bekömmlich sind. Deshalb essen sie exzessiv, manchmal bis zur Gefräßigkeit. Dies ist ein Fehler. Die Verdauungsorgane sollten nicht mit einer Menge oder Art von Nahrung belastet werden, deren Verarbeitung den Körper überfordert.

Die Tischsitten verlangen, dass die Speisen in nacheinander folgenden Gängen auf den Tisch gestellt werden. Wenn man nun nicht weiß, was noch folgt, isst man vielleicht schon reichlich von einer der ersten Speisen, was nicht unbedingt sinnvoll ist. Wenn dann der letzte Gang aufgetragen wird, lässt man sich oft verleiten, die Grenzen zu überschreiten und doch noch von der süßen Nachspeise zu nehmen, was alles andere als gesund ist. Wenn statt dessen alle für eine Mahlzeit vorgesehenen Speisen von Anfang an auf dem Tisch stehen, hat man Gelegenheit, die günstigste Wahl zu treffen.

Manchmal spürt man die Auswirkung zu reichlichen Essens sofort. In anderen Fällen stellt sich kein Unwohlsein ein; aber die Verdauungsorgane verlieren allmählich ihre Lebenskraft, und die Konstitution des Körpers wird geschwächt.

Die überflüssige Nahrung belastet den Körper und erzeugt krankhaft nervöse Zustände. Sie zieht eine übermäßig große Menge an Blut zum Magen, was die Gliedmaßen schnell auskühlen lässt. Sie bürdet den Verdauungsorganen eine schwere Last auf, und wenn diese Organe dann ihre Aufgabe erfüllt haben, stellt sich ein Gefühl der Mattigkeit oder Trägheit ein. Einige, die sich beständig überessen, nennen dieses Gefühl der völligen Erschöpfung Hunger; aber es wird vom überstrapazierten Zustand der Verdauungsorgane verursacht. Manchmal tritt auch eine Benommenheit des Gehirns auf, wobei man eine heftige Abneigung gegen jedwede geistige oder körperliche Anstrengung entwickelt.

Diese unangenehmen Symptome treten auf, weil die Natur ihre Aufgabe mit einem unnötig hohen Aufwand an Lebensenergie erfüllen musste und nun zutiefst erschöpft ist. Der Magen sagt:

„Lass mich ausruhen.“ Von vielen jedoch wird diese Mattigkeit als eine Forderung nach weiterer Nahrung gedeutet; so wird der Magen, anstatt ihm Ruhe zu geben, weiter belastet. Als Folge hiervon sind die Verdauungsorgane oft völlig erschöpft und können ihre Aufgabe nicht mehr erfüllen.

Zur Ernährung am Sabbat

Wir sollten für den Sabbat keine größere Menge oder Vielfalt an Speisen vorbereiten als für die anderen Tage. Die Nahrung sollte im Gegenteil einfacher sein, und es sollte weniger gegessen werden, damit der Geist klar und zum Verständnis geistlicher Dinge fähig sei. Ein belasteter Magen bedeutet auch ein belastetes Gehirn. Die kostbarsten Worte werden zwar gehört, aber nicht in ihrem Wert erkannt, weil der Geist nach einer zu reichlichen Mahlzeit träge ist. Indem sie sich am Sabbat überessen, verhindern viele den Empfang eines besonderen Segens für diesen Tag.

Das Kochen am Sabbat sollte vermieden werden; das bedeutet aber nicht, dass nur kalte Speisen gegessen werden sollten. Bei kühlem Wetter sollte die am Vortag zubereitete Nahrung erwärmt werden. Die Mahlzeiten sollen bei aller Einfachheit schmackhaft und verlockend sein. Besonders in Familien mit Kindern ist es gut, am Sabbat etwas aufzutragen, was als ein Leckerbissen angesehen wird, etwas, das es nicht an jedem Tag gibt.

Für eine Reform der Ernährung

Wenn man in seinem Lebensstil falsche Ernährungsgewohnheiten erkannt hat, sollte man mit den notwendigen Veränderungen nicht lange warten. Wo ein misshandelter Magen zu Verdauungsstörungen geführt hat, bedarf es intensiver Bemühungen durch das Vermeiden jeder übermäßigen Belastung, die verbliebenen Lebensenergien zu bewahren.

Der Magen wird nach seinem langen Missbrauch vielleicht nie wieder völlig gesund; aber ein geeigneter Diätplan wird ihm weitere Überlastung ersparen, und viele werden mehr oder weniger vollständig genesen. Wir können hier nicht allgemeine Regeln vorschreiben, die jeden Fall abdecken; aber durch die Beachtung richtiger Ernährungsgrundsätze können große Verbesserungen erreicht werden, und die Köchin braucht sich nicht mehr fortdauernd abzumühen, um den Appetit anzuregen.

Selbstbeherrschung und die Bereitschaft zum Verzicht bei der Ernährung werden mit geistiger und moralischer Kraft belohnt; außerdem hilft beides bei der Beherrschung von Leidenschaften.

Sich zu überessen ist für diejenigen besonders schädlich, die von Natur aus träge sind; diese sollten nur kleine Mengen essen und sich körperlich viel bewegen. Es gibt Männer und Frauen mit herausragenden Begabungen, die das Doppelte dessen vollbringen könnten, was sie leisten, wenn sie durch die Bezähmung ihres Appetits Selbstbeherrschung üben würden.

Viele Schriftsteller und Redner versagen in diesem Punkt. Nach einem reichlichen Essen gehen sie sofort wieder ihrer sitzenden Beschäftigung nach, lesen, studieren oder schreiben, ohne sich Zeit für körperliche Bewegung zu nehmen. Deshalb fehlt es ihnen an der Vielfalt und Spritzigkeit der Gedanken und Worte. Sie können dann nicht mit der Ausdruckskraft und der Autorität schreiben oder sprechen, die zur Erreichung der Herzen notwendig sind; ihre Bemühungen wirken lahm und fruchtlos.

Jene, die wichtige Verantwortungen tragen, vor allem solche, die Bewahrer geistlicher Interessen sind, sollten Menschen mit ausgeprägtem Einfühlungsvermögen und einer raschen Auffassungsgabe sein. Mehr als andere benötigen sie dazu Mäßigkeit beim Essen. Reichliche und üppige Speisen sollten auf ihren Esstischen keinen Platz haben.

Täglich müssen Menschen in Vertrauenspositionen schnelle Entscheidungen treffen, von denen sehr wichtige Ergebnisse abhängen. Dies gelingt nur denen, die strikte Mäßigkeit praktizieren. Bei richtiger Anwendung der körperlichen und geistigen Kräfte wird der Geist gestärkt. Wenn die Belastung nicht zu groß ist, erwächst aus jeder Beanspruchung neue Energie. Aber oftmals wird die Arbeit derjenigen, die weitreichende Pläne legen und wichtige Entscheidungen zu treffen haben, von den Folgen einer ungeeigneten

Ernährung zum Schlechten hin beeinflusst. Ein verstörter Magen verursacht einen unkonzentrierten Geist und Unsicherheiten in der Entscheidungskraft. Oft führt er zu Reizbarkeit, Schroffheit oder Ungerechtigkeit.

Viele Pläne, die der Welt zum Segen gereicht hätten, sind beiseitegelegt, aber andere, ungerechte, unterdrückende und sogar grausame Maßnahmen sind als Auswirkung krankhafter Zustände aufgrund falscher Essgewohnheiten durchgeführt worden.

Hier nun ein Vorschlag für alle, die im Sitzen oder hauptsächlich geistig arbeiten. Alle, die genügend moralischen Mut und Selbstbeherrschung aufbringen, sollten ihn erproben: Verwende bei jeder Mahlzeit nur zwei oder drei Arten von einfachen Lebensmitteln und iss nie mehr, als zur Stillung des Hungers erforderlich ist. Nimm dir außerdem täglich etwas Zeit für körperliches Training, und dann prüfe, ob dir daraus Vorteile erwachsen.

Männer mit harter körperlicher Arbeit brauchen hinsichtlich der Quantität und Qualität ihrer Nahrung nicht so sorgfältig zu sein wie Personen mit sitzender Lebensweise; aber auch sie wären gesünder, wenn sie beim Essen und Trinken eine gewisse Selbstkontrolle praktizieren würden.

Einige wünschen, man solle genaue Regeln für ihre Ernährung aufstellen. Sie überessen sich und bedauern dies dann, und so kreisen ihre Gedanken immer um das, was sie essen und trinken. Das darf nicht sein. Kein Mensch kann für einen anderen genaue Regeln aufstellen. Jeder sollte sich selbst in Vernunft und Selbstkontrolle üben und gemäß seiner Erkenntnis handeln.

Unser Körper ist von Christus erkauftes Eigentum, und wir haben nicht die Freiheit, damit umzugehen wie es uns beliebt. Alle, die die Gesundheitsgesetze verstehen, sollten auch ihre Verpflichtung erkennen, diesen Gesetzen zu gehorchen. Gehorsam gegenüber den Gesundheitsgesetzen sollte zu einer persönlichen Pflicht gemacht werden. Jeder von uns muss selbst die Folgen von Gesetzesübertretungen tragen. Jeder wird Gott einmal persönlich für seine Lebensgewohnheiten Rede und Antwort stehen. Deshalb lautet die Frage für uns nicht: „Wie machen es die anderen?“, sondern: „Wie soll ich persönlich den Körper behandeln, den Gott mir gegeben hat?“

Kapitel 24

Fleisch als Nahrungsmittel

Die dem Menschen bestimmte Ernährung enthielt am Anfang keine Speisen tierischen Ursprungs. Erst nach der Sintflut, als alles Grüne auf Erden zerstört war, erhielt der Mensch die Erlaubnis, Fleisch zu essen. Der Herr zeigte bei seiner Auswahl der menschlichen Nahrung in Eden, was die beste Ernährungsform war; die Israeliten lehrte er dieselbe Lektion. Er führte sie aus Ägypten und übernahm ihre Erziehung, damit sie ein Volk seines Eigentums sein konnten. Durch sie wollte er die ganze Welt segnen und lehren. Er versorgte sie mit der Nahrung, die für diesen Zweck am besten geeignet war: nicht Fleisch, sondern Manna, „Himmelsbrot".

Nur wegen ihrer Unzufriedenheit und ihrer Sehnsucht nach den Fleischtöpfen Ägyptens wurde ihnen tierische Nahrung gewährt, und dies nur für kurze Zeit. Ihre Verwendung brachte Tausenden Krankheit und Tod. Dennoch wurde die Beschränkung auf eine fleischlose Kost nie mit dem Herzen angenommen. Sie blieb weiterhin die Ursache von Unzufriedenheit und Klagen, offen oder im geheimen, und wurde nie auf Dauer eingehalten.

Bei ihrem Sesshaftwerden in Kanaan wurde den Israeliten der Genuss von tierischen Speisen erlaubt, aber unter sorgfältigen Einschränkungen, die zum Ziel hatten, die schädlichen Folgen zu verringern. Der Genuss von Schweinefleisch war verboten, wie auch das Fleisch anderer Tierarten, z. B. von Vögeln und Fischen, die für unrein erklärt waren. Auch bei den erlaubten Fleischarten blieb der Genuss von Fett und Blut strikt verboten.

Nur absolut gesunde Tiere durften als Nahrung verwendet werden. Kein Tier, das von anderen Tieren schon erlegt, von selbst verendet oder nicht sorgfältig ausgeblutet war, konnte als Nahrung gebraucht werden.

Indem sie sich von dem Plan entfernten, den Gott für ihre Ernährung entwickelt hatte, erlitten die Israeliten einen großen Verlust. Sie begehrten Fleischnahrung und ernteten die Folgen. Sie erreichten nicht Gottes Ideal des Charakters und erfüllten nicht seine Absicht für sie. Der Herr „gab ihnen, was sie erbaten, und sandte ihnen genug, bis ihnen davor ekelte" (Psalm 106,15). Sie schätzten das Irdische höher ein als das Geistliche, und die geheiligte Vorrangstellung, die Gott für sie beabsichtigte, erreichten sie nicht.

Gründe für den Verzicht auf Fleischspeisen

Wer Fleisch isst, verzehrt Getreide und Gemüse nur aus zweiter Hand; denn das *Tier* bezieht aus diesen Nahrungsmitteln die Nährstoffe, die es wachsen lassen. Die Lebenskraft, die im Getreide und Gemüse war, geht in den über, der es verzehrt. Wir empfangen sie also erst durch das Verspeisen des Fleisches. Wieviel besser ist es doch, diese Lebenskraft direkt zu erhalten, indem man die Speisen isst, die Gott für uns als Nahrung vorgesehen hat!

Fleisch war niemals die beste Nahrung; heute ist sein Verzehr jedoch doppelt unangebracht, da die unterschiedlichsten Krankheiten bei den Tieren stetig zunehmen. Wer sich von Fleisch ernährt, weiß nur zu einem kleinen Teil, was er da eigentlich isst. Oft würde er, wenn er die Tiere noch lebend gesehen hätte und die Qualität des Fleisches kennen würde, entsetzt darauf verzichten. Immer wieder wird Fleisch verkauft, das mit Tuberkulose- oder Krebserregern verseucht ist. Tuberkulose, Krebs und andere todbringende Erkrankungen werden auf diese Weise verbreitet.

Das Gewebe des Schweins wimmelt von Parasiten. Vom Schwein sagte Gott folgendes: „Es soll euch unrein sein: Ihr sollt sein Fleisch nicht essen, und sein Aas sollt ihr nicht anrühren." (5. Mose 14,8) Dieses Gebot wurde gegeben, weil Schweinefleisch als Nahrung ungeeignet ist. Schweine sind Aasfresser, und dies ist der einzige Zweck, dem sie dienen sollten. Niemals, unter keinen Umständen, sollte ihr Fleisch von Menschen gegessen werden. Das Fleisch eines Lebewesens kann nicht gesund sein, wenn Schmutz sein natürliches Element ist und es sich von allem möglichen Abfall ernährt.

Oft werden Tiere zum Markt gebracht und zum Zweck der menschlichen Ernährung verkauft, die schon so krank sind, dass ihre Besitzer sie schnellstens loswerden wollen. Auch einige der Methoden, wie Tiere für den Markt gemästet werden, verursachen Krankheiten. Von Licht und reiner Luft abgeschlossen, den Dunst schmutziger Ställe einatmend und womöglich mit krankmachendem Futter gemästet, wird der ganze Körper der Tiere von schädlichen Substanzen durchsetzt.

Die Tiere werden oft über große Entfernungen transportiert und müssen viel erdulden, bis sie auf den Markt kommen. Von den grünen Weiden über große Entfernungen auf heißen, staubigen Straßen entlanggetrieben oder in fiebrigem und erschöpftem Zustand auf schmutzige Wagen gepfercht, oft tagelang ohne Futter und Wasser, werden diese armen Kreaturen zum Schlachthof getrieben, damit Menschen sich an ihrem Fleisch gütlich tun können.

Vielerorts sind auch Fische von den Schadstoffen, die sie mit der Nahrung aufnehmen, so verseucht, dass sie zu Krankheitserregern werden. Dies ist besonders dort der Fall, wo die Fische mit dem Abwasser großer Städte in Berührung kommen. Fische, die sich vom Inhalt der Abwasserröhren ernährt haben, können in entferntere Gewässer gelangen und gefangen werden, wo das Wasser rein und frisch ist. So werden sie als Nahrungsmittel von guter Qualität deklariert und bringen Krankheit und Tod über solche, die die Gefahr nicht ahnen.[5]

Die Auswirkungen einer Fleischkost werden oftmals nicht sogleich wahrgenommen; das stellt aber keinen Beweis ihrer Unschädlichkeit dar. Nur wenige lassen sich davon überzeugen, dass es das von ihnen genossene Fleisch ist, das ihr Blut vergiftet und ihr Leiden verursacht hat. Viele sterben an Krankheiten, die sie ausschließlich dem Fleischkonsum verdanken, wobei diese wahre Ursache weder von ihnen noch von anderen in Betracht gezogen wird.

Die moralischen Übel einer Fleischkost sind nicht weniger auffällig als die körperlichen. Fleischnahrung schadet der Gesund-

[5] Siehe Die große Saatkorn-Gesundheitsbibliothek, *Heilkräfte der Nahrung*, Bd. 1, Kapitel „Fisch und Meeresfrüchte“, ab S. 230.

heit, und alles, was auf den Körper wirkt, wirkt entsprechend auf den Geist und die Seele. Denkt an die Grausamkeit gegenüber den Tieren, die das Fleischessen mit sich bringt; denkt an die Wirkung auf die, die Tiere schlachten, sowie auf die, die das mit ansehen müssen. Wie zerstört sie doch die Empfindsamkeit, die wir diesen Geschöpfen Gottes entgegenbringen sollten!

Die Verständigkeit, die viele Tiere zeigen, reicht so nahe an die der Menschen heran, dass es wie ein Wunder erscheint. Die Tiere sehen, hören, lieben, fürchten sich und leiden. Sie zeigen Mitgefühl und Empfindsamkeit gegenüber ihren Leidensgenossen. Viele Tiere entwickeln eine Zuneigung zu denen, die sie betreuen, die der Zuneigung weit überlegen ist, wie man sie unter manchen Menschen findet. Sie entwickeln Bindungen an Menschen, und die Trennung verursacht ihnen großes Leid.

Welcher Mensch mit einem empfindsamen Herzen, der jemals eine Beziehung zu Haustieren entwickelt hat, könnte in ihre Augen sehen, die so voller Vertrauen und Zuneigung sind, und sie dann willentlich dem Schlachtermesser ausliefern? Wie könnte er ihr Fleisch als einen Leckerbissen verzehren?

Zur Veränderung der Ernährungsweise

Es ist ein Irrtum anzunehmen, dass man zur Stärkung der Muskelkraft Fleisch oder Fleischprodukte essen muss. Die Bedürfnisse des Organismus können besser befriedigt werden, und man kann sich durchaus einer stabilen Gesundheit erfreuen, wenn man solche Nahrung nicht zu sich nimmt.

Die Getreidearten, verbunden mit Obst, Nüssen und Gemüse, enthalten alle Nährstoffe, die zur Bildung guten Blutes notwendig sind. Diese Nährstoffe sind in Fleischkost nicht vollständig enthalten. Wäre der Genuss von Fleisch für Gesundheit und Stärke notwendig gewesen, würde tierische Nahrung zu der Kost gehören, die dem Menschen von Anfang an bestimmt war.

Wenn man auf den Genuss von Fleisch verzichtet, stellt sich oft ein Gefühl der Schwäche ein. Viele werten dies als einen Beweis dafür, dass Fleischnahrung notwendig sei. Dass manche geradezu unter Entzugserscheinungen leiden, liegt daran, dass Fleisch zu den stimulierenden Speisen gehört, die die Nerven anregt, und in gewisser Weise abhängig machen. Einige werden es als ebenso schwierig empfinden, sich das Fleischessen abzugewöhnen, wie es einem Trinker schwerfällt, auf sein regelmäßiges Schlückchen zu verzichten. Aber nach der Umstellung werden sie sich um so wohler fühlen.

Wer auf Fleischnahrung verzichtet, sollte zu einer vielfältigen Kost aus Getreide, Nüssen, Gemüse und Obst übergehen, die sowohl nahrhaft als auch appetitanregend ist. Dies ist vor allem für diejenigen erforderlich, die schwach sind oder körperliche Arbeit leisten müssen. In einigen Ländern mit großer Armut zählt Fleisch zu den billigsten Nahrungsmitteln. Unter diesen Umständen bereitet die Umstellung größere Schwierigkeiten; aber sie kann trotzdem vollzogen werden. Wir sollten jedoch die Situation der Menschen und die Macht einer lebenslangen Gewohnheit in Betracht ziehen und darauf achten, diese – wenn auch noch so richtigen – Gedanken nicht unangemessen aufzudrängen.

Niemand sollte dazu genötigt werden, die gebotene Ernährungsumstellung abrupt zu vollziehen. Die Stelle des Fleisches sollte mit bekömmlichen und preisgünstigen Speisen ausgefüllt werden. In dieser Angelegenheit hängt sehr viel von der Köchin ab. Mit Sorgfalt und Geschick kann sie Gerichte zubereiten, die sowohl nahrhaft als auch appetitanregend sind und in hohem Umfang den Platz der Fleischnahrung einnehmen.

Schärft in jedem Fall das Gewissen, stärkt die Willenskraft, bietet gute, bekömmliche Speisen an; dann wird die Umstellung zügig erfolgen und das Verlangen nach Fleisch bald nachlassen.

Ist es nicht an der Zeit, dass alle den Entschluss fassen sollten, auf Fleischspeisen zu verzichten? Wie können diejenigen, die nach zunehmender Reinheit, Charakterentwicklung und Heiligung trachten, um Gemeinschaft mit himmlischen Engeln haben zu können, fortgesetzt etwas als Nahrung verwenden, das so schädliche Wirkungen auf Seele und Körper hat? Wie können sie Geschöpfen Gottes das Leben nehmen, um deren Fleisch als eine delikate Speise zu verbrauchen? Lasst sie statt dessen zu der bekömmlichen und köstlichen Nahrung zurückkehren, die dem Menschen am Anfang gegeben war; lasst sie den Geschöpfen, die Gott gemacht und unserer Herrschaft unterstellt hat, selbst Barmherzigkeit erweisen und auch ihre Kinder dazu erziehen.

Kapitel 25

Extreme in der Ernährung

Nicht alle, die vorgeben, an die Notwendigkeit einer Ernährungsreform zu glauben, sind wirkliche Reformer. Für viele Menschen besteht diese Reform lediglich darin, bestimmte ungesunde Speisen zu meiden. Sie verstehen bei weitem nicht alle Grundsätze der Gesundheit, und ihre Esstische, nach wie vor mit ungesunden Leckerbissen beladen, sind weit davon entfernt, eine Illustration christlicher Mäßigkeit und Bescheidung zu sein.

Eine andere Gruppe bewegt sich in ihrem Bestreben, ein gutes Vorbild zu geben, auf das entgegengesetzte Extrem zu. Manche können die besten und gesündesten Speisen nicht erwerben; anstatt nun aber solche Nahrung zu verwenden, die das Fehlende am besten ersetzt, führen sie eine einseitige Ernährungsweise ein. Ihre Speisen liefern nicht die Stoffe, die zur Bildung guten Blutes nötig sind. Ihre Gesundheit leidet, ihre Leistungsfähigkeit nimmt ab, und ihr Beispiel schadet einer Ernährungsreform mehr, als dass es ihr nützt.

Andere meinen, weil Gesundheit eine einfache Ernährung erfordert, brauche man sich bei der Auswahl oder Zubereitung der Speisen nur wenig Mühe zu geben. Einige probieren eine sehr sparsame Ernährung aus, die nicht genügend Vielfalt aufweist, um die Bedürfnisse des Organismus zu befriedigen; in der Folge treten Mangelerscheinungen auf.

Diejenigen, die die Reformgrundsätze nur zum Teil verstanden haben, sind oftmals die strengsten, nicht nur im Praktizieren ihrer extremen Ansichten bei sich selbst, sondern auch in dem Bestreben, diese ihren Familien und Nachbarn aufzuzwingen. Die Auswirkungen ihrer missverstandenen Reformen, die an ihrer eigenen schlechten Gesundheit zu sehen sind, sowie ihre fortwährenden

Anstrengungen, diese Ansichten anderen aufzuzwingen, vermitteln vielen Menschen eine falsche Vorstellung von der Ernährungsreform und führen letztlich dazu, diese völlig abzulehnen.

Wer die Gesetze der Gesundheit versteht und von klaren Prinzipien geleitet ist, wird alle Extreme vermeiden, sowohl die der Schwelgerei als auch die der Mangelernährung. Seine Nahrung dient nicht nur zur Befriedigung des Appetits, sondern vor allem zur Stärkung des Körpers. Er ist bemüht, jede Fähigkeit bestmöglich zum Dienst für Gott und Menschen zu erhalten. Der Appetit steht bei ihm unter der Kontrolle von Vernunft und Gewissen, und dafür wird er mit Gesundheit an Körper und Geist belohnt. Obgleich er seine Ansichten anderen nicht unablässig aufdrängt, ist sein Beispiel doch ein Zeugnis zugunsten richtiger Prinzipien. Ein solcher Mensch übt einen wirksamen Einfluss zum Guten aus.

In der Ernährungsreform liegt wirklich gesunder Menschenverstand. Man muss sich mit diesem Thema umfassend und detailliert auseinandersetzen, und niemand sollte andere kritisieren, weil ihre Vorgehensweise nicht in allen Punkten mit der seinen übereinstimmt. Es ist unmöglich, starre Regeln für jedermanns Essgewohnheiten aufzustellen, und niemand sollte sich selbst für den Maßstab aller Dinge halten. Nicht alle können dieselben Speisen essen. Nahrung, die dem einen schmeckt und bekömmlich ist, kann anderen nicht schmecken und sogar schädlich sein. Einige vertragen keine Milch, während andere durch sie aufblühen. Einige Menschen können Erbsen und Bohnen nicht verdauen; für andere sind sie bekömmlich. Für einige stellen die einfacheren Getreidezubereitungen gute Nahrung dar, während andere sie nicht essen können.

Menschen, die in Gebieten mit schlechter Infrastruktur oder unterentwickelten Regionen leben, wo Obst und Nüsse nicht immer zu haben sind, sollte man nicht dazu drängen, Milch und Eier aus ihrer Ernährung zu streichen. Zwar sollen gut ernährte Personen, die über die Maßen mit Leidenschaften zu kämpfen haben, den Genuss stimulierender Speisen meiden. Besonders in Familien mit Kindern, die sinnlichen Gewohnheiten ergeben sind, sollten Eier nicht verwendet werden. Aber Personen, deren blutbildende Organe schwach sind, sollten weiterhin Milch trinken und Eier essen, besonders wenn andere geeignete Nahrungsmittel für eine ausreichende Versorgung des Körpers nicht zur Verfügung stehen. Jedoch sollte man sorgfältig darauf achten, nur Milch von gesunden Kühen und Eier von gesunden Hühnern zu erhalten, die gut gefüttert und gut versorgt sind. Die Eier sollten so gekocht werden, wie sie am leichtesten verdaulich sind.

Die Ernährungsreform muss schrittweise vor sich gehen. Da Erkrankungen bei Tieren zunehmen, wird der Genuss von Milch und Eiern immer riskanter. Wenn möglich, sollten wir sie durch andere Nahrungsmittel ersetzen, die gesund und preiswert sind. Überall sollte man die Menschen lehren, wie man soweit wie möglich ohne Milch und Eier leben kann, und dennoch bekömmliche und schmackhafte Speisen erhält.

Die Gewohnheit, nur zwei Mahlzeiten pro Tag einzunehmen, wird weithin als ein Segen für die Gesundheit empfunden. Es gibt jedoch Menschen, die zusätzliche oder Zwischenmahlzeiten benötigen. Diese sollten jedoch grundsätzlich aus äußerst leicht verdaulichen Speisen bestehen. „Crackers" – das englische Biskuit – oder Zwieback und Obst oder Getreidekaffee sind z. B. solche Speisen, die sich für eine Abendmahlzeit am besten eignen.

Einige machen sich beständig Sorgen, dass ihre Nahrung, wie einfach und gesund sie auch sein mag, ihnen womöglich schade. Ihnen möchte ich folgendes sagen: Befürchtet nicht, dass euch eure Nahrung schadet; denkt überhaupt nicht darüber nach. Esst entsprechend eurem besten Wissen; und wenn ihr den Herrn gebeten habt, die Speise zur Stärkung eures Körpers zu segnen, dann glaubt auch, dass er euer Gebet erhört, und seid beruhigt.

Während entsprechende Grundsätze uns ermutigen, Speisen zu meiden, die den Magen reizen und die Gesundheit beeinträchtigen, sollten wir uns gleichzeitig daran erinnern, dass eine mangelhafte und einseitige Ernährung Blutarmut hervorruft. Daraus entwickeln sich Erkrankungen, die nur sehr schwer zu heilen sind. Der Organismus wird nicht genügend ernährt, Verdauungsstörungen sowie allgemeine Schwäche sind die Folge.

Diejenigen, die sich so ernähren, tun das nicht immer aus Gründen der Armut, sondern es geschieht aus Unwissenheit oder

Nachlässigkeit oder aufgrund ihres falschen Verständnisses der Ernährungsreform.

Gott wird nicht geehrt, wenn wir unseren Körper vernachlässigen oder missbrauchen. Damit wird er untauglich zum Dienst für Gott. Den Körper mit einer Nahrung zu versorgen, die genussvoll und stärkend ist, zählt zu den wichtigsten Pflichten der Hausfrau. Es ist sinnvoller, weniger kostspielige Kleidung und Möbel zu besitzen, als an der Qualität des Essens zu sparen.

Einige Hausfrauen sparen an der Ernährung ihrer Familie, um gelegentlichen Besuchern aufwendige Festmahle bieten zu können. Dies ist unklug. Auch bei der Bewirtung von Gästen sollte Einfachheit herrschen. Die Bedürfnisse eurer Familie sollten in eurer Aufmerksamkeit immer an erster Stelle stehen.

Falsche Sparsamkeit oder übertriebener Aufwand verhindern oft die Ausübung von Gastfreundschaft, wo sie benötigt wird und ein Segen wäre. Die Menge an Essen, die wir normalerweise zubereiten, sollte so bemessen sein, dass ein unerwarteter Gast stets willkommen geheißen werden kann, ohne die Hausfrau mit besonderem Aufwand zu belasten.

Alle sollten sich gewisse Grundkenntnisse darüber aneignen, was man essen sollte und wie man es zubereitet. Männer müssen ebenso wie Frauen in der Lage sein, einfache und gesunde Nahrung zuzubereiten. Oft werden sie aus beruflichen Gründen an Orte geschickt, wo sie keine gesunden Mahlzeiten bekommen; dann werden ihnen ihre Kochkenntnisse sehr nützlich sein.

Plane deine Ernährung sorgfältig. Denke von der Ursache her zu ihrer Wirkung. Sei kritisch gegen dich selbst. Halte den Appetit unter der Kontrolle der Vernunft. Überfordere niemals den Magen durch Überessen, aber verzichte auch nicht auf bekömmliche, schmackhafte Speisen, die ein gesunder Körper braucht.

Die engstirnigen Ideen einiger Möchtegern-Gesundheitsreformer haben dem Anliegen der Gesundheitspflege großen Schaden zugefügt. Gesundheitsberater sollten sich daran erinnern, dass die Ernährungsreform weitgehend nach den Prinzipien beurteilt wird, die für die Auswahl der Speisen gelten. Anstatt hier einen Weg einzuschlagen, der die Reform in Misskredit bringt, sollten sie ihre

Grundsätze auf klare Weise vermitteln, so dass unvoreingenommene Gemüter sie gern annehmen. Es gibt eine große Gruppe, die sich jeder Reformbewegung widersetzen wird, auch wenn die Argumente noch so vernünftig sind, weil sie dem Appetit eine Beschränkung auferlegt. Sie richten sich nur nach ihrem Geschmack statt nach Vernunft oder Gesundheitsgesetzen.

Von dieser Gruppe werden alle, die den ausgetretenen Weg der Allgemeinheit verlassen und einen reformierten Weg einschlagen, als Radikale bezeichnet, gleichgültig, ob ihr Kurs richtig ist oder nicht. Damit sie diesen Personen keinen Anlass zur Kritik liefern, sollten Gesundheitsberater nicht unbedingt den Weg des größten Gegensatzes wählen, sondern vielmehr versuchen, jenen so nahe wie möglich zu kommen, ohne jedoch dabei Prinzipien aufzugeben.

Wenn die Befürworter einer Gesundheitsreform Extrempositionen vertreten, verwundert es nicht, dass viele, die diese Menschen hinsichtlich der Gesundheitsprinzipien für kompetent halten, letztlich doch die Reform insgesamt zurückweisen. Diese Extrempositionen richten in kurzer Zeit häufig mehr Schaden an, als durch ein lebenslanges überzeugendes Vorbild wiedergutgemacht werden kann.

Die Gesundheitsreform beruht auf Prinzipien, die breit angelegt und von weitreichender Bedeutung sind; wir sollten sie deshalb nicht durch engstirnige Ansichten und Praktiken unnötig eingrenzen. Aber niemand sollte so weit gehen, sich durch eine gegensätzliche Meinung, Spott oder den Wunsch, anderen zu gefallen, von diesen Prinzipien abzuwenden oder leichtfertig über sie zu denken. Diejenigen, die sich von bestimmten Grundsätzen leiten lassen, werden fest und entschlossen für das Richtige einstehen; dabei werden sie jedoch im Umgang mit ihren Mitmenschen jederzeit einen großmütigen, christusähnlichen Geist und wahre Mäßigung offenbaren.

Kapitel 26

Anregungsmittel und Rauschgifte

Unter der Überschrift „Anregungsmittel und Rauschgifte" wird ein breites Spektrum von Substanzen zusammengefasst, die allesamt als Nahrungsmittel oder Getränke sehr volkstümlich geworden sind. Sie reizen den Magen, vergiften das Blut und versetzen die Nerven in unnatürliche Anspannung. Ihr Gebrauch ist ein eindeutiges Übel.

Menschen suchen die Erregung durch Stimulantien, weil ihre Auswirkungen – zunächst – erfreulich sind. Aber längerfristig tritt immer auch eine nachteilige Reaktion ein. Der Gebrauch unnatürlicher Stimulantien nimmt stetig zu; hier liegt eine der Hauptursachen für körperliche Degeneration und schwere gesundheitliche Schäden.

Gewürze

In dieser schnelllebigen Zeit ist Nahrung um so besser, je weniger anregend sie ist. Scharfe Gewürze sind ihrer Natur nach schädlich. Senf, Pfeffer, andere Würzmittel, Essiggemüse und andere, teilweise auch synthetisch hergestellte „Geschmacksverbesserer" reizen den Magen und vergiften das Blut.

Der entzündete Zustand des Trinkermagens wird oft als drastische Illustration für die Wirkung alkoholischer Getränke verwendet. Ein ähnlich entzündeter Zustand wird durch den Konsum scharfer Gewürze herbeigeführt. Schließlich stellt der natürliche Geschmack der Speisen den Appetit nicht mehr zufrieden. Der Organismus empfindet einen Mangel, ein Verlangen nach etwas Anregendem.

Tee und Kaffee

Tee wirkt als ein Anregungsmittel und führt in einem gewissen Ausmaß zu einem Rausch. Kaffee und viele andere beliebte Getränke wirken ähnlich. Der erste Eindruck ist belebend. Die Magennerven werden angeregt; sie leiten den Reiz an das Gehirn weiter, dieses wiederum regt das Herz zu gesteigerter Tätigkeit an und vermittelt dem ganzen Organismus kurzlebige Energie. Die Müdigkeit ist vergessen; man scheint neue Kraft zu haben. Der Geist wird wacher, die Phantasie lebendiger.

Wegen dieser Wirkungen meinen nun viele, Tee oder Kaffee täte ihnen sehr gut. Aber dies ist ein Irrtum. Tee oder Kaffee geben dem Organismus keine Nährstoffe. Ihre Wirkung tritt ein, bevor eine Verdauung und Resorption stattfinden konnte, und was wie eine Kräftigung aussieht, ist nur eine Anregung der Nerven. Wenn die Wirkung des anregenden Mittels nachlässt, flaut die unnatürliche Kraft ab; schließlich sind Trägheit und Schwäche größer als vorher.

Dem fortgesetzten Gebrauch dieser Nervenreizmittel folgen Kopfschmerzen, Schlaflosigkeit, Herzklopfen, Verdauungsstörungen, Zittern und viele andere nachteilige Auswirkungen; denn diese Mittel verschleißen letztlich die Lebenskräfte. Ermüdete Nerven brauchen Erholung und Ruhe statt Anregung und weitere Belastung. Die Natur braucht Zeit, um ihre verbrauchten Energien zu regenerieren.

Wenn der Körper durch den Genuss von Stimulantien weiter aufgeputscht wird, steigt die Leistung für eine Zeitlang an. Da aber der Organismus durch deren fortgesetzten Gebrauch geschwächt wird, wird es zunehmend schwieriger, den gewünschten Grad an Leistungsfähigkeit zu erreichen. Das Bedürfnis nach Stimulantien nimmt stetig zu, bis die Willenskraft besiegt ist und keine Kraft mehr vorhanden zu sein scheint, das unnatürliche Verlangen zurückzuweisen. Dann braucht man stärkere und immer größere Mengen an Stimulantien, bis die ausgelaugte Natur auf diese Art Anregung überhaupt nicht mehr anspricht.

Die Gewohnheit des Tabakkonsums

Tabak ist ein langsam wirkendes, heimtückisches, aber höchst bösartiges Gift. In welcher Form auch immer er konsumiert wird, macht er sich im Organismus bemerkbar; er ist um so gefährlicher, weil er langsam und zunächst kaum wahrnehmbar wirkt. Er regt die Nerven zuerst an und lähmt sie dann. Er schwächt und benebelt das Gehirn. Oft erregt er die Nerven intensiver als ein berauschendes Getränk. Er ist subtiler, und seine Wirkungen sind aus dem Organismus nur schwer zu eliminieren. Sein Konsum erweckt einen Durst nach alkoholischen Getränken und legt so in vielen Fällen den Grund zum regelmäßigen Alkoholkonsum.

Der Gebrauch des Tabaks ist ungünstig, kostspielig, unreinlich, schädlich für den Konsumenten und eine Belästigung für seine Umgebung. Seine Anhänger sind überall anzutreffen. Man kann kaum durch eine Menschenmenge gehen, ohne dass einem irgendein Raucher seine vergiftete Atemluft ins Gesicht bläst. Es ist unangenehm und ungesund, sich in einem Eisenbahnwaggon oder einem Raum aufzuhalten, wo die Luft durch Alkohol- und Tabakdunst verpestet ist. Es ist schon schlimm genug, dass diese Menschen von ihrer Sucht nicht lassen wollen, aber wer gibt ihnen das Recht, die Luft zu verpesten, die andere atmen müssen?

Unter Kindern und Jugendlichen richtet der Gebrauch von Tabak unsagbaren Schaden an. Die schädlichen Gewohnheiten vergangener Generationen wirken sich auf die Kinder und Jugendlichen von heute aus. Geistige Unfähigkeit, körperliche Schwäche, zerrüttete Nerven und unnatürliche Begierden werden als schlimmes Erbgut von Eltern auf ihre Kinder übertragen. Und wenn die Kinder den Gebrauch dieser Suchtmittel fortsetzen, vergrößern sie deren schädliche Auswirkungen. Hierin liegt zum großen Teil die Ursache für den körperlichen, geistigen und moralischen Verfall unserer Gesellschaft, der zu einem so großen Anlass der Besorgnis wird.

Häufig beginnen Jungen schon in einem sehr frühen Alter mit dem Konsum von Tabak. Die Abhängigkeit, die auf diese Weise entsteht, weil Körper und Geist für die Wirkungen dieser Droge besonders anfällig sind, untergräbt die körperlichen Kräfte, lässt den Leib verkümmern, stumpft den Geist ab und verdirbt die Sitten.

Wie aber will man Kinder und Jugendliche von der Schädlichkeit einer Gewohnheit überzeugen, wenn Eltern, Lehrer und selbst Geistliche diesem Laster frönen? Schon kleine Jungen, kaum der Kindheit entwachsen, erwischt man häufig genug beim Ausprobieren. Wenn man sie darauf anspricht, sagen sie: „Mein Vater raucht auch." Sie verweisen auf den Geistlichen oder den Lehrer und sagen: „Solch ein Mann raucht; warum soll es schädlich sein, wenn ich das gleiche tue?" Viele Mitarbeiter im Gesundheitsdienst sind Raucher. Wie sollen solche Menschen bei der Bekämpfung der Sucht Erfolg haben?

Ich appelliere an diejenigen, die behaupten, an das Wort Gottes zu glauben und es zu befolgen: Könnt ihr als Christen einer Gewohnheit frönen, die euren Verstand lähmt und euch die Kraft raubt, die ewigen Wirklichkeiten richtig zu schätzen? Könnt ihr akzeptieren, Gott täglich etwas von dem Dienst vorzuenthalten, der ihm zusteht, und gleichzeitig euren Mitmenschen ein schlechtes Vorbild geben?

Seid ihr euch der Verantwortung als Gottes Diener und für die Mittel in euren Händen bewusst? Wieviel vom Geld des Herrn verbraucht ihr für Tabak? Rechnet einmal aus, wieviel ihr während eures bisherigen Lebens dafür ausgegeben habt. In welchem Verhältnis steht der Betrag, den ihr für dieses Laster aufgewendet habt, zu dem, was ihr zur Hilfe für die Armen und zur Verbreitung des Evangeliums gegeben habt?

Niemand braucht Tabak, aber unzählige Menschen kommen um wegen fehlender Mittel, die für den Tabakkonsum verschwendet werden. Habt ihr damit nicht die Güter des Herrn veruntreut? Habt ihr nicht euch selbst und euren Mitmenschen Schaden zugefügt?

„Oder wisst ihr nicht, dass euer Leib ein Tempel des Heiligen Geistes ist ... und dass ihr nicht euch selbst gehört? Denn ihr seid teuer erkauft; darum preist Gott mit eurem Leibe." (1. Korinther 6,19–20)[6]

---

[6] Gegen Ende des 20. Jahrhunderts hat die medizinische Forschung neben der Suchtgefahr nachhaltig die schwerwiegenden Folgen des Rauchens bewiesen: Schädigung der Atmungsorgane bis hin zum Krebs, massive

Alkoholische Getränke

„Der Wein macht Spötter, und starkes Getränk macht wild; wer davon taumelt, wird niemals weise." (Sprüche 20,1)

„Wo ist Weh? Wo ist Leid? Wo ist Zank? Wo ist Klagen? Wo sind Wunden ohne jeden Grund? Wo sind trübe Augen? Wo man lange beim Wein sitzt und kommt, auszusaufen, was eingeschenkt ist. Sieh den Wein nicht an, wie er so rot ist und im Glase so schön steht: Er geht glatt ein, aber danach beißt er wie eine Schlange und sticht wie eine Otter." (Sprüche 23,29–32)

Niemals wurde von Menschenhand ein lebendigeres Bild von der Entwürdigung und Versklavung des Opfers berauschender Getränke gezeichnet. Gefangen und erniedrigt hat er, selbst wenn er zeitweise seinen elenden Zustand erkennt, keine Kraft, sich aus der Schlinge herauszuwinden; denn er „will es wieder so treiben" (Sprüche 23,35).

Man braucht keine besondere Beweisführung, um die schlimmen Wirkungen berauschender Getränke auf den Trinker deutlich zu machen. Diese einfältigen, törichten Wracks der Menschheit – Seelen, für die Christus starb und über die Engel weinen – findet man überall. Sie sind ein Schandfleck unserer prahlerischen Zivilisation. Sie sind die Schande, der Fluch und eine Gefahr für jedes Land.

Und wer kann das Elend, die Qualen und die Verzweiflung beschreiben, die sich im Heim eines Trinkers verbergen? Denkt an die Ehefrau, oft in gutem Hause aufgewachsen, empfindsam, kultiviert und von feinem Charakter, die nun mit einem Menschen verbunden ist, den der Alkohol in einen Säufer oder einen Dämon verwandelt. Denkt an die Kinder, denen die Behaglichkeiten eines Heims, eine gute Erziehung und Ausbildung fehlen, wie sie in Schrecken vor dem leben, der ihr Stolz und Schutz sein sollte. Sie müssen sich aus eigener Kraft einen Platz in der Welt erkämpfen, belastet durch ihre Herkunft und oft durch die ererbte Neigung zur Trunksucht.

Gefäßerkrankungen bis hin zur Amputation von Gliedmaßen (z. B. Raucherbein). In den USA haben deshalb schwerstkranke Raucher mit Erfolg die Zigarettenindustrie auf Schadenersatz verklagt. (Anm. der Redaktion)

Denkt an die schrecklichen Unfälle, die täglich unter Alkoholeinfluss geschehen. Da missachtet ein Zugführer ein Signal, oder er versteht eine Anordnung falsch; der Zug fährt weiter, es geschieht ein Zusammenstoß – und viele Menschenleben sind verloren. Oder ein Schiff sinkt und die Passagiere wie die Mannschaft finden ihr Grab im Wasser. Wenn der Vorfall dann untersucht wird, kommt heraus, dass jemand auf einem wichtigen Posten unter Alkoholeinfluss stand. Wie kann jemand Alkohol trinken und gleichzeitig für das Leben von Menschen Verantwortung tragen? Er wird nur dann zuverlässig sein, wenn er sich des Alkohols völlig enthält.

Die milderen Rauschmittel

Menschen, die wissen, dass sie eine Schwäche für berauschende Getränke geerbt haben, sollten unter keinen Umständen Wein, Bier oder Apfelwein in ihrem Blickfeld oder ihrer Reichweite haben, denn das setzt sie beständig einer Versuchung aus. Viele nun halten Apfelwein für harmlos und haben deshalb keine Hemmungen, ihn reichlich einzukaufen. Aber er bleibt nur für kurze Zeit süß, denn dann beginnt die Gärung. Der strenge Geschmack, den er dann annimmt, macht ihn für viele Gaumen um so annehmbarer, und der Konsument gibt nur ungern zu, dass der Trank alkoholisiert, vergoren ist.

Es liegt eine Gesundheitsgefahr in der Verwendung selbst süßen Apfelweins, wie er gewöhnlich produziert wird. Wenn die Menschen sehen könnten, was das Mikroskop in Bezug auf den Apfelwein enthüllt, den sie kaufen, wären nur noch wenige bereit, ihn zu trinken. Oft kümmern sich diejenigen, die Apfelwein für den Verkauf produzieren, nicht um den Zustand des verwendeten Obstes, so dass ein Großteil des Saftes von wurmigen und verfaulten Äpfeln stammt.

Diejenigen, die nie und nimmer diese verfaulten, verrotteten Äpfel zu irgendeinem anderen Zweck verwenden würden, trinken doch den Apfelwein, der daraus hergestellt wird, und nennen das ein feines Getränk; aber das Mikroskop zeigt, dass dieses „liebliche" Getränk, selbst wenn es frisch aus der Presse kommt, für den Verbrauch völlig ungeeignet ist.

Ein Rauschzustand wird ebenso von Wein, Bier und Apfelwein erzeugt wie von stärkeren Getränken. Der Gebrauch dieser Getränke macht Appetit auf die stärkeren; so entsteht schließlich die Trunksucht. Mäßiges Trinken ist die Schule, in der Menschen zur Trinkerlaufbahn erzogen werden. Die Wirkung dieser milderen Rauschmittel ist jedoch so heimtückisch, dass das Opfer schon auf dem Weg zur Trunksucht ist, bevor es die Gefahr überhaupt wittert.

Einige, die man nie für wirklich betrunken halten würde, stehen ständig unter dem Einfluss milder Rauschmittel. Sie sind aufgekratzt, gleichzeitig aber labil und unausgeglichen. Eine Gefahr für sich selbst können sie nicht erkennen und gehen deshalb immer weiter, bis jede Grenze niedergerissen, jeder Grundsatz hinweggespült ist. Die stärksten Vorsätze sind untergraben, die ernsthaftesten Überlegungen reichen nicht aus, um das verdorbene Begehren unter der Kontrolle der Vernunft zu halten.

Die Bibel billigt nirgendwo die Verwendung berauschenden Weins. Der Wein, den Christus bei der Hochzeit zu Kana aus Wasser gemacht hat, war der reine Saft der Trauben. Dies ist „der neue Wein, der in der Traube gefunden wird", von dem die Bibel spricht, „verdirb ihn nicht, denn es ist ein Segen darin!" (Jesaja 65,8)

Es war Christus, der Israel im Alten Testament warnte: „Der Wein macht Spötter, und starkes Getränk macht wild; wer davon taumelt, wird niemals weise." (Sprüche 20,1) In seinem Plan für die Menschen war solch ein Getränk nicht vorgesehen. Satan verführt die Menschen zu einer Genusssucht, die den Verstand benebelt und die geistliche Wahrnehmung lähmt, aber Christus lehrt uns, diese zerstörerischen Sehnsüchte unter Kontrolle zu halten. Er würde den Menschen niemals mit etwas konfrontieren, das ihn in Versuchung führt.

Sein ganzes Leben war ein Beispiel für die Wichtigkeit des Verzichtenkönnens. Es half ihm, die Macht der Begierde zu beherrschen, als er während der vierzigtägigen Fastenzeit in der Wüste an unserer Statt die härteste Prüfung erlitt, die Menschen ertragen konnten. Christus war es, der bestimmte, dass Johannes der Täufer weder Wein noch starkes Getränk trinken sollte. Die gleiche Enthaltsamkeit forderte er auch von der Frau Manoahs. Und Christus verstieß nicht gegen seine eigenen Grundsätze.

Der unvergorene Wein, den er für die Hochzeitsgäste bereitete, war ein bekömmliches und erfrischendes Getränk. Dies ist auch der Wein, der von unserem Heiland und seinen Jüngern beim ersten Abendmahl verwendet wurde. Solch ein Wein sollte stets am Abendmahlstisch als ein Symbol des Blutes des Heilands gebraucht werden. Diese heilige Handlung soll die Seele erfrischen und höheres Leben spenden. Nichts darf damit in Zusammenhang stehen, was uns zum Schaden gereichen könnte.

Wie können Christen im Lichte dessen, was die Bibel, die Natur und der Verstand hinsichtlich des Gebrauchs von Rauschmitteln lehren, sich damit beschäftigen, Hopfen zur Bierproduktion anzubauen oder Wein oder Apfelwein für den Verkauf zu produzieren? Wenn sie ihren Nächsten wie sich selbst lieben, wie können sie dann an der Herstellung von Getränken beteiligt sein, die ihm zur Falle werden?

Die Verantwortung der Eltern

Unmäßigkeit beginnt oft im Heim. Durch den Genuss schwerverdaulicher, ungesunder Speisen werden die Verdauungsorgane geschwächt, und so wird ein Verlangen nach Nahrung geweckt, die eine noch stärkere Reizwirkung hat. Auf diese Weise wird der Appetit dazu erzogen, fortwährend nach etwas Stärkerem zu streben. Das Bedürfnis nach Stimulantien wächst immer mehr, und es wird immer schwieriger, ihm zu widerstehen. Der Organismus wird mehr oder weniger stark vergiftet, und je geschwächter er wird, desto stärker ist das Verlangen nach diesen Dingen.

Ein Schritt in die falsche Richtung bereitet schon den Weg für den nächsten vor. Viele, die niemals Wein oder andere alkoholische Getränke auf ihren Esstisch stellen würden, beladen ihn mit Speisen, die einen solchen Durst nach alkoholischen Getränken verursachen, dass es fast unmöglich ist, der Versuchung zu widerstehen. Falsche Ess- und Trinkgewohnheiten zerstören die Gesundheit und bereiten den Weg zur Trunksucht.

Kurse für eine gesunde Lebensführung wären kaum noch nötig, wenn der jungen Generation, die die Gesellschaft formt und gestaltet, in Bezug auf die Mäßigkeit richtige Grundsätze vermittelt werden könnten. Lasst die Eltern mit dem Kampf gegen Unmäßigkeit in ihren eigenen Heimen beginnen, einem Kampf zugunsten der Grundsätze, die sie ihren Kindern von frühester Kindheit an eingeprägt haben, und sie können auf Erfolg hoffen.

Hier liegt eine wichtige Aufgabe für Mütter, ihren Kindern zu helfen, richtige Gewohnheiten und reine Geschmacksempfindungen zu entwickeln. Erzieht den Appetit; lehrt die Kinder anregende oder berauschende Dinge zu verabscheuen. Vermittelt euren Kindern die sittliche Kraft, dem Bösen zu widerstehen, das sie umgibt. Lehrt sie, sich nicht von anderen beeinflussen zu lassen, so dass sie auch noch so starkem Druck nicht nachgeben, sondern andere zum Guten beeinflussen.

Persönliche Verantwortung

Große Anstrengungen werden zur Bekämpfung der Unmäßigkeit unternommen; doch es gibt in diesem Bereich viele Bemühungen, die nicht am richtigen Punkt ansetzen. Die Vertreter der Gesundheitsreform sollten auf die Übel aufmerksam werden, die durch den Genuss von unbekömmlichen Speisen, Gewürzen, Tee und Kaffee entstehen. Wir erbitten für alle Mitarbeiter im Mäßigkeitswerk Gottes Beistand, aber wir laden sie auch ein, die Ursache des Übels tiefer zu ergründen, das sie bekämpfen, und sicherzustellen, dass sie sich im Blick auf diese Reform einheitlich verhalten.

Es muss den Menschen vor Augen gestellt werden, dass das richtige Gleichgewicht der geistigen und moralischen Kräfte in hohem Maß von der richtigen Verfassung des Organismus abhängt. Alle Rauschmittel und unnatürlichen Stimulantien, die die körperlichen Kräfte schwächen, beinhalten in der Folge auch die Tendenz, die geistige und sittliche Kraft zu mindern. Unmäßigkeit bildet die Basis der moralischen Verdorbenheit der Welt. Durch die Nachgiebigkeit gegenüber einem verdorbenen Appetit verliert die Menschheit die Kraft, Versuchungen zu widerstehen.

Gesundheitsberater haben die wichtige Aufgabe, Menschen in diesen Dingen zu unterrichten. Lehrt sie, dass Gesundheit, Charakter und sogar das Leben durch den Genuss von Stimulantien gefährdet werden, da sie die erschöpften Energien zu unnatürlicher, krampfartiger Tätigkeit aufreizen.

Hinsichtlich des Tees, des Kaffees, des Tabaks und der alkoholischen Getränke besteht der einzig sichere Kurs darin, sie nicht anzurühren, nicht davon zu kosten und nichts damit zu tun zu haben. Die Wirkung von Tee, Kaffee und ähnlichen Getränken geht in dieselbe Richtung wie die von alkoholischen Getränken und Tabak, und nicht selten fällt es den Betroffenen genauso schwer, wie den Trunksüchtigen, ohne diese berauschenden Getränke auszukommen.

Diejenigen, die sich bemühen, diese Stimulantien nicht mehr zu verwenden, werden eine Zeitlang unter Entzugserscheinungen leiden. Aber durch Ausdauer werden sie das Verlangen überwinden und den Mangel immer weniger spüren. Die Natur mag ein bißchen Zeit brauchen, um von dem Missbrauch zu genesen, den sie erlitten hat; aber gebt ihr eine Chance, und sie wird sich erholen und ihre Aufgabe wieder vortrefflich und gut erfüllen.

Kapitel 27

Der Handel mit alkoholischen Getränken und die Prohibition

„Weh dem, der sein Haus mit Sünden baut und seine Gemächer mit Unrecht, ... und denkt: ‚Wohlan, ich will mir ein großes Haus bauen und weite Gemächer' und lässt sich Fenster ausbrechen und mit Zedern täfeln und rot malen. Meinst du, du seiest König, weil du mit Zedern prangst? ... Aber deine Augen und dein Herz sind auf nichts anderes aus als auf unrechten Gewinn und darauf, unschuldig Blut zu vergießen, zu freveln und zu unterdrücken." (Jeremia 22,13–17)

Das Werk des Händlers alkoholischer Getränke

Diese Bibelstelle veranschaulicht das Werk jener, die berauschende Getränke herstellen und verkaufen. Ihr Geschäft besteht in der Ausbeutung anderer. Für das Geld, das sie einnehmen, wird nichts Gleichwertiges geboten. Jeder Geldschein, den sie ihrem Gewinn hinzufügen, hat dem Käufer einen Fluch gebracht.

Gott hat der Menschheit mit freigebiger Hand seine Segnungen verliehen. Würden seine Gaben weise genutzt, wie wenig wüsste dann die Welt von Armut oder Leid! Die Bosheit der Menschen verwandelt seine Segnungen in einen Fluch. Die Gier nach Gewinn und ein verdorbener Appetit verwandeln das Getreide und Obst, das zu unserem Lebensunterhalt gegeben ist, in Gifte, die Elend und Verderben bringen.

Jedes Jahr werden Millionen und Abermillionen Liter an berauschenden Getränken konsumiert. Millionen und Abermillionen werden dafür ausgegeben, sich Elend, Armut, Krankheit, Erniedrigung, Gier, Verbrechen und Tod einzuhandeln. Um seines Gewinns willen verkauft der Alkoholikahändler seinen Opfern das, was Geist und Körper verdirbt und zerstört. Er bürdet der Familie des Trunksüchtigen Armut und Elend auf.

Wenn sein Opfer tot ist, hören die Forderungen des Schnapsverkäufers nicht auf. Er beraubt dann die Witwe und treibt die Kinder in die Bettelei. Er zögert nicht, der mittellosen Familie selbst das Allernötigste zum Leben zu nehmen, indem er die Trinkschulden des Ehemanns und Vaters einfordert. Die Schreie der leidenden Kinder, die Tränen der gequälten Mutter sind ihm lästig. Was bedeutet es ihm schon, wenn diese Leidenden hungern? Was bedeutet es ihm schon, wenn auch sie in Erniedrigung und Verderben getrieben werden? Er wird von den paar Pfennigen jener reich, die er in die Verdammnis führt.

Bordelle, Lasterhöhlen, Gerichtshöfe, Gefängnisse, Armenhäuser, psychiatrische Anstalten, Krankenhäuser, sie alle sind in erheblichem Umfang durch die Folgen des Alkoholverkaufs belastet. Wie das geheimnisvolle Babylon in der Offenbarung handelt er mit „Leibern und Seelen von Menschen" (Offenbarung 18,13). Hinter dem Alkoholverkäufer aber steht der mächtige Zerstörer von Seelen, und jede List und Tücke, die die Erde oder die Hölle zu bieten haben, wird dazu eingesetzt, Menschen unter seine Gewalt zu bringen.

In der Stadt und auf dem Land, in Eisenbahnzügen, auf großen Schiffen, in Geschäftsgebäuden, in den Vergnügungshallen, in der Apotheke und sogar in der Kirche, auf dem geheiligten Abendmahlstisch, sind seine Fallen ausgelegt. Kein Lebensbereich, wo nicht das Verlangen nach berauschenden Getränken erzeugt und gefördert würde.

Fast überall gibt es die Kneipe an der Ecke mit ihren schillernden Lichtern, ihrer freundlichen Begrüßung und ausgelassenen Stimmung, die den Arbeiter, den reichen Nichtstuer und den nichtsahnenden Jugendlichen gleichermaßen anlockt.

In privaten Esszimmern und an vornehmen Ferienorten werden Frauen beliebte Getränke gereicht, die einen wohlklingenden Namen haben, in Wahrheit aber Alkoholika sind. Für die Kranken und solche, die sich nicht wohlfühlen, gibt es die hochgepriesenen Magenbitter, die aber hauptsächlich aus Alkohol bestehen.

Um das Verlangen nach Alkohol bei kleinen Kindern zu erzeugen, werden Süßigkeiten mit Alkohol gefüllt. Solche Süßigkeiten werden dann in den Lebensmittelgeschäften verkauft, und mit dem Verschenken solcher Süßwaren lockt der Alkoholverkäufer die Kinder zu sich.

Tag für Tag, Monat für Monat und Jahr um Jahr breitet sich dieses Übel aus. Väter, Ehemänner und Brüder, die Stütze, Hoffnung und der Stolz der Nation, kaufen unentwegt Alkoholika, um schließlich als Wracks und Ruinierte zu enden.

Schlimmer noch, der Fluch trifft selbst das Herz eines jeden Heims. Denn zunehmend werden auch Frauen alkoholabhängig. In vielen Haushalten sind kleine Kinder, sogar solche in der Hilflosigkeit des Kleinstkindalters, täglich durch die Vernachlässigung, den Missbrauch und die Verantwortungslosigkeit betrunkener Mütter in Gefahr. Söhne und Töchter wachsen im Schatten dieses fürchterlichen Übels auf. Welche Aussichten gibt es für ihre Zukunft außer der, dass sie vielleicht noch tiefer sinken werden als ihre Eltern?

Von sogenannten christlichen Ländern wird der Fluch in Gebiete der nichtchristlichen Völker getragen. Die armen, ahnungslosen Naturvölker werden so vom Alkohol abhängig gemacht. Sogar unter den Heiden nehmen Menschen von Verstand dies wahr und protestieren dagegen als ein tödliches Gift; aber vergeblich haben sie versucht, ihre Länder vor deren verheerenden Wirkungen zu schützen.

Von zivilisierten Völkern werden den heidnischen Nationen Tabak, Alkohol und Opium aufgezwungen. Die unbeherrschten Leidenschaften der Naturvölker, die vom Alkohol entfesselt werden, ziehen sie in eine zuvor nie gekannte Erniedrigung hinab, und es wird fast unmöglich, Missionare in diese Länder zu senden.

Durch ihren Kontakt mit Menschen, die ihnen ein Wissen von Gott hätten vermitteln sollen, werden die Heiden in Laster eingeführt, die zur Vernichtung ganzer Völker und Rassen führen. Und an den noch unerforschten Orten der Erde werden die Menschen zivilisierter Nationen deshalb gehasst.

Die Verantwortung der Kirche

Die Alkohol-Lobby stellt eine Weltmacht dar. Ihr zur Seite stehen die Macht des Geldes, der Gewohnheit und das wachsende Verlangen nach dem Rauschmittel. Ihre Macht wirkt sogar bis in die Kirchen hinein. Männer, die ihr Geld direkt oder indirekt mit Alkoholhandel verdienen, sind Mitglieder von Kirchen, und zwar oft „Einflussreich und wohlangesehen". Viele von ihnen spenden großzügig an bekannte wohltätige Organisationen. Ihre Geldbeiträge helfen bei der Unterstützung der kirchlichen Projekte und der Bezahlung ihrer Geistlichen. Sie verlangen den Einfluss, der ihnen „Kraft ihres Geldes" zusteht.

Kirchen, die solche Mitglieder aufnehmen, unterstützen praktisch den Handel mit alkoholischen Getränken. Zu häufig hat der Pastor nicht den Mut, für das Rechte einzustehen. Er erklärt seiner Gemeinde nicht, was Gott zum Werk des Alkoholhändlers gesagt hat. Deutliche Worte würden die Interessengruppen in seiner Gemeinde beleidigen, sowie den Verlust seiner Beliebtheit und vor allem den Verlust seines Gehalts nach sich ziehen.

Aber über dem Gericht der Kirche steht noch das Gericht Gottes. Er, der zu dem ersten Mörder sprach, „Die Stimme des Blutes deines Bruders schreit zu mir von der Erde" (1. Mose 4,10), wird die Gaben des Alkoholhändlers auf seinem Altar nicht annehmen. Sein Zorn entflammt gegen die, die ihre Schuld mit dem Deckmantel der Freigebigkeit zu maskieren versuchen. Ihr Geld ist mit Blut besudelt. Es liegt ein Fluch darauf:

„Was soll mir die Menge eurer Opfer? spricht der Herr ... Wenn ihr kommt, zu erscheinen vor mir – wer fordert denn von euch, dass ihr meinen Vorhof zertretet? Bringt nicht mehr dar so vergebliche Speisopfer! ... Und wenn ihr auch eure Hände ausbreitet, verberge ich doch meine Augen vor euch; und wenn ihr auch viel betet, höre ich euch doch nicht; denn eure Hände sind voll Blut." (Jesaja 1,11–15)

Der Trunksüchtige ist zu Besserem fähig; er wurde mit Gaben ausgestattet, um damit Gott zu ehren und der Welt ein Segen zu sein. Aber seine Mitmenschen haben diese Seele in eine Falle gelockt und sich an seiner Erniedrigung bereichert. Sie haben im

Überfluss geschwelgt, während die verarmten Opfer, die sie ausgeraubt haben, in Not und Elend lebten. Aber Gott wird dies von der Hand dessen fordern, der dazu beigetragen hat, den Trunksüchtigen in den Ruin zu treiben.

Er, der die Himmel regiert, hat die erste Ursache oder die letzte Wirkung der Trunkenheit nicht aus den Augen verloren. Er, der für den Sperling sorgt und das Gras auf dem Feld kleidet, wird an jenen nicht vorbeigehen, die nach seinem eigenen Bild geschaffen, von seinem eigenen Blut erkauft worden sind, und ihre Schreie nicht überhören. Gott zeichnet alle Bosheiten auf, die das Verbrechen und das Elend unaufhörlich fortbestehen lassen.

Mögen die Welt und die Kirche dem Mann Anerkennung zollen, der mit der Erniedrigung menschlicher Seelen Reichtum erworben hat. Mögen sie dem zulächeln, der Menschen Schritt für Schritt den Weg der Schande und Erniedrigung hinunterführt. Gott nimmt all das wahr und fällt ein gerechtes Urteil.

Der Alkoholhändler mag von der Welt als ein guter Geschäftsmann bezeichnet werden, aber der Herr sagt „Wehe ihm". Er wird wegen der Hoffnungslosigkeit, des Elends und des Leids angeklagt werden, die vom Alkoholhandel in die Welt gebracht worden sind. Er wird zu den Entbehrungen und den Nöten der Mütter und Kinder Stellung nehmen müssen, denen es an Nahrung und Kleidung und Obdach gefehlt hat und die alle Hoffnung und Freude begraben haben. Er wird sich für die Seelen verantworten müssen, die er unvorbereitet in den ewigen Tod geschickt hat. Und wer den Alkoholhändler in seinem Werk unterstützt, hat Teil an seiner Schuld. Zu ihm sagt Gott: „Deine Hände sind voller Blut."

Verkaufs-Lizenzen für den Alkoholhandel

Das Erteilen von Verkaufs-Lizenzen für Alkohol wird von vielen als eine Möglichkeit der Einschränkung des Trunksuchtübels befürwortet. Jedoch stellt diese Lizenz den Handel unter den Schutz des Gesetzes. Die Regierung billigt sein Vorhandensein und fördert so das Übel, das zu begrenzen sie behauptet. Unter dem Schutz von Produktions- und Verkaufs-Lizenzen werden überall im Land Brauereien, Brennereien und Weinkellereien errichtet, und der Alkoholhandel floriert direkt vor unseren Türen.

Oft wird es verboten, Alkoholika an jemanden zu verkaufen, der betrunken oder als ein eingefleischter Trinker bekannt ist; aber das Bestreben, Jugendliche zu Trinkern zu machen, geht ständig weiter. Von der Gewöhnung der Jugend an den Alkohol hängt der Bestand des Handels ganz entscheidend ab. Die Jugend wird dann Schritt für Schritt weitergeführt, bis die Trinkgewohnheit etabliert und jene Abhängigkeit erzeugt ist, die um jeden Preis ihre Befriedigung fordert.

Es wäre weniger schädlich, dem eingefleischten Trinker, dessen Ruin in den meisten Fällen schon feststeht, seinen Alkohol zu lassen, als zuzulassen, dass die Blüte unserer Jugend von dieser fürchterlichen Sucht ins Verderben gelockt wird.

Durch die Erteilung von Verkaufs-Lizenzen wird denen beständig Sand in die Augen gestreut, die ernsthaft etwas verändern wollen. Es sind Einrichtungen gegründet worden, wo den Opfern der Unmäßigkeit geholfen werden kann, ihre Sucht zu überwinden. Dies ist ein edles Werk; aber solange der Verkauf von Alkohol gesetzlich gebilligt wird, bedeutet die Arbeit dieser Heime für Suchtkranke nur Stückwerk, denn sie können dort nicht für immer bleiben. Sie müssen wieder ihren Platz in der Gesellschaft einnehmen. Die Sucht nach alkoholischen Getränken ist zwar gebändigt, wird aber nie ihre Gefahr verlieren. Wenn sie dann die Versuchung wieder angreift, wie sie es von allen Seiten tut, werden sie ihr nur allzu oft zu einer leichten Beute.

Der Mensch, der ein bösartiges Tier hält und es im Wissen um diese Bösartigkeit herumlaufen lässt, wird von den Gesetzen des Landes für die Schäden haftbar gemacht, die dieses Tier anrichtet. In den Gesetzen, die dem Volk Israel gegeben wurden, bestimmte der Herr, dass, wenn ein als bösartig bekanntes Tier den Tod eines Menschen verursacht hatte, der Eigentümer dieses Tieres mit seinem Leben für seine Fahrlässigkeit oder Bosheit büßen sollte. Nach demselben Prinzip sollte eine Regierung, die den Alkoholverkauf zulässt, für die Folgen dieses Verkaufs verantwortlich gemacht werden. Und wenn es ein todeswürdiges Verbrechen darstellt, ein bösartiges Tier freizulassen, um wieviel größer ist dann das Verbrechen, das Werk des Alkoholverkäufers zu billigen!

Verkaufs-Lizenzen werden mit der Begründung erteilt, dass sie den öffentlichen Kassen eine Einnahmequelle verschaffen. Aber was bedeutet diese Einnahmequelle im Vergleich zu den enormen Ausgaben für die Kriminellen, die Geisteskranken und die Armen, die das Ergebnis des Alkoholhandels sind! Ein Mensch begeht unter Alkoholeinfluss ein Verbrechen. Er wird vor Gericht gestellt, und diejenigen, die den Alkoholhandel legalisierten, sind nun gezwungen, sich mit den Ergebnissen ihres eigenen Werkes zu befassen. Sie autorisierten den Verkauf eines Getränks, das einen gesunden Mann krank werden lässt; und nun müssen sie den Mann ins Gefängnis oder an den Galgen schicken, während seine Frau und seine Kinder oft mittellos zurückgelassen werden, um daraufhin der Gemeinschaft zur Last zu fallen, in der sie leben.

Selbst wenn man also nur den finanziellen Aspekt dieser Frage betrachtet, was für eine Torheit ist es dann, solch ein Geschäft zu tolerieren! Welche Einnahme kann den Verlust der menschlichen Vernunft, die Verunstaltung und Entstellung des Bildes Gottes im Menschen und die Verwahrlosung der Kinder aufwiegen, die in Armut und Erniedrigung darauf zurückgeworfen werden, in *ihren* eigenen Kindern einmal die üblen Neigungen ihrer alkoholsüchtigen Väter fortzupflanzen?

Das Alkoholverbot

Der Mensch, der die Gewohnheit des Alkoholtrinkens angenommen hat, befindet sich in einer verzweifelten Lage. Sein Gehirn ist krank, seine Willenskraft geschwächt. Aus unserer Kraft ist seine Sucht unbezwinglich. Man kann mit ihm nicht vernünftig argumentieren oder ihn zum Verzichten bewegen.

Einer, der fest entschlossen war, mit dem Trinken aufzuhören, gerät in seinen alten Freundeskreis und wird gedrängt, das Glas wieder zu erheben. Mit dem ersten Schmecken des alkoholischen Getränks ist jeder feste Entschluss dahin, jede Spur von Willenskraft zerstört. Ein Nippen an dem berauschenden Getränk, und alle

Gedanken an seine Auswirkungen sind verschwunden. Die Ehefrau mit ihrem zerbrochenen Herzen ist vergessen. Den verführten Vater kümmert es nicht mehr, dass seine Kinder ohne Nahrung und Kleidung sind. Durch die Vergabe von Lizenzen zum Alkoholhandel billigt das Gesetz diesen Untergang der Seele und verzichtet darauf, diesen Handel zu unterbinden, der die Welt mit Bösem erfüllt.

Muss das immer so weitergehen? Werden Menschen immer um den Sieg kämpfen müssen, während vor ihnen die Tür der Versuchung weit offen steht? Muss der Fluch der Unmäßigkeit für immer wie ein Schandfleck auf der zivilisierten Welt liegen? Muss er weiterhin jedes Jahr wie ein verzehrendes Feuer über Tausende glücklicher Heime fegen? Wenn ein Schiff in Sichtweite des Ufers Schiffbruch erleidet, sehen die Menschen dem nicht untätig zu. Sie setzen ihr Leben ein, um Männer und Frauen vor dem Ertrinken zu retten. Wieviel größer sollte dann das Bemühen darum sein, sie vor dem Trinkerschicksal zu retten!

Weder sind es nur der Trinker und seine Familie, die durch den Alkoholhandel gefährdet sind, noch ist die Steuerlast das Hauptübel, das er über die Allgemeinheit bringt. Wir sind allesamt im Netz der Gesellschaft miteinander verflochten. Das Übel, das irgendeinen Teil der großen menschlichen Familie befällt, bringt Gefahr für alle.

Viele Männer, die sich aus Profitstreben oder Bequemlichkeit nicht für eine Beschränkung des Alkoholhandels engagierten, haben – zu spät – erkannt, dass dieser Handel eben doch das Böse fördert. Gesetzlosigkeit führt zu Aufruhr. Das Eigentum ist in Gefahr. Das Leben ist unsicher. Die Zahl der Unfälle auf See und an Land nimmt zu. Krankheiten, die sonst nur an den Orten des Lasters und des Elends entstehen, finden den Weg in herrschaftliche und luxuriöse Heime. Laster, die von den Kindern der Ausschweifung und des Verbrechens gefördert werden, befallen auch die Söhne und Töchter feiner und vornehmer Familien.

Es gibt keinen Menschen, dessen Interessen der Alkoholikahandel nicht gefährden würde. Es gibt keinen Menschen, der sich zu seiner eigenen Sicherheit nicht dazu anhalten sollte, diesen Handel zu zerschlagen.

Vor allen anderen, die für Ordnung und Gerechtigkeit in der Welt verantwortlich sind, sollten die Parlamente und Gerichte frei von dem Fluch der Unmäßigkeit sein. Gouverneure, Senatoren, Parlamentsabgeordnete, Richter, Männer, die die Gesetze einer Nation erlassen und für deren Einhaltung sorgen, Männer, die das Leben, den guten Ruf und den Besitz ihrer Mitmenschen in Händen halten, sollten Männer der strikten Mäßigkeit sein. Nur so kann ihr Geist klar sein, um zwischen Richtigem und Falschem zu unterscheiden. Nur so können sie Grundsatztreue sowie Weisheit bei der Rechtsprechung besitzen und Barmherzigkeit erweisen. Aber was hören wir wirklich darüber?

Wie viele dieser Männer haben durch alkoholische Getränke ihren Geist benebelt und ihr Verständnis für Richtiges und Falsches durcheinandergebracht! Wie viele repressive Gesetze werden erlassen, wie viele unschuldige Menschen werden zum Tode verurteilt – aufgrund der Ungerechtigkeit trunksüchtiger Parlamentarier, Zeugen, Geschworener, Rechtsanwälte und selbst Richter! Es gibt viele, „die Helden sind, Wein zu saufen", und viele „wackere Männer, Rauschtrank zu mischen", viele, „die Böses gut und Gutes böse nennen", die „den Schuldigen gerecht sprechen für Geschenke und das Recht nehmen denen, die im Recht sind!" (Jesaja 5,20–23)

Von solchen sagt Gott folgendes: „Weh denen ... Wie des Feuers Flamme Stroh verzehrt und Stoppeln vergehen in der Flamme, so wird ihre Wurzel verfaulen und ihre Blüte auffliegen wie Staub. Denn sie verachten die Weisung des Herrn Zebaoth und lästern die Rede des Heiligen Israels." (Jesaja 5,20.24)

Die Ehre Gottes, die Stabilität der Nation, das Wohl der Gesellschaft, des Heims und der einzelnen Person, erfordern, dass jede mögliche Anstrengung unternommen wird, den Menschen hinsichtlich der Suchtgefahren die Augen zu öffnen.

Bald werden wir die Auswirkungen dieses fürchterlichen Übels in einem ungeahnten Ausmaß erkennen. Wer wird eine entschlossene Anstrengung unternehmen, das Werk der Zerstörung aufzuhalten? Bis jetzt hat der Kampf kaum richtig begonnen. Stellt eine Armee auf, um den Verkauf der Rauschgetränke zu stoppen, die die Menschen verrückt machen. Die Gefahren des Alkoholverkaufs sollen offengelegt und so die Meinung in der Öffentlichkeit geändert werden, damit sie ein Verbot fordert. Die durch Alkoholkonsum geistig krank gewordenen Menschen sollen eine Chance erhalten, ihrer Versklavung zu entrinnen. Die Stimme des Volkes muss von den Parlamentariern fordern, dass dem niederträchtigen Handel mit alkoholischen Getränken Einhalt geboten werde.

„Errette, die man zum Tode schleppt, und entzieh dich nicht denen, die zur Schlachtbank wanken. Sprichst du: ‚Siehe, wir haben's nicht gewusst!', fürwahr, der die Herzen prüft, merkt es, und der auf deine Seele achthat, weiß es." (Sprüche 24,11–12)

Und „was willst du sagen, wenn er dich so heimsuchen wird?" (Jeremia 13,21; Luther 1912)

Teil VI

Das Heim

Kapitel 28

Die Aufgabe der Familie

Die Verbesserung und charakterliche Wiederherstellung der Menschheit beginnt zu Hause. Das Werk der Eltern bildet die Grundlage aller anderen Bemühungen. Die Gesellschaft besteht aus Familien und ist somit das, wozu die Familienoberhäupter sie machen. Aus dem Herzen „quillt das Leben" (Sprüche 4,23), und das Herz des Gemeinwesens, der Gemeinde und der Nation ist der Familienhaushalt. Das Wohlergehen der Gesellschaft, der Erfolg der Gemeinde und der Wohlstand der Nation hängen von den Einflüssen des Heims ab.

Das Leben Jesu veranschaulicht uns die Wichtigkeit und die Chancen des Familienlebens. Er, der vom Himmel kam, um unser Vorbild und Lehrer zu sein, verbrachte dreißig Jahre als Mitglied eines Haushalts in Nazareth. Der biblische Bericht über diese Jahre ist sehr knapp gehalten. Keine machtvollen Wunder zogen die Aufmerksamkeit der Menge auf sich. Keine begierigen Massen folgten seinen Schritten oder hörten seinen Worten zu. Dennoch erfüllte er all diese Jahre hindurch seinen göttlichen Auftrag. Er lebte als einer von uns und nahm ganz selbstverständlich am Familienleben teil. Er unterstellte sich der familiären Ordnung und übernahm die nötigen Pflichten und Aufgaben. In der schützenden Fürsorge eines einfachen Heims, wo er wie wir alle Erfahrungen des Erwachsenwerdens durchlebte, nahm er zu „an Weisheit, Alter und Gnade bei Gott und den Menschen" (Lukas 2,52).

Während all dieser Jahre, die er in Abgeschiedenheit verbrachte, ging von seinem Leben ein Strom des Mitgefühls und der Hilfsbereitschaft aus. Seine Selbstlosigkeit und geduldige Ausdauer, sein Mut und seine Gewissenhaftigkeit, sein Widerstand gegen Versuchungen, seine unerschütterliche Ruhe und stille Freudigkeit waren eine beständige Anregung. Er brachte eine reine, liebevolle Atmosphäre in das Heim, und sein Leben wirkte wie ein angenehmer Duft inmitten der Gesellschaft. Es gibt keine Hinweise darauf, dass er ein Wunder vollbracht hätte; aber Gutes – die heilende, lebenspendende Macht der Liebe – ging von ihm zu den Versuchten, Kranken und Entmutigten aus. In einer unaufdringlichen Weise diente er von seiner frühesten Kindheit an anderen, und deshalb hörten ihm viele gern zu, als er öffentlich zu wirken anfing.

Die frühen Jahre des Heilands bedeuten mehr als nur ein Beispiel für die Jugend. Sie sind ein Lehrbeispiel und sollten jedem Elternteil zur Ermutigung dienen. Der Kreis der familiären und nachbarschaftlichen Pflichten ist das erste Tätigkeitsfeld für diejenigen, die an der Verbesserung des menschlichen Charakters arbeiten wollen. Es gibt kein wichtigeres Betätigungsfeld als das, welches den Gründern und Beschützern des Heims übertragen ist. Keine Aufgabe, die Menschen anvertraut ist, wird größere oder weiterreichende Ergebnisse bewirken, als die der Väter und Mütter.

Es sind die Jugendlichen und Kinder von heute, von denen die Zukunft der Gesellschaft geprägt wird, und was diese Jugendlichen und Kinder leisten werden, hängt vom Heim ab. Der größere Teil der Krankheit, des Elends und des Verbrechens, mit denen die Menschheit gestraft ist, kann auf den Mangel an richtiger häuslicher Erziehung zurückgeführt werden. Wenn es in den Familien immer ehrlich und aufrichtig zuginge, wenn die Kinder, die aus dem behüteten Heim in die Welt entlassen werden, darauf vorbereitet wären, die Verantwortlichkeiten und Gefahren des Lebens zu meistern – was für eine Veränderung würde das für die Welt bedeuten!

Große Anstrengungen werden unternommen, Zeit, Geld und Mühen ohne Zahl werden von verschiedenen Gruppierungen und Institutionen aufgewendet, um Menschen von den übelsten Gewohnheiten zu befreien. Und all diese reichen nicht aus. Wie gering ist ihr Erfolg, und wie wenige bleiben dauerhaft auf dem richtigen Weg! Wie wenige werden auf Dauer zurückgewonnen!

Viele sehnen sich nach einem besseren Leben, aber es fehlen ihnen der Mut und die Entschlossenheit, mit der Macht der Gewohnheit zu brechen. Sie schrecken vor Anstrengung, Kampf und Verzicht zurück, die hierzu notwendig sind, und ihr Leben bleibt elend und ruiniert. So verlieren selbst Menschen mit hellstem Verstand, besten Aussichten und herausragenden Begabungen, die ansonsten, von ihrer Natur und Ausbildung her, zur Bekleidung von vertrauens- und verantwortungsvollen Positionen geeignet wären, ihre Würde und sind für dieses und das künftige Leben verloren.

Wie hart ist für diejenigen, die sich tatsächlich geändert haben, der Kampf um die Wiedererlangung ihrer Charakterfestigkeit! Viele leiden ihr ganzes Leben hindurch in Form einer zerrütteten körperlichen Konstitution, eines unsteten Willens, eines beeinträchtigten Verstandes und einer geschwächten seelischen Kraft an den Folgen ihrer üblen Saat. Wieviel mehr könnte erreicht werden, wenn man das Übel von vornherein bekämpfen würde!

Diese Aufgabe müssen zu einem großen Teil die Eltern übernehmen. Bei dem Bemühen, Unmäßigkeit und andere Übel einzudämmen, die sich wie ein Krebsgeschwür in die Gesellschaft fressen, könnte man gewaltigen Erfolg verbuchen, wenn man der Unterweisung der Eltern mehr Aufmerksamkeit widmen würde. Sie sind es nämlich, die weitestgehend die Gewohnheiten und den Charakter ihrer Kinder formen. Es unterliegt ihrem Einfluss, die Gewohnheit, die eine so schreckliche Macht zum Bösen sein kann, zu einer Kraft für das Gute zu formen. Sie können den Strom an seiner Quelle beeinflussen, und es ist ihre Aufgabe, ihn richtig zu lenken.

Eltern können für ihre Kinder die Grundlage zu einem gesunden, glücklichen Leben legen. Sie können sie aus ihren Heimen entlassen mit dem nötigen sittlichen Stehvermögen gegenüber Versuchungen sowie dem Mut und der Kraft, sich erfolgreich mit den Problemen des Lebens auseinanderzusetzen. Sie können in ihnen den Wunsch wecken und die Kraft entwickeln, ihr Leben zur Ehre Gottes zu führen und der Welt zum Segen zu werden. Sie können ihren Füßen geradlinige Wege ebnen, um durch Licht und Schatten zu den herrlichsten Höhen zu gelangen.

Die Aufgabe des Heims geht über den Kreis der eigenen Familienangehörigen hinaus. Das christliche Heim sollte ein Vorbild sein, das die herausragende Bedeutung der wahren Lebensgrundsätze veranschaulicht. Eine solche Veranschaulichung wird eine Kraft zum Guten in der Welt sein. Viel wirkungsvoller als jede Predigt, die gehalten werden kann, ist der Einfluss eines richtigen Heims auf Menschenherzen und Menschenleben. Jugendliche aus einem solchen Elternhaus geben die Grundsätze, die sie gelernt haben, gern an andere weiter. Ein verantwortungsbewusster Lebensstil wird so auch in andere Haushalte eingeführt, und ein Einfluss zum Guten wird im Volk spürbar.

Es gibt viele andere, denen unsere Heime zum Segen werden könnten. Unsere geselligen Vergnügungen sollten wir nicht so gestalten, wie es allgemein üblich ist, sondern im Geist Christi und gemäß der Lehre seines Wortes.

Die Israeliten bezogen in all ihre Festlichkeiten die Armen, die Fremden sowie die Leviten mit ein, die sowohl Diener der Priester am Heiligtum als auch religiöse Lehrer und Missionare waren. Man betrachtete sie als Gäste des Volkes, gewährte ihnen bei allen geselligen und religiösen Feiern Gastfreundschaft und sorgte liebevoll für sie in Krankheit oder Not. Solche Menschen wollen wir in unseren Heimen willkommen heißen. Ein solches Willkommen könnte viel dazu beitragen, die Missionskrankenschwester oder den Lehrer, die sorgenbeladene, hart arbeitende Mutter oder die Schwachen und Bejahrten, die oft kein gemütliches Zuhause haben und mit Armut und großen Schwierigkeiten kämpfen müssen, zu ermuntern und zu ermutigen.

Christus sagte: „Wenn du ein Mittags- oder Abendmahl machst, so lade weder deine Freunde noch deine Brüder noch deine Verwandten noch reiche Nachbarn ein, damit sie dich nicht etwa wieder einladen und dir vergolten wird. Sondern wenn du ein Mahl machst, so lade Arme, Verkrüppelte, Lahme und Blinde ein, dann wirst du selig sein, denn sie haben nichts, um es dir zu vergelten; es wird dir aber vergolten werden bei der Auferstehung der Gerechten." (Lukas 14,12–14)

Dies sind Gäste, die keine großen Umstände machen. Für sie wirst du keine extravaganten oder kostspieligen Vergnügungen vorbereiten müssen. Du musst nicht mit deinem Wohlstand angeben. Die Wärme einer freundlichen Begrüßung, ein Platz an eurem

Familientisch, das Vorrecht, den Segen der Gebetszeit mitzuerleben, all das wäre für viele von ihnen wie ein Lichtstrahl vom Himmel.

Unser Mitgefühl darf nicht nur auf Familienangehörige begrenzt bleiben. Für diejenigen, die ihre Heime zu einem Segen für andere machen wollen, gibt es diesbezüglich wertvolle Gelegenheiten. Gesellschaftliche Kontakte bieten wunderbare Möglichkeiten.

Unser Heim sollte auch ein Zufluchtsort für Jugendliche sein, die gegen Versuchungen kämpfen. Es gibt viele, die am Scheideweg stehen. Schon kleinste Zeichen des Verständnisses und der Hilfe werden ihr Schicksal jetzt und später beeinflussen. Das Böse lockt in freundlicher und attraktiver Form. Jeder Ankömmling ist willkommen. Überall um uns her gibt es Jugendliche, die kein Zuhause mehr haben, und viele, deren Zuhause ihnen keine Hilfe bieten kann. Diese Jugendlichen kommen schnell vom richtigen Weg ab. Unsere verschlossenen Haustüren beschleunigen ihren Weg ins Unglück.

Diese Jugendlichen brauchen eine Hand, die sich ihnen teilnahmsvoll entgegenstreckt. Freundliche Worte und kleine Aufmerksamkeiten werden die Wolken der Versuchung vertreiben, die sich über der Seele zusammenziehen. Der wahre Ausdruck des vom Himmel stammenden Mitgefühls hat die Kraft, die Tür zu den Herzen zu öffnen, die den Wohlgeruch christusähnlicher Worte und die einfache, sensible Berührung durch den Geist der Liebe Christi brauchen.

Wenn wir Interesse an der Jugend zeigen, sie in unsere Heime einladen und mit fröhlich stimmenden, hilfreichen Einflüssen umgeben würden, würden viele von ihnen ihre Schritte gern auf den Weg nach oben richten.

Die Gelegenheiten des Lebens

Unsere Zeit hier ist kurz. Wir können nur einmal durch diese Welt gehen; lasst uns auf diesem Weg das Möglichste aus unserem Leben machen. Für die Aufgabe, zu der wir berufen sind, brauchen wir weder Reichtum noch eine hohe gesellschaftliche Stellung oder gar große Begabung. Was wir brauchen, ist ein gütiges, opferbereites Herz und ein festes Ziel. Mit einer Lampe, wie klein sie auch sein mag, kann man viele andere Lampen entzünden, wenn man nur ihre Flamme beständig am Brennen hält.

Unsere Einflusssphäre mag uns unbedeutend erscheinen, unsere Befähigung klein, unsere Gelegenheiten gering an der Zahl, unser Besitztum begrenzt; aber wir haben wunderbare Möglichkeiten, wenn wir im Glauben jene Chancen nutzen, die uns unsere eigenen Heime bieten.

Indem wir unsere Herzen und Heime den göttlichen Lebensgrundsätzen öffnen, werden wir zu Kanälen lebenspendender Macht. Von unseren Heimen werden dann heilende Ströme ausgehen, die Leben, Schönheit und Fruchtbarkeit dorthin bringen, wo jetzt noch Unfruchtbarkeit und Mangel herrschen.

Kapitel 29

Die Eltern

Er, der die Eva dem Adam als Gehilfin gab, tat sein erstes Wunder auf einem Hochzeitsfest. In der Festhalle, wo Freunde und Verwandte gemeinsam feierten, begann Christus sein öffentliches Dienen. Dadurch heiligte er die Ehe und würdigte sie als eine Einrichtung, die er selbst eingesetzt hatte. Er ordnete an, dass sich Männer und Frauen im heiligen Stand der Ehe miteinander verbinden sollten, um Familien zu gründen, deren Mitglieder, mit Ehre gekrönt, auch als Mitglieder der himmlischen Familie anerkannt werden.

Christus ehrte die Ehe, indem er sie auch zu einem Symbol der Vereinigung zwischen sich selbst und den Erlösten machte. Er selbst ist der Bräutigam, die Braut ist die Gemeinde, die er erwählt hat und von der er sagt: „Du bist wunderbar schön, meine Freundin, und kein Makel ist an dir." (Hoheslied 4,7)

Christus „... liebte die Gemeinde und hat sich selbst für sie dahingegeben, um sie zu heiligen. Er hat sie gereinigt ..., damit er sie vor sich stelle als eine Gemeinde, ... die heilig und untadelig sei. So sollen auch die Männer ihre Frauen lieben" (Epheser 5,25–28).

Das Band der Familie ist die festeste, liebevollste und heiligste aller Bindungen auf der Erde. Es wurde geschaffen, um der Menschheit ein Segen zu sein. Und es ist ein Segen überall dort, wo man weise, gottesfürchtig und mit gebührender Beachtung seiner Verantwortlichkeiten in den Ehebund eintritt.

Wenn ein Paar die Eheschließung erwägt, sollten beide überlegen, welchen Charakter und Einfluss das Heim, das sie gründen, haben wird. Und wenn sie Eltern werden, ist ihnen damit eine heilige Verpflichtung übertragen. Von ihnen hängt in hohem Maß das Wohlergehen ihrer Kinder in dieser Welt und ihre Glückseligkeit in der kommenden Welt ab. Zu einem großen Teil bestimmen sie sowohl die körperliche als auch die moralische Prägung, die die Kleinen erhalten. Und von der Prägung des Heims hängt der Zustand der Gesellschaft ab; der Einfluss einer jeden Familie wird in der Waagschale des Guten oder des Schlechten mitgewogen.

Die Wahl eines Lebensgefährten sollte so getroffen werden, dass sie das körperliche, geistige und geistliche Wohlergehen für die Eltern und ihre Kinder bestmöglich sichert und sowohl die Eltern als auch die Kinder dazu befähigt, ihren Mitmenschen ein Segen zu sein und ihren Schöpfer zu ehren.

Bevor junge Männer und Frauen die Verpflichtungen auf sich nehmen, die zur Ehe gehören, sollten sie so viel praktische Lebenserfahrung haben, dass sie so gut wie irgend möglich auf die ehelichen Pflichten und Belastungen vorbereitet sind. Frühe Heiraten sollten nicht gefördert werden. Eine so wichtige und in ihren Auswirkungen so weitreichende Beziehung wie die Ehe sollte nicht hastig, ohne genügend Vorbereitung und bevor die geistigen und körperlichen Kräfte gut entwickelt sind, eingegangen werden.

Die Ehepartner mögen nicht über weltlichen Reichtum verfügen, aber sie sollten den viel größeren Segen der Gesundheit besitzen. Nach Möglichkeit sollte auch kein großer Altersunterschied bestehen. Eine Missachtung dieser Regel kann zu einer ernsthaften Schädigung der Gesundheit des Jüngeren führen, und oft werden die Kinder dadurch um körperliche und geistige Stärke gebracht. Sie können von einem bejahrten Elternteil nicht die Fürsorge und Kameradschaft erhalten, die ihr junges Leben erfordert, und der Tod kann ihnen den Vater oder die Mutter gerade zu der Zeit entreißen, in der Liebe und Führung am meisten benötigt werden.

Nur in Christus kann eine Eheverbindung eingegangen werden, die auch Bestand hat. Menschliche Liebe sollte ihre engsten Bindungen aus der göttlichen Liebe ableiten. Nur wo Christus regiert, kann es tiefe, wahre, selbstlose Zuneigung geben.

Liebe ist ein kostbares Geschenk, das wir von Jesus erhalten. Reine und heilige Zuneigung ist kein Gefühl, sondern ein Prinzip. Diejenigen, die von wahrer Liebe angetrieben werden, sind weder unvernünftig noch blind. Vom Heiligen Geist gelehrt, lieben sie Gott über alles und ihren Nächsten wie sich selbst.

Lasst diejenigen, die eine Eheschließung beabsichtigen, jedes Gefühl und jede Charakterentwicklung dessen abwägen und beobachten, mit dem sie ihr Lebensschicksal verbinden wollen. Lasst jeden Schritt hin zur Ehe von Bescheidenheit, Einfachheit, Aufrichtigkeit und der ernsten Absicht gekennzeichnet sein, Gott zu gefallen und ihn zu ehren. Die Ehe beeinflusst die nachfolgende Lebenszeit sowohl in dieser als auch in der künftigen Welt. Ein aufrichtiger Christ wird deshalb keine Pläne machen, denen Gott nicht zustimmen kann.

Wenn du mit gottesfürchtigen Eltern gesegnet bist, dann suche Rat bei ihnen. Eröffne ihnen deine Hoffnungen und Pläne, lass dir das zur Lehre dienen, was sie dir aus ihrer Lebenserfahrung vermitteln, und du wirst vor vielem Herzweh bewahrt bleiben. Vor allem aber mache Christus zu deinem Ratgeber. Studiere sein Wort unter Gebet.

Unter einer solchen Führung soll eine junge Frau als Lebensgefährten nur jemanden akzeptieren, der reine, männliche Charakterzüge aufweist, der fleißig, strebsam und aufrichtig ist und der Gott liebt und fürchtet. Lasst einen jungen Mann eine ihm zur Seite Stehende suchen, die dazu tüchtig ist, ihren Teil der Lebenslasten zu tragen, eine, deren Einfluss ihn charakterlich weiterentwickelt, und die ihn mit ihrer Liebe glücklich machen will.

„Eine verständige Ehefrau kommt vom Herrn." (Sprüche 19,14)

„Ihres Mannes Herz darf sich auf sie verlassen … Sie tut ihm Liebes und kein Leid ihr Leben lang." (Sprüche 31,11–12)

„Sie tut ihren Mund auf mit Weisheit, und auf ihrer Zunge ist gütige Weisung. Sie schaut, wie es in ihrem Hause zugeht, und isst ihr Brot nicht mit Faulheit. Ihre Söhne stehen auf und preisen sie, ihr Mann lobt sie: ‚Es sind wohl viele tüchtige Frauen, du aber übertriffst sie alle.'" (Sprüche 31,26–29)

Wer solch eine Frau bekommt, „der hat etwas Gutes gefunden und Wohlgefallen erlangt vom Herrn" (Sprüche 18,22).

Wie sorgfältig und weise eine Ehe auch geschlossen worden sein mag, sind doch nur wenige Paare schon vollständig miteinander verbunden, wenn die Hochzeitsfeier vorbei ist. Das wirkliche Zueinanderfinden der beiden Eheleute geschieht erst in den nachfolgenden Jahren.

Wenn das Alltagsleben mit seinem Durcheinander und seinen Sorgen das neuvermählte Paar belastet, entzaubert das die romantischen Vorstellungen, die man sich in der Phantasie so häufig von der Ehe gemacht hat. Ehemann und Ehefrau lernen den Charakter des anderen so kennen, wie es während der vorherigen gelegentlichen Begegnungen nicht möglich war.

Dies ist eine höchst kritische Phase ihrer Lebenserfahrung. Das Glück und der Erfolg ihres ganzen künftigen Lebens hängen davon ab, dass sie nun einen richtigen Kurs einschlagen. Oft werden sie aneinander unvermutete Schwächen und Fehler entdecken; aber liebende Herzen werden auch Wertvolles im Wesen des Partners erkennen, das sie bisher noch nicht bemerkt hatten. Lasst alle danach streben, lieber die wertvollen Eigenschaften zu entdecken als die Fehler. Oft ist es unsere eigene Grundhaltung, die Atmosphäre, die uns umgibt, die bestimmt, was uns von einem anderen enthüllt wird.

Es gibt viele, die Bekundungen von Zuneigung und Liebe als Schwäche ansehen und deshalb eine Reserviertheit pflegen, die andere abstößt. Dieses Denken blockiert den Strom der Sympathiegefühle. Wenn die geselligen und freundschaftlichen Empfindungen unterdrückt werden, sterben sie ab, und das Herz wird einsam und kalt. Wir sollten uns vor diesem Irrtum hüten. Liebe kann auf Dauer nicht bestehen, ohne sich dem anderen mitzuteilen. Lasst das Herz von jemandem, der mit euch verbunden ist, nicht aus Mangel an Freundlichkeit und Sympathie verkümmern.

Obwohl Schwierigkeiten, Missverständnisse und Entmutigungen auftreten können, sollen weder Ehemann noch Ehefrau dem Gedanken Raum geben, ihre Verbindung sei ein Fehler oder eine Enttäuschung. Entschließt euch dazu, einander alles zu sein, was möglich ist. Vergesst nicht die kleinen Aufmerksamkeiten der ersten Liebe. Ermutigt einander in jeder Weise im täglichen Lebenskampf. Strebt danach, das Glück des anderen zu vergrößern. Ertragt einander in Liebe. Auf diese Weise wird die Ehe, anstatt das Ende der Liebe zu sein, die gegenseitige Zuneigung noch vertiefen. Die Wärme wahrer Freundschaft, die Liebe, die Herz an Herz bindet, gewährt uns einen Vorgeschmack auf die Freuden des Himmels.

Um jede Familie herum gibt es einen heiligen Kreis, der unangetastet bleiben muss. Keine fremde Person hat ein Recht, in diesen Kreis einzudringen. Der Ehemann und die Ehefrau sollen keinem anderen Menschen persönliche Dinge anvertrauen, die ausschließlich sie beide etwas angehen.

Jeder soll eher Liebe geben als sie fordern. Pflegt das, was in euch das Edelste ist, und seid hellwach beim Erkennen guter Eigenschaften im anderen. Das Bewusstsein, geschätzt zu werden, ist eine wunderbare Motivation und Genugtuung. Mitgefühl und Achtung ermutigen zum Streben nach der Vervollkommnung des Charakters, und die Liebe selbst wächst, wenn sie zu edleren Zielen anspornt.

Weder der Mann noch die Frau sollte seine bzw. ihre persönliche Eigenart in der des anderen aufgehen lassen. Jeder hat eine persönliche Beziehung zu Gott. *Ihn* soll jeder fragen: „Was ist richtig?", „Was ist falsch?", „Wie kann ich den Sinn meines Lebens am besten erfüllen?"

Überschütte den mit dem Reichtum deiner Liebe, der sein Leben für dich gab. Mach Christus zum Ersten, Letzten und Besten in allem. Indem deine Liebe zu ihm tiefer und stärker wird, wird die Liebe zu deinem Ehepartner echter und tragfähiger.

Der Geist, den Christus uns gegenüber offenbart, ist der, den Ehemann und Ehefrau einander erweisen sollen. „Lebt in der Liebe, wie auch Christus uns geliebt hat." (Epheser 5,2)

„Aber wie nun die Gemeinde sich Christus unterordnet, so sollen sich auch die Frauen ihren Männern unterordnen in allen Dingen. Ihr Männer, liebt eure Frauen, wie auch Christus die Gemeinde geliebt hat und hat sich selbst für sie dahingegeben." (Epheser 5,24–25)

Weder der Mann noch die Frau sollten danach streben, über den anderen eine willkürliche Herrschaft auszuüben. Versucht nicht, einander euren Willen aufzuzwingen. Man kann das nicht tun und dennoch des anderen Liebe behalten. Seid freundlich, geduldig und nachsichtig, rücksichtsvoll und höflich. Mit Gottes Gnade kann es euch gelingen, euch gegenseitig glücklich zu machen, ganz so, wie ihr es in eurem Ehegelübde versprochen habt.

Glück in selbstlosem Dienen

Denkt jedoch daran, dass dauerhaftes Glück nicht nur in trauter Zweisamkeit zu finden ist. Nutzt vielmehr jede Gelegenheit, zum Glück derer beizutragen, die bei euch leben. Denkt daran, dass wahre Freude nur in selbstlosem Dienst zu finden ist.

Nachsicht und Selbstlosigkeit kennzeichnen die Worte und Taten aller, die das neue Leben in Christus leben. Wenn du danach strebst, sein Leben zu leben, danach trachtest, dein Selbst und die Selbstsucht zu besiegen und den Bedürfnissen anderer zu dienen, wirst du Sieg um Sieg erringen. Auf diese Weise wird dein Einfluss der Welt zum Segen sein.

Männer und Frauen können Gottes Idealvorstellung entsprechen, wenn sie Christus als ihren Helfer annehmen. Was menschliche Weisheit nicht vermag, wird seine Gnade für die vollbringen, die sich ihm in liebevollem Vertrauen übergeben. Seine Fügung kann Herzen durch Bindekräfte vereinigen, die himmlischen Ursprungs sind. Die Liebe wird dann kein bloßer Austausch weichlicher und flatterhafter Worte sein.

Der Webstuhl des Himmels webt mit Kett- und Schußfaden feiner, aber fester, als jemals auf irdischen Webstühlen gewebt werden kann. Das Ergebnis ist kein Seidengewebe, sondern eines, das es verträgt, getragen, geprüft und strapaziert zu werden. Herz und Herz werden mit den goldenen Bändern einer Liebe aneinander gebunden sein, die beständig ist.

Kapitel 30

Auswahl und Einrichtung des Heims

Das Evangelium vereinfacht viele Probleme des Lebens. Seine Anweisungen würden, wenn wir sie denn beachteten, so manches Durcheinander entwirren und uns viele Fehlentscheidungen ersparen. Es lehrt uns, die Dinge gemäß ihrem wirklichen Wert einzuschätzen und größte Anstrengungen nur auf die wertvollsten Dinge zu verwenden – die Dinge, die Bestand haben.

Dieses Wissen ist von großer Bedeutung für diejenigen, die verantwortungsbewusst ein Heim auswählen wollen. Sie dürfen sich nicht vom höchsten Ziel ablenken lassen. Sie müssen sich bewusst sein, dass das irdische Heim ein Sinnbild und eine Vorbereitung für das himmlische Heim sein soll. Das Leben hier ist wie eine Grundschule, aus der Eltern und Kinder in die Höhere Schule in Gottes Wohnungen entlassen werden sollen. Möge dieses Ziel die Wahl bestimmen, wenn nach dem geeigneten Platz für ein Heim gesucht wird. Unterwirf dich nicht dem Streben nach Reichtum, dem Diktat der Mode oder dem, was gerade gesellschaftlich „in" ist. Überlege vielmehr, wo du am besten ein Leben in Einfachheit, Reinheit, Gesundheit und unter Beachtung der wahren Werte führen kannst.

Überall auf der Welt werden Großstädte zu Nährböden des Lasters. Der Einfluss des Bösen ist unübersehbar und nicht zu überhören. Allgegenwärtig sind die Verlockungen zu erotischen Abenteuern und zweifelhaftem Amüsement. Die Flut der Korruption und Kriminalität schwillt beständig an. An jedem Tag erreichen uns neue Meldungen über Gewaltverbrechen: Raubüberfälle, Morde, Selbstmorde und andere schlimme Greueltaten.

Das Leben in den Städten ist trügerisch und verdirbt den Charakter. Die skrupellose Jagd nach dem Geld, der Wunsch nach oberflächlicher Zerstreuung und die Vergnügungssucht, die grenzenlose Protzerei, der Luxus und die Extravaganz, all das sind Kräfte, die den Geist der großen Mehrheit vom wahren Sinn des Lebens abwenden. Die Städte bieten Böses in jeder nur erdenklichen Form. Auf die Jugend übt das eine fast unwiderstehliche Macht aus.

Eine der subtilsten und gefährlichsten Versuchungen, denen Kinder und Jugendliche in den Städten ausgesetzt sind, ist die Liebe zum Vergnügen. Zahlreich sind die Feiertage; Spiele und Pferderennen ziehen Tausende an, und ein Mix aus Erregung und Vergnügen lenkt sie von den nüchternen Pflichten des Lebens ab. Geld, das für bessere Verwendungen hätte gespart werden sollen, wird für solche Vergnügungen vergeudet.

Als Folge immer größerer Unternehmenszusammenschlüsse und der daraus resultierenden Auseinandersetzungen mit den Gewerkschaften werden die Lebensbedingungen in den Ballungsgebieten der Industrie zunehmend schwieriger. Ernsthafte Konsequenzen für die Beschäftigten zeichnen sich ab, und für viele Familien wird ein Wegzug aus den Städten unvermeidlich sein.

Die gesundheitlichen Gegebenheiten in den Städten stellen oft eine Gefahr dar. Das ständige Risiko, sich mit schweren Krankheiten zu infizieren, die Verschmutzung von Luft und Wasser, ungesunde Nahrungsmittel und die überfüllten, dunklen, muffigen Wohnungen sind nur einige der vielen akuten Missstände.

Es war nicht Gottes Absicht, dass Menschen in Städten zusammengepfercht werden sollen, zusammengedrängt in langen Häuserzeilen und Mietskasernen. Die Umgebung unserer ersten Eltern bot schöne Aussichten und herrliche Klänge. Diese Freude möchte er uns auch heute schenken. Je mehr wir in Übereinstimmung mit Gottes ursprünglichem Plan gelangen, um so günstiger wird unsere Ausgangsposition hinsichtlich der Erhaltung körperlicher, geistiger und seelischer Gesundheit sein.

Eine teure Wohnung, aufwendige Möblierung, Angeberei, Luxusgüter und Müßiggang schaffen nicht die Bedingungen für ein glückliches, erfolgreiches Leben. Jesus kam auf diese Erde, um das größte Werk zu vollbringen, das es unter Menschen je zu tun gab. Er kam als Gottes Botschafter, um uns zu zeigen, wie wir ein in jeder

Hinsicht erfolgreiches Leben führen können. Welches waren die Bedingungen, die der ewige Vater für seinen Sohn gewählt hatte?

Ein abgelegenes Heim im galiläischen Bergland, eine Familie, die ihren Unterhalt aus ehrlicher, die Selbstachtung fördernder Arbeit bezog; ein Leben in Einfachheit, tägliche Auseinandersetzung mit Schwierigkeiten und Mühsal, Selbstaufopferung, Sparsamkeit und geduldiger, freudiger Dienst, die Schulstunde mit der geöffneten Schriftrolle an der Seite seiner Mutter, die Stille der Morgen- und Abenddämmerung in dem grünen Tal, die heiligen Dienste der Natur, das Studium der Schöpfung und der Vorsehung sowie die Gemeinschaft der Seele mit Gott – dies waren die Bedingungen und Gelegenheiten der frühen Lebensjahre Jesu.

Das gleiche gilt auch für die große Mehrheit der besten und edelsten Menschen aller Zeitalter. Lest die Lebensberichte von Abraham, Jakob und Joseph, von Mose, David und Elisa. Studiert das Leben von Männern späterer Zeiten, die vertrauens- und verantwortungsvolle Positionen höchst ehrenhaft bekleidet haben, von Männern, deren Einfluss zum Guten in der Welt unübersehbar gewesen ist.

Viele von ihnen wuchsen in ländlichen Heimen auf. Sie kannten keinen Luxus. Ihre Jugendzeit verbrachten sie nicht mit Amüsement. Viele hatten beständig mit Armut und Elend zu kämpfen. Sie lernten früh, zu arbeiten, und ihr aktives Leben in der frischen Luft stärkte und beflügelte ihre Fähigkeiten.

Unter dem Zwang der Begrenzung auf ihre eigenen Möglichkeiten lernten sie, Schwierigkeiten durchzustehen und Hindernisse zu überwinden, und erlangten so Mut und Ausdauer. Sie lernten Selbstvertrauen und Selbstdisziplin. Sie blieben in hohem Maß vor schlechtem Umgang bewahrt und waren mit natürlichen Freuden und ehrlicher Kameradschaft zufrieden. Sie bevorzugten einfachen Geschmack und ein diszipliniertes Leben. Sie waren von Prinzipien geleitet, und sie wuchsen rein, stark und lauter auf. Wenn sie dann in ihr Lebenswerk gerufen wurden, brachten sie körperliche und geistige Kraft mit, Elan, die Fähigkeit zur Planung und Durchführung von Aufgaben sowie Festigkeit im Widerstand gegen das Böse. Das machte sie zu einer positiven Kraft für das Gute in der Welt.

Besser als jedes andere Erbe, das ihr euren Kindern mitgeben könntet, wird das Geschenk eines gesunden Körpers, eines klugen Geistes und eines edlen Charakters sein. Wer versteht, was wahrer Lebenserfolg bedeutet, wird beizeiten klug sein und deshalb auch bei der Auswahl seines Heims die wichtigsten Dinge des Lebens im Blick behalten.

Anstatt dort zu wohnen, wo nur die Werke von Menschen zu sehen sind, wo die Aussicht und Geräusche häufig zu schlechten Gedanken verleiten, wo Unruhe und Verwirrung zu Erschöpfung und Unfrieden führen, geht lieber dorthin, wo ihr auf Gottes Werke schauen könnt. Findet Ruhe des Geistes in der Schönheit, der Stille und dem Frieden der Natur. Lasst das Auge auf den grünen Feldern, auf den Wäldern und Hügeln ruhen. Schaut zum blauen Himmel auf, der nicht vom Staub und Qualm der Stadt verdunkelt ist, und atmet die erfrischende Luft des Himmels ein.

Geht dorthin, wo ihr, abseits der Unruhe und Ausschweifung des Stadtlebens, eine freundschaftliche Beziehung zu euren Kindern entwickeln könnt, wo ihr ihnen dabei helfen könnt, durch seine Werke von Gott zu lernen, und wo ihr sie zu einem redlichen und sinnvollen Leben erziehen könnt.

Einfachheit in der Einrichtung

Unsere selbstauferlegten Zwänge berauben uns vieler Segnungen sowie großer Freude und hindern uns daran, ein sinnvolles Leben zu führen. Aufwendig gearbeitete und teure Einrichtungsgegenstände bedeuten nicht nur eine Verschwendung von Geld, sondern auch dessen, was tausendfach kostbarer ist. Sie bringen eine schwere Last an Sorge, Mühe und Verwirrung in das Heim.

Wie steht es denn in vielen Heimen, sogar solchen, wo die Mittel begrenzt sind und die Haushaltsarbeit hauptsächlich auf der Mutter lastet? Die besten Zimmer werden in einem Stil ausgestattet, der die finanziellen Verhältnisse ihrer Bewohner übersteigt und für ihr Wohlbefinden und ihre Freude ungeeignet ist. Da gibt es edle Teppiche, aufwendig geschnitzte und fein gepolsterte Möbel sowie exquisite Vorhänge. Tische, Kaminsimse und alle anderen verfügbaren Plätze werden mit kleinen, aber feinen Kunstwerken vollgestellt, und die Wände werden mit Bildern behängt, bis man sie nicht mehr sehen mag. Und welch einen Aufwand erfordert es, all das in Ordnung und staubfrei zu halten! Diese Arbeit sowie die anderen unnötigen gesellschaftsbedingten Gewohnheiten der Familie verlangen der Hausfrau endlose Mühen ab.

In vielen Heimen hat die Ehefrau und Mutter keine Zeit, sich durch regelmäßiges Lesen auf einem guten Informationsstand zu halten. Sie hat keine Zeit, ihrem Mann eine rechte Gefährtin zu sein, keine Zeit, mit den wachsenden Interessen ihrer Kinder Schritt zu halten. Da sind weder Zeit noch Raum für Andacht und Gebet. Stück für Stück wird sie zu einer reinen Haushaltshilfe, deren Kraft, Zeit und Interesse von den alltäglichen Dingen völlig in Beschlag genommen werden. Zu spät erwacht sie und fühlt sich beinahe als Fremde in ihrem eigenen Heim. Die kostbaren Gelegenheiten, die sie hatte, um ihre Lieben für das ewige Leben zu beeinflussen, und die sie nicht nutzte, kommen nicht wieder.

Die Gründer eines Heims sollten sich entschließen, einem klügeren Plan gemäß zu leben. Dein vorrangiges Ziel sollte es sein, ein angenehmes Heim zu gründen. Kümmere dich um die Dinge, die dir die Arbeit erleichtern und der Gesundheit und Behaglichkeit förderlich sind. Triff Vorkehrungen für die Unterhaltung der Gäste, die willkommen zu heißen uns Christus bittet und von denen er sagt: „Was ihr getan habt einem von diesen meinen geringsten Brüdern, das habt ihr mir getan." (Matthäus 25,40).

Richtet euer Heim mit schlichten und einfachen Gegenständen ein, mit solchen, die sich auch gebrauchen lassen, die leicht saubergehalten und ohne große Ausgaben ersetzt werden können. Mit gutem Geschmack könnt ihr auch ein sehr einfaches Heim attraktiv und einladend gestalten, wenn Liebe und Zufriedenheit darin anwesend sind.

Schöne Umgebungen

Gott liebt das Schöne. Er hat die Erde und die Himmel mit Schönheit bekleidet, und mit der Freude eines Vaters beobachtet er die

Begeisterung seiner Kinder an den Dingen, die er geschaffen hat. Er will, dass wir unsere Heime mit der Schönheit der Natur umgeben.

Nahezu alle Landbewohner könnten, wie arm sie auch immer sein mögen, um ihr Heim herum einen kleinen Grasstreifen, ein paar schattenspendende Bäume, blühende Sträucher oder duftende Blumen haben. Dies wird dem Glück der Familie weit mehr dienen als jeder Kunstgegenstand. Es wird einen mild stimmenden, kultivierenden Einfluss in das Familienleben bringen, der die Liebe zur Natur stärkt und die Mitglieder des Haushalts näher zueinander und zu Gott zieht.

Kapitel 31

Die Mutter

Charakter und Lebensstil der Eltern wird man in hohem Maß auch in den Kindern wiederfinden. Der körperliche Zustand der Eltern, ihre Veranlagungen und Ziele, ihre geistigen und sittlichen Neigungen werden sich in ihren Kindern in größerem oder geringerem Ausmaß widerspiegeln.

Je edler die Ziele, je höher die geistigen und geistlichen Begabungen und je besser die körperliche Verfassung der Eltern, desto besser wird die Ausstattung für das Leben ausfallen, die sie ihren Kindern mitgeben. Indem sie all das vervollkommnen, was sie für das Wichtigste halten, üben Eltern einen Einfluss aus, der die Gesellschaft prägt und das Wesen künftiger Generationen verbessert.

Väter und Mütter müssen ihre Verantwortung deutlich erkennen. Die Welt ist voller Verlockungen, insbesondere für die junge Generation. Viele finden ein Leben nach dem Lustprinzip erstrebenswert. Sie können die versteckten Gefahren oder das schreckliche Ende dieses Weges nicht erkennen, der ihnen als der Weg des Glücks erscheint. Weil sie ihren Begierden und Leidenschaften freien Lauf lassen, werden ihre Lebenskräfte vergeudet, und Millionen werden für diese und die kommende Welt untauglich. Eltern sollten daran denken, dass ihre Kinder diesen Versuchungen begegnen müssen. Schon vor der Geburt des Kindes sollte die Vorbereitung beginnen, die es dazu befähigt, erfolgreich den Kampf gegen die Sünde zu führen.

Besonders auf der Mutter ruht Verantwortung. Sie, durch deren Lebensblut das Kind ernährt und seine äußerliche Gestalt gebildet wird, überträgt auch geistige und geistliche Einflüsse, die zur Prägung von Geist und Charakter beitragen. Denken wir beispielsweise an Jochebed, die hebräische Mutter, die, stark im Glauben, „sich nicht vor des Königs Gebot fürchtete“ (Hebräer 11,23), von der Mose, der Erlöser Israels, geboren wurde. Oder Hanna, die Frau des Gebets, der Selbstaufopferung und der himmlischen Inspiration, die Samuel gebar, das vom Himmel unterwiesene Kind, den unbestechlichen Richter und Gründer von Israels heiligen Schulen. Oder Elisabeth, die Bluts- und Geistesverwandte von Maria aus Nazareth, die zur Mutter Johannes des Täufers wurde. Er bereitete das Volk auf die Ankunft des Erlösers vor.

Mäßigkeit und Selbstbeherrschung

Schon die Bibel betont die Sorgfalt, mit der eine Mutter über ihre Lebensgewohnheiten wachen sollte. Als der Herr Simson zum Befreier Israels heranbilden wollte, erschien „der Engel des Herrn“ der Mutter mit einer besonderen Unterweisung hinsichtlich ihrer Gewohnheiten und auch der Behandlung ihres Kindes. Er sagte: „So trinke nun keinen Wein oder starkes Getränk und iss nichts Unreines.“ (Richter 13,7) Die Wirkung vorgeburtlicher Einflüsse wird von vielen Eltern als eine Angelegenheit untergeordneter Bedeutung angesehen; aber der Himmel wertet anders. Die Botschaft, die von einem Engel Gottes überbracht und zweimal auf feierlichste Weise bestätigt wurde, ist es wert, dass wir sorgfältig darüber nachdenken.

Mit den Worten, die zu jener hebräischen Mutter gesprochen wurden, spricht Gott auch zu allen Müttern jedes Zeitalters. Der Engel sagte: „Alles, was ich ihr geboten habe, soll sie halten.“ (Richter 13,14) Das Wohlergehen des Kindes wird von den Gewohnheiten der Mutter beeinflusst. Ihre Neigungen und Leidenschaften soll sie unter Kontrolle halten. Manches muss sie meiden, gegen andere Neigungen ankämpfen, wenn sie Gottes Absicht mit ihrem Kind erfüllen will. Wenn sie vor der Geburt des Kindes ihren Gelüsten freien Lauf lässt, wenn sie selbstsüchtig, ungeduldig und anspruchsvoll ist, werden sich diese Charakterzüge in der Veranlagung des Kindes wiederfinden. Auf diese Weise haben viele Kinder schon vor der Geburt beinahe unbezwingbare Neigungen zum Bösen empfangen.

Aber wenn die Mutter ein grundsatztreues Leben führt, wenn sie maßvoll ist und verzichten kann, wenn sie freundlich, gütig und selbstlos ist, kann sie ihrem Kind dieselben wertvollen Charakterzüge mitgeben. Sehr nachdrücklich ist die Anweisung, die der Mutter den Genuss von Wein verbietet. Jeder Tropfen Alkohol, den sie trinkt, um ihre Gelüste zu befriedigen, gefährdet die körperliche, geistige und moralische Gesundheit ihres Kindes und stellt eine unmittelbare Sünde gegen ihren Schöpfer dar.

Heute vertritt man weitestgehend die Meinung, dass eine Schwangere ihren [teilweise ungesunden] Gelüsten nachgehen sollte. Wenn sie auf irgend etwas großen Appetit hat, egal ob es gesund ist oder nicht, sollte sie ihren Appetit ungehindert befriedigen. Ein solches Verhalten kann durchaus schädlich sein. Zwar sollten die körperlichen Bedürfnisse der Schwangeren in keinem Fall außer Acht gelassen werden. Zwei Leben hängen von ihr ab, und ihre Wünsche sollten liebevoll beachtet, ihre Bedürfnisse großzügig befriedigt werden. Aber vor allem während der Schwangerschaft sollte sie in Ernährungsfragen und auch in den anderen Bereichen ihres Lebens alles vermeiden, was die körperliche oder geistige Kraft ihres Kindes verringern könnte. Durch ein unmissverständliches Gebot fordert Gott sie zur Selbstdisziplin auf.

Bewahrung vor Überarbeitung

Die Kräfte der Mutter sollten liebevoll gehegt werden. Anstatt ihre kostbare Energie mit anstrengender Arbeit zu verbrauchen, sollten ihre Fürsorgepflichten und Aufgaben verringert werden. Oft hat der Ehemann und Vater noch nie ernsthaft darüber nachgedacht, wie maßgeblich er das Wohlergehen seiner Familie beeinflussen kann. In seinem Kampf um den Lebensunterhalt oder dem Streben nach Wohlstand, und von Sorgen und Schwierigkeiten belastet, übersieht er, dass auf der Ehefrau und Mutter Lasten ruhen, die in der kritischsten Lebensphase ihre Kraft überfordern und deshalb Schwäche und Krankheit verursachen.

Viele Ehemänner und Väter könnten eine hilfreiche Lektion von der Fürsorge des treuen Hirten lernen. Als Jakob gezwungen war, eine eilige und schwierige Reise zu unternehmen, entgegnete er: „Mein Herr weiß, dass ich zarte Kinder bei mir habe, dazu säugende Schafe und Kühe; wenn sie auch nur einen Tag übertrieben würden, würde mir die ganze Herde sterben … Ich will gemächlich hintennach treiben, wie das Vieh und die Kinder gehen können." (1. Mose 33,13–14)

Der Ehemann und Vater soll auf dem beschwerlichen Lebensweg das Tempo so gestalten, wie es die Gefährtin seiner Reise ertragen kann. Inmitten des unaufhörlichen Strebens nach Reichtum und Karriere soll er lernen, seine Schritte zu verlangsamen, sich der Partnerin anzunehmen, die dazu berufen ist, an seiner Seite zu gehen, und ihr beizustehen.

Freudigkeit

Die Mutter sollte auf eine freudige, zufriedene und glückliche Atmosphäre achten. Jede Anstrengung in diese Richtung wird sowohl mit dem körperlichen Wohlbefinden als auch der moralischen Haltung ihrer Kinder reichlich vergolten werden. Ein freudiger Geist wird das Glück ihrer Familie fördern und in hohem Maß ihre eigene Gesundheit verbessern. Der Ehemann soll seiner Frau durch sein Mitgefühl und seine unerschöpfliche Liebe helfen. Wenn er ihre erfrischende und fröhliche Art schätzt, so dass sie im Heim wie ein Sonnenschein ist, soll er ihr beim Tragen ihrer Lasten helfen. Seine Freundlichkeit und liebevolle Höflichkeit bedeuten ihr eine kostbare Ermutigung, und das Glück, das er ihr so schenkt, wird Freude und Frieden in sein eigenes Herz bringen.

Ein Ehemann und Vater aber, der mürrisch, selbstsüchtig und herrisch ist, macht nicht nur sich selbst unglücklich, sondern versetzt auch alle anderen Angehörigen seiner Familie in düstere Stimmung. Als Folge davon wird seine Frau entmutigt und krank sein, und die Kinder werden zum Spiegelbild seiner ewigen Nörgelei.

Wenn der Mutter die Fürsorge und Hilfe vorenthalten wird, die sie dringend braucht, wenn man es zulässt, dass sie ihre Energie durch Überarbeitung oder durch Angst und Verdrossenheit verbraucht, beraubt man die Kinder der Lebenskraft sowie der geistigen Beweglichkeit und der fröhlichen Grundeinstellung, die sie von ihr übernehmen sollten. Weit besser wird es sein, das

Leben der Mutter hell und freudevoll zu machen, sie vor Mangel, erschöpfender Arbeit und erdrückender Sorge zu bewahren und so den Kindern beste Voraussetzungen mitzugeben, damit sie ihren Weg durchs Leben mit eigener Energie und Kraft erkämpfen können.

Das Vorrecht der Eltern, zu erziehen

Groß ist die Ehre, aber auch die Verantwortung, die Väter und Mütter damit auf sich nehmen, dass sie den Kindern durch ihr Leben Gottes Wesen verdeutlichen sollen. Ihr Charakter, ihr tägliches Beispiel und ihre Erziehungsmethoden werden den Kleinen Gottes Wort auslegen. Ihr Einfluss wird das Vertrauen des Kindes auf die Zusagen des Herrn stärken oder zerstören.

Glücklich die Eltern, deren Leben ein wahres Abbild des Göttlichen ist, so dass die Verheißungen und Gebote Gottes im Kind Dankbarkeit und Ehrfurcht erwecken; glücklich die Eltern, deren Empfindsamkeit, Gerechtigkeit und Langmut dem Kind die Liebe, Gerechtigkeit und Langmut Gottes vermitteln; und glücklich die, die das Kind lehren, den Vater im Himmel zu lieben und ihm zu trauen und zu gehorchen, indem sie es lehren, *sie* zu lieben und *ihnen* zu trauen und zu gehorchen. Eltern, die einem Kind solch ein Geschenk machen, haben es mit einem Schatz ausgestattet, der wertvoller ist als der Reichtum aller Zeiten und so dauerhaft wie die Ewigkeit.

In den Kindern, die ihrer Fürsorge anvertraut sind, hat jede Mutter einen heiligen Auftrag von Gott. „Nimm diesen Sohn, diese Tochter", sagt er, „und erziehe ihn, erziehe sie für mich; gib ihm, gib ihr einen Charakter, der zum Bilde eines Palastes geschliffen ist, damit er in den Hallen des Herrn für alle Zeit glänzen möge."

Eine Mutter empfindet ihre Aufgaben selbst oft als unbedeutend. Sie werden auch nur selten richtig gewürdigt. Andere wissen wenig von den vielen Erwartungen, die an sie gestellt werden. Ihre Zeit wird von einer stetigen Folge kleiner Pflichten in Beschlag genommen, die alle geduldige Anstrengung, Selbstbeherrschung, Feingefühl, Weisheit und aufopferungsvolle Liebe erfordern. Dennoch hat sie am Abend nicht das Empfinden, dass sie irgend etwas

Großartiges vollbracht hätte. Sie hat nur den reibungslosen Ablauf des häuslichen Lebens gesichert; trotz Müdigkeit und Ratlosigkeit hat sie versucht, freundlich mit den Kindern zu reden, für eine fröhliche und glückliche Stimmung zu sorgen und die kleinen Füße auf dem richtigen Pfad zu halten. Sie denkt, sie habe nicht viel geleistet, aber dem ist nicht so.

Himmlische Engel beobachten die von Sorgen geplagte Mutter und wissen um die Lasten, die sie tagtäglich trägt. In der Welt mag ihr Name nicht berühmt sein, aber im Lebensbuch des Lammes ist er zu finden.

Die Gelegenheit für die Mutter

Das Licht und die Herrlichkeit des Thrones Gottes ruhen auf einer glaubenstreuen Mutter, die sich bemüht, ihre Kinder so zu erziehen, dass sie dem Einfluss der Sünde widerstehen können. Keine andere Aufgabe ist so bedeutend wie diese. Eine Mutter muss nicht, wie ein Maler, schöne Gestalten auf die Leinwand bringen, und auch nicht, wie der Bildhauer, eine Kontur aus dem Marmor meißeln. Sie hat weder, wie der Schriftsteller, einen edlen Gedanken in machtvolle Worte zu kleiden, noch, wie der Musiker, ein wundervolles Gefühl in Klängen auszudrücken. Ihre Aufgabe ist es, mit Gottes Hilfe in einer menschlichen Seele die Ebenbildlichkeit des Göttlichen wiederherzustellen.

Eine Mutter, die sich dessen bewusst ist, wird ihre diesbezüglichen Gelegenheiten als unschätzbar ansehen. Ernsthaft wird sie sich darum bemühen, dem Kind in ihrem eigenen Charakter und in ihren Erziehungsmethoden das höchste Ideal vor Augen zu stellen. Ernstlich, geduldig und mutig wird sie danach trachten, ihre eigenen Fähigkeiten zu verbessern, um bei der Erziehung ihrer Kinder nicht weniger als die höchsten Kräfte des Geistes einzusetzen. Ernstlich wird sie bei jedem Schritt prüfen: „Was hat Gott hierzu gesagt?" Sorgfältig wird sie sein Wort studieren. Sie wird ihre Augen auf Christus gerichtet halten, damit ihre eigene Erfahrung im täglichen Einerlei von Sorge und Pflicht eine getreue Widerspiegelung seines wahren Lebens ist.

Kapitel 32

Das Kind

Nicht nur der Lebensstil der Mutter, sondern auch die Erziehung des Kindes wurden in der Anweisung des Engels an die hebräischen Eltern erwähnt. Es genügte nicht, dass Simson, das Kind, das Israel befreien sollte, bei seiner Geburt ein gutes Erbgut mitbekam. Vielmehr sollte hierauf eine sorgfältige Erziehung folgen. Von Kindheit an sollte er zu Gewohnheiten strikter Mäßigkeit erzogen werden.

Eine ähnliche Anweisung wurde auch für Johannes den Täufer gegeben. Vor der Geburt des Kindes lautete die seinem Vater mitgeteilte Botschaft des Himmels folgendermaßen: „Und du wirst Freude und Wonne haben, und viele werden sich über seine Geburt freuen. Denn er wird groß sein vor dem Herrn; Wein und starkes Getränk wird er nicht trinken und wird schon von Mutterleib an erfüllt werden mit dem heiligen Geist." (Lukas 1,14–15)

Der Heiland erklärte, dass in den himmlischen Aufzeichnungen edler Menschen sich kein größerer findet als Johannes der Täufer. Das ihm übertragene Werk war eines, das nicht nur körperliche Energie und Ausdauer, sondern auch die höchsten Befähigungen von Geist und Seele erforderte. Der richtige Lebensstil war als Vorbereitung für sein Werk so bedeutsam, dass der höchste Engel des Himmels mit einer Botschaft der Weisung für die Eltern des Kindes ausgesandt wurde.

Die Anweisungen, die für die hebräischen Kinder gegeben wurden, lehren uns, dass nichts, was sich auf das körperliche Wohlbefinden des Kindes auswirkt, vernachlässigt werden darf. Nichts ist unwichtig. Jeder Einfluss auf die Gesundheit des Leibes entfaltet auch eine Wirkung auf Geist und Charakter.

Die Bedeutung der Erziehung schon von frühester Kindheit an kann nicht hoch genug geschätzt werden. Was ein Kind während der frühen und späteren Kindheit gelernt und welche Gewohnheiten es entwickelt hat, wirkt sich auf die Ausbildung des Charakters und die Ausrichtung des Lebens stärker aus, als all die Anweisungen und Erziehungsmaßnahmen nachfolgender Jahre.

Eltern müssen dies bedenken. Sie sollten die Grundsätze einer optimalen Fürsorge und Erziehung kennen. Sie sollten in der Lage sein, ihre Kinder in körperlicher, geistiger und moralischer Gesundheit aufzuziehen.

Eltern sollten die Naturgesetze studieren und mit dem Aufbau des menschlichen Körpers vertraut werden. Sie müssen die Funktionen der verschiedenen Organe, ihre Beziehungen zueinander und Abhängigkeiten voneinander verstehen. Sie sollten die Beziehung der geistigen und körperlichen Kräfte zueinander und die für ein gutes Zusammenspiel erforderlichen Bedingungen studieren. Die Verantwortlichkeiten der Elternschaft ohne eine solche Vorbereitung zu übernehmen, ist eine Sünde.

Immer noch wird viel zu wenig über die Ursachen von Krankheit, Degeneration und Sterblichkeit nachgedacht, die heute sogar die Länder mit hohem Lebensstandard keineswegs verschonen. Die menschliche Rasse verfällt. Zu Beginn des zwanzigsten Jahrhunderts starben mehr als ein Drittel der Menschen in früher Kindheit; von denen, die das Erwachsenenalter erreichten, litt die weit überwiegende Mehrheit an Krankheiten irgendeiner Form, und nur wenige erreichten die prinzipiell mögliche Lebenserwartung.

Viele der Übel, die der Menschheit Elend und Degeneration einbringen, könnten vermieden werden. Die Macht, sie zu bekämpfen, liegt zu einem Großteil bei den Eltern. Es ist kein „mysteriöses Schicksal", das Kleinkinder dahinrafft. Gott wünscht nicht ihren Tod. Er übergibt sie den Eltern zur Erziehung für ein erfolgreiches Leben hier und später für den Himmel.

Welche Veränderung zum Guten könnte die Welt erleben, wenn Väter und Mütter alles in ihrer Macht stehende tun und sich bemühen würden, ihren Kindern ein gesundes Erbgut mitzugeben sowie ungünstige Veranlagungen durch eine liebevolle, aber konsequente Erziehung zu korrigieren.

Die Pflege der Säuglinge

Je ruhiger und einfacher das Leben des Kindes verläuft, desto günstiger wird sich dies auf seine körperliche und geistige Entwicklung auswirken. Die Mutter sollte sich immer darum bemühen, ruhig, gelassen und selbstbeherrscht zu sein.

Viele Kleinkinder sind außerordentlich empfänglich für Unruhe und Aufregung; die liebenswürdige, Ruhe bewahrende Art der Mutter wird einen wohltuenden Einfluss ausüben, der von unschätzbarem Vorteil für das Kind ist.

Säuglinge brauchen Wärme, aber ein gravierender Fehler ist es, sie in überheizten Räumen zu lassen, wo ihnen die frische Luft fehlt. Die Gepflogenheit, das Gesicht des Säuglings während des Schlafs zuzudecken, ist schädlich, da das die freie Atmung beeinträchtigt.

Das Baby sollte vor allem bewahrt bleiben, was den Körper schwächen oder vergiften könnte. Mittels gewissenhafter Pflege sollte alles um das Kind herum ordentlich und sauber gehalten werden. Es mag notwendig sein, die Kleinen vor plötzlichen oder zu großen Temperaturschwankungen zu schützen; jedoch ist unbedingt darauf zu achten, dass sie im Schlaf und wenn sie wach sind, bei Tag und Nacht eine reine, kräftigende Luft atmen.

Bei der Herstellung der Säuglingsbekleidung sollte man eher auf Bequemlichkeit, Komfort und Gesundheit achten, als auf die Mode oder das Ziel, Bewunderung zu erregen. Die Mutter sollte keine Zeit für Stickereien und Spitzenarbeit verwenden, um die Kleidung des Babys zu verschönern. Mit solch unnötiger Arbeit würde sie ihre Gesundheit und die ihres Kindes belasten. Das würde die Augen und Nerven zu einer Zeit erheblich beanspruchen, in der sie viel Ruhe und wohltuende Bewegung braucht. Sie sollte ihre Pflicht erkennen, die Kräfte sinnvoll einzusetzen, damit sie allen anderen Anforderungen entsprechen kann, die an sie gestellt werden.

Wenn die Bekleidung des Kindes Wärme, Schutz und Bequemlichkeit gewährleistet, ist eine der Hauptursachen für Ärger und Unruhe ausgeschaltet. Die Kleinen werden dann gesünder sein, und die Mutter wird die Pflege des Kindes nicht als eine schwere Belastung ihrer Kraft und Zeit empfinden.

Festgezogene Bänder oder Bünde beeinträchtigen die Tätigkeit des Herzens und der Lunge und sollten deshalb vermieden werden. Kein Körperteil sollte zu irgendeiner Zeit durch Kleidung eingeengt werden, die auf ein Organ drückt oder die Bewegungsfreiheit einschränkt. Die Kleidung der Kinder sollte locker genug sein, um freie und volle Atmung zu ermöglichen. Das Gewicht der Kleidung soll auf den Schultern ruhen. In einigen Ländern herrscht immer noch die Sitte, die Schultern und Gliedmaßen kleiner Kinder unbedeckt zu lassen. Diese Sitte kann man nicht streng genug verdammen.

Arme und Beine sind weit entfernt vom Zentrum der Blutzirkulation und erfordern deshalb größeren Schutz als die anderen Bereiche des Körpers. Die Arterien, die das Blut zu den Gliedmaßen leiten, sind weit genug für die erforderliche Menge an Blut zur Versorgung mit Wärmeenergie und Nahrung. Wenn aber die Gliedmaßen ungeschützt oder unzureichend bedeckt sind, ziehen sich die Blutgefäße zusammen, die empfindlichen Körperteile kühlen aus, und die Blutzirkulation wird behindert.

Bei Heranwachsenden sollte man jeden Vorteil nutzen, den die Natur zur Stärkung des Körpers bietet. Wenn die Gliedmaßen ungenügend geschützt werden, können Kinder und besonders Mädchen nur bei mildem Wetter draußen sein. So werden sie sich also aus Furcht vor Kälte im Haus aufhalten. Wenn Kinder statt dessen gut bekleidet sind, hat das zur Folge, dass sie sich im Sommer wie im Winter frei in der frischen Luft bewegen können.

Mütter, die wünschen, dass ihre Jungen und Mädchen eine kräftige Gesundheit besitzen, sollten sie richtig kleiden und sie dazu anhalten, bei jedem vernünftigen Wetter viel in der frischen Luft zu sein. Es mag Anstrengung erfordern, sich vom Diktat der Mode und der Umwelt zu befreien und die Kinder vorrangig unter dem Gesichtspunkt der Gesundheit zu kleiden und zu erziehen; aber das Ergebnis wird die Anstrengung reichlich belohnen.

Die Ernährung des Kindes

Die beste Nahrung für das Kleinkind ist die, welche die Natur bereithält. Diese sollte ihm nicht ohne Not entzogen werden. Es ist herzlos von einer Mutter, sich aus Bequemlichkeit oder wegen gesellschaftlicher Verpflichtungen von der liebevollen Pflicht zu befreien, ihrem Kleinen die Brust zu geben.

Die Mutter, die erlaubt, dass ihr Kind von jemand anderem gesäugt wird, sollte das gut bedenken. Mehr oder weniger stark überträgt die Amme ihr eigenes Naturell und ihre Wesensart auf das von ihr genährte Kind.

Die Wichtigkeit der Erziehung der Kinder zu richtigen Ernährungsgewohnheiten kann kaum hoch genug eingeschätzt werden. Die Kleinen sollten lernen, dass sie essen, um zu leben, und nicht leben, um zu essen. Diese Erziehung sollte mit dem Säugling in den Armen seiner Mutter beginnen. Dem Kind sollte nur in regelmäßigen Abständen zu trinken gegeben werden, und dies mit zunehmendem Alter abnehmend häufig.

Es sollte keine Süßigkeiten und keine Nahrung der Erwachsenen bekommen, die es nicht verdauen kann. Sorgfalt und Regelmäßigkeit bei der Ernährung der Kinder fördert nicht nur die Gesundheit und macht sie somit ruhig und umgänglich, sondern legt auch das Fundament für Gewohnheiten, die ihnen in späteren Jahren zum Segen sein werden.

Wenn Kinder dem Säuglingsalter entwachsen sind, sollte weiterhin große Sorgfalt darauf verwendet werden, ihren Geschmack und Appetit zu erziehen. Oft erlaubt man ihnen, ohne Rücksicht auf die Gesundheit zu essen, was sie wollen und wann sie es wollen. Die Mühen und das Geld, die in großem Maße für ungesunde Leckereien verschwendet werden, verleiten junge Menschen zu der Auffassung, Essen und Trinken sei das Wichtigste im Leben, und das größte Glück bestünde darin, seiner Esslust zu frönen. Das Ergebnis dieser Erziehung ist Gefräßigkeit. Daraus entstehen Krankheiten, die gewöhnlich mit der Einnahme schädlicher Medikamente behandelt werden.

Eltern sollten den Appetit ihrer Kinder in die richtigen Bahnen lenken und den Genuss ungesunder Nahrungsmittel nicht erlauben. Aber im Bestreben nach gesunder Ernährung sollten wir sorgfältig den Fehler vermeiden, den Kindern nur Dinge zu geben, die ihnen nicht schmecken, oder sie mehr als notwendig essen zu lassen. Kinder haben ihre Rechte und auch ihren Geschmack, und wenn dieser Geschmack vernünftig ist, sollten wir ihn respektieren.

Es ist wichtig, auf regelmäßige Mahlzeiten zu achten. Zwischen den Mahlzeiten sollte nichts gegessen werden, keine Süßigkeiten, keine Nüsse, kein Obst oder sonst irgendeine Nahrung.

Unregelmäßiges Essen zerstört die Leistungsfähigkeit der Verdauungsorgane und behindert eine fröhliche und dankbare Grundhaltung. Wenn die Kinder dann zu Tisch kommen, schätzen sie gesunde Nahrung nicht; ihr Appetit verlangt nach ungesunden Naschereien.

Mütter, die auf Kosten der Gesundheit und der fröhlichen Einstellung die Wünsche ihrer Kinder erfüllen, säen Saaten des Bösen, die aufgehen und Früchte bringen werden.

Mit dem Wachstum der Kleinen wächst dann auch ihre Maßlosigkeit, und sowohl die geistigen als auch die körperlichen Kräfte werden aufs Spiel gesetzt. Mütter, die so handeln, ernten mit Bitterkeit die Früchte, die sie gesät haben. Sie werden feststellen, dass ihre Kinder in Geist und Charakter nicht die Fähigkeiten entwickeln, eine edle und verantwortungsvolle Funktion in der Gesellschaft oder in der Familie zu übernehmen. Die geistlichen, geistigen und körperlichen Kräfte leiden unter dem Einfluss ungesunder Nahrung. Das Gewissen wird abgestumpft, und die Empfindsamkeit für gute Eindrücke nimmt ab.

Wenn also die Kinder dazu angehalten werden, ihren Appetit zu zügeln und ihre Nahrung unter gesundheitlichen Gesichtspunkten auszuwählen, sollte in diesem Zusammenhang deutlich werden, dass sie nur auf das verzichten, was ihnen schaden würde. Sie geben schädliche Dinge zugunsten besserer auf.

Der Esstisch sollte einladend und anziehend dekoriert sein, da er die guten Dinge anbietet, die Gott uns so reichlich gegeben hat. Nehmt eure Mahlzeiten in freudiger, glücklicher Stimmung ein. Und wenn wir die Gaben Gottes genießen, dann lasst uns dem Geber mit dankbarem Lobpreis antworten.

Die Pflege kranker Kinder

Häufig sind Erkrankungen von Kindern auf ein Fehlverhalten der Eltern zurückzuführen. Falsche oder unregelmäßige Ernährung, unzureichende Bekleidung an kühlen Abenden, zu wenig Bewegung, um den Kreislauf anzuregen, oder Mangel an frischer Luft könnten als Ursache in Frage kommen. Die Eltern sollten darüber nachdenken, wo die Ursache der Erkrankung liegen könnte, und die erkannten Missstände so bald wie möglich abstellen.

Alle Eltern haben die Möglichkeit, über Krankenpflege, Krankheitsvorbeugung und sogar Behandlung von Krankheiten viel zu lernen. Besonders die Mutter sollte wissen, was bei einfachen Erkrankungen in ihrer Familie zu tun ist. Sie sollte wissen, wie sie ihrem kranken Kind helfen kann. In Liebe und Verständnis wird sie das Kind auf eine Weise betreuen, wie man es von einer Fremden nicht erwarten kann.

Das Studium der Physiologie

Eltern sollten frühzeitig versuchen, ihre Kinder für die Gesetzmäßigkeiten der Lebensvorgänge zu interessieren, und sie ihnen entsprechend ihres Alters verständlich erklären. Lehrt sie, wie man am besten die körperlichen, geistigen und geistlichen Kräfte erhält, und wie sie ihre Begabungen einsetzen können, um ein Leben zu führen, das ihnen und ihrer Umgebung zum Segen dient und Gott die Ehre gibt.

Dieses Wissen ist für junge Leute von unschätzbarem Wert. Eine gute Grundlage in den Fragen der Lebensführung und Gesundheit ist für sie wichtiger als sonstige wissenschaftliche Kenntnisse, die an den Schulen gelehrt werden.

Eltern sollten mehr Zeit für ihre Kinder und weniger für gesellschaftliche Verpflichtungen aufwenden. Beschäftigt euch mit den Fragen der gesunden Lebensführung und wendet eure Erkenntnisse auch im Alltag an. Lehrt eure Kinder das Gesetz von Ursache und Wirkung. Macht ihnen mit Nachdruck klar, dass sie den Naturgesetzen gehorchen müssen, wenn sie sich ein Leben in

Gesundheit und Glück wünschen. Auch wenn ihr keine so schnelle Verbesserung feststellt, wie ihr euch das wünscht, lasst euch nicht entmutigen. Macht geduldig und beharrlich weiter.

Lehrt eure Kinder von der Wiege an Selbstverleugnung und Selbstdisziplin. Genießt mit ihnen die Schönheiten der Natur und lehrt sie, alle körperlichen und geistigen Kräfte mittels sinnvoller Beschäftigungen systematisch zu gebrauchen. Zieht sie so auf, dass sie eine gesunde körperliche Konstitution und gute moralische Grundsätze, eine positive Einstellung zum Leben und ein frohes Herz haben. Prägt ihrem noch empfindsamen Herzen die Wahrheit ein, dass Gott nicht will, dass wir nur für das Hier und Heute leben sollen, sondern auch für die künftige Welt. Erklärt ihnen, dass der Versuchung nachzugeben Schwäche und Gottlosigkeit bedeutet, ihr zu widerstehen dagegen den Charakter veredelt und stärkt.

Diese Lektionen werden wie eine Saat sein, die auf gut vorbereiteten Ackerboden fällt und Frucht bringt, die eure Herzen glücklich machen wird.

Vor allen Dingen sollen die Eltern ihre Kinder mit einer Atmosphäre der Heiterkeit, Höflichkeit und Liebe umgeben. Ein Heim, in dem die Liebe wohnt und in Blicken, Worten und Taten zum Ausdruck kommt, ist ein Ort, wo Engel gerne anwesend sind.

Ihr Eltern, lasst den Sonnenschein der Liebe, Freude und Zufriedenheit in eure eigenen Herzen scheinen und lasst seinen lieblichen, frohmachenden Einfluss eure Familie durchdringen. Offenbart einen freundlichen, nachsichtigen Geist, und fördert diesen auch bei euren Kindern, indem ihr solche Umgangsformen pflegt, die das familiäre Leben erhellen. Dieses Umfeld wird den Kindern das geben, was Luft und Sonnenschein für die Pflanzen sind, und die Gesundheit des Körpers sowie des Verstandes kräftigen.

Kapitel 33

Die Einflüsse des Heims

Das Heim sollte für die Kinder der schönste Ort der Welt sein, und die Mutter darin die wichtigste Person. Kinder reagieren sehr gefühlsbetont. Man kann sie leicht erfreuen und auch schnell traurig machen. Mit sanfter Disziplin und liebevollen Worten und Taten können Mütter ihre Kinder an ihre Herzen binden.

Kleine Kinder lieben Gesellschaft und können sich nur selten allein erfreuen. Sie sehnen sich nach Mitgefühl und Zärtlichkeit. Sie denken, dass das, was sie selbst begeistert, auch ihre Mutter erfreut, und es ist für sie ganz natürlich, mit ihren kleinen Freuden und Sorgen zu ihr zu kommen. Die Mutter sollte ihnen nicht dadurch wehtun, dass sie die kleinen Probleme der Kinder nicht ernst nimmt, die ihr vielleicht unbedeutend erscheinen mögen, für die Kinder aber von großer Wichtigkeit sind. Ihr Mitgefühl und ihre Aufmerksamkeit sind kostbar. Ein beipflichtender Blick, ein Wort der Ermutigung oder des Lobes werden wie ein Sonnenschein in das Herz der Kinder strahlen und sie oft den ganzen Tag glücklich machen.

Anstatt die Kinder wegzuschicken, um nicht von ihrem Lärm belästigt oder von ihren kleinen Wünschen gestört zu werden, soll die Mutter ein Spiel oder leichte Arbeit planen, damit die regen Hände und Geister Beschäftigung haben.

Indem sie auf ihre Gefühle eingeht und ihre Vergnügungen und Beschäftigungen steuert, wird die Mutter das Vertrauen ihrer Kinder gewinnen und in Folge dessen um so wirksamer in der Lage sein, falsche Gewohnheiten zu korrigieren oder Äußerungen von Selbstsucht sowie Zornesausbrüche unter Kontrolle zu halten.

Ein Wort der Warnung oder des Tadels, zur richtigen Zeit ausgesprochen, wird sich als sehr wertvoll erweisen. Mit geduldiger, aufmerksamer Liebe kann sie den Geist der Kinder in die richtige

Richtung lenken und so angenehme und anziehende Charakterzüge in ihnen entwickeln.

Mütter sollten sich davor hüten, ihre Kinder zur Unselbständigkeit und zum Egoismus zu erziehen. Bringt sie nie auf den Gedanken, sie seien das Zentrum der Familie und alles müsse sich um sie drehen. Einige Eltern verwenden viel Zeit und Aufmerksamkeit darauf, ihre Kinder zu beschäftigen, aber Kinder sollten dazu erzogen werden, sich selbst zu beschäftigen und ihre eigene Begabung und Geschicklichkeit einzusetzen. So werden sie lernen, mit sehr einfachen Freuden zufrieden zu sein. Sie sollten gelehrt werden, ihre kleinen Enttäuschungen und Kümmernisse tapfer zu ertragen.

Anstatt aus jedem kleinen Wehwehchen oder jeder kleinsten Verletzung eine Staatsaktion zu machen, lenkt sie lieber davon ab und helft ihnen, über kleine Ärgernisse oder Unannehmlichkeiten leicht hinwegzukommen. Überlegt euch Wege, wie ihr die Kinder dazu motivieren könnt, auch für andere dazusein.

Aber vernachlässigt die Kinder dabei nicht. Angesichts der vielen Belastungen des Alltags denken Mütter manchmal, dass sie sich die Zeit nicht nehmen können, ihre Kleinen geduldig anzuleiten und ihnen Liebe und Mitgefühl zu geben. Aber sie sollten daran denken, dass die Kinder, wenn sie das nötige Verständnis und die nötige Zuwendung nicht bei ihren Eltern und in der Familie finden, ihre Bedürfnisse anderweitig stillen werden – dort, wo Geist und Charakter gefährdet werden könnten.

Aus angeblichem Zeitmangel und Bequemlichkeit verweigern viele Mütter ihren Kindern irgendein unschuldiges Vergnügen, während sie gleichzeitig unablässig mit Dingen beschäftigt sind, die bestenfalls Eitelkeit und Extravaganz in den Herzen ihrer Kinder fördern. Wenn die Kinder dann erwachsen werden, trägt dieses Vorbild Früchte – in Gestalt von Hochmut und Oberflächlichkeit. Die Mutter seufzt über die Fehler ihrer Kinder, begreift aber nicht, dass hier eine Saat aufgeht, die sie selbst gesät hat.

Einige Mütter sind in der Behandlung ihrer Kinder launisch und stimmungsabhängig. Manchmal verwöhnen sie sie zu ihrem Schaden, ein andermal verweigern sie ihnen irgendeine kleine Anerkennung, die das kindliche Herz sehr glücklich machen würde. Damit aber handeln sie nicht wie Christus; er liebte die Kinder, er verstand ihre Sorgen und fühlte in ihren Freuden und Problemen mit ihnen.

Die Verantwortung des Vaters

Der Ehemann und Vater ist das Haupt der Familie. Die Ehefrau erwartet von ihm Liebe und Mitgefühl sowie Hilfe bei der Kindererziehung; und das ist richtig so. Die Kinder sind ebenso sehr die seinen wie die ihren, und er ist gleichermaßen an ihrem Wohl interessiert. Sie erwarten von ihm Unterstützung und Führung; hierzu braucht er eine richtige Konzeption des Lebens sowie der Einflüsse und Verbindungen, die seine Familie umgeben sollten. Vor allem aber sollte er von Liebe und Ehrfurcht gegenüber Gott sowie von seinem Wort geleitet sein, damit er seinerseits die Kinder auf den richtigen Weg führen kann.

Der Vater bestimmt die Regeln des Miteinanders in der Familie; und wie Abraham sollte er das Gesetz Gottes zur Ordnung seines Heims machen. Gott sagte von Abraham: „Ich habe ihn dazu auserkoren, dass er seinen Kindern befehle und seinem Hause nach ihm." (1. Mose 18,19)

Ein Vater darf dem Bösen nicht freien Lauf lassen, seine klaren Überzeugungen nicht missverstandener Liebe unterordnen. Abraham gab nicht nur sinnvolle Anweisungen, sondern wahrte auch die Autorität der Gesetze Gottes. Gott hat Regeln zu unserer Führung gegeben.

Man sollte Kinder nicht von dem sicheren Pfad, der in Gottes Wort markiert ist, auf Wege abirren lassen, die in Gefahren führen, auf Wege, die an jeder Seite abschüssig sind. Freundlich, aber fest, in unentwegter Anstrengung und unter Gebet sollten ihre falschen Ziele korrigiert, ihre Neigungen zurückgewiesen werden.

Der Vater sollte in seiner Familie bedeutungsvolle Charakterzüge prägen, z. B. Ausdauer, Integrität, Aufrichtigkeit, Geduld, Sorgfalt und handwerkliche Fertigkeiten. Und was er von seinen Kindern fordert, sollte er selbst praktizieren; er sollte diese Tugenden durch sein eigenes Vorbild mit Leben füllen.

Aber entmutigt eure Kinder nicht, ihr Väter. Verbindet Liebe mit Autorität, Freundlichkeit und Sympathie mit konsequentem Verhalten. Widme einen Teil deiner Freizeit deinen Kindern, werde vertraut mit ihnen, arbeite und spiele mit ihnen und gewinne ihr Vertrauen. Pflege Freundschaft mit ihnen, besonders mit deinen Söhnen. Auf diese Weise wirst du einen starken Einfluss zum Guten ausüben.

Der Vater sollte seinen Teil zur Schaffung eines glücklichen Heims beitragen. Was auch immer seine Sorgen und Geschäftsprobleme sind, sie dürfen nicht sein Familienleben überschatten; er sollte sein Heim immer mit einem Lächeln und freundlichen Worten betreten. In gewissem Sinn ist der Vater der Priester der Familie, der das Morgen- und das Abendopfer auf den Familienaltar legt. Die Ehefrau und die Kinder sollten sich dazu in Gebet und Lobgesang vereinigen. Der Vater soll morgens, bevor er das Heim zu seiner täglichen Arbeit verlässt, die Kinder um sich versammeln und sie, vor Gott gebeugt, der Fürsorge des himmlischen Vaters anempfehlen. Wenn die Pflichten des Tages vorüber sind, soll sich die Familie zu Dankgebet und Lobgesang vereinen, in dankbarer Würdigung der göttlichen Fürsorge während des Tages.

Väter und Mütter, versäumt es nicht, wie drängend eure Aufgaben auch sein mögen, eure Familie um Gottes Altar zu versammeln. Bittet um den Schutz heiliger Engel in eurem Heim. Bedenkt, dass eure Lieben Versuchungen ausgesetzt sind. Die alltäglichen Sorgen belasten die Jungen und Alten. Diejenigen, die geduldig, liebevoll und fröhlich leben wollen, müssen darum beten. Nur durch beständige Hilfe von Gott können wir den Sieg über uns selbst erringen.

Das Heim sollte ein Platz sein, wo jederzeit Fröhlichkeit, Höflichkeit und Liebe herrschen. Wo diese Gnadengaben walten, da werden Glück und Friede Bestand haben. Schwierigkeiten wird es immer geben, aber sie gehören zum menschlichen Leben. In Geduld, Dankbarkeit und Liebe bewahrt euch ein sonniges Gemüt, wenn der Tag auch noch so wolkenreich sein mag. In solchen Heimen halten sich Gottes Engel gern auf.

Mann und Frau sollen nach dem Glück des Partners streben und dabei nie die kleinen Aufmerksamkeiten und freundlichen Taten vernachlässigen, die das Leben aufheitern und erhellen. Zwischen Mann und Frau sollte vollkommenes Vertrauen bestehen. Gemeinsam sollten sie ihre Aufgaben und Ziele festlegen. Gemeinsam sollten sie sich bemühen, das Beste für ihre Kinder zu erreichen. Niemals sollten sie in Gegenwart der Kinder das Verhalten des anderen kritisieren oder das Urteil des anderen in Frage stellen. Die Frau sollte darauf achten, die Aufgaben des Mannes in der Kindererziehung nicht zu erschweren. Der Mann sollte die Hände seiner Frau stärken, indem er ihr weisen Rat gibt und sie liebevoll ermutigt.

Zwischen Eltern und Kindern darf keine Mauer der kühlen Distanz und Zurückhaltung entstehen. Die Eltern sollen vielmehr mit ihren Kindern vertraut werden, indem sie sich darum bemühen, ihre Vorlieben und Veranlagungen zu kennen, Zugang zu ihren Gefühlen zu finden und die Sehnsüchte ihrer Herzen zu verstehen.

Eltern, lasst eure Kinder spüren, dass ihr sie liebt und alles in eurer Macht Stehende tun wollt, um sie glücklich zu machen. Wenn ihr das tut, werden eure Ratschläge und Weisungen ein weitaus größeres Gewicht in ihren jungen Gemütern haben. Erzieht eure Kinder mit Zartheit und Mitgefühl; denkt daran, dass ihre Engel im Himmel „allezeit das Angesicht meines Vaters im Himmel" sehen (Matthäus 18,10). Wenn ihr wünscht, dass die Engel für eure Kinder das Werk tun, das ihnen von Gott übertragen wurde, dann wirkt mit ihnen zusammen, indem ihr euren Teil erfüllt.

Wenn Kinder unter der weisen und liebevollen Führung eines wahren Heims aufgezogen werden, haben sie kein Verlangen danach, auf der Suche nach Vergnügen und Gesellschaft woanders hinzugehen. Das Böse wird sie dann nicht anziehen. Der Geist, der im Heim vorherrscht, wird ihren Charakter prägen; sie werden Gewohnheiten und Prinzipien formen, die ein starkes Bollwerk gegen Versuchungen bilden, wenn sie die schützende Familie verlassen und ihren Platz in der Welt einnehmen.

Kinder haben ebenso wie Eltern wichtige Pflichten im Heim. Sie sollten gelehrt werden, dass sie ein Teil des „Unternehmens Familie" sind. Sie werden ernährt, gekleidet, geliebt und umsorgt, und sie sollten auf diese zahlreichen Wohltaten antworten, indem sie ihren Teil der Lasten des Heims tragen und alles nur mögliche Glück in die Familie einbringen, deren Mitglieder sie sind.

Kinder werden sich manchmal über Verbote und Einschränkungen ärgern; aber in ihrem späteren Leben werden sie den Eltern für die treue Fürsorge und strikte Wachsamkeit danken, mit der sie während all der Jahre der Unerfahrenheit behütetet worden sind.

Kapitel 34

Wahre Erziehung befähigt zum Zeugnis

Wahre Erziehung schließt auch die Ausbildung zum Zeugnisgeben ein. Jeder Sohn und jede Tochter Gottes ist dazu berufen, ein Missionar zu sein; wir alle sind zum Dienst für Gott und unsere Mitmenschen berufen. Eine gute Befähigung zu diesem Dienst sollte das Ziel unserer Erziehung sein.

Erziehung zum Dienen

Dieses Ziel sollte von christlichen Eltern und Lehrern immer im Blick behalten werden. Wir wissen nicht, in welchem Bereich unsere Kinder einmal tätig sein werden. Sie können ihr Leben im Kreis des Heims verbringen, sie können einen ganz normalen Beruf ergreifen oder auch als Prediger des Evangeliums in heidnische Länder gehen; aber alle haben gleichermaßen die Aufgabe, Missionare für Gott zu sein, Diener der Barmherzigkeit für die Welt.

Die Kinder und Jugendlichen mit ihren erfrischenden Ideen, ihren Kräften, ihrem Mut und ihrer raschen Auffassungsgabe werden von Gott geliebt, und er wünscht sich, dass sie ihre Kräfte mit den seinen vereinen. Sie sollen deshalb eine Erziehung erhalten, die ihnen hilft, in selbstlosem Dienst an der Seite Christi zu stehen.

Christus sagt von allen seinen Kindern am Ende der Zeit genauso wie von seinen ersten Jüngern folgendes: „Wie du, Vater, mich gesandt hast in die Welt, so sende ich sie auch in die Welt" (Johannes 17,18), um Botschafter Gottes zu sein, um seinen Geist zu offenbaren, seinen Charakter darzustellen und sein Werk zu tun. Unsere Kinder stehen sozusagen an einer Weggabelung. Von allen Seiten rufen die weltlichen Verlockungen zu Selbstsucht und Unmäßigkeit sie weg von dem Pfad, der für die Erlösten des Herrn angelegt ist. Ob ihr Leben ein Segen oder ein Fluch sein wird, hängt von der Wahl ab, die sie treffen. Strotzend vor Energie, begierig darauf, ihre noch unerprobten Fähigkeiten zu testen, müssen sie ein Ventil für ihre überschäumenden Kräfte finden. Sie werden ihre Gaben entweder für das Gute oder für das Böse einsetzen.

Gottes Wort will nicht Aktivitäten behindern, sondern sie richtig kanalisieren. Gott wünscht von der Jugend nicht, weniger strebsam zu sein. Die Charaktereigenschaften, die einen Menschen wahrhaft erfolgreich machen und ihm Anerkennung einbringen – das unaufhörliche Streben nach etwas Höherem, der unbezwingbare Wille, die energische Anwendung, die unermüdliche Beharrlichkeit –, wollen wir hier nicht abwerten. Durch die Gnade Gottes sollen sie jedoch auf Ziele gerichtet werden, die auf einer viel höheren Ebene liegen als eigennützige und weltliche Interessen, wie der Himmel höher ist als die Erde.

Es liegt an uns als Eltern und als Christen, unseren Kindern die richtige Richtung vorzugeben. Sie sollen sorgfältig, weise und liebevoll auf Pfade christusähnlichen Dienstes geführt werden. Wir stehen in einem heiligen Vertrag mit Gott, unsere Kinder zum Dienst für ihn zu erziehen. Sie mit Einflüssen zu umgeben, die sie dazu motivieren, ein Leben des Dienens zu wählen, und ihnen die hierzu nötige Erziehung zu geben, das ist unsere erste Pflicht.

„Also hat Gott die Welt geliebt, dass er seinen eingeborenen Sohn gab, damit alle, die an ihn glauben, nicht verloren werden, sondern das ewige Leben haben." (Johannes 3,16) „… wie auch Christus uns geliebt hat und hat sich selbst für uns gegeben. (Epheser 5,2)

Wenn wir also lieben, werden wir auch etwas weitergeben. „Nicht um sich dienen zu lassen, sondern um zu dienen" (Matthäus 20,28), heißt die große Lektion, die wir selbst lernen und an unsere Kinder weitergeben sollen.

Die Jugendlichen müssen verstehen lernen, dass sie sich nicht selbst gehören. Sie gehören Christus. Mit seinem Blut hat er sie erkauft, durch seine Liebe hat er ein Anrecht auf sie erworben. Sie leben, weil er sie mit seiner Kraft erhält. Ihre Zeit, ihre Stärke, ihre

Fähigkeiten gehören ihm und sollen für ihn entwickelt, ausgeübt und gebraucht werden.

Nächst den Engelwesen ist die Menschheitsfamilie, nach dem Bilde Gottes geschaffen, die edelste von Gottes Schöpfungen. Gott wünscht, dass die Menschen all das ausnutzen, was er ihnen an Chancen bietet, und dass sie mit den Kräften, die er ihnen gegeben hat, ihr Bestmögliches bewirkt. Das Leben ist geheimnisvoll und heilig. Es ist die Offenbarung Gottes, der Quelle allen Lebens. Kostbar sind folglich seine Möglichkeiten, und ernsthaft sollten sie ausgeschöpft werden. Einmal vertan, sind sie für immer verloren.

Gott stellt uns die Ewigkeit mit ihren heiligen Wirklichkeiten in Aussicht, und er gibt uns einen festen Halt an ihren unsterblichen, unvergänglichen Themen. Er gibt uns eine kostbare, erhebende Wahrheit, damit wir auf einem sicheren und festen Pfad vorankommen, auf unserem Weg zu einem Ziel, das des intensivsten Einsatzes all unserer Fähigkeiten würdig ist.

Gott schaut auf das winzige Samenkorn, das er selbst geschaffen hat, und sieht darin die wunderschöne Blume angelegt, den Strauch oder den hohen, weit ausladenden Baum. So sieht er auch die Entwicklungsmöglichkeiten in jedem Menschen. Wir leben für ein Ziel. Gott hat uns seinen Plan für unser Leben mitgegeben, und er möchte, dass wir den höchstmöglichen Entwicklungsstand erreichen.

Er wünscht, dass wir beständig in der Heiligkeit, im Glücklichsein und in der Bereitschaft zum Dienst wachsen. Wir alle haben Fähigkeiten, geheiligte Begabungen, Geschenke des Herrn. Wir wollen lernen, sie zu würdigen und richtig anzuwenden. Gott möchte, dass die Jugend alle Kräfte ihres Lebens nutzt und jede Fähigkeit weiterentwickelt. Er wünscht, dass sie sich an allem erfreut, was in diesem Leben nützlich und kostbar ist, dass sie gut ist und Gutes tut und so einen himmlischen Schatz für das künftige Leben anlegt.

Ihr Ehrgeiz sollte darin bestehen, in all den Dingen herauszuragen, die selbstlos, hochstehend und edel sind. Christus ist das Vorbild, nach dem sie gestaltet werden sollen. Mögen sie den heiligen Ehrgeiz, den er in seinem Leben offenbarte, in Ehren halten, einen Ehrgeiz, die Welt zu verbessern, weil sie in ihr leben dürfen. Dies ist die Aufgabe, zu der sie berufen sind.

Ein breites Fundament

Die höchste aller Wissenschaften ist die der Rettung von Seelen. Die größte Aufgabe, um die menschliche Wesen sich bemühen können, ist, Menschen aus einem Leben der Sünde zu einem gottgeweihten Leben zu führen.

Um für solch eine Aufgabe befähigt zu sein, muss ein breites Fundament gelegt werden. Dazu bedarf es einer umfassenden Erziehung – einer Erziehung, die von Eltern und Lehrern eine solche gedankliche Vorbereitung und Anstrengung erfordert, wie man sie für rein wissenschaftliche Studien nicht benötigt. Dabei ist mehr gefordert als nur die Schärfung des Verstandes. Erziehung ist nicht vollständig, wenn Körper, Geist und Herz nicht gleichermaßen davon berührt werden. Der Charakter muss zu seiner vollen und höchsten Entwicklung in straffe Zucht genommen werden. Alle Fähigkeiten des Geistes und des Körpers sollen entwickelt und angewandt werden. Es ist eine Pflicht, jede Begabung zu vervollkommnen und anzuwenden, die uns zu wirkungsvolleren Mitarbeitern Gottes macht.

Wahre Erziehung umschließt den ganzen Menschen. Sie lehrt die richtige Einstellung zum Ich. Sie versetzt uns in die Lage, Gehirn, Skelett und Muskulatur, Körper, Geist und Herz bestmöglich zu gebrauchen. Die Fähigkeiten des Geistes als die höheren Kräfte sollen die Wünsche des Körpers unter Kontrolle halten. Die natürlichen Begierden und Leidenschaften müssen der Kontrolle des Gewissens und den geistlichen Einflüssen unterstellt werden. Christus bildet das Haupt der Menschheit, und es ist seine Absicht, uns im Dienst für ihn auf hohe und heilige Wege der Reinheit zu führen. Durch das wunderbare Wirken seiner Gnade sollen wir in ihm vollkommen gemacht werden.

Jesus sicherte sich seine Erziehung in der Familie. Seine Mutter war sein erster menschlicher Lehrer. Von ihren Lippen und aus den Schriftrollen der Propheten erfuhr er von den himmlischen Dingen. Er lebte im Heim einfacher Menschen und erfüllte treu und freudig seinen Teil beim Tragen der Lasten des Haushalts. Er, der der Herrscher des Himmels gewesen war, wurde nun ein williger

Diener, ein liebevoller, gehorsamer Sohn. Er lernte ein Handwerk, und mit seinen eigenen Händen arbeitete er mit Joseph in der Zimmermannswerkstatt. In der Kleidung eines gewöhnlichen Arbeiters traf man ihn auf den Straßen der kleinen Stadt, wenn er morgens zu seiner einfachen Arbeit ging und abends wieder heimkehrte.

Unter den Menschen jener Zeit wurde der Wert von Dingen nach ihrem äußeren Anschein bemessen. Während die Religion an innerer Kraft und Tiefe verloren hatte, nahm sie an äußerlichem Pomp zu. Die Erzieher jener Zeit versuchten durch Wichtigtuerei Eindruck zu machen. Zu all dem bildete das Leben Jesu einen deutlichen Kontrast. Es demonstrierte die Wertlosigkeit jener Dinge, die Menschen als wichtigstes Gut des Lebens ansahen.

Die Schulen seiner Zeit, die einen Hang zur Überbewertung unwichtiger Dinge hatten und gleichzeitig wirklich Wichtiges außer acht ließen, suchte er nicht auf. Seine Erziehung erhielt er aus Quellen, die sich dem Himmel geweiht hatten, aus sinnvoller Arbeit, aus dem Studium der Heiligen Schriften, aus der Natur und aus der Lebenserfahrung – aus Gottes Unterrichtsbüchern, die voller Anweisungen für alle sind, die ihnen die willige Hand, das sehende Auge und das verständige Herz entgegenbringen.

„Das Kind aber wuchs und wurde stark, voller Weisheit, und Gottes Gnade war bei ihm." (Matthäus 2,40) So vorbereitet, übernahm er dann seine eigentliche Aufgabe. In jedem Moment seines Kontakts zu Menschen übte er einen Einfluss des Segens auf sie aus und vermittelte eine Kraft, sich zu verändern, wie sie die Welt niemals zuvor erlebt hatte.

Das Heim ist die erste Schule des Kindes, und hier ist es auch, wo die Basis für ein Leben des Dienstes gelegt werden sollte. Seine Grundsätze sollen nicht nur Theorie bleiben; sie sollen vielmehr die ganze Lebenserziehung prägen.

Sehr früh sollte dem Kind Bereitschaft zum Helfen vermittelt werden. Sobald Körperkraft und Denkfähigkeit genügend entwickelt sind, können dem Kind häusliche Pflichten übertragen werden. Es sollte dazu ermutigt werden, wo immer möglich, Vater und Mutter zu helfen und seine eigenen Wünsche in Grenzen zu halten. Dazu gehört auch, das Glück und Wohlbefinden anderer vor das eigene zu stellen, auf Gelegenheiten zu achten, Brüder, Schwestern und Spielkameraden aufzumuntern und ihnen zu helfen, und sich gegenüber den Alten, Kranken und Unglücklichen freundlich zu erweisen. Je reichlicher der Geist wahren Dienens das Heim erfüllt, desto reichlicher entwickelt er sich im Leben der Kinder. Sie werden lernen, Freude am Dienst zu entwickeln und zugunsten anderer Verzicht zu üben.

Die Aufgabe der Schulen

Die Erziehung in der Familie sollte durch das Werk der Schule ergänzt werden. Die Entwicklung aller Bereiche des körperlichen, geistigen und geistlichen Wesens sowie die Erziehung zu Dienst und Opferbereitschaft sollten dabei beständig im Vordergrund stehen.

Mehr als alles andere werden die kleinen Dinge des täglichen Lebens den Charakter prägen und die jungen Leute zum Dienst für Christus bereitmachen. Diese Einstellung zu wecken, zu fördern und richtig zu lenken, ist die Aufgabe von Eltern und Lehrern. Keine wichtigere Arbeit könnte ihnen übertragen werden. Der Geist des Dienens ist der Geist des Himmels, und bei dem Bemühen, seine Entwicklung zu fördern, werden Engel mithelfen.

Solch eine Erziehung muss ihre Grundlage im Wort Gottes haben. Nur dort finden sich diese Grundsätze in vollem Umfang. Die Bibel sollte zur Grundlage allen Lernens und Lehrens gemacht werden. Das grundlegende Wissen ist nämlich ein Wissen von Gott und von dem, den er gesandt hat.

Jedes Kind und jeder Jugendliche muss darüber hinaus auch ein Wissen über sich selbst haben. Er sollte den Körper kennen, den Gott ihm gegeben hat, und die Gesetze, durch die er gesund erhalten wird. All dies sollte schon in den allgemeinbildenden Schulen ausführlich behandelt werden. Außerdem sollten alle Schüler eine handwerkliche Ausbildung bekommen, die sie zu Männern und Frauen mit praktischen Grundkenntnissen macht, tauglich für die Pflichten des täglichen Lebens. Dazu gehört auch eine Ausbildung sowie praktische Erfahrung in verschiedenen Bereichen missionarischer Arbeit.

Lernen durch Weitergeben

Die Jugend sollte so schnell und so viel wie irgend möglich lernen. Ihr Bildungsstand sollte so umfassend sein, wie ihr Lernvermögen es zulässt. Und lasst sie beim Lernen ihr Wissen weitergeben. *So* erreicht man am ehesten, dass ihr Geist Disziplin und Kraft erwirbt. Der praktische Gebrauch ihres Wissens bestimmt über den Wert ihrer Ausbildung.

Eine lange Zeit des Lernens ohne die Möglichkeit, das Erworbene weiterzugeben, erweist sich für eine wirkliche Entwicklung eher als hinderlich denn als hilfreich. Sowohl im Heim als auch in der Schule sollte der Schüler bestrebt sein, zu lernen, wie man studiert und das erworbene Wissen dann auch weitergibt. Was auch immer seine Berufung sein mag – der Schüler soll sowohl ein Lernender als auch ein Lehrender sein, solange sein Leben währt. Auf diese Weise kann er kontinuierlich Fortschritte machen, wobei er Gott zum Garanten seines Vertrauens hat und sich an den hält, dessen Weisheit unendlich ist, der die Geheimnisse enthüllen kann, die seit Jahrhunderten verborgen sind, der für Menschen, die an ihn glauben, die schwierigsten Probleme lösen kann.

Das Wort Gottes betont mit Nachdruck den Einfluss des geselligen Umgangs auf erwachsene Männer und Frauen. Um wieviel größer ist dieser Einfluss dann aber auf den sich entwickelnden Geist und Charakter von Kindern und Jugendlichen. Die Gesellschaft, die sie pflegen, die Prinzipien, die sie übernehmen, die Gewohnheiten, die sie ausbilden, werden über die Frage ihrer Brauchbarkeit hier und über ihr künftiges, ewiges Schicksal entscheiden.

Es ist eine schreckliche Tatsache, dass in vielen Schulen und Hochschulen, die die Jugendlichen zur Weiterbildung und Formung ihres Charakters besuchen, Einflüsse vorherrschen, die den Charakter verunstalten, den Geist von den wahren Lebenszielen ablenken und die moralischen Maßstäbe verwischen. Eine Umgebung, in der Unglaube und Liebe zu verdorbenen Vergnügungen tägliche Normalität geworden sind, lässt viele, viele Jugendliche ihre Unbefangenheit und Reinheit, den Glauben an Gott und den Geist der Selbstaufopferung verlieren, den ihre christlichen Väter und Mütter durch liebevolle Unterweisung und ernstes Gebet gehegt und geschützt haben.

Viele, die mit der Absicht in eine Schule eingetreten sind, sich für einen selbstlosen Dienst zu qualifizieren, sind dann von weltlichen Themen fasziniert. Schließlich wächst der Ehrgeiz, sich in der Wissenschaft vor anderen auszuzeichnen und in der Welt Rang und Namen zu erringen. Das ursprüngliche Ziel wird aus den Augen verloren, und das Leben wird von selbstsüchtigen und weltlichen Plänen bestimmt. Oft führt das zu einem Lebensstil, mit dem man letztlich alle Chancen sowohl für diese als auch für die künftige Welt verspielt.

In der Regel sind Männer und Frauen, die auch mal über den Tellerrand schauen und selbstlose Absichten und edle Ziele an den Tag legen, solche, die diese Charaktereigenschaften bereits in jungen Jahren entwickelt haben. In seiner ganzen Handlungsweise mit Israel betonte Gott die Wichtigkeit, den Umgang der Kinder im Auge zu behalten. Alle Regelungen des privaten, religiösen und öffentlichen Lebens wurden getroffen mit Blick auf die Bewahrung der Kinder vor schädlicher Gesellschaft und mit dem Ziel, dass sie sich schon in frühester Kindheit mit den Vorschriften und Prinzipien des Gesetzes Gottes anfreundeten.

Die Lehre, die sie beim Auszug aus Ägypten erhielten, beeindruckte alle Herzen tief. Bevor mit dem Tod der Erstgeborenen das letzte schreckliche Gericht über die Ägypter hereinbrach, befahl Gott seinem Volk, ihre Kinder in die Häuser zu holen. Der Türpfosten jedes Hauses wurde mit Blut gekennzeichnet, und alle sollten innerhalb des Schutzbereiches bleiben, der durch dieses Zeichen gesichert war. Ebenso sollen heute Eltern, die Gott lieben und fürchten, ihre Kinder unter dem „Band des Bundes" bewahren – innerhalb des Schutzbereichs jener heiligen Einflüsse, die durch Christi Erlösungsblut ermöglicht worden sind.

Christus sagte von seinen Jüngern: „Ich habe ihnen dein Wort gegeben, … sie sind nicht von der Welt, wie auch ich nicht von der Welt bin." (Johannes 17,14)

„Stellt euch nicht dieser Welt gleich", bittet uns Gott, „sondern ändert euch durch Erneuerung eures Sinnes" (Römer 12,2).

„Zieht nicht am fremden Joch mit den Ungläubigen. Denn was hat die Gerechtigkeit zu schaffen mit der Ungerechtigkeit? Was hat das Licht für Gemeinschaft mit der Finsternis? ... Was hat der Tempel Gottes gemein mit den Götzen? Wir aber sind der Tempel des lebendigen Gottes; wie denn Gott spricht: ‚Ich will unter ihnen wohnen und wandeln und will ihr Gott sein, und sie sollen mein Volk sein.' Darum ‚geht aus von ihnen und sondert euch ab ... und rührt nichts Unreines an, so will ich euch annehmen und euer Vater sein, und ihr sollt meine Söhne und Töchter sein', spricht der allmächtige Herr." (2. Korinther 6,14–18)

„Bringt zusammen die Kinder." (Joel 2,16)

„Tue ihnen kund die Satzungen Gottes und seine Weisungen." (2. Mose 18,16)

„Denn ihr sollt meinen Namen auf die Israeliten legen, dass ich sie segne." (4. Mose 6,27)

„Und alle Völker auf Erden werden sehen, dass über dir der Name des Herrn genannt ist." (5. Mose 28,10)

„Und es werden die Übriggebliebenen aus Jakob unter vielen Völkern sein wie Tau vom Herrn, wie Regen aufs Gras, der auf niemand harrt noch auf Menschen wartet." (Micha 5,6)

Wir gehören zum Volk Israel. Alle Anweisungen, die den Israeliten des alten Bundes hinsichtlich der Erziehung und Ausbildung ihrer Kinder gegeben wurden, alle an die Befolgung dieser Anweisungen gebundenen Segensverheißungen gelten nun für uns.

Gottes Wort an uns lautet: „Ich will dich segnen, ... und du sollst ein Segen sein." (1. Mose12,2)

Christus sagte von den ersten Jüngern und von allen, die durch deren Zeugnis an ihn glauben sollten: „Und ich habe ihnen die Herrlichkeit gegeben, die du mir gegeben hast, damit sie eins seien, wie wir eins sind, ich in ihnen und du in mir, damit sie vollkommen eins seien und die Welt erkenne, dass du mich gesandt hast und sie liebst, wie du mich liebst." (Johannes 17,22–23)

Wundersame Worte, die der Glaube fast nicht begreifen kann! Der Schöpfer aller Welten liebt jene, die sich dem Dienst an ihm widmen, genauso, wie er seinen Sohn liebt. Sogar hier und jetzt wird uns seine Gunst in wunderbarem Ausmaß geschenkt. Er hat uns das Licht und die Majestät des Himmels gegeben, und mit Jesus schenkte er uns den ganzen himmlischen Schatz. Wenn er uns auch für das zukünftige Leben viel verheißen hat, so schenkt er bereits in diesem Leben fürstliche Gaben. Er ermutigt uns, die wir seiner Gnade unterstellt sind, uns an allem zu erfreuen, was unseren Charakter veredelt, erweitert und erhebt. Er will unsere Jugendlichen mit Macht von oben inspirieren, damit sie unter dem blutbefleckten Banner Christi stehen können, um zu wirken, wie er gewirkt hat, um Seelen auf sichere Wege zu führen, um die Füße vieler auf den lebendigen Fels zu stellen.

Alle, die in Harmonie mit Gottes Erziehungsplan arbeiten wollen, werden seine stärkende Gnade, seine unausgesetzte Gegenwart und seine bewahrende Macht erfahren. Ihnen gilt sein Zuspruch: „… sei getrost und unverzagt. Lass dir nicht grauen und entsetze dich nicht; denn der Herr, dein Gott, ist mit dir." (Josua 1,9)

„Ich will dich nicht verlassen noch von dir weichen." (Josua 1,5)

„Denn gleichwie der Regen und Schnee vom Himmel fällt und nicht wieder dahin zurückkehrt, sondern feuchtet die Erde und macht sie fruchtbar und lässt wachsen, dass sie gibt Samen, zu säen, und Brot, zu essen, so soll das Wort, das aus meinem Munde geht, auch sein: Es wird nicht wieder leer zu mir zurückkommen, sondern wird tun, was mir gefällt, und ihm wird gelingen, wozu ich es sende. Denn ihr sollt in Freuden ausziehen und im Frieden geleitet werden. Berge und Hügel sollen vor euch her frohlocken mit Jauchzen und alle Bäume auf dem Felde in die Hände klatschen. Es sollen Zypressen statt Dornen wachsen und Myrten statt Nesseln. Und dem Herrn soll es zum Ruhm geschehen und zum ewigen Zeichen, das nicht vergehen wird." (Jesaja 55,10–13)

Überall auf der Welt ist die Gesellschaft aus den Fugen geraten. Eine durchgreifende Umwandlung ist erforderlich. Die Erziehung, die man der Jugend angedeihen lässt, soll das ganze soziale Gefüge umformen.

„Sie werden die alten Trümmer wieder aufbauen und, was vorzeiten zerstört worden ist, wieder aufrichten; sie werden die verwüsteten Städte erneuern, die von Geschlecht zu Geschlecht zerstört gelegen haben." (Jesaja 61,4)

Die Menschen werden sie „... Diener unsres Gottes nennen ... Sie sollen ewige Freude haben. Denn ich bin der Herr, der das Recht liebt“ (Jesaja 61,6–8).

„Ich will ihnen den Lohn in Treue geben und einen ewigen Bund mit ihnen schließen.“ (Jesaja 61,8)

„Und man soll ihr Geschlecht kennen unter den Heiden und ihre Nachkommen unter den Völkern, dass, wer sie sehen wird, erkennen soll, dass sie ein Geschlecht sind, gesegnet vom Herrn ... Denn gleichwie Gewächs aus der Erde wächst und Same im Garten aufgeht, so lässt Gott der Herr Gerechtigkeit aufgehen und Ruhm vor allen Heidenvölkern.“ (Jesaja 61,9–11)

Teil VII

Die wesentliche Erkenntnis

Kapitel 35

Wahre Gotteserkenntnis

Wie damals unser Heiland, so leben wir auch auf dieser Welt, um Gott zu dienen. Wir sind hier, um Gott charakterlich ähnlich zu werden und ihn unserer Umwelt durch ein Leben des Dienstes nahezubringen. Damit wir Mitarbeiter Gottes sein können, ihm ähnlich werden und den Menschen sein Wesen verständlich machen können, sollten wir alles wissen, was er über sich selbst mitgeteilt hat.

Ohne Erkenntnis Gottes gibt es keine echte Erziehung und keinen echten Dienst am Mitmenschen. Sie allein gewährt zuverlässigen Schutz vor Versuchung. Nur wenn wir viel von ihm wissen, können wir Gott charakterlich ähnlich werden.

Diese Erkenntnis brauchen auch alle, die ihre Mitmenschen auf den richtigen Weg führen möchten. Veränderung des Charakters, Reinheit der Lebensführung, Tüchtigkeit beim Dienen, Befolgung richtiger Grundsätze – all dies hängt von einer richtigen Gotteserkenntnis ab. Diese Erkenntnis bildet die grundlegende Vorbereitung sowohl für dieses als auch für das künftige Leben.

„Den Heiligen erkennen, das ist Verstand." (Sprüche 9,10)

Mit der Erkenntnis Gottes ist uns „alles" gegeben, „was zum Leben und zur Frömmigkeit dient" (2. Petrus 1,3). „Das ist aber das ewige Leben", sagte Jesus, „dass sie dich, der du allein wahrer Gott bist, und den du gesandt hast, Jesus Christus, erkennen." (Johannes 17,3)

„So spricht der Herr: Ein Weiser rühme sich nicht seiner Weisheit, ein Starker rühme sich nicht seiner Stärke, ein Reicher rühme sich nicht seines Reichtums. Sondern wer sich rühmen will, der rühme sich dessen, dass er klug sei und mich kenne, dass ich der Herr bin, der Barmherzigkeit, Recht und Gerechtigkeit übt auf Erden; denn solches gefällt mir, spricht der Herr." (Jeremia 9,22–23)

Hierfür müssen wir die gottgegebenen Offenbarungen seiner selbst studieren.

„So vertrage dich nun mit Gott und mache Frieden; daraus wird dir viel Gutes kommen. Nimm doch Weisung an von seinem Munde und fasse seine Worte in dein Herz... So wird der Allmächtige dein Gold sein – Dann wirst du deine Lust haben an dem Allmächtigen und dein Antlitz zu Gott erheben. Wenn du ihn bitten wirst, wird er dich hören, und du wirst deine Gelübde erfüllen. Was du dir vornimmst, lässt er dir gelingen, und das Licht wird auf deinen Wegen scheinen. Denn er erniedrigt die Hochmütigen; aber wer seine Augen niederschlägt, dem hilft er." (Hiob 22,21–29)

Gott offenbart sich in der Natur

„Denn Gottes unsichtbares Wesen, das ist seine ewige Kraft und Gottheit, wird seit der Schöpfung der Welt ersehen aus seinen Werken, wenn man sie wahrnimmt." (Römer 1,20)

Der heutige Zustand unserer Welt vermittelt uns nur eine schwache Vorstellung von der Herrlichkeit des Gartens Eden. Die Sünde hat die Schönheit der Erde entstellt; überall begegnet man den Spuren des Bösen. Und doch gibt es noch viele Wunder. Die Natur bezeugt, dass jemand mit grenzenloser Macht und großer Güte, Gnade und Liebe die Erde erschuf und sie mit Leben und Freude erfüllte. Selbst unter dem Fluch der Sünde erkennt man noch sehr gut, dass hier ein großer Künstler am Werk war. Wohin wir uns auch wenden, überall können wir die Stimme Gottes hören und die Beweise seiner Güte sehen.

Vom ehrfurchtgebietenden Grollen des Donners und dem Rauschen des Meeres, das seit Urzeiten erklingt, bis zu den frohen Gesängen, die die Wälder mit einer lieblichen Musik erfüllen, verkünden zehntausend Stimmen der Natur sein Lob.

Auf der Erde, im Meer und am Himmel sehen wir seine Herrlichkeit. Majestätische Berge erzählen uns von seiner Macht. Die Bäume, deren prächtige Kronen sich leicht im Sonnenlicht wiegen, und die Blumen in ihrer zarten Schönheit verweisen auf ihren Schöpfer. Das lebendige Grün, das den braunen Erdboden bedeckt, erzählt von Gottes Fürsorge selbst für die einfachsten seiner Geschöpfe. In den Höhlen des Meeres und in den Tiefen der Erde finden wir seine Schätze.

Er, der die Perlen in den Ozean und Edelsteine in die Felsen legte, liebt alles Schöne. Die Sonne, wie sie am Himmel aufgeht, weist auf ihn, der Leben und Licht für alles ist, was er geschaffen hat. All das Strahlende und Schöne, das die Erde schmückt und die Himmel erleuchtet, erzählt von Gott.

„Seines Lobes war der Himmel voll, und seiner Ehre war die Erde voll.“ (Habakuk 3,3)

„Herr, wie sind deine Werke so groß und viel! Du hast sie alle weise geordnet, und die Erde ist voll deiner Güter.“ (Psalm 104,24)

„Die Himmel erzählen die Ehre Gottes, und die Feste verkündigt seiner Hände Werk. Ein Tag sagt's dem andern, und eine Nacht tut's kund der andern, ohne Sprache und ohne Worte; unhörbar ist ihre Stimme. Ihr Schall geht aus in alle Lande und ihr Reden bis an die Enden der Welt.“ (Psalm 19,2–5)

Die ganze Schöpfung erzählt von Gottes liebevoller, väterlicher Fürsorge und seinem Wunsch, seine Kinder glücklich zu machen.

Ein persönlicher Gott

Die gewaltigen Kräfte, die uns überall in der Natur begegnen und alles am Leben und in Bewegung halten, sind nicht, wie es einige Wissenschaftler darstellen, nur Ausdruck einer namenlosen, unpersönlichen Energie. Gott ist Geist; und doch ist er ein persönliches Wesen, denn so hat er sich offenbart:

„Aber der Herr ist der wahrhaftige Gott, der lebendige Gott, der ewige König … Die Götter, die Himmel und Erde nicht gemacht haben, müssen vertilgt werden von der Erde und unter dem Himmel.“ (Jeremia 10,10–11)

„Aber so ist der nicht, der Jakobs Reichtum ist; sondern er ist's, der alles geschaffen hat.“ (Jeremia 10,16)

„Er aber hat die Erde durch seine Kraft gemacht und den Erdkreis bereitet durch seine Weisheit und den Himmel ausgebreitet durch seinen Verstand.“ (Jeremia 10,12)

Die Natur ist nicht Gott

Gott ist nicht *selbst* Bestandteil der Schöpfung. Alles Geschaffene zeugt von Gottes Charakter und Macht; aber wir sollen die Natur nicht als Gott ansehen. Künstlerisch begabte Menschen gestalten wundervolle Kunstwerke, Dinge, die das Auge erfreuen, und sie sagen uns etwas von den Gedanken und Gefühlen ihres Urhebers; aber das Kunstwerk ist nicht der Künstler.

Es ist nicht das Werk, sondern sein Urheber, der gerühmt wird. So entstand auch die Schöpfung aus sichtbar gewordenen Gedanken Gottes, aber es ist nicht die Natur, sondern der Schöpfer der Natur, der gepriesen werden soll.

„Kommt, lasst uns anbeten und knien und niederfallen vor dem Herrn, der uns gemacht hat." (Psalm 95,6)

„Denn in seiner Hand sind die Tiefen der Erde, und die Höhen der Berge sind auch sein. Denn sein ist das Meer, und er hat's gemacht, und seine Hände haben das Trockene bereitet." (Psalm 95,4–5)

„Der das Siebengestirn und den Orion macht, der aus der Finsternis den Morgen macht und aus dem Tag die finstere Nacht – er heißt ‚Herr'." (Amos 5,8)

„Denn siehe, er ist's, der die Berge macht und den Wind schafft; er zeigt dem Menschen, was er im Sinne hat." (Amos 4,13)

„Er ist es, der seinen Saal in den Himmel baut und seinen Palast über der Erde gründet, der das Wasser im Meer herbeiruft und schüttet es auf das Erdreich. Er heißt Herr!" (Amos 9,6)

Die Erschaffung der Erde

Die Erschaffung unserer Erde kann nicht von der Wissenschaft erklärt werden. Welche Wissenschaft kann denn wirklich das Geheimnis des Lebens erklären?

„Durch den Glauben erkennen wir, dass die Welt durch Gottes Wort geschaffen ist, so dass alles, was man sieht, aus nichts geworden ist." (Hebräer 11,3)

„Ich bin der Herr, – der ich das Licht mache und schaffe die Finsternis – Ich bin der Herr, der dies alles tut… Ich habe die Erde gemacht und den Menschen auf ihr geschaffen. Ich bin's, dessen Hände den Himmel ausgebreitet haben und der seinem ganzen Heer geboten hat." (Jesaja 45,6–7.12) „Ich rufe, und alles steht da." (Jesaja 48,13)

Bei der Erschaffung der Erde war Gott nicht auf bereits vorhandene Materie angewiesen. „Denn wenn er spricht, so geschieht's; wenn er gebietet, so steht's da." (Psalm 33,9) Alles auf dieser Welt, sei es materieller oder geistiger Natur, entstand durch Gottes Wort und wurde gemäß seiner Vorstellungskraft erschaffen. Die Himmel und alle ihre Heerscharen, die Erde und alles auf ihr erlangten ihr Dasein durch den Hauch seines Mundes.

Die Erschaffung des Menschen

Bei der Erschaffung des Menschen erleben wir das Handeln eines persönlichen Gottes. Als Gott den Menschen nach seinem Bild geschaffen hatte, war die Gestalt des Menschen in allen ihren Teilen und deren Anordnung vollkommen, aber noch ohne Leben. Dann blies ein persönlicher, aus sich selbst existierender Gott dieser Gestalt den Lebensodem ein, und der Mensch wurde zu einem lebendigen, vernunftbegabten Wesen. Alle Teile des menschlichen Organismus wurden damit in Bewegung gesetzt. Das Herz, die Arterien, die Venen, die Zunge, die Hände, die Füße, die Sinnesorgane, die geistigen Fähigkeiten – alle begannen zu arbeiten, und alle wurden einem Gesetz unterstellt. Der Mensch wurde eine lebendige Seele. Durch Christus, das Wort, schuf ein persönlicher Gott den Menschen und stattete ihn mit Vernunft und Kraft aus.

Die Materie, aus der wir bestehen, war ihm kein Geheimnis, als wir nur in seinen Gedanken existierten; seine Augen sahen unseren Körper, als er noch unvollendet war, und in seiner Vorstellung sah er alle Teile unseres Körpers schon genau vor sich, als es sie noch gar nicht gab.

Über allen niedrigeren Daseinsformen steht der Mensch als Krone der Schöpfung. Er sollte Gottes Gedanken und seine Herrlichkeit sichtbar machen. Aber der Mensch soll sich nicht selbst als Gott aufspielen.

„Jauchzet dem Herrn, alle Welt! Dienet dem Herrn mit Freuden, kommt vor sein Angesicht mit Frohlocken! Erkennet, dass der Herr Gott ist! Er hat uns gemacht und nicht wir selbst zu seinem Volk und zu Schafen seiner Weide. Gehet zu seinen Toren ein mit Danken, zu seinen Vorhöfen mit Loben; danket ihm, lobet seinen Namen!" (Psalm 100,1–4)

„Erhebet den Herrn, unsern Gott, und betet an auf seinem heiligen Berge; denn der Herr, unser Gott, ist heilig." (Psalm 99,9)

Die Naturgesetze sind Gottes Diener

Unablässig sorgt Gott für seine Schöpfung, und gleichzeitig dient sie seinen Zielen. Er wirkt durch die Gesetze der Natur, indem er sie als seine Werkzeuge nutzt. Sie handeln nicht aus eigener Kraft. Die Ereignisse in der Natur bezeugen die Gegenwart und das aktive Handeln eines intelligenten Wesens, das in allen Dingen gemäß *seinem* Willen waltet.

„Herr, dein Wort bleibt ewiglich, so weit der Himmel reicht; deine Wahrheit währet für und für. Du hast die Erde fest gegründet, und sie bleibt stehen. Sie steht noch heute nach deinen Ordnungen; denn es muss dir alles dienen." (Psalm 119,89–91)

„Alles, was er will, das tut er im Himmel und auf Erden, im Meer und in allen Tiefen." (Psalm 135,6)

„Er gebot, da wurden sie geschaffen. Er lässt sie bestehen für immer und ewig; er gab eine Ordnung, die dürfen sie nicht überschreiten." (Psalm 148,5–6)

Nicht aus sich selbst heraus bringt die Erde jahrein, jahraus ihre Gaben hervor und hält konstant ihre Bahn um die Sonne. Die Hand des Unendlichen lenkt diesen Planeten. Gottes beständig wirkende Macht ist es, die die Erde auf ihrer Bahn hält. Es ist Gott, der den Sonnenaufgang am Himmel bewirkt. Er öffnet die Fenster des Himmels und gibt Regen.

„Er gibt Schnee wie Wolle, er streut Reif wie Asche." (Psalm 147,16)

„Wenn er donnert, so ist Wasser die Menge am Himmel; Wolken lässt er heraufziehen vom Ende der Erde. Er macht die Blitze, dass es regnet, und lässt den Wind kommen aus seinen Vorratskammern." (Jeremia 10,13)

Seine Macht lässt die Vegetation gedeihen, lässt jedes Blatt erscheinen, jede Blume erblühen und jede Frucht wachsen.

Über die Funktionen des menschlichen Körpers sind bis heute noch nicht alle Zusammenhänge bekannt. Selbst den anerkanntesten Fachleuten gibt er immer noch Rätsel auf. Schließlich ist unser Körper kein Mechanismus, der, einmal in Bewegung gesetzt, vollautomatisch weiterfunktioniert, so dass der Puls schlägt und ein Atemzug auf den anderen folgt. Gott ist der alleinige Garant unserer Existenz. Das schlagende Herz, die Blutzirkulation, jeder Nerv und Muskel im lebendigen Organismus, alles wird durch die Kraft eines allgegenwärtigen Gottes in Funktion und Bewegung gehalten.

Die Fürsorge der göttlichen Vorsehung

Die Bibel zeigt uns Gott an seinem erhabenen und heiligen Ort nicht in einem Zustand der Untätigkeit, nicht in Stille und Einsamkeit, sondern von Abertausenden heiligen Wesen umgeben, die alle bereit sind, seinen Willen auszuführen. Durch diese Botschafter steht er in tätiger Verbindung mit jedem Teil seines Reiches. Durch seinen Geist ist er überall gegenwärtig. Durch das Wirken seines Geistes und seiner Engel dient er den Menschenkindern.

Über den Unruhen der Erde sitzt er auf seinem Thron, alle Dinge liegen offen vor seinem göttlich-allumfassenden Überblick; und von seiner erhabenen und ruhigen Ewigkeit aus ordnet er das an, was seine Vorsehung als das Beste ansieht.

„Ich weiß, Herr, dass des Menschen Tun nicht in seiner Gewalt steht, und es liegt in niemandes Macht, wie er wandle oder seinen Gang richte." (Jeremia 10,13)

„Verlass dich auf den Herrn von ganzem Herzen, … gedenke an ihn in allen deinen Wegen, so wird er dich recht führen." (Sprüche 3,5–6)

„Siehe, des Herrn Auge achtet auf alle, die ihn fürchten, die auf seine Güte hoffen, dass er sie errette vom Tode und sie am Leben erhalte in Hungersnot." (Psalm 33,18–19)

„Wie köstlich ist deine Güte, Gott, dass Menschenkinder unter dem Schatten deiner Flügel Zuflucht haben!“ (Psalm 36,8)

„Wohl dem, dessen Hilfe der Gott Jakobs ist, der seine Hoffnung setzt auf den Herrn, seinen Gott.“ (Psalm 146,5)

„Herr, die Erde ist voll deiner Güte.“ (Psalm 119,64)

„Gott liebt Gerechtigkeit und Recht.“ (Psalm 33,5)

„Gott, – der du bist die Zuversicht aller auf Erden und fern am Meer; der du die Berge festsetzest in deiner Kraft und gerüstet bist mit Macht; der du stillst das Brausen des Meeres, … und das Toben der Völker.“ (Psalm 65,6–8)

„Du machst fröhlich, was da lebet im Osten wie im Westen.“ (Psalm 65,9) „Du krönst das Jahr mit deinem Gut, und deine Fußtapfen triefen von Segen.“ (Psalm 65,12)

„Der Herr hält alle, die da fallen, und richtet alle auf, die niedergeschlagen sind. Aller Augen warten auf dich, und du gibst ihnen ihre Speise zur rechten Zeit. Du tust deine Hand auf, und sättigst alles, was lebt, nach deinem Wohlgefallen.“ (Psalm 145,14–16)

Das Wesen Gottes ist in Christus offenbart

Als ein personales Wesen, das Gott ist, hat er sich in seinem Sohn offenbart. Jesus, der Abglanz der Herrlichkeit seines Vaters und „das Ebenbild seines Wesens“ (Hebräer 1,3), kam als ein persönlicher Erlöser auf die Welt. Als ein persönlicher Erlöser fuhr er auch wieder zum Himmel. Als ein persönlicher Erlöser tritt er am himmlischen Gerichtshof für uns ein. Vor dem Thron Gottes dient nun einer zu unseren Gunsten, der „einem Menschensohn gleich“ ist (Offenbarung 1,13).

Christus, das Licht der Welt, verhüllte den blendenden Glanz seiner Göttlichkeit und kam, um als Mensch unter Menschen zu leben, damit sie, ohne dabei zugrunde zu gehen, mit ihrem Schöpfer vertraut werden konnten. Nachdem die Sünde die Menschen von ihrem Schöpfer getrennt hatte, hat kein Mensch jemals Gott gesehen, mit Ausnahme dessen, wie er durch Christus offenbart ist.

„Ich und der Vater sind eins“, erklärte Christus (Johannes 10,30). „Niemand kennt den Sohn als nur der Vater; und niemand kennt den Vater als nur der Sohn und wem es der Sohn offenbaren will." (Matthäus 11,27) Christus kam, um die Menschen das zu lehren, was sie nach Gottes Wunsch wissen sollen. Oben in den Himmeln, auf der Erde und in den weiten Gewässern des Ozeans sehen wir das Werk Gottes. Alles Erschaffene bezeugt seine Macht, seine Weisheit, seine Liebe. Und doch können wir weder von den Sternen noch vom Ozean oder dem Wasserfall etwas vom Wesen Gottes erfahren, wie es uns in Christus offenbart wurde.

Gott sah, dass zur Darstellung seines Wesens und seines Charakters eine deutlichere Offenbarung als die in der Natur erforderlich war. Deshalb sandte er seinen Sohn in die Welt, um das Wesen und die Eigenschaften des unsichtbaren Gottes zu offenbaren, soweit die menschliche Auffassungsgabe dies ertragen konnte.

Den Jüngern offenbart

Lasst uns die Worte studieren, die Christus in der Nacht vor seiner Kreuzigung im Abendmahlssaal gesprochen hat. Er näherte sich seiner Leidenszeit und versuchte seine Jünger zu trösten. Vor ihnen lag ein Abschnitt ernster Versuchung und Prüfung.

„Euer Herz erschrecke nicht!" sagte er. „Glaubt an Gott und glaubt an mich! In meines Vaters Hause sind viele Wohnungen. Wenn's nicht so wäre, hätte ich dann zu euch gesagt: Ich gehe hin, euch die Stätte zu bereiten? – Spricht zu ihm Thomas: Herr, wir wissen nicht, wo du hingehst; wie können wir den Weg wissen? Jesus spricht zu ihm: Ich bin der Weg und die Wahrheit und das Leben; niemand kommt zum Vater denn durch mich. Wenn ihr mich erkannt habt, so werdet ihr auch meinen Vater erkennen. Und von nun an kennt ihr ihn und habt ihn gesehen. Spricht zu ihm Philippus: Herr, zeige uns den Vater, und es genügt uns. Jesus spricht zu ihm: So lange bin ich bei euch, und du kennst mich nicht, Philippus? Wer mich sieht, der sieht den Vater! Wie sprichst du dann: Zeige uns den Vater? Glaubst du nicht, dass ich im Vater bin und der Vater in mir? Die Worte, die ich zu euch rede, die rede ich nicht von mir selbst aus. Und der Vater, der in mir wohnt, der tut seine Werke." (Johannes 14,1–10)

Die Jünger aber verstanden Christi Worte über seine Beziehung zu Gott noch nicht. Vieles von seinen Lehren blieb für sie noch im Dunkeln. Christus wollte deshalb, dass sie eine klarere, eigenständigere Gotteserkenntnis besaßen. „Das habe ich euch in Bildern gesagt", sagte er. „Es kommt die Zeit, dass ich nicht mehr in Bildern mit euch reden werde ..." (Johannes 16,25)

Als zu Pfingsten der Heilige Geist auf die Jünger ausgegossen wurde, verstanden sie die Wahrheiten viel umfassender, die Christus in seinen Gleichnissen ausgesprochen hatte. Viele Lehren, die ihnen ein Rätsel gewesen waren, wurden nun begreiflich. Aber selbst da empfingen die Jünger noch nicht die vollständige Erfüllung der Verheißung Christi. Sie erhielten zwar all das Wissen über Gott, das sie verkraften konnten, aber die gänzliche Erfüllung der Verheißung, dass Christus ihnen den Vater in aller Klarheit zeigen werde, stand noch aus. So ist es auch heute. Unsere Gotteserkenntnis ist unvollständig und unvollkommen. Wenn der Kampf zu Ende ist und der Menschensohn Christus Jesus vor dem Vater seine treuen Mitarbeiter bekennt, die in einer sündigen Welt ein wahrhaftiges Zeugnis für ihn abgelegt haben, dann werden sie vollständig begreifen, was für sie jetzt noch Geheimnisse sind.

Auch im Himmel hat Christus seine verklärte menschliche Natur behalten. Denen, die ihn annehmen, gibt er Macht, Gottes Kinder zu werden, damit Gott sie schließlich als die Seinen annehmen kann und sie mit ihm in Ewigkeit beisammen Gemeinschaft haben können. Wenn sie während dieses Lebens Gott treu sind, werden sie schließlich „sein Angesicht sehen, und sein Name wird an ihren Stirnen sein" (Offenbarung 22,4). Und was ist die Glückseligkeit des Himmels denn anderes, als Gott zu sehen? Welche größere Freude kann dem durch Christi Gnade geretteten Sünder zuteil werden, als in das Angesicht Gottes zu schauen und ihn als den Vater zu erkennen?

Das Zeugnis der Bibel

Die Bibel zeigt uns klar die Beziehung zwischen Gott und Christus auf und stellt uns ebenso deutlich die Personalität und Individualität beider vor Augen.

„Nachdem Gott vorzeiten vielfach und auf vielerlei Weise geredet hat zu den Vätern durch die Propheten, hat er in diesen letzten Tagen zu uns geredet durch den Sohn. – Er ist der Abglanz seiner Herrlichkeit und das Ebenbild seines Wesens und trägt alle Dinge mit seinem kräftigen Wort und hat vollbracht die Reinigung von den Sünden und hat sich gesetzt zur Rechten der Majestät in der Höhe und ist so viel höher geworden als die Engel, wie der Name, den er ererbt hat, höher ist als ihr Name. Denn zu welchem Engel hat Gott jemals gesagt (Psalm 2,7): ‚Du bist mein Sohn, heute habe ich dich gezeugt'? und wiederum (2. Samuel 7,14): ‚Ich werde sein Vater sein, und er wird mein Sohn sein'?" (Hebräer 1,1–5)

Die Personalität des Vaters und des Sohnes und ebenso die Einheit, die zwischen ihnen besteht, werden im siebzehnten Kapitel des Johannesevangeliums in Christi Gebet für seine Jünger dargestellt: „Ich bitte aber nicht allein für sie, sondern auch für die, die durch ihr Wort an mich glauben werden, damit sie alle eins seien. Wie du, Vater, in mir bist und ich in dir, so sollen auch sie in uns sein, damit die Welt glaube, dass du mich gesandt hast." (Johannes 17,20–21)

Die Einheit, die zwischen Christus und seinen Jüngern herrscht, hebt nicht die Personalität des einzelnen auf. Sie sind eins in ihrem Ziel, ihrer Gesinnung, ihrem Charakter, aber nicht in ihrer Person. In diesem Sinn sind Gott und Christus eins.

Der Charakter Gottes ist in Christus offenbart

Christus nahm das Menschsein auf sich und kam, um sich den Menschen gleichzustellen, gleichzeitig aber sündhaften Menschen unseren himmlischen Vater nahezubringen.

Er, der von Anfang an in der Gegenwart des Vaters gewesen war, der das Bild des unsichtbaren Gottes zum Ausdruck brachte, war allein imstande, der Menschheit den Charakter der Gottheit zu enthüllen. Er war in allen Dingen seinen Brüdern gleichgestellt. Er wurde Fleisch, gerade so, wie wir es sind. Er war hungrig und durstig und müde. Er ernährte sich wie wir und erholte sich durch Schlaf. Er teilte das Los der Menschen; und doch blieb er der untadelige Sohn Gottes. Er war ein Fremder und Durchreisender auf der Erde – er lebte in dieser Welt, aber er wurde nicht Teil dieser Welt; er war versucht und geprüft, wie Männer und Frauen auch heute versucht und geprüft werden, und lebte doch ohne Sünde. Liebevoll, mitfühlend, teilnahmsvoll und immer auf das Wohl anderer bedacht, verkörperte er das Wesen Gottes und war so beständig für Gott und die Menschen tätig.

„Er hat mich gesandt", sagte er, „den Elenden gute Botschaft zu bringen, die zerbrochenen Herzen zu verbinden, zu verkündigen den Gefangenen die Freiheit" (Jesaja 61,1), „und den Blinden, dass sie sehen sollen" (Lukas 4,18), „zu verkündigen ein gnädiges Jahr des Herrn ..., zu trösten alle Trauernden" (Jesaja 61,2).

„Liebt eure Feinde", bittet er uns, „segnet, die euch fluchen, tut wohl denen, die euch hassen, und bittet für die, die euch beleidigen und verfolgen, damit ihr Kinder seid eures Vaters im Himmel." (Matthäus 5,44–45)

„Denn er ist gütig gegen die Undankbaren und Bösen." (Lukas 6,35) „Er lässt seine Sonne aufgehen über Böse und Gute und lässt regnen über Gerechte und Ungerechte." (Matthäus 5,45) „Seid barmherzig, wie auch euer Vater barmherzig ist." (Lukas 6,36)

„Durch die herzliche Barmherzigkeit unseres Gottes hat uns das aufgehende Licht aus der Höhe besucht, damit es erscheine denen, die sitzen in Finsternis und Schatten des Todes, und richte unsere Füße auf den Weg des Friedens." (Lukas 1,78–79)

Die Herrlichkeit des Kreuzes

Die Offenbarung der Liebe Gottes zu den Menschen findet ihren Gipfelpunkt am Kreuz. Dessen volle Bedeutung kann keine Zunge aussprechen, kein Federhalter beschreiben, kein menschlicher Verstand begreifen. Wenn wir auf das Kreuz von Golgatha sehen, können wir nur sagen: „So sehr hat Gott die Welt geliebt, dass er seinen eingeborenen Sohn gab, damit alle, die an ihn glauben, nicht verloren werden, sondern das ewige Leben haben." (Johannes 3,16)

Christus – wegen unserer Sünden gekreuzigt, Christus – von den Toten auferstanden, Christus – aufgefahren in den Himmel, dies ist die Erkenntnis der Erlösung, die wir lernen und lehren sollen.

Es war Christus

„Er, der in göttlicher Gestalt war, hielt es nicht für einen Raub, Gott gleich zu sein, sondern entäußerte sich selbst und nahm Knechtsgestalt an, ward den Menschen gleich und der Erscheinung nach als Mensch erkannt. Er erniedrigte sich selbst und ward gehorsam bis zum Tode, ja zum Tode am Kreuz." (Philipper 2,6–8)

„Christus Jesus ist hier, der gestorben ist, ja vielmehr, der auch auferweckt ist, der zur Rechten Gottes ist und uns vertritt." (Römer 8,34) „Daher kann er auch für immer selig machen, die durch ihn zu Gott kommen; denn er lebt für immer und bittet für sie." (Hebräer 7,25)

„Denn wir haben nicht einen Hohenpriester, der nicht könnte mit leiden mit unserer Schwachheit, sondern der versucht worden ist in allem wie wir, doch ohne Sünde." (Hebräer 4,15)

Durch das Geschenk Christi empfangen wir alle Segnungen. Durch diese Gabe strömt uns tagein, tagaus der nie versiegende Strom der Güte Gottes zu. Jede Blume mit ihren zarten Farbtönen und ihrem Duft ist uns zu unsrer Freude durch diese eine Gabe gegeben. Sonne und Mond wurden von ihm geschaffen. Am Himmel gibt es nicht einen Stern, den er nicht gemacht hätte. Jeder herabfallende Regentropfen, jeder Lichtstrahl, der zu unserer undankbaren Welt gesandt wird, bezeugt die Liebe Gottes in Christus. Alles wird uns durch das eine unermessliche Geschenk, Gottes eingeborenen Sohn, gegeben. Er wurde ans Kreuz genagelt, damit alle diese Gaben der Schöpfung Gottes zufließen können.

„Seht, welch eine Liebe hat uns der Vater erwiesen, dass wir Gottes Kinder heißen sollen." (1. Johannes 3,1) „Kein Ohr hat gehört, kein Auge hat gesehen einen Gott außer dir, der so wohl tut denen, die auf ihn harren." (Jesaja 64,3)

Die Erkenntnis, die Verwandlung bewirkt

Das Wesen Gottes zu verstehen, wie Christus es uns nahegebracht hat, ist für alle Erlösten von höchster Bedeutung. Diese Erkenntnis bewirkt eine Veränderung des Charakters. Sie wird, wenn wir sie in uns wirken lassen, die Seele in das Ebenbild Gottes umwandeln. Sie wird dem ganzen Wesen eine geistliche Kraft vermitteln, die von Gott kommt.

„Nun aber schauen wir alle mit aufgedecktem Angesicht die Herrlichkeit des Herrn wie in einem Spiegel, und wir werden verklärt in sein Bild von einer Herrlichkeit zur andern von dem Herrn, der der Geist ist.“ (2. Korinther 3,18)

Von seinem eigenen Leben sagte der Heiland: „Ich habe meines Vaters Gebote gehalten.“ (Johannes 15,10) „Er lässt mich nicht allein; denn ich tue allezeit, was ihm gefällt.“ (Johannes 8,29) Wie Jesus als Mensch lebte, so sollen es nach Gottes Willen auch seine Nachfolger tun. In seiner Kraft sollen wir ein Leben der Reinheit und edlen Gesinnung führen, wie es unser Heiland tat.

„Deshalb“, sagt Paulus, „beuge ich meine Knie vor dem Vater, der der rechte Vater ist über alles, was da Kinder heißt im Himmel und auf Erden, dass er euch Kraft gebe nach dem Reichtum seiner Herrlichkeit, stark zu werden durch seinen Geist an dem inwendigen Menschen, dass Christus durch den Glauben in euren Herzen wohne und ihr in der Liebe eingewurzelt und gegründet seid. So könnt ihr mit allen Heiligen begreifen, welches die Breite und die Länge und die Höhe und die Tiefe ist, auch die Liebe Christi erkennen, die alle Erkenntnis übertrifft, damit ihr erfüllt werdet mit der ganzen Gottesfülle.“ (Epheser 3,14–19)

„Wir lassen nicht ab, für euch zu beten und zu bitten, dass ihr erfüllt werdet mit der Erkenntnis seines Willens in aller geistlichen Weisheit und Einsicht, dass ihr des Herrn würdig lebt, ihm in allen Stücken gefallt und Frucht bringt in jedem guten Werk und wachst in der Erkenntnis Gottes und gestärkt werdet mit aller Kraft durch seine herrliche Macht zu aller Geduld und Langmut.“ (Kolosser 1,9–11)

Dies ist die Erkenntnis seines Wesens, die Gott uns schenken möchte und neben der alles andere belanglos und nichtig erscheint.

Kapitel 36

Die Gefahr spekulativer Erkenntnis

Eines der größten Übel, das mit der Suche nach Erkenntnis und den Forschungen der Wissenschaft einhergeht, ist die Neigung, den menschlichen Verstand und seine Möglichkeiten zu hoch zu bewerten.

Viele meinen, dass sie den Schöpfer und seine Werke anhand ihrer eigenen unvollständigen wissenschaftlichen Erkenntnis beurteilen könnten. Sie möchten die Natur, die Eigenschaften und die Vorrechte Gottes in ihr Denkschema pressen, und schwelgen in spekulativen Theorien über den Unendlichen. Wer sich mit derlei Studien beschäftigt, betritt verbotenen Grund. Seine Forschung wird keine wertvollen Ergebnisse bringen und kann nur um den Preis ernster Gefahr für die Seele betrieben werden.

Unsere ersten Eltern gerieten unter die Macht der Sünde, weil sie dem Wunsch nach einer Erkenntnis nachgaben, die Gott ihnen versagt hatte. Weil sie diese Erkenntnis unbedingt erlangen wollten, verloren sie alles, was wirklich wertvoll war. Wenn Adam und Eva den verbotenen Baum nie berührt hätten, hätte *Gott* ihnen Erkenntnis verliehen – Erkenntnis ohne den Fluch der Sünde, Erkenntnis, die ihnen immerwährende Freude gebracht hätte. Alles, was sie erreichten, als sie sich auf den Versucher einließen, war das unmittelbare Erleben der Sünde und ihrer Folgen. Infolge ihres Ungehorsams wurde die Menschheit Gott entfremdet und die Erde vom Himmel getrennt.

Dieser Anschauungsunterricht gilt auch uns. Das Gebiet, auf das Satan unsere ersten Eltern führte, ist dasselbe, auf das er die Menschen auch heute lockt. Er überflutet die Welt mit gefälligen Fabeln. Mit allen ihm zur Verfügung stehenden Mitteln verleitet er

Menschen dazu, in Bezug auf Gott Spekulationen anzustellen. Auf diese Weise versucht er, Gottes wahres Wesen und seinen Charakter zu verschleiern – und die Menschen gelangen nicht zu der Erkenntnis, die ihre Erlösung bedeuten würde.

Pantheistische Theorien

Heutzutage finden in Ausbildungseinrichtungen und Kirchen überall spiritualistische Lehren Eingang, die den Glauben an Gott und an sein Wort untergraben.

Die Theorie, Gott sei ein Wesensprinzip, von dem die ganze Natur durchdrungen sei, wird von vielen angenommen, die vorgeben, an die Bibel zu glauben; aber diese Theorie ist – mag sie auch noch so schön verpackt sein – eine höchst gefährliche Täuschung. Sie stellt Gott falsch dar, verunehrt seine Größe und Majestät, und letztlich trägt sie nicht nur dazu bei, die Menschen zu verführen, sondern auch dazu, sie zu entwürdigen. Dunkelheit ist ihr Element, Sinnlichkeit ihre Sphäre. Ihre Annahme führt zur Trennung von Gott, und für die gefallene menschliche Natur bedeutet das den Untergang.

Infolge der Sünde ist unser Zustand unnatürlich. Die Macht, die uns wiederherstellt, muss deshalb übernatürlich sein, andernfalls ist sie wertlos. Es gibt nur eine Macht, die die Umklammerung der menschlichen Herzen durch das Böse brechen kann, und das ist die Kraft Gottes in Jesus Christus. Nur durch das Blut des Gekreuzigten gibt es Reinigung von Sünden. Allein seine Gnade kann uns dazu befähigen, den Neigungen unserer gefallenen Natur zu widerstehen und sie zu besiegen. Die spiritualistischen Theorien über Gott lassen seine Gnade keine Wirkung mehr haben. Wenn Gott ein die gesamte Natur durchdringendes Wesensprinzip ist, dann wohnt er auch in allen Menschen; und um Heiligkeit zu erlangen, braucht der Mensch dann nur diese ihm innewohnenden Kräfte zu mobilisieren.

Diese Theorien fegen, wenn man sie in ihren logischen Schlussfolgerungen zu Ende denkt, den ganzen christlichen Erlösungsplan hinweg. Sie beseitigen die Notwendigkeit der Versöhnung und lassen den Menschen sich selbst erlösen. Sie machen sein

Wort wirkungslos, und wer sie übernimmt, steht in großer Gefahr, schließlich dahin geführt zu werden, dass er die ganze Bibel als Dichtung ansieht. Sie mögen die Tugend für wertvoller halten als das Laster, aber indem sie Gott seiner rechtmäßigen Stellung als unumschränkter Herrscher beraubt haben, verlassen sie sich allein auf menschliche Kraft, die ohne Gott wertlos ist. Wenn der menschliche Wille keine Hilfe bekommt, reicht seine Macht nicht aus, dem Bösen zu widerstehen und es zu überwinden. Die Widerstandskräfte der Seele brechen zusammen. Der Mensch hat dann vor der Sünde keine Hemmung mehr. Wenn die Beschränkungen durch Gottes Wort und seinen Geist einmal zurückgewiesen werden, wissen wir nicht, in welchen Tiefen wir enden werden.

„Alle Worte Gottes sind durchläutert; er ist ein Schild denen, die auf ihn trauen. Tu nichts zu seinen Worten hinzu, dass er dich nicht zur Rechenschaft ziehe und du als Lügner dastehst." (Sprüche 30,5–6)

„Den Gottlosen werden seine Missetaten fangen, und er wird mit den Stricken seiner Sünde gebunden." (Sprüche 5,22)

Die Erforschung göttlicher Geheimnisse

„Was verborgen ist, ist des Herrn, unseres Gottes; was aber offenbart ist, das gilt uns und unsern Kindern ewiglich." (5. Mose 29,28) Die Offenbarungen seiner selbst, die Gott uns in seinem Wort gegeben hat, dienen unserem Studium. Nach einem Verständnis dieses Wortes dürfen wir streben, aber darüber hinaus sollten wir unsere Wißbegierde im Zaum halten. Mag der höchste Verstand sich bis zur Erschöpfung abmühen, Vermutungen über das Wesen Gottes anzustellen – das alles wird fruchtlos sein. Dieses Problem übersteigt unser Fassungsvermögen. Kein menschlicher Geist kann das Wesen Gottes erfassen. Und jegliche Spekulationen sind unangebracht. Hier stellt Schweigen Beredsamkeit dar. Der Allwissende ist über jede Diskussion erhaben.

Selbst den Engeln war es nicht erlaubt, an den Unterredungen zwischen Vater und Sohn teilzunehmen, als der Erlösungsplan gefasst wurde. Menschliche Wesen können noch weniger in die

Geheimnisse des Allerhöchsten eindringen. Wir sind über Gott so unwissend wie kleine Kinder; aber als kleine Kinder können wir ihn lieben und ihm gehorchen. Anstatt über seine Natur oder seine Vorrechte zu spekulieren, wollen wir lieber folgenden Worten Beachtung schenken, die er gesprochen hat:

„Meinst du, dass du weißt, was Gott weiß, oder kannst du alles so vollkommen treffen wie der Allmächtige? Die Weisheit ist höher als der Himmel: was willst du tun?, tiefer als die Hölle: was kannst du wissen?, länger als die Erde und breiter als das Meer." (Hiob 11,7–9)

„Wo will man aber die Weisheit finden? Und wo ist die Stätte der Einsicht? Niemand weiß, was sie wert ist, und sie wird nicht gefunden im Lande der Lebendigen. Die Tiefe spricht: „In mir ist sie nicht"; und das Meer spricht: „Bei mir ist sie auch nicht." Man kann nicht Gold für sie geben noch Silber darwägen, sie zu bezahlen. Ihr gleicht nicht Gold von Ofir oder kostbarer Onyx und Saphir. Gold und edles Glas kann man ihr nicht gleichachten noch sie eintauschen um güldnes Kleinod. Korallen und Kristall achtet man gegen sie nicht; wer Weisheit erwirbt, hat mehr als Perlen. Topas aus Kusch wird ihr nicht gleich geschätzt, und das reinste Gold wiegt sie nicht auf. Woher kommt denn die Weisheit? Und wo ist die Stätte der Einsicht?" (Hiob 28,12–20)

„Der Abgrund und der Tod sprechen: ‚Wir haben mit unsern Ohren nur ein Gerücht von ihr gehört.' Gott weiß den Weg zu ihr, er allein kennt ihre Stätte. Denn er sieht die Enden der Erde und schaut alles, was unter dem Himmel ist. Als er dem Wind sein Gewicht gegeben und dem Wasser sein Maß gesetzt, als er dem Regen ein Gesetz gegeben hat und dem Blitz und Donner den Weg: damals schon sah er sie und verkündigte sie, bereitete sie und ergründete sie und sprach zum Menschen: Siehe, die Furcht des Herrn, das ist Weisheit, und meiden das Böse, das ist Einsicht." (Hiob 28,22–28)

Weder beim Erforschen der entlegensten Winkel der Erde noch in dem vergeblichen Bemühen, in die Geheimnisse des Wesens Gottes einzudringen, wird man Weisheit finden. Wir finden sie nur, wenn wir die Offenbarung, die Gott uns angeboten hat, demütig entgegennehmen und unser Leben seinem Willen unterordnen. Selbst Menschen mit größtem Verstand können nicht alle Geheimnisse, die Gott in die Natur gelegt hat, erklären.

Die göttliche Inspiration stellt viele Fragen, die selbst der gelehrteste Forscher nicht beantworten kann. Diese Fragen wurden nicht gestellt, damit wir sie beantworten, sondern um unsere Aufmerksamkeit auf die tiefen Geheimnisse Gottes zu richten und uns bewusst zu machen, dass unsere Weisheit begrenzt ist und dass es in unserer Umwelt viele Dinge gibt, die das Verständnis geschaffener Wesen übersteigen.

Skeptiker weigern sich, an Gott zu glauben, weil sie die unendliche Macht nicht begreifen können, mit der er sich offenbart. Aber unser Vertrauen zu Gott wird ebenso durch das wachsen, was er *nicht* von sich offenbart, wie anhand dessen, was unserem begrenzten Verständnis zugänglich ist. Sowohl in die göttliche Offenbarung als auch in die Natur hat Gott Geheimnisse gelegt, die unseren Glauben erfordern. Dies *muss* so sein. Wir mögen immer forschen, untersuchen, lernen, und doch gibt es darüber hinaus eine Unendlichkeit, die sich unserem Forscherdrang entzieht.

„Wer misst die Wasser mit der hohlen Hand, und wer bestimmt des Himmels Weite mit der Spanne und fasst den Staub der Erde mit dem Maß und wiegt die Berge mit einem Gewicht und die Hügel mit einer Waage? Wer bestimmt den Geist des Herrn, und welcher Ratgeber unterweist ihn? … Siehe, die Völker sind geachtet wie ein Tropfen am Eimer und wie ein Sandkorn auf der Waage. Siehe, die Inseln sind wie ein Stäublein. Der Libanon wäre zu wenig zum Feuer und seine Tiere zu wenig zum Brandopfer. Alle Völker sind vor ihm wie nichts und gelten ihm als nichtig und eitel. Mit wem wollt ihr denn Gott vergleichen? Oder was für ein Abbild wollt ihr von ihm machen? – Wisst ihr denn nicht? Hört ihr denn nicht? Ist's euch nicht von Anfang an verkündigt? Habt ihr's nicht gelernt von Anbeginn der Erde? Er thront über dem Kreis der Erde, und die darauf wohnen, sind wie Heuschrecken; er spannt den Himmel aus wie einen Schleier und breitet ihn aus wie ein Zelt, in dem man wohnt … Mit wem wollt ihr mich also vergleichen, dem ich gleich sei? spricht der Heilige. Hebet eure Augen in die Höhe und seht! Wer hat dies geschaffen? Er führt ihr Heer vollzählig heraus und ruft sie alle mit Namen; seine Macht und starke Kraft ist so groß, dass nicht eins von ihnen fehlt. Warum sprichst du denn, Jakob, und du, Israel, sagst: „Mein Weg ist dem Herrn verborgen, und mein Recht geht vor meinem Gott vorüber"? Weißt du nicht? Hast du nicht gehört? Der Herr, der ewige Gott, der die Enden der Erde geschaffen hat, wird nicht müde noch matt, sein Verstand ist unausforschlich." (Jesaja 40,12–28)

Die Erhabenheit unseres Gottes

Lasst uns aus den Offenbarungen des Heiligen Geistes an seine Propheten die Größe unseres Gottes erkennen. Der Prophet Jesaja schreibt:

„In dem Jahr, als der König Usia starb, sah ich den Herrn sitzen auf einem hohen und erhabenen Thron, und sein Saum füllte den Tempel. Seraphim standen über ihm; ein jeder hatte sechs Flügel: mit zweien deckten sie ihr Antlitz, mit zweien deckten sie ihre Füße, und mit zweien flogen sie. Und einer rief zum andern und sprach: Heilig, heilig, heilig ist der Herr Zebaoth, alle Lande sind seiner Ehre voll! Und die Schwellen bebten von der Stimme ihres Rufens, und das Haus ward voll Rauch. Da sprach ich: Weh mir, ich vergehe! Denn ich bin unreiner Lippen und wohne unter einem Volk von unreinen Lippen; denn ich habe den König, den Herrn Zebaoth, gesehen mit meinen Augen. Da flog einer der Seraphim zu mir und hatte eine glühende Kohle in der Hand, die er mit der Zange vom Altar nahm, und rührte meinen Mund an und sprach: Siehe, hiermit sind deine Lippen berührt, dass deine Schuld von dir genommen werde und deine Sünde gesühnt sei." (Jesaja 6,1–7)

„Aber dir, Herr, ist niemand gleich; du bist groß, und dein Name ist groß, wie du es mit der Tat beweist. Wer sollte dich nicht fürchten, du König der Völker?" (Jeremia 10,6–7)

„Herr, du erforschest mich und kennest mich. Ich sitze oder stehe auf, so weißt du es; du verstehst meine Gedanken von ferne. Ich gehe oder liege, so bist du um mich und siehst alle meine Wege. Denn siehe, es ist kein Wort auf meiner Zunge, das du, Herr, nicht schon wüsstest. Von allen Seiten umgibst du mich und hältst deine Hand über mir. Diese Erkenntnis ist mir zu wunderbar und zu hoch, ich kann sie nicht begreifen." (Psalm 139,1–6)

„Unser Herr ist groß und von großer Kraft, und unbegreiflich ist, wie er regiert." (Psalm 147,5)

„Denn eines jeden Wege liegen offen vor dem Herrn, und er hat acht auf aller Menschen Gänge." (Sprüche 5,21)

„Er offenbart, was tief und verborgen ist; er weiß, was in der Finsternis liegt, denn bei ihm ist lauter Licht." (Daniel 2,22)

„Der Herr tut, was von alters her bekannt ist." (Apostelgeschichte 15,18)

„Denn wer hat des Herrn Sinn erkannt, oder wer ist sein Ratgeber gewesen? Oder wer hat ihm etwas zuvor gegeben, dass Gott es ihm vergelten müsste? Denn von ihm und durch ihn und zu ihm sind alle Dinge. Ihm sei Ehre in Ewigkeit!" (Römer 11,34–36)

„Aber Gott, dem ewigen König, dem Unvergänglichen und Unsichtbaren", „der allein Unsterblichkeit hat, der da wohnt in einem Licht, zu dem niemand kommen kann, den kein Mensch gesehen hat noch sehen kann, dem sei Ehre und ewige Macht!" (1. Timotheus 1,17; 6,16)

„Werdet ihr euch nicht entsetzen, wenn er sich erhebt, und wird sein Schrecken nicht über euch fallen?" (Hiob 13,11)

„Ist Gott nicht hoch wie der Himmel? Sieh die Sterne an, wie hoch sie sind!" (Hiob 22,12)

„Wer will seine Scharen zählen? Und über wem geht sein Licht nicht auf?" (Hiob 25,3)

„Gott tut große Dinge, die wir nicht begreifen. Er spricht zum Schnee: ‚Falle zur Erde!' und zum Platzregen, so ist der Platzregen da mit Macht. So legt er alle Menschen unter Siegel, dass die Leute erkennen, was er tun kann … Aus der Wolke bricht sein Blitz. Er kehrt die Wolken, wohin er will, dass sie alles tun, was er ihnen gebietet auf dem Erdkreis: zur Züchtigung für ein Land oder zum Segen lässt er sie kommen. Das vernimm, Hiob, steh still und merke auf die Wunder Gottes! Weißt du, wie Gott ihnen Weisung gibt und wie er das Licht aus seinen Wolken hervorbrechen lässt? Weißt du, wie die Wolken schweben, die Wunder des Allwissenden? …

Kannst du gleich ihm die Wolkendecke ausbreiten, die fest ist wie ein gegossener Spiegel? Zeige uns, was wir ihm sagen sollen; denn wir können nichts vorbringen vor Finsternis … Eben sah man das Licht nicht, das hinter den Wolken hell leuchtet; als aber der Wind daherfuhr, da wurde es klar. Von Norden kommt goldener Schein; um Gott her ist schrecklicher Glanz. Den Allmächtigen erreichen wir nicht, der so groß ist an Kraft und reich an Gerechtigkeit … Darum sollen ihn die Menschen fürchten." (Hiob 37,5–24)

„Wer ist wie der Herr, unser Gott, im Himmel und auf Erden? Der oben thront in der Höhe, der herniederschaut in die Tiefe." (Psalm 113,5–6)

„Er ist der Herr, dessen Weg in Wetter und Sturm ist; Wolken sind der Staub unter seinen Füßen." (Nahum 1,3)

„Der Herr ist groß und sehr zu loben, und seine Größe ist unausforschlich. Kindeskinder werden deine Werke preisen und deine gewaltigen Taten verkündigen. Sie sollen reden von deiner hohen, herrlichen Pracht und deinen Wundern nachsinnen; sie sollen reden von deinen mächtigen Taten und erzählen von deiner Herrlichkeit; sie sollen preisen deine große Güte und deine Gerechtigkeit rühmen … Es sollen dir danken, Herr, alle deine Werke und deine Heiligen dich loben und die Ehre deines Königtums rühmen und von deiner Macht reden, dass den Menschen deine gewaltigen Taten kundwerden und die herrliche Pracht deines Königtums. Dein Reich ist ein ewiges Reich, und deine Herrschaft währet für und für … Mein Mund soll des Herrn Lob verkündigen, und alles Fleisch lobe seinen heiligen Namen immer und ewiglich." (Psalm 145,3–21)

Warnung vor Vermessenheit

Je mehr wir die Größe und Allmacht Gottes erkennen, desto intensiver empfinden wir eine tiefe Ehrfurcht und zittern bei dem Gedanken an unsere Begrenztheit und Unvollkommenheit. Die Menschen von heute sollten sich von den Erfahrungen derer warnen lassen, die in alter Zeit meinten, ganz leger mit den Dingen umgehen zu dürfen, die Gott für heilig erklärt hatte. Als die Israeliten es wagten, die Bundeslade bei ihrer Rückführung aus dem Land der Philister zu öffnen, wurde ihre Respektlosigkeit hart bestraft.

Bedenkt außerdem das Gericht, das über Usa erging. Als während Davids Regierungszeit die Bundeslade nach Jerusalem getragen wurde, streckte Usa seine Hand aus, um sie festzuhalten. Für die Vermessenheit, das Symbol der Gegenwart Gottes zu berühren, musste er auf der Stelle sterben.

Die Heiligkeit der Gegenwart Gottes

Als sich Mose dem brennenden Busch zuwandte, ohne Gottes Gegenwart zu erkennen, wurde folgende Aufforderung an ihn gerichtet: „Tritt nicht herzu, zieh deine Schuhe von deinen Füßen; denn der Ort, darauf du stehst, ist heiliges Land! – Und Mose verhüllte sein Angesicht; denn er fürchtete sich, Gott anzuschauen." (2. Mose 3,5–6)

„Aber Jakob zog aus von Beer-Seba und machte sich auf den Weg nach Haran und kam an eine Stätte, da blieb er über Nacht, denn die Sonne war untergegangen. Und er nahm einen Stein von der Stätte und legte ihn zu seinen Häupten und legte sich an der Stätte schlafen. Und ihm träumte, und siehe, eine Leiter stand auf Erden, die rührte mit der Spitze an den Himmel, und siehe, die Engel Gottes stiegen daran auf und nieder. Und der Herr stand oben darauf und sprach: Ich bin der Herr, der Gott deines Vaters Abraham, und Isaaks Gott; das Land, darauf du liegst, will ich dir und deinen Nachkommen geben … Und siehe, ich bin mit dir und will dich behüten, wo du hinziehst, und will dich wieder herbringen in dies Land. Denn ich will dich nicht verlassen, bis ich alles tue, was ich dir zugesagt habe. Als nun Jakob von seinem Schlaf aufwachte, sprach er: Fürwahr, der Herr ist an dieser Stätte, und ich wusste es nicht! Und er fürchtete sich und sprach: Wie heilig ist diese Stätte! Hier ist nichts anderes als Gottes Haus, und hier ist die Pforte des Himmels." (1. Mose 28,10–17)

In der Stiftshütte und im Tempel, beides irdische Symbole für die Gegenwart des heiligen Gottes, war jeweils eine Abteilung ausschließlich seiner Gegenwart geweiht. Der mit Cherubim bestickte

Vorhang am Eingang zu dieser Abteilung durfte von keiner Hand außer einer beiseitegezogen werden.

Diesen Vorhang beiseite zu schieben und ungebeten den geweihten Ort, den man das „Allerheiligste" nannte, zu betreten, bedeutete den Tod. Denn über dem Gnadenstuhl wohnte die Herrlichkeit des Heiligsten – eine Herrlichkeit, die kein Mensch ansehen und dabei am Leben bleiben konnte. An dem einen Tag im Jahr aber, der für den Dienst im Allerheiligsten ausersehen war, trat der Hohepriester schaudernd in Gottes Gegenwart, während Wolken von Weihrauch die göttliche Herrlichkeit vor seinen Augen verbargen. Draußen in den Vorhöfen des Tempels sollte jedes Geräusch verstummen. Keine Priester dienten vor den Altären. Die Schar der Anbeter brachte, gebeugt in stiller Ehrfurcht, ihre Bitten um Gottes Barmherzigkeit dar.

„Dies widerfuhr ihnen als ein Vorbild. Es ist aber geschrieben uns zur Warnung, auf die das Ende der Zeiten gekommen ist." (1. Korinther 10,11)

„Der Herr ist in seinem heiligen Tempel. Es sei vor ihm stille alle Welt!" (Habakuk 2,20)

„Der Herr ist König, darum zittern die Völker; er sitzt über den Cherubim, darum bebt die Welt. Der Herr ist groß in Zion und erhaben über alle Völker. Preisen sollen sie deinen großen und wunderbaren Namen, denn er ist heilig." (Psalm 99,1–3)

„Des Herrn Thron ist im Himmel. Seine Augen sehen herab, seine Blicke prüfen die Menschenkinder." (Psalm 11,4–5)

„Denn er schaut von seiner heiligen Höhe, der Herr sieht vom Himmel auf die Erde." (Psalm 102,20)

„Von seinem festen Thron sieht er auf alle, die auf Erden wohnen. Er lenkt ihnen allen das Herz, er gibt acht auf alle ihre Werke." (Psalm 33,14–15)

„Alle Welt fürchte den Herrn, und vor ihm scheue sich alles, was auf dem Erdboden wohnet." (Psalm 33,8)

Durch [wissenschaftliche] Forschung kann der Mensch Gott nicht erkennen. Niemand soll danach streben, mit vermessener Hand den Vorhang beiseitezuschieben, der seine Herrlichkeit verbirgt. „Wie unbegreiflich sind seine Gerichte und unerforschlich seine

Wege!“ (Römer 11,33) Es ist ein Beweis seiner Gnade, dass seine Macht verborgen ist; denn den Vorhang zu heben, der die göttliche Gegenwart verbirgt, bedeutet Tod.

Kein sterbliches Denken kann in die geheime Sphäre eindringen, in der der allmächtige Gott wohnt und wirkt. Wir können von ihm nur das begreifen, was er für uns begrenzte Wesen geeignet hält. Die menschliche Vernunft muss eine Autorität anerkennen, die ihr überlegen ist. Herz und Verstand müssen sich vor dem großen ‚Ich bin' beugen.

Kapitel 37

Irrtum und Wahrheit in der Erziehung

Der führende Geist im Verbund der bösen Mächte ist unablässig damit beschäftigt, Gottes Wort beiseite zu rücken und durch menschliche Meinungen zu ersetzen. Er möchte, dass wir die Stimme Gottes nicht hören, die sagt: „Dies ist der Weg; den geht!" (Jesaja 30,21) Durch einen Unterricht, der den Zweifel zum obersten Prinzip erhebt, versucht er beständig, das Licht des Himmels zu verdunkeln.

Philosophische Spekulation und wissenschaftliche Forschung, in denen Gott nicht anerkannt wird, machen aus Tausenden Menschen Skeptiker. In den Schulen von heute werden unbewiesene Schlussfolgerungen, die kluge und anerkannte Forscher als Ergebnisse ihrer wissenschaftlichen Untersuchungen bekanntgeben, unkritisch übernommen und als „Wahrheit" gelehrt; wenn auf überzeugende Weise der Eindruck vermittelt wird, dass diese Gelehrten recht haben, dann muss die Bibel lügen. Der Skeptizismus ist für den menschlichen Geist attraktiv. Die Jugend sieht darin eine Form der Unabhängigkeit, die ihre Vorstellungskraft gefangennimmt, und so wird sie getäuscht. Satan triumphiert. Gern nährt er jede Saat des Zweifels, die in junge Herzen gestreut ist. Er bewirkt, dass sie wächst und Frucht trägt, und bald kann eine reiche Ernte an Unglauben eingebracht werden.

Weil das menschliche Herz eine natürliche Neigung zum Bösen hat, ist es so gefährlich, die Saaten des Skeptizismus in junge Geister zu säen. Alles, was den Glauben an Gott schwächt, raubt der Seele Kraft, Versuchungen zu widerstehen, und zerstört den einzigen wirksamen Schutzwall gegen die Sünde. Wir brauchen also Schulen, in denen die Jugend gelehrt wird, dass Größe darin besteht, Gott die

Ehre zu erweisen, indem man im alltäglichen Leben Gottes Charakter offenbart. Wir sollen von Gott durch sein Wort und seine Werke lernen, damit unser Leben das von Gott gesetzte Ziel erreicht.

Ungläubige Schriftsteller

Im Sinne einer guten Allgemeinbildung halten es viele für wichtig, die Werke ungläubiger Schriftsteller zu studieren, weil diese Werke angeblich so viele „geistvolle Wahrheiten" enthalten. Aber wer war denn der Urheber dieser geistvollen Wahrheiten? Gott war es, und Gott allein. Denn er ist die Quelle allen Lichts. Warum sollten wir dann aber wegen einiger geistvoller Wahrheiten durch eine Unmenge an Irrtümern waten, die in den Werken Ungläubiger enthalten sind, wenn uns alle Wahrheit zur Verfügung steht?

Wie kommt es, dass Menschen, die erklärte Gegner Gottes sind, oftmals doch erstaunliche Weisheit zum Ausdruck bringen? Satan selbst wurde an den himmlischen Höfen ausgebildet, und somit verfügt er über ein umfassendes Wissen vom Guten wie vom Bösen. Geschickt vermischt er das Wertvolle mit dem Verwerflichen, und so gelingt ihm die perfekte Täuschung. Aber sollen wir Satan als einen Engel des Lichts empfangen, weil er sich in Kleider himmlischer Helligkeit gehüllt hat? Der Versucher hat seine Helfer, die nach seinen Methoden ausgebildet, von seinem Geist erfüllt und seinem Werk angepasst sind. Sollen wir mit denen zusammenarbeiten? Sollen wir die Werke seiner Helfer als wichtige und notwendige Quelle unserer Bildung ansehen?

Wenn alle Zeit und Mühe, die damit zugebracht werden, die „wertvollen Ideen" Ungläubiger zu erfassen, für das Studium der Kostbarkeiten des Wortes Gottes verwendet würden, dann würden sich Tausende, die jetzt in der Dunkelheit und dem Schatten des Todes sitzen, der Herrlichkeit des Lichtes des Lebens erfreuen.

Geschichtliches und theologisches Wissen

Um sich auf den christlichen Verkündigungsdienst vorzubereiten, halten es viele für erforderlich, umfangreiche historische und theologische Kenntnisse zu erwerben. Sie nehmen an, dieses Wissen werde ihnen bei der Verkündigung des Evangeliums helfen. Aber ihr aufwendiges Studium menschlicher Meinungen führt eher zu einer Schwächung ihres Dienstes, als dass es ihn stärken würde.

Wenn ich mir die Bibliotheken anschaue, die mit gewichtigen Bänden historischen und theologischen Wissens angefüllt sind, dann frage ich mich, warum ich Geld für etwas ausgeben soll, was nicht Brot ist. Das sechste Kapitel des Johannesevangeliums kann uns mehr Kenntnisse vermitteln, als in solchen Bänden gefunden werden. Christus spricht: „Ich bin das Brot des Lebens. Wer zu mir kommt, den wird nicht hungern; und wer an mich glaubt, den wird nimmermehr dürsten." (Johannes 6,35)

„Ich bin das lebendige Brot, das vom Himmel gekommen ist. Wer von diesem Brot isst, der wird leben in Ewigkeit." (Johannes 6,51) „Wer an mich glaubt, der hat das ewige Leben." (Johannes 6,47)

„Die Worte, die ich zu euch geredet habe, die sind Geist und sind Leben." (Johannes 6,63)

Es gibt jedoch ein Geschichtsstudium, das wir nicht verurteilen wollen: Heilsgeschichte war eines der Fächer in den Schulen der Propheten. Durch die Aufzeichnung des göttlichen Handelns mit den Völkern machte sie die Spuren des Herrn sichtbar. So sollen auch wir heute das Handeln Gottes an den Nationen der Erde beobachten. Wir können in der Geschichte die Erfüllung der Prophetie erkennen, das Wirken der Vorsehung in den großen Reformationsbewegungen studieren und miterleben, wie sich die Völker für die letzte Auseinandersetzung in dem großen Kampf formieren.

Ein solches Studium wird eine fundierte, umfassende Lebensanschauung vermitteln. Es wird uns dabei helfen, etwas von den Beziehungen und gegenseitigen Abhängigkeiten im Leben zu verstehen, auch zu begreifen, wie wunderbar wir als große Familie in der Gesellschaft und unter den Völkern verbunden sind, und in welch großem Ausmaß die Unterdrückung und Schwächung eines ihrer Mitglieder einen Verlust für alle anderen bedeutet.

Geschichte jedoch, wie sie gewöhnlich studiert wird, befasst sich mit Leistungen des Menschen, mit seinen Siegen in Schlachten, seinen Erfolgen beim Kampf um Macht und Größe. Gottes Handeln in der menschlichen Geschichte hat man dabei außer acht gelassen. Nur wenige studieren die Verwirklichung der göttlichen Absichten im Aufstieg und Fall der Völker.

Und die Theologie ist, so, wie sie studiert und gelehrt wird, in hohem Maß nur ein Bericht über menschliche Spekulation, wobei sie oft zur „Verwässerung des Evangeliums durch leere Worthülsen" beiträgt. Häufig besteht das Motiv zum Erwerb dieser vielen Bücher nicht so sehr in dem Verlangen, Nahrung für Geist und Seele zu erhalten, sondern in dem ehrgeizigen Ziel, es den Philosophen und Theologen gleichzutun. Man möchte den Menschen die christliche Lehre in kunstvoller Rhetorik, gespickt mit vielen Fachbegriffen, nahebringen.

Nicht alle Bücher, die geschrieben worden sind, werden dem Ziel eines geheiligten Lebens dienen. „Lernt von mir", sagt dagegen der Große Lehrer, „nehmt mein Joch auf euch, erlernt meine Sanftmut und Demut." Du magst zu Recht stolz sein auf deine Bildung, aber du wirst deshalb nicht mehr Menschen erreichen, die aus Mangel an Brot des Lebens zugrunde gehen.

Nach dem Studium dieser Bücher treten die praktischen Unterweisungen, die Christus uns gab, in den Hintergrund. Mit geschliffener Rhetorik und hochtrabenden Formulierungen wird der geistliche Hunger der Menschen nicht gestillt. Nur sehr wenig von diesen Forschungen, die den Geist so ermüden, werden dir helfen, ein erfolgreicher Arbeiter für Seelen zu sein.

Der Heiland kam, „zu verkündigen das Evangelium den Armen" (Lukas 4,18). In seiner Predigt verwendete er die einfachsten Wendungen und Symbole. Und es wird berichtet, dass „alles Volk ihn gern hörte" (Markus 12,37). Wer danach strebt, Jesu Werk für *diese* Zeit zu tun, braucht eine tiefere Einsicht in die Lehren, die Jesus gepredigt hat.

Die Worte des lebendigen Gottes sind das Höchste jeder Ausbildung. Wer den Menschen dient, muss von diesem Brot des Lebens essen. Dies wird ihm geistliche Stärke geben; er wird dann bereit sein, allen Bevölkerungsschichten zu dienen.

Die Klassiker

In den Hochschulen und Universitäten widmen Tausende junger Leute einen großen Teil ihrer besten Lebensjahre dem Studium des Altgriechischen und Lateinischen. Indem sie sich mit diesen Studien befassen, werden Geist und Charakter vom fremdartigen Denken heidnischer Literatur geprägt, deren Lektüre allgemein als notwendiger Bestandteil des Studiums dieser Sprachen angesehen wird.

Diejenigen, die mit den Klassikern vertraut sind, erklären, dass „die griechischen Tragödien voll sind von Inzest, Mord und Menschenopfern für lüsterne und rachsüchtige Götter". Es wäre für die Welt weit besser, wenn wir auf die Bildung, die aus solchen Quellen stammt, verzichten würden.

„Oder könnte jemand auf Kohlen gehen, ohne dass seine Füße verbrannt würden?" (Sprüche 6,28) „Kann wohl ein Reiner kommen von Unreinen? Auch nicht einer!" (Hiob 14,4)

Können wir also erwarten, dass die Jugend einen christlichen Charakter entwickelt, wenn ihre Ausbildung von den Lehren jener geformt wird, die die Prinzipien des Gesetzes Gottes missachten?

Wenn Studenten also ihre Selbstbeherrschung beiseite lassen und sich ohne Hemmungen in Vergnügungen, Zerstreuungen und Laster stürzen, ahmen sie nur das nach, was ihnen durch diese Studien gedanklich vorgeführt wird.

Zwar gibt es Berufe, in denen eine Kenntnis des Altgriechischen und Lateinischen unbedingt nötig ist. Manche müssen diese Sprachen also studieren. Aber ihre Kenntnis für den praktischen Gebrauch könnte ohne das Studium einer Literatur erworben werden, die nur das Böse verherrlicht.

Und viele brauchen überhaupt keine Kenntnis des Altgriechischen und Lateinischen. Statt des Studiums toter Sprachen sollte man lieber solche Fachgebiete bevorzugen, die den richtigen Gebrauch aller Kräfte des Körpers und Geistes lehren. Es ist für Studenten töricht, ihre ganze Zeit dem Erlernen toter Sprachen oder dem Erwerb von Buchwissen irgendwelcher Art zu widmen und dabei die Beschäftigung mit den praktischen Pflichten des Lebens zu vernachlässigen.

Was nehmen Studenten mit, wenn sie die Schule verlassen? Wohin gehen sie? Was werden sie tun? Haben sie die Fähigkeit erworben, andere zu lehren? Sind sie dazu ausgebildet worden, wahre Väter und Mütter zu sein? Können sie als weise Ratgeber eine Familie führen? Die einzige ihren Namen verdienende Ausbildung ist jene, die junge Männer und Frauen zur Christusähnlichkeit führt, sie zum Tragen der Verantwortlichkeiten des Lebens befähigt und sie in die Lage versetzt, ihren Familien vorzustehen. Solch eine Ausbildung wird durch das Studium heidnischer Klassiker nicht vermittelt.

Reißerische Literatur

Viele beliebte Publikationen der Gegenwart sind mit reißerischen Geschichten angefüllt, die der Jugend das Böse schmackhaft machen und sie vom rechten Weg abbringen.

Den Lebensjahren nach fast noch Kinder werden sie durch diese Literatur zu Fachleuten des Verbrechens. Sie lassen sich von den Geschichten, die sie lesen, zur Nachahmung des Bösen anregen. Zunächst führen sie die geschilderten Taten in ihrer Phantasie aus, bis ihr Ehrgeiz geweckt wird, doch einmal auszuprobieren, ob sie auch das Zeug zum Verbrecher haben und dabei dem Gesetz ein Schnippchen schlagen können.

In der Phantasie von Kindern und Jugendlichen werden die Szenen, in denen erfundene Zukunftsvisionen geschildert werden, schnell zu Wirklichkeiten. Wenn darin beispielsweise gesellschaftliche Umwälzungen vorhergesagt und alle Vorgehensweisen beschrieben werden, die die Schranken von Gesetz und Selbstbeherrschung niederreißen, dann lassen sich viele durch diese Darstellungen anregen. Sie werden dann zu Verbrechen angeleitet, die manchmal noch schlimmer sind als die, welche diese reißerischen Schreiber schildern.

Durch Einflüsse wie diese wird die Gesellschaft demoralisiert. Die Saat der Gesetzlosigkeit wird breit ausgestreut. Niemand sollte sich dann wundern, dass es auch eine reiche Ernte an Verbrechen geben wird.

Romane

Liebesgeschichten und frivole, erregende Erzählungen sind in kaum geringerem Maß ein Fluch für den Leser. Der Schreiber mag so tun, als ob er moralische Grundsätze vermitteln will, er mag in sein ganzes Werk religiöse Gedanken einflechten; doch oft dient das nur dazu, die darunterliegende Torheit und Wertlosigkeit zu verschleiern.

Die Welt wird von Büchern überflutet, die voller verlockender Irrtümer sind. Der Jugend wird etwas als Wahrheit präsentiert, was die Bibel als Unwahrheit anprangert, und sie lässt sich gern täuschen. Schließlich wird sie dadurch lebensuntauglich gemacht.

Dichtungen gehobener Art

Es gibt Dichtungen, die zu dem Zweck geschrieben wurden, eine Wahrheit zu verdeutlichen oder irgendein großes Übel anzuprangern. Einige dieser Werke haben Gutes bewirkt. Andere jedoch haben unsäglichen Schaden angerichtet. Sie enthalten Feststellungen und sorgfältig ausgearbeitete Wortgemälde, die die Phantasie erregen und den Fluss der Gedanken in eine Richtung lenken, die – besonders für die Jugend – voller Gefahren ist. Die geschilderten Szenen werden immer und immer wieder gedanklich nacherlebt.

Eine solche Lektüre behindert den sinnvollen Einsatz geistiger Fähigkeiten und disqualifiziert uns für geistliche Tätigkeiten. Sie zerstört das Interesse an der Bibel. Himmlische Dinge finden in den Gedanken nur noch wenig Raum. Indem sich der Geist mit den dargestellten unreinen Szenen beschäftigt, wird die Leidenschaft entfacht, was mit Sünde endet.

Selbst Dichtung, die keine Anregung zur Unreinheit enthält und hervorragende Grundsätze vermitteln mag, ist schädlich. Sie begünstigt die Gewohnheit schnellen und oberflächlichen Lesens, nur um den Fortgang der Geschichte zu erfahren. Das mindert die Kraft des zusammenhängenden und intensiven Denkens; der Leser hat wenig Neigung, die großen Probleme der Pflicht und der Bestimmung zu durchdenken.

Solcherart Lektüre erzeugt, indem sie die Liebe zum bloßen Vergnügen fördert, einen Widerwillen gegen die praktischen Pflichten des Lebens. Durch ihren erregenden, vergiftenden Einfluss stellt sie nicht selten eine Ursache für geistige und körperliche Erkrankungen dar. Manche verelendete, vernachlässigte Heime, viele lebenslang Kranke, ja sogar Patienten in Psychiatrieanstalten verdanken ihren Zustand der Gewohnheit des Romanlesens.

Oft wird vorgeschlagen, dass wir der Jugend, um sie vor reißerischer oder wertloser Literatur zu bewahren, eine bessere Art von Dichtung anbieten sollten. Dies ähnelt dem Versuch, einen Trinker dadurch zu heilen, dass man ihm statt Whisky oder Branntwein die leichteren Rauschmittel wie Wein, Bier oder Most vorsetzt. Deren Konsum würde fortwährend das Verlangen nach stärkeren Stimulantien fördern. Die einzige Sicherheit für den Trinker wie für den Mäßigen besteht in völliger Abstinenz. Für den Liebhaber von Dichtung gilt dieselbe Regel: Völlige Enthaltsamkeit stellt seine einzige Sicherheit dar.

Sagen und Märchen

Bei der Erziehung von Kindern und Jugendlichen räumt man heutzutage Märchen, Sagen und Phantasiegeschichten einen wesentlichen Platz ein. Bücher dieser Art werden in den Schulen eingesetzt, und es gibt sie auch in vielen Heimen. Wie können christliche Eltern ihren Kindern erlauben, Bücher zu verwenden, die so voller Unwahrheit sind? Wenn die Kinder nach dem Sinn von Geschichten fragen, die den Lehren ihrer Eltern so zuwiderlaufen, lautet die Antwort, dass die Geschichten ja nicht wahr seien; dies mindert aber nicht den schlechten Einfluss dieser Literatur. Die in diesen Büchern dargestellten Ideen verführen die Kinder. Sie vermitteln falsche Lebensansichten und erzeugen und begünstigen ein Verlangen nach dem Unwirklichen.

Die weit verbreitete Verwendung solcher Bücher in dieser Zeit stellt eine der gerissensten Methoden Satans dar. Er strebt danach, die Gedanken von alt und jung von der wichtigen Aufgabe der Charakterbildung abzulenken. Er möchte erreichen, dass unsere

Kinder und Jugendlichen von den raffinierten Täuschungen mitgerissen werden, mit denen er die Welt erfüllt. Deshalb versucht er, ihre Gedanken vom Wort Gottes wegzulenken und sie davon abzuhalten, eine Erkenntnis jener Wahrheiten zu erlangen, die ihr Schutz wären.

Niemals sollten Bücher, die eine Verdrehung der Wahrheit enthalten, in die Hände von Kindern oder Jugendlichen gelangen. Lasst unsere Kinder nie – und schon gar nicht während der Ausbildung – Ideen empfangen, die sich als Saat der Sünde erweisen werden. Selbst Erwachsene sollten sich nicht mit solchen Büchern abgeben. Sie wären viel sicherer, und ihr Beispiel und Einfluss für das Gute würden es erheblich erleichtern, die Jugend vor Versuchung zu bewahren.

Es gibt genügend Literatur, die der Wirklichkeit entspricht und göttlichen Ursprungs ist. Wen nach Erkenntnis dürstet, der braucht nicht zu verschmutzten Quellen zu gehen. Der Herr sagt:

„Neige deine Ohren und höre die Worte von Weisen und nimm zu Herzen meine Lehre … Damit deine Hoffnung sich gründe auf den Herrn, erinnere ich daran heute gerade dich. Hab ich dir's nicht mannigfach aufgeschrieben als Rat und Erkenntnis, um dir kundzutun zuverlässige Worte der Wahrheit, damit du rechte Antwort bringen könnest dem, der dich gesandt hat?" (Sprüche 22,17–21)

„Er richtete ein Zeugnis auf in Jakob und gab ein Gesetz in Israel … Was wir gehört haben und wissen und unsre Väter uns erzählt haben, das wollen wir nicht verschweigen ihren Kindern; wir verkündigen dem kommenden Geschlecht den Ruhm des Herrn und seine Macht und seine Wunder, die er getan hat; damit es die Nachkommen lernten, die Kinder, die noch geboren würden; die sollten aufstehen und es auch ihren Kindern verkündigen, dass sie setzten auf Gott ihre Hoffnung." (Psalm 78,3–7)

„Der Segen des Herrn allein macht reich, und nichts tut eigene Mühe hinzu." (Sprüche 10,22)

Christi Lehren

Auch Christus stellte die Grundsätze der Wahrheit im Evangelium dar. In seiner Lehre können wir die reinen Ströme trinken, die vom Thron Gottes fließen. Christus hätte den Menschen eine Erkenntnis geben können, die alle früheren Entdeckungen übertroffen und jede weitere Entdeckung in den Hintergrund gedrängt hätte. Er hätte Geheimnis um Geheimnis entschlüsseln und die tatkräftigen, aufrichtigen Gedanken nachfolgender Generationen bis zum Ende der Zeit auf diese wundervollen Offenbarungen konzentrieren können. Aber die Weitergabe der Erkenntnis von der Erlösung wollte er nicht einen Moment lang unterbrechen.

Seine Zeit, seine Fähigkeiten und sein Leben dienten nur einem Zweck: der Errettung menschlicher Seelen. Er war gekommen, zu suchen und zu retten, was verloren war, und nur dies Ziel galt für ihn. Nichts konnte ihn davon ablenken.

Christus vermittelte nur die Erkenntnis, die Menschen auch weiterhalf. Seine Unterweisung war ihren Bedürfnissen angepasst. Wenn sie aus purer Neugier mit bohrenden Fragen zu ihm kamen, nutzte er diese Fragen zu feierlichen, ernsten, lebenswichtigen Appellen. Denen, die so begierig danach waren, vom Baum der Erkenntnis zu pflücken, bot er die Frucht vom Baum des Lebens an. Er ließ nur den Weg offen, der zu Gott führt. Jede Quelle war versiegelt außer der des ewigen Lebens.

Unser Heiland ermutigte niemanden, die Rabbinerschulen seiner Zeit zu besuchen, weil das Denken dort von dem beständig wiederholten „Man sagt" oder „Man hat gesagt" verdorben worden wäre. Warum sollten wir die unsicheren Worte von Menschen als erhabene Weisheit annehmen, wenn uns eine größere, zuverlässige Weisheit zur Verfügung steht?

Das, was ich von den ewigen Dingen gesehen, und auch das, was ich an der Schwachheit der Menschen erlebt habe, hat meinen Geist tief beeindruckt und mein Lebenswerk beeinflusst. Ich kann nichts entdecken, wofür man den Menschen preisen oder gar verherrlichen müsste. Ich sehe keinen Grund, warum man den Meinungen gelehrter Menschen und sogenannter „großer Männer" vertrauen und sie rühmen sollte. Wie können denn jene, denen es an göttlicher Erleuchtung fehlt, Gottes Pläne und Wege richtig beurteilen? Sie leugnen ihn entweder völlig und ignorieren seine Existenz, oder sie umschreiben seine Macht mit ihrem eigenen begrenzten Vorstellungsvermögen.

Lassen wir uns doch von dem unterweisen, der Himmel und Erde erschuf, der die Sterne in ihre Ordnung am Firmament setzte und Sonne und Mond ihr Werk auftrug.

Nützlich anwendbare Erkenntnis

Es ist richtig, wenn die Jugend spürt, dass sie die höchstmögliche Entfaltung ihrer geistigen Kräfte erstreben muss. Wir wollen die Ausbildung nicht begrenzen, denn Gott hat keine Grenze gesetzt. Aber unsere Leistungen sind vergeblich, wenn sie nicht der Ehre Gottes und dem Wohl der Menschheit dienen.

Es ist nicht gut, den Kopf mit Wissen vollzustopfen, das eigentlich eine intensive Anwendung erfordert, aber im praktischen Leben nie zum Einsatz kommen wird. Eine solche Ausbildung wird für den Studenten ein Verlust sein. Denn diese Studien verringern seinen Wunsch und seine Möglichkeiten, andere Fächer zu belegen, die praktischen Nutzen haben und ihm ermöglichen würden, seine Verantwortlichkeiten zu erfüllen. Praktische Anwendung ist weit mehr wert als jede beliebige Menge reinen Theoretisierens. Es reicht nicht, Wissen zu erwerben, sondern wir müssen auch imstande sein, es richtig anzuwenden.

Die Zeit, die Mittel und das Studium, das viele für eine vergleichsweise nutzlose Ausbildung aufwenden, sollten sie lieber in eine Ausbildung investieren, die sie zu tüchtigen Praktikern und Praktikerinnen machen würde, tauglich zur Übernahme der Verantwortlichkeiten des Lebens. Eine solche Ausbildung wäre von höchstem Wert.

Herzensbildung

Was wir brauchen, ist eine Erkenntnis, die Geist und Seele stärkt, die uns zu besseren Männern und Frauen macht. Herzensbildung ist weitaus wichtiger als ein umfangreiches theoretisches Wissen. Es ist zwar gut und sogar notwendig, Kenntnisse über die Welt zu besitzen, in der wir leben; aber wenn wir die Ewigkeit aus unseren Überlegungen ausklammern, begehen wir einen Fehler, den wir nie wiedergutmachen können.

Ein Student mag alle seine Kräfte auf den Erwerb von Wissen richten; aber wenn er keine Gotteserkenntnis besitzt, wenn er den Gesetzen nicht gehorcht, die sein eigenes Dasein regieren, dann wird er sich selbst zerstören. Infolge falscher Gewohnheiten verliert er die Kraft der Selbstachtung; damit verliert er auch die Selbstkontrolle. Er kann nicht mehr richtig über die Dinge nachdenken, die ihn unmittelbar betreffen. Er ist rücksichtslos und unvernünftig in seinem Umgang mit Geist und Körper. Weil er es versäumt, die richtigen Grundsätze auszuleben, hat er alle Chancen für diese Welt und auch für die künftige verspielt.

Wenn die Jugend ihre eigene Schwäche verstünde, fände sie in Gott ihre Stärke. Wenn sie danach strebt, von ihm unterrichtet zu werden, wird sie in seiner Weisheit weise, und ihr Leben wird Früchte des Segens für die Welt tragen. Aber wenn sie sich nur mit weltlichen und spekulativen Studien beschäftigt und sich so von Gott trennt, wird sie alles verlieren, was das Leben reich macht.

Kapitel 38

Die Wichtigkeit, wahre Erkenntnis zu suchen

Wir müssen die Streitpunkte in dem großen Kampf, an dem wir beteiligt sind, viel deutlicher verstehen als bisher. Unser Geist darf nicht von den Wahrheiten des Wortes abgewendet werden. Unentwegt ist der große Betrüger am Werk, um uns in Gefahr zu bringen.

Der unendliche Wert des Opfers, das zu unserer Erlösung notwendig war, enthüllt die Tatsache, dass Sünde ein fürchterliches Übel darstellt. Durch die Sünde ist der gesamte menschliche Organismus in Unordnung geraten, der Geist verfälscht und die Vorstellungskraft verdorben worden. Die Sünde hat auch die Kräfte der Seele verringert. Versuchungen werden an uns herangetragen und beeinflussen unser Denken. Unmerklich wenden sich die Füße dem Bösen zu.

Wie das für uns gebrachte Opfer vollständig war, so soll auch unsere Wiederherstellung von der Befleckung durch die Sünde vollständig sein. Das Gesetz Gottes wird keine einzige boshafte Tat entschuldigen; keine Ungerechtigkeit wird der Verurteilung entgehen. Die Ethik des Evangeliums erkennt keinen anderen Maßstab an als den der Vollkommenheit des göttlichen Charakters. Das Leben Jesu war eine vollkommene Erfüllung jeder Gesetzesvorschrift. Er sagte: „Ich habe die Gebote meines Vaters gehalten.“ Sein Leben bietet uns ein Vorbild des Gehorsams und des Dienstes. Gott allein kann das Herz erneuern. „Denn Gott ist's, der in euch wirkt beides, das Wollen und das Vollbringen, nach seinem Wohlgefallen.“ (Philipper 2,13) Aber wir werden auch aufgefordert: „Schaffet, dass ihr selig werdet.“ (Philipper 2,12)

Das Werk, das unser Nachdenken erfordert

Ein paar schwache, gelegentliche Bemühungen können Charakterfehler nicht korrigieren und das Verhalten nicht grundsätzlich verändern. Charakterbildung ist nicht das Werk eines Tages oder eines Jahres, sondern einer ganzen Lebenszeit. Der Kampf um den Sieg über das Ich, um Heiligung und um den Himmel dauert lebenslang. Ohne ausdauernde Bemühungen und beständige Anstrengung werden wir weder ein gottgefälliges Leben führen können noch die Siegeskrone erlangen.

Den stärksten Beweis für den Fall des Menschen aus einem höheren Stand bildet die Tatsache, dass es so unendlich schwer ist, in diesen früheren Stand zurückzukehren. Der Weg zurück kann nur durch harten Kampf, Zoll um Zoll, Stunde um Stunde, gebahnt werden.

In *einem* Moment, mit *einer* übereilten, unvorsichtigen Handlung können wir uns der Macht des Bösen unterstellen; aber es erfordert mehr als einen Moment, um diese Fesseln zu zerreißen und wieder zu einem geheiligteren Leben zu gelangen. Das Ziel steht fest, die Aufgabe ist angepackt, aber die Durchführung wird Mühe, Zeit, Ausdauer, Geduld und Opfer erfordern.

Wir können es uns nicht leisten, aus augenblicklichen Gefühlsregungen heraus zu handeln. Nicht einen Moment lang können wir unaufmerksam sein. Von zahllosen Versuchungen umgeben, müssen wir entschieden widerstehen, oder wir werden besiegt. Wenn wir am Ende unseres Lebens diese Aufgabe nicht vollendet hätten, wäre dies ein ewiger Verlust.

Das Leben des Apostels Paulus war ein beständiger Kampf mit seinem Ich. Er sagte: „Ich sterbe täglich." (1. Korinther 15,31) Sein Wille und seine Wünsche kämpften täglich mit dem Auftrag und dem Willen Gottes. Statt seinen Neigungen zu folgen, tat er Gottes Willen, wie sehr dies auch seiner Natur widerstrebte.

Gegen Ende seines kampferfüllten Lebens, bei der Rückschau über seine Kämpfe und Siege, konnte er sagen: „Ich habe den guten Kampf gekämpft, ich habe den Lauf vollendet, ich habe Glauben gehalten; hinfort liegt für mich bereit die Krone der Gerechtigkeit, die mir der Herr, der gerechte Richter, an jenem Tag geben wird." (2. Timotheus 4,7–8)

Das Leben des Christen ist ein Kampf und ein Vorangehen nach jedem errungenen Sieg. In diesem Krieg wird niemand freigestellt; die Bemühung muss fortlaufend und beständig sein. Nur durch unaufhörliches Streben behalten wir den Sieg über die Versuchungen Satans. Christliche Redlichkeit muss mit uneingeschränkter Kraft angestrebt und mit einer entschiedenen Zielorientierung aufrechterhalten werden.

Niemand wird aufwärts *getragen* werden, ohne dass er selbst harte und unausgesetzte Anstrengungen zu unternehmen bräuchte. Alle müssen diesen Krieg selbst führen, kein anderer kann unsere Kämpfe ausfechten. Wir sind persönlich für den Ausgang des Kampfes verantwortlich; selbst wenn Noah, Hiob und Daniel im Land lebten, könnten sie weder Sohn noch Tochter durch ihre Gerechtigkeit erretten.

Die Wissenschaft, die man beherrschen soll

Es gibt eine Wissenschaft des Christentums, die man beherrschen soll – eine Wissenschaft, die jede menschliche Wissenschaft um soviel an Tiefe, Breite und Höhe übertrifft, wie die Himmel höher sind als die Erde. Der Verstand soll diszipliniert, gebildet und geschult werden, denn wir sollen Gott auf Wegen dienen, die unseren angeborenen Neigungen zuwiderlaufen.

Alle ererbten und anerzogenen Tendenzen zum Bösen müssen wir überwinden. Oft muss die Ausbildung und Erziehung des ganzen bisherigen Lebens vergessen und neu begonnen werden, damit man ein Schüler in der Schule Christi werden kann. Unsere Herzen müssen dazu erzogen werden, fest in Gott gegründet zu sein. Wir sollen Denkstrukturen entwickeln, die uns helfen, Versuchungen zu widerstehen. Wir müssen lernen, aufwärts zu blicken.

Wir sollen die Prinzipien des Wortes Gottes – Prinzipien, die so erhaben sind wie der Himmel und deshalb zur Ewigkeit weisen – in ihrer Bedeutung für unser tägliches Leben begreifen. Jede Tat, jedes Wort, jeder Gedanke soll in Übereinstimmung mit diesen

Prinzipien stehen; die ganze Gestaltung unseres Lebens muss sich Christus unterordnen.

Die kostbaren Gnadengaben des Heiligen Geistes werden nicht in einem Moment entwickelt. Mut, innere Stärke, Sanftmut, Glaube und unerschütterliches Vertrauen auf Gottes Errettungskraft werden nur in jahrelanger Erfahrung erworben. Durch ein Leben heiligen Strebens und entschlossenen Festhaltens am Richtigen sollen die Kinder Gottes ihre Bestimmung besiegeln.

Keine Zeit zu verlieren

Wir haben keine Zeit zu verlieren. Wir wissen nicht, wie bald unsere Prüfungszeit zu Ende geht. Letztlich haben wir nur eine kurze Lebenszeit, und wir wissen nicht, wie bald wir Abschied nehmen müssen. Wir wissen nicht, wie bald wir gerufen werden, die Welt und alle ihre Anliegen aufzugeben. Vor uns dehnt sich die Ewigkeit aus. Der Vorhang wird bald gehoben werden. Nur noch einige kurze Jahre, und an alle, die dann noch zu den Lebenden zählen, wird folgende Verfügung ergehen: „Wer Böses tut, der tue weiterhin Böses …; aber wer gerecht ist, der übe weiterhin Gerechtigkeit, und wer heilig ist, der sei weiterhin heilig." (Offenbarung 22,11)

Sind wir darauf vorbereitet? Sind wir vertraut mit Gott, dem Herrscher des Himmels, dem Gesetzgeber, und mit Jesus Christus, den er als seinen Stellvertreter auf die Welt gesandt hat? Wenn unser Lebenswerk beendet ist, werden wir dann sagen können, was unser Vorbild Christus gesagt hat? „Ich habe dich verherrlicht auf Erden und das Werk vollendet, das du mir gegeben hast, damit ich es tue… Ich habe deinen Namen den Menschen offenbart." (Johannes 17,4.6)

Die Engel Gottes mühen sich unaufhörlich, uns von der Beschäftigung mit uns selbst und den weltlichen Dingen abzubringen. Mögen sie nicht vergebens arbeiten!

Gemüter, die alles „leicht und locker" sehen, sollen sich wandeln. „Darum umgürtet die Lenden eures Gemüts, seid nüchtern und setzt eure Hoffnung ganz auf die Gnade, die euch angeboten wird in der Offenbarung Jesu Christi. Als gehorsame Kinder gebt euch nicht den Begierden hin, denen ihr früher in der Zeit eurer Unwissenheit dientet; sondern wie der, der euch berufen hat, heilig ist, sollt auch ihr heilig sein in eurem ganzen Wandel. Denn es steht geschrieben (3. Mose 19,2): ‚Ihr sollt heilig sein, denn ich bin heilig.'" (1. Petrus 1,13–16)

Die Gedanken müssen auf Gott ausgerichtet werden. Wir müssen uns ernsthaft bemühen, die bösen Neigungen des natürlichen Herzens zu überwinden. Unsere diesbezüglichen Anstrengungen, unsere Selbstverleugnung und Beharrlichkeit müssen dem unendlichen Wert des Zieles entsprechen, das wir erreichen wollen. Nur wenn wir so überwinden, wie Christus überwunden hat, werden wir die Krone des Lebens gewinnen.

Die Notwendigkeit der Selbsterkenntnis

Die große Gefahr für den Menschen besteht darin, dass er sich selbst täuscht, mit sich selbst zufrieden ist und sich so von Gott, der Quelle all seiner Stärke, trennt. Unsere natürlichen Neigungen tragen, wenn sie nicht vom Heiligen Geist Gottes korrigiert werden, die Saat des moralischen Todes in sich. Wenn wir nicht auf das engste mit Gott verbunden bleiben, können wir den entheiligenden Wirkungen der Maßlosigkeit, Selbstliebe und Versuchung zur Sünde nicht widerstehen.

Um von Christus Hilfe zu erhalten, müssen wir erkennen, dass wir sie brauchen. Wir müssen eine klare Selbsterkenntnis gewinnen. Nur wer sich selbst als Sünder erkennt, den kann Christus retten. Nur wenn wir unsere völlige Hilflosigkeit einsehen und alles Vertrauen auf unsere Leistung aufgeben, können wir uns an die göttliche Kraft halten.

Diese klare Selbsterkenntnis brauchen wir aber nicht nur am Beginn unseres christlichen Lebensweges. Vielmehr muss sie bei jedem Fortschritt in Richtung Himmel erneuert werden. Alle unsere guten Werke verdanken wir einer außerhalb unserer selbst liegenden Kraft, deshalb sind ein beständiges Verlangen des Herzens nach Gott, ein beständiges, ernstes Bekenntnis der Sünden und ein Demütigen der Seele vor ihm vonnöten. Gefahren umgeben uns, und wir sind nur dann vor ihnen sicher, wenn wir unsere Schwachheit fühlen und uns mit Armen des Glaubens an unseren mächtigen Erlöser klammern.

Christus, die Hauptquelle wahrer Erkenntnis

Wir müssen uns von tausend unnötigen Dingen abwenden, die unsere kostbare Zeit in Anspruch nehmen. Da gibt es manches, was enorme Zeit und Aufmerksamkeit verlangt, aber letztlich zu nichts führt. Die höchsten Interessen aber erfordern die ungeteilte Aufmerksamkeit und Energie, die wir so oft vergleichsweise bedeutungslosen Dingen zuwenden.

Neue Ideen und Überzeugungen an sich bewirken noch keinen neuen Lebensstil. Selbst die Beschäftigung mit an sich bedeutsamen Tatsachen und Theorien ist von nur geringem Wert, wenn sie nicht praktisch angewandt wird. Wir müssen unsere Verantwortung spüren, unserer Seele die Nahrung zu geben, die geistliches Leben ernährt und anregt.

„Mein Sohn, wenn du meine Rede annimmst und meine Gebote behältst, so dass dein Ohr auf Weisheit achthat, und du dein Herz der Einsicht zuneigst, … wenn du sie suchst wie Silber und nach ihr forschest wie nach Schätzen: dann wirst du die Furcht des Herrn verstehen und die Erkenntnis Gottes finden… Dann wirst du verstehen Gerechtigkeit und Recht und Frömmigkeit und jeden guten Weg. Denn Weisheit wird in dein Herz eingehen, und Erkenntnis wird deiner Seele lieblich sein. Besonnenheit wird dich bewahren und Einsicht dich behüten.“ (Sprüche 2,1–11)

Weisheit „ist ein Baum des Lebens allen, die sie ergreifen, und glücklich sind, die sie festhalten“ (Sprüche 3,18).

Die Frage, die uns beschäftigen muss, lautet: „Was ist Wahrheit – die Wahrheit, die gehegt, geliebt, geehrt und befolgt werden soll?“ Die Anhänger der Wissenschaft haben bei ihren Bemühungen, das Wesen Gottes zu erforschen, Niederlagen und Entmutigungen erlitten. Sie sollten jetzt lieber der folgenden Frage nachgehen: „Welches ist die Wahrheit, die uns befähigen wird, die Errettung unserer Seele zu erlangen?“

„Was denkst du über Christus?“ – das ist die allerwichtigste Frage. Nimmst du ihn als deinen persönlichen Erlöser an? Allen, die ihn annehmen, gibt er die Macht, Kinder Gottes zu werden.

Christus offenbarte seinen Jüngern Gott auf eine Weise, die in ihren Herzen ein besonderes Werk vollbrachte – so wie er es in unseren Herzen auch tun will. Nun gibt es aber viele, die sich zu ausgiebig mit Theorie beschäftigen und deshalb die lebendige Kraft des Vorbildes des Heilands aus dem Blick verloren haben. Sie haben ihn als den demütigen, sich selbst verleugnenden Arbeiter aus den Augen verloren. Was sie brauchen, ist, auf Jesus zu sehen. Täglich brauchen wir neu die Offenbarung seiner Gegenwart. Wir müssen seinem Beispiel der Selbstverleugnung und Selbsthingabe entschiedener nachfolgen.

Auch wir brauchen die Erfahrung eines Paulus, der schrieb: „Ich bin mit Christus gekreuzigt. Ich lebe, doch nun nicht ich, sondern Christus lebt in mir. Denn was ich jetzt lebe im Fleisch, das lebe ich im Glauben an den Sohn Gottes, der mich geliebt hat und sich selbst für mich dahingegeben.“ (Galater 2,19–20)

Eine Erkenntnis Gottes und Jesu Christi, die in unserem Charakter zum Ausdruck kommt, müssen wir höher bewerten als alles andere, das auf der Erde oder im Himmel geschätzt wird. Sie ist die weitaus höchste Bildung. Sie ist der Schlüssel, der die Tore zur himmlischen Stadt öffnet. Es ist Gottes Absicht, dass alle, die Christus anziehen, diese Erkenntnis besitzen sollen.

Kapitel 39

Erkenntnis aus Gottes Wort

Die ganze Bibel ist eine Offenbarung der Herrlichkeit Gottes in Christus. Wenn wir sie annehmen, ihr glauben und folgen, wird sie ein großartiges Werkzeug zur Veränderung des Charakters sein. Sie gibt die richtigen Impulse, die anhaltende Kraft, die die körperlichen, geistigen und geistlichen Kräfte erweckt und das Leben in richtige Bahnen lenkt.

Der Grund, warum die Jugend und selbst die Älteren so leicht in Versuchung und Sünde geführt werden, liegt darin, dass sie das Wort Gottes nicht genügend studieren und darüber nicht eingehend nachdenken. Der Mangel an fester, entschiedener Willenskraft, der sich in Lebensführung und Charakter zeigt, resultiert aus einer Vernachlässigung der heiligen Lehren des Wortes Gottes. Sie achten nicht ernsthaft darauf, ihr Denken sauberzuhalten von all dem Schmutz, der uns täglich angeboten wird. Es gibt nur wenige, die den besseren Teil erwählen und Jesus zu Füßen sitzen wie damals Maria, um von dem göttlichen Lehrer zu lernen. Nur wenige bewahren seine Worte in ihrem Herzen und wenden sie im Leben an.

Wenn die Wahrheiten der Bibel angenommen werden, werden sie Geist und Seele aufrichten. Wenn Gottes Wort gebührend geschätzt würde, verfügte jung und alt über eine innere Rechtschaffenheit, eine Prinzipienstärke, die sie dazu befähigte, Versuchungen zu widerstehen.

Menschen sollten die kostbaren Themen der Heiligen Schrift lehren und über sie schreiben. Sie sollen ihr Denken, Ihre Auffassungsgabe und ihre Scharfsinnigkeit dem Studium der Wege Gottes widmen. Studiert nicht die Philosophie menschlicher Vermutungen, sondern die Philosophie dessen, der die Wahrheit ist. Keine andere Literatur kann sich in ihrem Wert damit vergleichen.

Das irdisch eingestellte Gemüt findet keine Freude an der Betrachtung des Wortes Gottes; aber für den Sinn, der vom Heiligen Geist erneuert wurde, leuchten göttliche Schönheit und himmlisches Licht aus den heiligen Blättern. Was dem weltlichen Geist wie eine öde Wildnis vorkommt, wird dem geistlichen Sinn zu einem Land der lebendigen Wasserströme.

Die Erkenntnis Gottes, wie sie in seinem Wort offenbart ist, sollen wir unbedingt unseren Kindern weitergeben. Sobald ihr Verständnis es zulässt, sollten sie mit dem Namen und dem Leben Jesu vertraut gemacht werden. In ihren ersten Unterrichtsstunden sollte ihnen vermittelt werden, dass Gott ihr Vater ist. Ihre erste Erziehung sollte die zum Gehorsam aus Liebe sein. Das Wort Gottes soll ihnen ehrfürchtig und liebevoll vorgelesen und wiederholt werden, in einer Weise, die ihrem Verständnis entspricht und dazu geeignet ist, ihr Interesse zu wecken. Und lasst sie vor allem von seiner Liebe erfahren, die in Christus offenbart ist, und von ihrer großen Lehre: „Hat uns Gott so geliebt, so sollen wir uns auch untereinander lieben." (1. Johannes 4,11)

Die Jugend soll das Wort Gottes zur Nahrung für Geist und Seele machen. Das Kreuz Christi soll zur Grundlage jeder Ausbildung, zum Zentrum allen Lehrens und Studierens gemacht werden. Es soll in der täglichen Erfahrung des praktischen Lebens umgesetzt werden. So wird der Heiland der Jugend ein täglicher Begleiter und Freund werden. Das ganze Denken wird dem Gehorsam gegen Christus untergeordnet.

Mit dem Apostel Paulus werden sie sagen können: „Es sei aber fern von mir, mich zu rühmen als allein des Kreuzes unseres Herrn Jesus Christus, durch den mir die Welt gekreuzigt ist und ich der Welt." (Galater 6,14)

Eine durch Erfahrung gereifte Erkenntnis

So gewinnen sie im Glauben eine Erkenntnis Gottes aus Erfahrung. Sie haben den Beweis für die Wirklichkeit seines Wortes, die Wahrheit seiner Verheißungen gefunden. Sie haben geschmeckt und gesehen, dass der Herr gut ist.

Jesu Lieblingsjünger Johannes konnte bezeugen: „Was von Anfang an war, was wir gehört haben, was wir gesehen haben mit unsern Augen, was wir betrachtet haben und unsre Hände betastet haben, vom Wort des Lebens – und das Leben ist erschienen, und wir haben gesehen und bezeugen und verkündigen euch das Leben, das ewig ist, das beim Vater war und uns erschienen ist –, was wir gesehen und gehört haben, das verkündigen wir auch euch, damit auch ihr mit uns Gemeinschaft habt; und unsere Gemeinschaft ist mit dem Vater und mit seinem Sohn Jesus Christus." (1. Johannes 1,1–3)

So kann jeder aufgrund seiner eigenen Erfahrung „besiegeln, dass Gott wahrhaftig ist" (Johannes 3,33). Er kann davon Zeugnis ablegen, was er von der Kraft Christi selbst gesehen und gehört und gespürt hat. Er kann bezeugen: „Ich brauchte Hilfe und fand sie in Jesus. Jedes Bedürfnis wurde gestillt, der Hunger meiner Seele wurde befriedigt; die Bibel ist für mich die Offenbarung Christi. Ich glaube an Jesus, weil er für mich ein göttlicher Erlöser ist. Ich glaube der Bibel, weil ich erkannt habe, dass sie die Stimme Gottes ist, die zu meiner Seele spricht."

Eine Hilfe im Studium der Natur

Wer durch persönliche Erfahrung Erkenntnis Gottes und seines Wortes erlangt hat, ist auch darauf vorbereitet, sich mit dem Studium der Naturwissenschaft zu befassen. Von Christus steht geschrieben: „In ihm war das Leben, und das Leben war das Licht der Menschen." (Johannes 1,4)

Vor dem Eintritt der Sünde waren Adam und Eva in Eden von einem klaren und herrlichen Licht, dem Licht Gottes, umgeben. Dieses Licht erleuchtete alles, dem sie sich näherten. Es gab nichts, was ihre Wahrnehmung des Charakters der Werke Gottes verdunkeln konnte. Aber als sie dem Versucher nachgaben, wich dieses Licht von ihnen. Als sie die Kleider der Heiligkeit verloren, verloren sie auch das rechte Verständnis für die Gesetze der Natur. So konnten sie den Charakter Gottes in seinen Werken nicht mehr erkennen. Aus sich heraus können Menschen die Naturgesetze nicht richtig verstehen. Wenn sie nicht von göttlicher Weisheit geleitet sind, stellen sie die Natur und ihre Gesetzmäßigkeiten über den Schöpfergott. Deshalb widersprechen rein menschliche wissenschaftliche Ideen so oft der Lehre von Gottes Wort. Aber für die, die das Licht des Lebens Christi empfangen, ist die Natur wieder erleuchtet. In dem Licht, das vom Kreuz her scheint, können wir die Gesetzmäßigkeiten der Natur richtig deuten.

Wer aufgrund persönlicher Erfahrung die Erkenntnis Gottes und seines Wortes hat, besitzt einen beständigen Glauben an die Göttlichkeit der Heiligen Schrift. Er hat erfahren, dass Gottes Wort Wahrheit ist, und er weiß, dass Wahrheit niemals sich selbst widersprechen kann. Er prüft die Bibel nicht an menschlichen wissenschaftlichen Erkenntnissen, sondern er setzt diese Vorstellungen der Prüfung durch den unfehlbaren Maßstab aus. Er weiß, dass es in wahrer Wissenschaft nichts geben kann, was der Lehre des Wortes widerspricht; weil beides denselben Urheber hat, wird ein richtiges Verständnis von beidem ihre Übereinstimmung erweisen. Was auch immer in der sogenannten wissenschaftlichen Lehre dem Zeugnis von Gottes Wort widerspricht, ist rein menschliche Vermutung.

Einem solchen Studenten eröffnet wissenschaftliche Forschung weite Felder des Denkens und Lernens. Wenn er die Dinge der Natur betrachtet, erreicht ihn eine neue Wahrnehmung von Wahrheit. Das Buch der Natur und das geschriebene Wort erhellen sich wechselseitig. Beide machen ihn besser mit Gott bekannt, indem sie ihn seinen Charakter und die Gesetze lehren, durch die er wirkt.

Die Erfahrung des Psalmisten ist die Erfahrung, die *alle* durch den Empfang von Gottes Wort anhand der Natur und der biblischen Offenbarung erlangen können. Er sagt:

„Herr, du lässest mich fröhlich singen von deinen Werken, und ich rühme die Taten deiner Hände.“ (Psalm 92,5)

„Herr, deine Güte reicht, so weit der Himmel ist, und deine Wahrheit, so weit die Wolken gehen. Deine Gerechtigkeit steht wie die Berge Gottes und dein Recht wie die große Tiefe.“ (Psalm 36,6–7)

„Wie köstlich ist deine Güte, Gott, dass Menschenkinder unter dem Schatten deiner Flügel Zuflucht haben! … Du tränkst sie mit Wonne wie mit einem Strom. Denn bei dir ist die Quelle des Lebens, und in deinem Lichte sehen wir das Licht." (Psalm 36,9–10)

„Wohl denen, die ohne Tadel leben, die im Gesetz des Herrn wandeln! Wohl denen, die sich an seine Mahnungen halten, die ihn von ganzem Herzen suchen." (Psalm 119,1–2)

„Wie wird ein junger Mann seinen Weg unsträflich gehen? Wenn er sich hält an deine Worte." (Psalm 119,9)

„Ich habe erwählt den Weg der Wahrheit, deine Weisungen hab ich vor mich gestellt." (Psalm 119,30)

„Ich behalte dein Wort in meinem Herzen, damit ich nicht wider dich sündige." (Psalm 119,11)

„Und ich wandle fröhlich, denn ich suche deine Befehle." (Psalm 119,45)

„Öffne mir die Augen, dass ich sehe die Wunder an deinem Gesetz." (Psalm 119,18)

„Ich habe Freude an deinen Mahnungen; sie sind meine Ratgeber." (Psalm 119,24)

„Das Gesetz deines Mundes ist mir lieber als viel tausend Stück Gold und Silber." (Psalm 119,72)

„Wie habe ich dein Gesetz so lieb! Täglich sinne ich ihm nach." (Psalm 119,97)

„Deine Mahnungen sind Wunderwerke; darum hält sie meine Seele." (Psalm 119,129)

„Deine Gebote sind mein Lied im Hause, in dem ich Fremdling bin." (Psalm 119,54)

„Dein Wort ist ganz durchläutert, und dein Knecht hat es lieb." (Psalm 119,140)

„Dein Wort ist nichts als Wahrheit, alle Ordnungen deiner Gerechtigkeit währen ewiglich." (Psalm 119,160)

„Lass meine Seele leben, dass sie dich lobe, und dein Recht mir helfen." (Psalm 119,175)

„Großen Frieden haben, die dein Gesetz lieben; sie werden nicht straucheln. Herr, ich warte auf dein Heil und tue nach deinen Geboten. Meine Seele hält sich an deine Mahnungen und liebt sie sehr." (Psalm 119,165–167) „Wenn dein Wort offenbar wird, so erfreut es und macht klug die Unverständigen." (Psalm 119,130)

„Du machst mich mit deinem Gebot weiser, als meine Feinde sind; denn es ist ewiglich mein Schatz. Ich habe mehr Einsicht als alle meine Lehrer; denn über deine Mahnungen sinne ich nach. Ich bin klüger als die Alten; denn ich halte mich an deine Befehle." (Psalm 119,98–100)

„Dein Wort macht mich klug; darum hasse ich alle falschen Wege." (Psalm 119,104)

„Deine Mahnungen sind mein ewiges Erbe; denn sie sind meines Herzens Wonne." (Psalm 119,111)

Klarere Offenbarungen Gottes

Es ist unser Vorrecht, uns um immer deutlichere Offenbarungen des Charakters Gottes zu bemühen. Als Mose betete, „Lass mich deine Herrlichkeit sehen!" (2. Mose 33,18), tadelte ihn der Herr dafür nicht, sondern erhörte sein Gebet. Gott sprach zu seinem Diener: „Ich will vor deinem Angesicht all meine Güte vorübergehen lassen und will vor dir kundtun den Namen des Herrn." (2. Mose 33,19)

Die Sünde verdunkelt unseren Geist und trübt unsere Wahrnehmungen. Wenn unsere Herzen frei sind von Sünde, werden wir durch das Licht der Herrlichkeit Gottes in aller Deutlichkeit erkennen, dass er „barmherzig und gnädig und geduldig und von großer Gnade und Treue" ist (2. Mose 34,6).

In *seinem* Licht sollen wir Licht sehen, bis Geist und Herz und Seele in das Abbild seiner Heiligkeit verwandelt werden.

Für diejenigen, die auf diese Weise die göttlichen Zusagen in Gottes Wort ergreifen, öffnen sich wunderbare Möglichkeiten. Vor ihnen liegen weite Felder der Wahrheit und reiche Quellen der Kraft. Herrliche Dinge sollen ihnen offenbart werden. Vorrechte und Pflichten, die sie in der Bibel nicht einmal vermuten, werden ihnen kundgetan. Alle, die den Weg demütigen Gehorsams gehen und Gottes Absicht erfüllen, werden sein Wirken mehr und mehr verstehen.

Lasst den Studenten die Bibel zu seinem Führer nehmen und ihren Prinzipien treu bleiben – und er kann nach jeder Leistung streben. Alle Philosophien von der menschlichen Natur haben zu Verwirrung und Schande geführt, wenn in ihnen Gott nicht als alles in allem erkannt worden ist. Aber der kostbare, von Gott inspirierte Glaube verleiht Stärke und einen edlen Charakter.

Wenn man sich eingehend mit seiner Güte, seiner Barmherzigkeit und seiner Liebe befasst, wird die Erkenntnis der Wahrheit deutlicher und deutlicher, wird die Sehnsucht nach Reinheit des Herzens und Klarheit der Gedanken höher und heiliger. Die Seele, die sich in der reinen Atmosphäre heiliger Gedanken aufhält, wird beim Studium seines Wortes vom Umgang mit Gott verwandelt. Dessen Wahrheit ist so groß, so weitreichend, so tief und so breit, dass man schließlich das Ich aus dem Blick verliert. Das Herz wird mild gestimmt und der Demut, Freundlichkeit und Liebe unterworfen, und die natürlichen Kräfte werden aufgrund heiligen Gehorsams vergrößert.

Aus dem Studium des Wortes des Lebens können Studenten mit einem erweiterten, erhobenen und veredelten Geist hervorgehen. Wenn sie wie Daniel Hörer und Täter des Wortes Gottes sind, können sie in allen Bereichen des Lernens solche Fortschritte machen wie er. Indem sie reinen Geistes sind, werden sie einen starken Geist entwickeln. Jede geistige Fähigkeit wird beflügelt werden. Sie können sich selbst so erziehen und disziplinieren, dass alle Personen innerhalb ihrer Einflusssphäre erkennen werden, was der Mensch sein und was er leisten kann, wenn er mit dem Gott der Weisheit und Kraft verbunden ist.

Die Ausbildung im ewigen Leben

Was wir in diesem Leben lernen, dient als Vorbereitung auf das ewige Leben. Die hier begonnene Ausbildung wird in diesem Leben nicht vervollständigt; sie wird durch alle Ewigkeit hindurch fortgesetzt, wobei sie immer fortschreitet, aber niemals abgeschlossen sein wird.

Die Weisheit und die Liebe Gottes im Erlösungsplan werden weiter und immer weiter offenbart werden. Der Heiland wird reiche Schätze an Erkenntnis vermitteln, wenn er seine Kinder zu den

Quellen lebendigen Wassers führt. Und tagein, tagaus werden sich die wunderbaren Werke Gottes, die Beweise seiner Macht, das Universum zu erschaffen und zu erhalten, dem Geist in neuer Schönheit darstellen. In dem Licht, das vom Thron her scheint, werden sich alle Rätsel auflösen, und die Seele wird mit Erstaunen über die Einfachheit der Dinge erfüllt werden, die sie zuvor nicht verstehen konnte.

Jetzt sehen wir nur dunkel durch einen Spiegel, dann aber von Angesicht zu Angesicht; jetzt erkennen wir nur teilweise, dann aber werden wir so erkennen, wie auch wir erkannt werden.

Teil VIII

Die eigenen Bedürfnisse

Kapitel 40

Hilfe im täglichen Leben

Im ruhigen, konsequenten Leben eines wahren Christen liegt eine Überzeugungskraft, die viel wirksamer ist als die Überzeugungskraft von Worten. Was ein Mensch tut, wirkt stärker als das, was er sagt.

Die Beauftragten, die zu Jesus gesandt wurden, kamen mit dem Bericht zurück, dass noch nie ein Mensch so gesprochen habe wie er. Die Ursache hierfür war, dass noch nie ein Mensch so *gelebt* hat wie er. Wäre sein Leben anders gewesen, als es war, hätte er nicht so machtvoll sprechen können. Seine Worte trugen eine Überzeugungskraft in sich, weil sie aus einem reinen und heiligen Herzen voller Liebe und Mitgefühl, Wohlwollen und Wahrheit kamen.

Es sind unser eigener Charakter und unsere Erfahrung, die unseren Einfluss auf andere bestimmen. Um andere von der Macht der Gnade Christi zu überzeugen, müssen wir diese Macht in unserem Leben selbst erfahren haben. Das Evangelium, das wir anderen zur Rettung verkünden, muss das gleiche Evangelium sein, durch das wir selbst gerettet wurden. Nur durch einen lebendigen Glauben an Christus als unseren persönlichen Erlöser ist es möglich, unseren Einfluss in einer zweifelnden Welt spürbar zu machen. Wenn wir Sünder aus dem reißenden Fluss des Verderbens herausziehen wollen, müssen unsere eigenen Füße fest auf dem Felsen Jesus Christus stehen.

Das Kennzeichen des Christentums ist kein äußerliches Zeichen, nicht das Tragen eines Kreuzes oder einer Krone, sondern das, was die Verbundenheit des Menschen mit Gott verdeutlicht. Durch die Kraft seiner Gnade, die sich in der Wandlung des Charakters offenbart, soll die Welt davon überzeugt werden, dass Gott seinen Sohn als ihren Erlöser gesandt hat. Kein anderer Einfluss, der die menschliche Seele umgeben kann, hat eine solche Kraft wie der Einfluss eines selbstlosen Lebens. Das stärkste Argument zugunsten des Evangeliums ist ein liebevoller und liebenswürdiger Christ.

Erziehung durch Prüfungen

Ein solches Leben zu führen und einen solchen Einfluss auszuüben kostet bei jedem Schritt Anstrengung, Selbstaufopferung und Disziplin. Weil sie das nicht verstanden haben, sind viele in ihrem Christenleben so leicht entmutigt.

Viele, die ihr Leben aufrichtig dem Dienst für Gott weihen, sind überrascht und enttäuscht davon, dass sie wie nie zuvor auf Hindernisse stoßen und von Prüfungen sowie von Schwierigkeiten bedrängt werden, in denen sie ratlos sind. Sie beten um Christusähnlichkeit ihres Charakters, um Tauglichkeit für das Werk des Herrn – und gelangen in Umstände, die scheinbar alle Schwächen ihres Wesens aufdecken. Charakterfehler werden sichtbar, deren Vorhandensein sie nicht einmal vermuteten. Wie damals Israel fragen sie dann: „Wenn Gott uns führt, warum kommen dann alle diese Dinge auf uns zu?"

Weil Gott sie führt, kommen alle diese Dinge auf sie zu. Prüfungen und Hindernisse sind des Herrn bevorzugte Erziehungsmethoden und die von ihm geforderten Voraussetzungen für den Erfolg. Er, der in den Herzen der Menschen liest, kennt ihren Charakter besser als sie selbst. Er sieht, dass einige Kräfte und Fähigkeiten haben, die, wenn sie richtig gelenkt werden, zum Fortschritt seines Werks eingesetzt werden könnten. In seiner Vorsehung bringt er diese Personen in besondere Situationen und unterschiedliche Umstände, damit sie in ihrem Charakter die Fehler entdecken, die sie bisher nicht bemerkt haben. Er gibt ihnen Gelegenheit, diese Fehler zu korrigieren und sich für seinen Dienst tauglich zu machen. Oft lässt er zu, dass sie leidvolle Erfahrungen machen, damit sie daran wachsen und reifer werden.

Die Tatsache, dass wir dazu berufen sind, Prüfungen zu ertragen, macht deutlich, dass der Herr Jesus uns als etwas Kostbares ansieht, das er gestalten will. Wenn er in uns nichts sähe, womit er seinen

Namen verherrlichen könnte, würde er keine Zeit darauf verwenden, uns zu veredeln. Er wirft keine wertlosen Steine in seinen Schmelzofen. Was er veredelt, ist wertvolles Erz. Der Schmied legt Eisen und Stahl ins Feuer, um zu prüfen, welche Qualität sie haben. Der Herr lässt es zu, dass seine Auserwählten in den Schmelzofen der Bedrängnis kommen, um zu prüfen, welches Naturell sie haben und ob sie für sein Werk geformt werden können.

Der Töpfer nimmt den Ton und formt ihn nach seinem Willen. Er knetet und bearbeitet ihn. Er reißt ihn auseinander und drückt ihn wieder zusammen. Er feuchtet ihn an und trocknet ihn dann. Er lässt ihn eine Weile liegen, ohne ihn anzurühren. Wenn er vollkommen geschmeidig ist, setzt er das Werk fort, aus ihm ein Gefäß zu machen. Er gibt dem Ton eine Form und glättet und poliert ihn auf dem Töpferrad. Er trocknet ihn in der Sonne und brennt ihn im Ofen.

So wird der Ton zu einem nützlichen Gebrauchsgegenstand. Auch uns will der große Werkmeister formen und gestalten. Und wie der Ton in den Händen des Töpfers sollen wir in seinen Händen sein. Wir können nicht die Arbeit des Töpfers übernehmen. Unsere Aufgabe ist es, uns der Bearbeitung durch den göttlichen Werkmeister zu überlassen.

„Ihr Lieben, lasst euch durch die Hitze nicht befremden, die euch widerfährt zu eurer Versuchung, als widerführe euch etwas Seltsames, sondern freut euch, dass ihr mit Christus leidet, damit ihr auch zur Zeit der Offenbarung seiner Herrlichkeit Freude und Wonne haben mögt." (1. Petrus 4,12–13)

Im vollen Tageslicht und beim Durcheinander vieler Stimmen will der Vogel im Käfig nicht das Lied singen, das ihn sein Meister lehren will. Er lernt ein paar Takte von einem Lied und einen Triller von einem anderen, aber nie eine vollständige Melodie. Dann deckt der Meister den Käfig ab und stellt ihn dorthin, wo der Vogel nur das eine Lied hören kann, das er singen soll. In der Dunkelheit versucht er nun immer wieder, dieses Lied zu singen, bis er es gelernt hat, und irgendwann ertönt dann die vollständige Melodie. Nun wird der Vogel aus der Dunkelheit befreit und kann sein Lied auch im Hellen singen. Genauso verfährt Gott mit seinen Kindern. Er möchte uns ein Lied lehren, und wenn wir es inmitten der Schatten der Bedrängnisse gelernt haben, können wir es danach immer singen.

Die Wahl Gottes in unserem Lebenswerk

Viele sind mit dem, was sie erreicht haben, unzufrieden. Es mag sein, dass ihnen ihre Umgebung nicht zusagt, dass sie eine gewöhnliche Arbeit verrichten, obwohl sie sich zu Höherem berufen fühlen; oft werden ihre Bemühungen nicht richtig gewürdigt; ihre Zukunft erscheint ihnen ungewiss.

Lasst uns daran denken, dass wir die Arbeit, die uns aufgetragen ist, zwar nicht selbst ausgewählt haben, dass wir sie aber als Gottes Wahl für uns akzeptieren sollen.

Ob es uns nun angenehm ist oder nicht, wir sollen die Aufgabe erledigen, die jetzt an der Reihe ist. „Alles, was dir vor die Hände kommt, es zu tun mit deiner Kraft, das tu; denn bei den Toten, zu denen du fährst, gibt es weder Tun noch Denken, weder Erkenntnis noch Weisheit.“ (Prediger 9,10)

Wenn der Herr von uns erwartet, eine Botschaft nach Ninive zu bringen, wird es ihm nicht recht sein, dass wir lieber nach Joppe oder Kapernaum gehen möchten. Denn er hat Gründe dafür, uns an den Ort zu senden, in dessen Richtung unsere Füße gelenkt worden sind. Genau dort kann jemand sein, der unsere Hilfe braucht. Er, der Philippus zu dem äthiopischen Kämmerer, Petrus zu dem römischen Hauptmann und das israelitische Mädchen dem Naeman, dem syrischen Hauptmann, zu Hilfe schickte, sendet heute Männer, Frauen und Jugendliche als seine Boten zu denen, die göttliche Hilfe und Führung brauchen.

Gottes Pläne sind die besten

Unsere Pläne entsprechen nicht immer *Gottes* Plänen. So kann er etwa vorhersehen, dass es am besten für uns und für seine Sache ist, unsere gutgemeinten Pläne zu durchkreuzen, wie er es im Fall Davids getan hat. Aber des einen können wir uns sicher sein, dass er diejenigen segnen und zur Förderung seiner Sache gebrauchen wird, die sich selbst und alles, was sie haben, ernstlich seinem Ruhm widmen. Wenn er es für besser hält, ihre Wünsche nicht zu erfüllen, wird er diese Verweigerung dadurch ausgleichen, dass er ihnen Zeichen seiner Liebe gibt und ihnen einen anderen Dienst anvertraut.

In seiner liebevollen Sorge und Anteilnahme erlaubt er, der uns besser versteht als wir selbst, uns oftmals nicht, selbstsüchtig die Befriedigung unseres Ehrgeizes anzustreben. Er gestattet uns nicht, uns vor einfachen, aber nötigen Aufgaben zu drücken, die jetzt zu tun sind. Oft bereiten uns gerade diese einfachen Aufgaben auf ein anspruchsvolleres Werk vor. Manchmal müssen auch *unsere* Pläne scheitern, damit *Gottes* Pläne für uns erfolgreich sein können.

Gott verlangt nie ein wirkliches Opfer von uns. Er bittet uns zwar, auf manches zu verzichten, aber indem wir dies tun, geben wir nur auf, was uns auf dem himmelwärts gerichteten Weg hinderlich wäre. Selbst wenn wir etwas aufgeben müssten, was an und für sich gut ist, dürfen wir sicher sein, dass Gott etwas Schöneres für uns plant.

Im künftigen Leben werden die rätselhaften Ereignisse, die uns hier geärgert und enttäuscht haben, aufgeklärt. Wir werden erkennen, dass die scheinbar nicht erhörten Gebete und manche enttäuschten Hoffnungen größten Segen bewirkt haben.

Wir sollen jede Pflicht, wie einfach sie auch sein mag, als geheiligt ansehen, weil sie einen Teil unseres Dienstes für Gott darstellt. Unser tägliches Gebet sollte sein: „Herr, hilf mir dabei, mein Bestes zu geben. Lehre mich, wie ich meine Aufgabe besser erfüllen kann. Gib mir Kraft und Freudigkeit. Hilf mir, bei meiner Tätigkeit das liebevolle Wesen des Heilandes zum Ausdruck zu bringen."

Eine Lehre aus dem Leben Moses

Betrachtet die Erfahrung des Mose. Die Ausbildung, die er in Ägypten als der Enkel des Königs und Thronanwärter erhielt, war sehr gründlich. Man unterrichtete ihn in aller Weisheit, die man damals für wichtig ansah. Er erhielt die bestmögliche zivile und militärische Ausbildung. Mose schätzte sich so ein, dass er nun für das Werk der Befreiung Israels aus der Sklaverei perfekt vorbereitet war. Aber Gott sah das anders. Seine Vorsehung verordnete Mose vierzig Jahre der Erziehung als Schafhirte in der Wildnis.

Die Ausbildung, die er in Ägypten erhalten hatte, war ihm in vieler Hinsicht eine Hilfe; aber die wertvollste Vorbereitung auf sein Lebenswerk war die, die er als Schafhirte bekam. Von Natur aus hatte Mose ein ungestümes Wesen. Als erfolgreicher ägyptischer Militärführer und Liebling des Königs und der Nation war er daran gewöhnt, Ehrungen und Schmeicheleien entgegenzunehmen. Das Volk liebte ihn. Deshalb hoffte er, aus eigener Kraft das Werk der Befreiung Israels zu vollbringen.

Ganz im Gegensatz dazu standen die Lektionen, die er als Beauftragter Gottes zu lernen hatte. Wenn er seine Herden durch die Wildnis der Berge und auf die grünen Weiden der Täler führte, lernte er Glauben und Sanftmut, Geduld, Demut und Bescheidenheit. Er lernte, für die Schwachen zu sorgen, die Kranken zu pflegen, die Weggelaufenen zu suchen, die Widerspenstigen zu ertragen, sich um die Lämmer zu kümmern und die Alten und Schwachen zu ernähren.

Bei dieser Aufgabe kam Mose dem Obersten Hirten näher. Er wurde mit dem Heiligen Israels eng verbunden. Nun träumte er nicht länger davon, ein großes Werk zu vollbringen. Statt dessen bemühte er sich, die ihm aufgetragene Arbeit so zu verrichten, als täte er sie für Gott. Er erkannte die Gegenwart Gottes in seiner Umgebung. Die ganze Natur sprach zu ihm von dem Unsichtbaren. Er lernte Gott als einen persönlichen Gott kennen, und indem er eingehend über dessen Wesen nachdachte, entwickelte er immer vollständiger das Bewusstsein seiner Gegenwart. Er fand Zuflucht in den beständig ausgestreckten Armen seines Herrn.

Nach dieser Erfahrung hörte Mose die Berufung vom Himmel, seinen Hirtenstab gegen den Herrscherstab auszutauschen, seine Schafherde zu verlassen und die Führung Israels zu übernehmen. Diese göttliche Aufforderung erging nun an einen, der sich selbst nicht sehr viel zutraute, der schweigsam geworden war und ängstlich. Er war zutiefst davon überzeugt, dass er kein Sprachrohr für Gott sein konnte, aber er übernahm das Werk, wobei er sein ganzes

Vertrauen auf den Herrn setzte. Die Größe dieser Aufgabe mobilisierte seine besten Verstandeskräfte. Gott segnete seinen willigen Gehorsam, und Mose wurde redegewandt, hoffnungsvoll, selbstbeherrscht und tauglich für das größte Werk, das jemals einem Menschen übertragen worden ist. Von ihm steht geschrieben: „Und es stand hinfort kein Prophet in Israel auf wie Mose, den der Herr erkannt hätte von Angesicht zu Angesicht." (5. Mose 34,10)

Jene, die meinen, ihre Arbeit werde nicht genügend gewürdigt, sollen sich nicht nach einer verantwortungsvolleren Position sehnen. Sie sollen bedenken, dass „es nicht vom Aufgang und nicht vom Niedergang kommt, nicht von der Wüste und nicht von den Bergen, sondern Gott ist Richter, der diesen erniedrigt und jenen erhöht" (Psalm 75,7–8).

Jeder Mensch hat seinen Platz im ewigen Plan des Himmels. Ob wir diesen Platz ausfüllen, hängt von unserer eigenen Treue in der Zusammenarbeit mit Gott ab.

Wir müssen uns vor Selbstmitleid hüten. Gib nie dem Gefühl nach, dass du nicht genügend geachtet wirst, dass deine Bemühungen nicht geschätzt werden oder dass deine Arbeit zu schwer sei. Lasst die Erinnerung daran, was Christus für uns erduldet hat, jedes aufkeimende Murren zum Schweigen bringen. Wir werden besser behandelt als unser Herr. „Und du begehrst für dich große Dinge? Begehre es nicht!" (Jeremia 45,5)

Der Herr hat in seinem Werk keinen Platz für die, die ein größeres Verlangen danach haben, die Krone zu erringen, als danach, das Kreuz zu tragen. Er braucht Menschen, die mehr darauf aus sind, ihre Pflicht zu tun, als darauf, ihre Belohnung entgegenzunehmen – Menschen, die mehr um Grundsätze als um eine Belohnung bemüht sind.

Jene, die bescheiden sind und jede Arbeit so verrichten als wäre sie für Gott getan, mögen nicht so viel Aufsehen erregen wie die, die voller Geschäftigkeit und Selbstherrlichkeit sind; aber ihre Arbeit gilt mehr. Oft ziehen jene, die großes Aufsehen erregen, die Aufmerksamkeit auf sich, stellen sich damit aber zwischen die Menschen und Gott, und ihre Arbeit erweist sich deshalb als Misserfolg. „Denn der Weisheit Anfang ist: Erwirb Weisheit, und erwirb

Einsicht mit allem, was du hast. Achte sie hoch, so wird sie dich erhöhen und wird dich zu Ehren bringen, wenn du sie herzest." (Sprüche 4,7–8)

Weil sie nicht die Entschlossenheit besitzen, sich selbst zu beherrschen und ihren Charakter zu verbessern, werden negative Handlungsweisen schnell zur Gewohnheit. Aber das muss nicht so sein. Sie können ihre Kräfte dazu entwickeln, entschieden die beste Art des Dienstes zu verrichten. Dann wird man immer nach ihnen fragen und ihr Dienst wird gebührend anerkannt.

Wenn einige für eine höhere Position qualifiziert sind, wird der Herr die Last nicht allein auf sie legen, sondern auch auf diejenigen, die sie geprüft haben, die ihren Wert kennen und sie verständnisvoll anspornen können. Jene, die Tag für Tag die ihnen aufgetragene Arbeit zuverlässig ausführen, werden zu der von *Gott* bestimmten Zeit seinen Ruf hören: „Übernimm eine verantwortungsvolle Aufgabe!"

Als die Schafhirten ihre Herden auf den Hügeln Bethlehems hüteten, suchten himmlische Engel sie auf. Auch heute stehen, wenn der einfache Arbeiter für Gott seiner ihm aufgetragenen Arbeit nachgeht, Engel Gottes an seiner Seite, die seinen Worten zuhören und die Art und Weise festhalten, in der er seine Arbeit verrichtet, um zu sehen, ob man ihm größere Verantwortung übertragen könnte.

Wahre Größe

Gott schätzt Menschen nicht nach ihrem Reichtum, ihrer Ausbildung oder ihrer Position ein. Er schätzt sie vielmehr nach dem Beweggrund ihres Handelns und der Größe ihres Charakters ein. Er achtet darauf, wieviel sie von seinem Geist besitzen und wieviel Ähnlichkeit zwischen ihm und ihrem Leben besteht. In Gottes Reich groß zu sein heißt, an Demut, Einfachheit des Glaubens und Lauterkeit der Liebe wie ein kleines Kind zu sein.

„Ihr wisst", sagte Christus, „dass die Herrscher ihre Völker niederhalten und die Mächtigen ihnen Gewalt antun. So soll es nicht sein unter euch; sondern wer unter euch groß sein will, der sei euer Diener." (Matthäus 20,25–26)

Von all den Gaben, die der Himmel Menschen verleihen kann, stellt die Gemeinschaft des Leidens mit Christus das wertvollste Gut und die höchste Ehre dar. Weder Henoch, der in den Himmel aufgenommen wurde, noch Elia, der in einem feurigen Wagen auffuhr, waren größer oder geehrter als Johannes der Täufer, der einsam im Kerker zugrunde ging.

„Denn euch ist es gegeben um Christi willen, nicht allein an ihn zu glauben, sondern auch um seinetwillen zu leiden." (Philipper 1,29)

Pläne für die Zukunft

Viele sind nicht imstande, konkrete Pläne für die Zukunft zu machen. Ihr Leben schwebt im Ungewissen. Sie können die Konsequenzen bestimmter Geschehnisse noch nicht einschätzen, und dies erfüllt sie oft mit Angst und Ruhelosigkeit.

Erinnern wir uns doch daran, dass das Leben von Gotteskindern in dieser Welt ein Pilgerleben ist. Wir besitzen nicht die Weisheit, unser eigenes Leben richtig zu planen. Es steht uns nicht zu, unsere Zukunft zu gestalten. „Durch den Glauben wurde Abraham gehorsam, als er berufen wurde, in ein Land zu ziehen, das er erben sollte; und er zog aus und wusste nicht, wo er hinkäme." (Hebräer 11,8)

Christus schmiedete in seinem irdischen Leben keine Pläne von sich aus. Er akzeptierte statt dessen Gottes Pläne für ihn, und sein Vater entfaltete Tag für Tag *seine* Pläne. So sollten auch wir uns Gott unterordnen, damit sein Wille in unserem Leben ungehindert Wirklichkeit werden kann. Wenn wir ihm unsere Wege anvertrauen, wird er unsere Schritte lenken.

Zu viele scheitern völlig, obwohl sie eine glänzende Zukunft planten. Besser ist, du lässt Gott für dich planen. Vertraue wie ein kleines Kind der Führung durch den, der „die Füße seiner Heiligen behüten wird" (1. Samuel 2,9).

Gott führt seine Kinder niemals anders, als sie wünschten, geführt zu werden, wenn sie das Ende schon vom Anfang her sehen und die Herrlichkeit wahrnehmen könnten, die daraus erwächst, dass sie als Mitarbeiter Gottes seine Pläne erfüllen.

Finanzielle Vergütungen

Als Christus seine Jünger dazu berief, ihm nachzufolgen, bot er ihnen keine schmeichelhaften Aussichten für dieses Leben an. Er versprach ihnen keinen Gewinn und keine weltliche Ehre, und sie trafen auch keinerlei Vereinbarung darüber, wie sie bezahlt werden sollten. Als Matthäus an der Zolleinnahmestelle saß, sagte der Heiland: „Folge mir nach! Und er verließ alles, stand auf und folgte ihm nach." (Lukas 5,27–28)

Bevor er diesen Dienst aufnahm, forderte Matthäus nicht erst ein festes Gehalt, das dem Betrag entsprach, den er vorher erhalten hatte. Vielmehr folgte er Jesus nach, ohne zu fragen oder zu zögern. Es genügte ihm, in der Nähe des Heilands zu sein, seine Worte zu hören und in seinem Werk mit ihm zusammenarbeiten zu dürfen.

So war es auch bei den Jüngern, die zuvor berufen worden waren. Als Jesus Petrus und seinen Gefährten gebot, ihm nachzufolgen, verließen sie unverzüglich ihre Boote und Netze. Einige dieser Jünger hatten Freunde, die von ihrer Unterstützung abhingen; aber als sie die Einladung des Heilands erhielten, zögerten sie nicht und fragten auch nicht: „Wie werde ich leben und meine Familie erhalten?" Vielmehr gehorchten sie dem Ruf; und als Jesus sie später fragte: „Als ich euch ausgesandt habe ohne Geldbeutel, ohne Tasche und ohne Schuhe, habt ihr da je Mangel gehabt?", konnten sie antworten: „Niemals!" (Lukas 22,35)

Heute beruft uns der Heiland in sein Werk, wie er Matthäus, Johannes und Petrus berufen hat. Wenn unser Herz von seiner Liebe angerührt ist, wird die Vergütungsfrage in unserem Denken nicht an erster Stelle stehen.

Wir sollen uns freuen, Mitarbeiter Christi zu sein, und uns nicht davor fürchten, seiner Fürsorge zu vertrauen. Wenn wir Gott zu unserer Stärke machen, werden wir klare Vorstellungen von unserer Pflicht und selbstlose Bestrebungen verfolgen; unser Leben wird von einer edlen Absicht geleitet werden, die uns über alle niedrigen Beweggründe erhebt.

Gott wird uns versorgen

Viele, die vorgeben, Christi Nachfolger zu sein, haben ein ängstliches, besorgtes Herz. Sie fürchten sich davor, sich Gott ganz anzuvertrauen. Sie übergeben sich ihm nicht vollständig, denn sie schrecken vor den Konsequenzen zurück, die eine solche Übergabe womöglich mit sich bringt. Wenn sie diese Übergabe nicht vollziehen, können sie keinen Frieden finden.

Es gibt viele, deren Herz unter einer Last von Sorgen schmerzt, weil sie ständig bemüht sind, dem allgemein üblichen Lebensstandard gerecht zu werden. Nun stehen sie beständig unter Druck und müssen mit dem selbstgewählten Chaos in ihrem Leben zurechtkommen. Ihr Charakter hat Schaden genommen und ihr Leben ist zu einer Plage geworden. Die beständige Sorge zermürbt ihre Lebenskräfte. Unser Herr wünscht, dass sie sich aus diesem Zwang befreien. Er lädt sie ein, *sein* Joch anzunehmen; er sagt: „Mein Joch ist sanft, und meine Last ist leicht." (Matthäus 11,30)

Sorge ist blind und kann die Zukunft nicht erkennen, aber Jesus sieht von Anfang an auch schon das Ende. Bei jeder Schwierigkeit hält er *seinen* Weg bereit, um Hilfe zu bringen. „Er wird kein Gutes mangeln lassen den Frommen." (Psalm 84,12)

Unser himmlischer Vater hat tausend Wege, für uns zu sorgen, von denen wir nichts wissen. Diejenigen, die sich dafür entscheiden, den Dienst für Gott an die erste Stelle zu setzen, werden feststellen, dass Ängste und Sorgen verschwinden und sich vor ihren Füßen der Weg ebnet.

Ermutigender Glaube

Die treue Erfüllung heutiger Pflichten bildet die beste Vorbereitung für die morgigen Prüfungen. Nehmt nicht die Verpflichtungen und Sorgen von morgen und fügt sie der Last von heute hinzu. „Es ist genug, dass jeder Tag seine eigene Plage hat." (Matthäus 6,34)

Lasst uns hoffnungsvoll und mutig sein. Niedergeschlagenheit im Dienst für Gott ist sündig und unvernünftig. Er kennt alle unsere Bedürfnisse. Mit der Allmacht des Königs aller Könige vereinigt unser bündnistreuer Gott die Freundlichkeit und Fürsorge eines liebevollen Hirten. Seine Macht ist absolut, und sie ist das Versprechen der zuverlässigen Erfüllung seiner Verheißungen für alle, die ihm vertrauen. Er kann jedes Problem lösen, so dass diejenigen, die ihm dienen und sein Handeln respektieren, bewahrt werden. Seine Liebe steht so weit über jeder anderen wie die Himmel über der Erde. Mit immerwährender und grenzenloser Liebe wacht er über seine Kinder.

Habt auch an den dunkelsten Tagen, wenn die Aussichten nur noch düster erscheinen, Vertrauen zu Gott. Er führt seinen Willen aus, wobei er nie die Belange seines Volkes außer achtlässt. Die Stärke derjenigen, die ihn lieben und ihm dienen, wird tagtäglich erneuert werden.

Er kann und will seinen Dienern alle Hilfe schenken, die sie brauchen. Er wird ihnen die Weisheit geben, die ihre vielfältigen Bedürfnisse erfordern.

Der vielgeprüfte Apostel Paulus sagte: „Und er hat zu mir gesagt: Lass dir an meiner Gnade genügen; denn meine Kraft ist in den Schwachen mächtig. Darum will ich mich am allerliebsten rühmen meiner Schwachheit, damit die Kraft Christi bei mir wohne. Darum bin ich guten Mutes in Schwachheit, in Misshandlungen, in Nöten, in Verfolgungen und Ängsten, um Christi willen; denn wenn ich schwach bin, so bin ich stark." (2. Korinther 12,9–10)

Kapitel 41

Umgang mit anderen

Jeder Umgang mit anderen Menschen erfordert Selbstbeherrschung, Nachsicht und Mitgefühl. Wir unterscheiden uns so sehr in unserer Veranlagung, unseren Gewohnheiten und unserer Ausbildung, dass unsere Sichtweisen völlig verschieden sind.

Jeder entscheidet auf seine Weise. Unser Verständnis von Wahrheit und unsere Vorstellungen von Lebensführung sind verschieden. Es gibt keine zwei Menschen, deren Lebenserfahrungen sich völlig gleichen. Die Prüfungen des einen sind nicht die Prüfungen eines anderen. Pflichten, die einer mit Leichtigkeit verrichtet, sind für einen anderen höchst schwierig und schwer zu begreifen.

Die Natur des Menschen ist so labil, so unwissend und so anfällig für falsche Vorstellungen, dass jeder bei der Beurteilung anderer sorgfältig sein sollte. Wir wissen wenig davon, wie sich unsere Handlungen auf die Lebenserfahrung anderer auswirken. Was wir tun oder sagen, mag uns nur von geringer Tragweite erscheinen, während wir – wenn unsere Augen geöffnet würden – sehen könnten, dass davon die wichtigsten Ergebnisse für das Gute oder das Böse abhängen.

Rücksichtnahme auf die Beladenen

Es gibt Menschen, deren Leben immer in ruhigen, geordneten Bahnen verlief. Ihre Herzen haben kaum wirklichen Schmerz kennengelernt, und sie haben so selten Kummer und Leid wegen anderer erlebt, dass sie die Situation von Menschen mit wirklichen seelischen Lasten nicht verstehen können. Es ist ihnen nicht möglich, solche Belastungen einzuschätzen, wie auch ein Kind nicht imstande ist, die Sorge und Mühe seines kummerbeladenen Vaters zu verstehen. Das Kind mag sich über die Ängste und Ratlosigkeiten seines Vaters wundern; sie erscheinen ihm unnötig. Aber wenn es im Laufe der Jahre eigene Erfahrungen gesammelt hat, wenn es selbst lernen musste, seine Lasten zu tragen, wird es auf das Leben seines Vaters zurückschauen und verstehen, was einst so unverständlich war. Traurige Erfahrungen ließen den Charakter reifen.

Der Dienst solcher belasteten Menschen wird oft nicht verstanden, ihre Leiden werden nicht gewürdigt, bis der Tod sie hinwegrafft. Wenn dann andere diese Lasten übernehmen müssen und auf die gleichen Schwierigkeiten stoßen, denen sie begegnet waren, werden sie besser verstehen, auf welche Weise ihr Glaube und Mut geprüft wurden.

Oft erscheinen dann die Fehler, die man einst so lautstark beanstandet hatte, als nicht mehr so gravierend. Die Erfahrung lehrt nämlich Mitgefühl. Gott stellt Menschen auf verantwortungsvolle Positionen. Wenn sie Fehler begehen, hat *er* die Macht, diese Menschen zu ändern oder aus ihren Positionen zu entfernen. Wir sollten also darauf achten, das Werk des Richtens, das Gottes Sache ist, nicht selbst in die Hand zu nehmen.

Das Verhalten Davids gegenüber Saul mag uns als Beispiel dienen. Gemäß der Anweisung Gottes war Saul zum König über Israel gesalbt worden. Wegen seines Ungehorsams entschied der Herr, dass das Königreich von ihm genommen werden sollte. Wie liebevoll, höflich und nachsichtig war ungeachtet dessen das Benehmen Davids ihm gegenüber!

Als er David nach dem Leben trachtete, kam Saul in die Wildnis und betrat ohne Wachbegleitung gerade die Höhle, in der David mit seinen Kriegern versteckt lag. „Da sprachen die Männer Davids zu ihm: Siehe, das ist der Tag, von dem der Herr zu dir gesagt hat: Siehe, ich will deinen Feind in deine Hände geben, dass du mit ihm tust, was dir gefällt … Und er sprach zu seinen Männern: Das lasse der Herr ferne von mir sein, dass ich das tun sollte und meine Hand legen an meinen Herrn, den Gesalbten des Herrn; denn er ist der Gesalbte des Herrn.“ (1. Samuel 24,5–7)

Der Heiland bittet uns: „Richtet nicht, damit ihr nicht gerichtet werdet. Denn nach welchem Recht ihr richtet, werdet ihr gerichtet werden; und mit welchem Maß ihr messt, wird euch zugemessen werden." (Matthäus 7,1–2) Denkt daran, dass die Aufzeichnungen eures Lebens bald von Gott untersucht werden. Bedenkt auch, dass er gesagt hat: „Darum, o Mensch, kannst du dich nicht entschuldigen, wer du auch bist, der du richtest. Denn worin du den andern richtest, verdammst du dich selbst, weil du ebendasselbe tust, was du richtest." (Römer 2,1)

Nachsicht bei Unrecht

Wir dürfen nicht zulassen, dass unser Gemüt sich über irgendeinen wirklichen oder vermeintlichen Fehler erregt, den man an uns begangen hat. Das Ich ist der Feind, den wir am meisten fürchten müssen. Kein anderes Fehlverhalten entfaltet unheilvollere Wirkung auf den Charakter als menschliche Leidenschaft, die nicht der Kontrolle durch den Heiligen Geist untersteht. Kein anderer Sieg, den wir erringen können, wird so kostbar sein, wie der Sieg über unser Ich.

Wir sollten nicht zulassen, dass unsere Gefühle leicht verletzbar werden. Wir leben nicht, um unsere Gefühle oder unser Ansehen zu bewahren, sondern um Seelen zu retten. Wenn wir an der Rettung von Seelen arbeiten, werden wir aufhören, uns um die kleinen Streitereien zu kümmern, die in unserem menschlichen Miteinander so oft auftreten. Was auch immer andere über uns denken oder uns antun mögen, es darf unsere Einheit mit Christus und die Gemeinschaft mit dem Heiligen Geist nicht stören. „Denn was ist das für ein Ruhm, wenn ihr um schlechter Taten willen geschlagen werdet und es geduldig ertragt? Aber wenn ihr um guter Taten willen leidet und es ertragt, das ist Gnade bei Gott." (1. Petrus 2,20)

Übt keine Vergeltung. Soweit es *euch* möglich ist, beseitigt jede Ursache für Missverständnisse. Vermeidet jeglichen Streit. Tut alles, was ohne Aufgabe von Grundsätzen in eurer Macht liegt, um andere zu besänftigen. „Wenn du deine Gabe auf dem Altar opferst und dort kommt dir in den Sinn, dass dein Bruder etwas gegen dich hat, so lass dort vor dem Altar deine Gabe und geh zuerst hin und versöhne dich mit deinem Bruder und dann komm und opfere deine Gabe." (Matthäus 5,23–24)

Wenn man ungeduldig mit dir spricht, dann erwidere nie in demselben Geist. Bedenke: „Eine linde Antwort stillt den Zorn." (Sprüche 15,1) Und im Schweigen liegt eine wunderbare Macht. Eine Gegenrede macht jemanden, der schon ärgerlich ist, oft nur noch ärgerlicher, aber Ärger, dem man in liebevollem, nachsichtigem Geist mit Schweigen begegnet, klingt schnell ab.

Unter einem Schwall verletzender, kritischer Worte konzentriere deine Gedanken auf Gottes Wort. Lass Geist und Herz bei Gottes Verheißungen verweilen. Wenn du schlecht behandelt oder fälschlich angeklagt wirst, dann wiederhole dir folgende kostbare Verheißungen, anstatt mit einer ärgerlichen Antwort zu reagieren: „Lass dich nicht vom Bösen überwinden, sondern überwinde das Böse mit Gutem." (Römer 12,21) „Befiehl dem Herrn deine Wege und hoffe auf ihn, er wird's wohlmachen und wird deine Gerechtigkeit heraufführen wie das Licht und dein Recht wie den Mittag." (Psalm 37,5–6)

„Es ist aber nichts verborgen, was nicht offenbar wird, und nichts geheim, was man nicht wissen wird." (Lukas 12,2)

„Du hast Menschen über unser Haupt kommen lassen, wir sind in Feuer und Wasser geraten. Aber du hast uns herausgeführt und uns erquickt." (Psalm 66,12)

Wir neigen dazu, Mitgefühl und Worte der Ermutigung von unseren Mitmenschen zu erwarten anstatt von Jesus. In seiner Gnade und Treue gestattet Gott oftmals denen, in die wir unser Vertrauen gesetzt haben, uns zu enttäuschen, damit wir begreifen, wie sinnlos es ist, auf Menschen zu bauen und sich auf Irdisches zu verlassen. Lasst uns vollkommen, demütig und selbstlos auf *Gott* vertrauen. Er kennt die Sorgen, die wir bis in die Tiefen unseres Daseins fühlen, aber nicht formulieren können. Wenn alles dunkel und unverständlich erscheint, dann erinnere dich an die Worte Christi: „Was ich tue, das verstehst du jetzt nicht; du wirst es aber hernach erfahren." (Johannes 13,7)

Betrachtet die Geschichte Josephs und Daniels. Der Herr verhinderte die Verschwörungen von Menschen nicht, die ihnen schaden wollten; aber er sorgte dafür, dass all das Böse sich für seine Diener, die inmitten der Prüfung und des Konfliktes ihren Glauben und ihre Treue bewahrten, zum Guten auswirkte.

Solange wir in der Welt leben, werden wir widrigen Einflüssen ausgesetzt sein. Es wird Provokationen geben, um unsere Beherrschung zu prüfen; und die christlichen Tugenden werden dadurch entwickelt, dass man diesen Provokationen mit dem richtigen Geist begegnet. Wenn Christus in uns wohnt, werden wir inmitten von Verdruss und Ärger geduldig, freundlich, nachsichtig und heiter bleiben. Tag für Tag und Jahr um Jahr werden wir unser Ich besiegen und dabei dankbare Freude empfinden.

Dies ist die uns bestimmte Aufgabe; aber ohne Hilfe von Jesus, feste Entschiedenheit, unerschütterliche Zielorientierung, beständige Wachsamkeit und unaufhörliches Gebet kann sie nicht erfüllt werden. Jeder von uns hat hier einen persönlichen Kampf auszufechten. Nicht einmal Gott kann unseren Charakter veredeln oder unserem Leben Sinn geben, wenn wir nicht seine Mitarbeiter werden. Diejenigen, die im Kämpfen nachlassen, verlieren die Stärke und Freude, die aus dem Sieg erwachsen.

Ein „Tagebuch der Sorgen", in dem wir alle unsere Prüfungen, Schwierigkeiten und Kümmernisse aufzeichnen, brauchen wir nicht zu führen. Alle diese Dinge sind in den himmlischen Büchern verzeichnet, und der Himmel wird sich auch darum kümmern. Wenn wir die unangenehmen Dinge im Gedächtnis behalten, vergessen wir vieles andere, über das nachzudenken sich lohnt, zum Beispiel die barmherzige Freundlichkeit Gottes, die uns in jedem Moment umgibt, und die Liebe, über die selbst Engel staunen, dass Gott seinen Sohn für uns in den Tod gab. Wenn ihr als Mitarbeiter Christi meint, dass ihr größere Sorgen und Prüfungen zu bewältigen hättet als andere, dann bedenkt, dass es für euch einen Frieden gibt, der denen unbekannt ist, die diese Lasten scheuen. Im Dienst für Christus liegen Trost und Freude. Lasst die Welt erkennen, dass ein Leben mit ihm kein Misserfolg sein kann.

Wenn ihr einmal nicht in fröhlicher Stimmung seid, dann sprecht nicht über eure Gefühle. Belastet nicht andere damit. Eine kalte, freudlose Religion zieht niemals Seelen zu Christus. Vielmehr zieht sie sie von ihm weg in die Netze, die Satan den Füßen der Abirrenden ausgespannt hat. Denke nicht an deine Entmutigungen, sondern an die Kraft, die du in Christi Namen erbitten kannst.

Lass deine Vorstellungskräfte Halt finden in der unsichtbaren Welt. Richte deine Gedanken auf die Beweise der großen Liebe Gottes, die du erfahren hast. Glaube kann Prüfungen ertragen, Versuchungen widerstehen und in Enttäuschungen durchhalten. Jesus lebt und arbeitet als unser Anwalt. Alles, was seine Vermittlung uns sichert, gehört uns.

Glaubt ihr nicht, dass Christus diejenigen schätzt, die sich für ihn ganz entschieden haben? Glaubt ihr nicht, dass er diejenigen besucht, die, wie der geliebte Jünger Johannes in der Verbannung, um seinetwillen an rauhen und entbehrungsreichen Orten leben? Gott wird es nicht zulassen, dass einer dieser aufrichtigen Arbeiter allein gegen große Schwierigkeiten kämpfen muss und vielleicht den Kampf verliert. Er bewahrt jeden, dessen Leben mit Christus in ihm verborgen ist, als ein kostbares Juwel. Von einem solchen Menschen sagt er: „Ich will dich … wie einen Siegelring halten; denn ich habe dich erwählt." (Haggai 2,23)

Sprecht dann von den Verheißungen; sprecht von Jesu Bereitschaft, euch zu segnen. Er vergisst uns nicht einen einzigen Moment lang. Wenn wir trotz widriger Umstände vertrauensvoll in seiner Liebe bleiben und enge Gemeinschaft mit ihm suchen, wird das Bewusstsein seiner Gegenwart in uns eine tiefe, ruhige Freude erzeugen. Christus sagt von sich selbst: „Ich tue nichts von mir selber, sondern, wie mich der Vater gelehrt hat, so rede ich. Und der mich gesandt hat, ist mit mir. Er lässt mich nicht allein; denn ich tue allezeit, was ihm gefällt." (Johannes 8,28–29)

Die Gegenwart des Vaters umgab Christus, und nichts widerfuhr ihm außer dem, was eine unendliche Liebe zum Segen der Welt zuließ. Hier lag seine Quelle des Trostes, und sie ist es auch für uns. Wer mit dem Geist Christi erfüllt ist, *bleibt* in Christus. Was auch immer auf ihn zukommt, kommt vom Heiland, der ihn mit seiner Gegenwart umgibt. Nichts kann an ihn herankommen, außer wenn der Herr es erlaubt. Alle unsere Leiden und Sorgen, alle unsere Versuchungen und Prüfungen, unsere Traurigkeit und unser Kummer, alle unsere Verfolgungen und Entbehrungen, all das muss uns zum Besten dienen. Alle Erfahrungen und Umstände sind Gottes Helfer, durch die uns Gutes gebracht wird.

Redet nicht Böses

Wenn wir eine Vorstellung von der Langmut Gottes uns gegenüber haben, werden wir andere nicht richten oder anklagen. Als Christus auf Erden lebte, wären seine Gefährten sehr überrascht gewesen, wenn sie, nachdem sie ihn kennengelernt hatten, von ihm nur Worte der Anklage, der Kritik oder der Ungeduld gehört hätten. Lasst uns nie vergessen, dass diejenigen, die ihn lieben, in ihrem Charakter Jesus darstellen sollen.

„Die brüderliche Liebe untereinander sei herzlich. Einer komme dem andern mit Ehrerbietung zuvor." (Römer 12,10)

„Vergeltet nicht Böses mit Bösem oder Scheltwort mit Scheltwort, sondern segnet vielmehr, weil ihr dazu berufen seid, dass ihr den Segen ererbt." (1. Petrus 3,9)

Höflichkeit

Der Herr Jesus fordert uns dazu auf, die Rechte eines jeden Menschen zu achten. Dabei gilt es sowohl die sozialen Rechte der Menschen als auch ihre Rechte als Christen zu berücksichtigen. Alle sollen wir mit Feingefühl und Takt als Söhne und Töchter Gottes behandeln.

Der christliche Glaube wird einen Menschen zur Höflichkeit erziehen. Christus war höflich, auch gegenüber seinen Verfolgern; und seine wahren Nachfolger werden dieselbe Haltung beweisen. Seht auf Paulus, als er vor Herrscher gestellt wurde. Seine Rede vor König Agrippa ist ein Beispiel wahrer Höflichkeit und überzeugender Beredsamkeit. Das Evangelium unterstützt nicht die förmliche Höflichkeit, wie sie in der Welt üblich ist, sondern die Höflichkeit, die aus wahrer Herzensfreundlichkeit erwächst.

Die sorgfältigste Verfeinerung der im Leben allgemein üblichen Anstandsregeln genügt nicht, um ein mürrische Wesen, hartes Urteilen und unpassende Reden zu beseitigen. Eine wahre Wesensänderung wird niemals eintreten, solange das Ich als das wichtigste Ziel angesehen wird. Die Liebe muss im Herzen wohnen. Ein konsequenter Christ bezieht die Motive seines Handelns aus einer tiefen, herzlichen Liebe zu seinem Herrn. Aus den Wurzeln seiner Zuneigung zu Christus erwächst ein selbstloses Interesse an seinen Mitmenschen. Die Liebe verleiht ihm Anmut, Anstand und ein gepflegtes Auftreten. Sie erhellt den Gesichtsausdruck und zügelt die Stimme; sie verfeinert und verbessert das ganze Wesen.

Die Wichtigkeit kleiner Dinge

Das Leben besteht hauptsächlich nicht aus großartigen Leistungen und wunderbaren Errungenschaften, sondern aus kleinen Dingen. Durch diese kleinen Dinge, die so unwichtig erscheinen, geschieht es am häufigsten, dass Gutes oder Böses in unser Leben gebracht wird.

Wenn wir in den kleinen Dingen versagen, bilden sich schlechte Gewohnheiten und schließlich ein missgestalteter Charakter; wenn dann größere Prüfungen kommen, treffen sie uns unvorbereitet. Nur durch grundsatztreues Handeln in den Kleinigkeiten des alltäglichen Lebens können wir die Kraft erlangen, die gefährlichsten und schwierigsten Momente unseres Lebens fest und treu durchzustehen.

Selbstdisziplin

Wir sind niemals allein. Ständig haben wir einen Begleiter, ob wir ihn nun auswählen oder nicht. Bedenke, dass Gott anwesend ist, wo auch immer du bist und was auch immer du tust. Nichts, was gesagt, getan oder gedacht wird, kann seiner Aufmerksamkeit entgehen.

Für jedes deiner Worte und jede deiner Taten gibt es einen Zeugen – den heiligen Gott, der die Sünde hasst. Bedenke dies immer, bevor du sprichst oder handelst. Als Christ bist du ein Mitglied der königlichen Familie, ein Kind des himmlischen Königs. Sprich kein Wort, führe keine Handlung aus, die „den guten Namen, der über euch genannt ist" (Jakobus 2,7), in Misskredit bringen.

Studiert sorgfältig den göttlich-menschlichen Charakter Jesu und fragt euch beständig: „Was würde Jesus tun, wenn er sich in meiner Situation befände?" Dies sollte unser verpflichtender Maßstab sein. Begib dich nicht unnötig in die Gesellschaft jener, die mit List und Tücke deine guten Absichten untergraben oder dich in Gewissenskonflikte bringen wollen. Tue unter Fremden, auf der Straße, in den öffentlichen Verkehrsmitteln und im Heim nichts, was auch nur den geringsten Anschein des Bösen erweckt. Tue aber jeden Tag etwas, um dein Leben, das Christus mit seinem eigenen Blut erkauft hat, zu verbessern, zu verschönern und zu veredeln.

Handle immer getreu deinen Grundsätzen, niemals impulsiv. Mäßige dein natürliches Temperament durch Sanftmut und Freundlichkeit. Halte nichts für unwichtig, auch nicht die kleinste Kleinigkeit. Mache keine leichtfertigen und schlüpfrigen Sprüche. Auch den Gedanken sollten wir nicht erlauben, frei umherzuschweifen. Sie müssen begrenzt und dem Gehorsam gegenüber Christus untergeordnet werden. Lasst sie auf heilige Dinge gerichtet sein, dann werden sie durch die Gnade Christi lauter und wahrhaftig sein.

Wir brauchen ein beständiges Bewusstsein der veredelnden Kraft reiner Gedanken. Die einzige Sicherheit für jede Seele besteht in richtigem Denken. Wie ein Mensch in seinem Herzen *denkt*, so *ist* er auch. Die Kraft der Selbstbeherrschung wird durch ihre Anwendung gestärkt. Was zunächst schwierig erscheint, wird durch beständige Wiederholung leicht, bis richtige Gedanken und Handlungen zur Gewohnheit werden. Wenn wir nur wollen, können wir uns von allem Minderwertigen und Niedrigen abwenden und auf einer höheren Ebene leben; wir werden von Menschen geachtet und von Gott geliebt werden.

Lob und Ermutigung

Macht es euch zur Gewohnheit, gut über andere zu sprechen. Verweilt bei den guten Eigenschaften derer, mit denen ihr Umgang habt, und beachtet ihre Fehler und Schwächen so wenig wie möglich.

Wenn ihr versucht seid, euch über jemanden zu beklagen, dann *lobt* etwas im Leben oder Charakter dieser Person. Pflegt die Dankbarkeit. Lobt Gott für seine wunderbare Liebe, in der er Christus für uns in den Tod gab. Es lohnt sich nie, unseren Klagen nachzuhängen. Gott fordert uns auf, an seine Gnade und unvergleichliche Liebe zu denken, damit wir von Lobpreis erfüllt werden.

Ernsthafte Arbeiter haben keine Zeit, sich mit den Fehlern anderer zu beschäftigen. Wir können es uns nicht leisten, unser eigenes Image auf Kosten der Fehler oder Schwächen anderer aufzupolieren. Über andere schlecht zu reden stellt einen zweifachen Fluch dar, der schwerer auf den Redner als auf den Hörer zurückfällt. Derjenige, der die Saat des Streits und der Zwietracht aussät, erntet die tödlichen Früchte in seiner eigenen Seele.

Gerade das Suchen nach Schlechtem bei anderen Menschen entwickelt dieses Schlechte in jenen, die danach suchen. Indem wir bei den Fehlern anderer verweilen, werden wir in dasselbe Bild verwandelt. Wenn wir aber auf Jesus schauen und von seiner Liebe und charakterlichen Vollkommenheit sprechen, werden wir in sein Bild verwandelt. Indem wir das hohe Ideal betrachten, das er uns vor Augen gestellt hat, werden wir in eine reine und heilige Atmosphäre erhoben, sogar in die Gegenwart Gottes. Wenn wir uns hier aufhalten, dann geht von uns ein Licht aus, das alle erstrahlen lässt, die mit uns in Berührung kommen.

Anstatt andere zu kritisieren und zu verdammen, sage dir: „Ich muss mich um meine eigene Errettung kümmern. Wenn ich mit Jesus zusammenarbeite, der meine Seele retten will, muss ich *mich* selbst sorgfältig beobachten. Ich muss jedes Übel aus meinem Leben entfernen. Ich muss jeden Fehler überwinden. Ich muss zu einer neuen Kreatur in Christus werden. Dann kann ich auch diejenigen, die gegen das Böse kämpfen, mit ermutigenden Worten stärken, anstatt sie zu schwächen.“ Wir gehen zu gleichgültig miteinander um. Zu oft vergessen wir, dass unsere Mitstreiter in der Arbeit für Gott Kraft und Ermunterung brauchen. Zeigt ihnen euer Interesse und euer Mitgefühl. Helft ihnen durch eure Gebete und lasst es sie wissen, dass ihr dies tut.

Geduld mit den Irrenden

Nicht alle, die vorgeben, Mitarbeiter Christi zu sein, sind wahre Jünger. Unter denjenigen, die seinen Namen tragen und sogar zu seinen Mitarbeitern gezählt werden, gibt es einige, in deren Charakter Christus nicht zu erkennen ist. Sie lassen sich nicht von seinen Prinzipien leiten. Diese Menschen verursachen oft Verwirrung und Entmutigung bei ihren Mitstreitern, die noch jung an christlicher Erfahrung sind; aber niemand sollte sich dadurch in die Irre führen lassen. Christus hat uns ein vollkommenes Beispiel gegeben. Er bittet uns, *ihm* nachzufolgen.

Bis zum Ende der Zeit wird es Unkraut unter dem Weizen geben. Als die Knechte des Landwirts in ihrem Eifer zugunsten seines Ruhmes die Erlaubnis erbaten, das Unkraut ausreißen zu dürfen, sagte der Meister: „Nein! damit ihr nicht zugleich den Weizen mit ausrauft, wenn ihr das Unkraut ausjätet. Lasst beides miteinander wachsen bis zur Ernte." (Matthäus 13,29–30)

In seiner Gnade und Langmut hat Gott mit den Verstockten und sogar mit den Heuchlern Geduld. Unter den von Christus auserwählten Aposteln war auch Judas, der Verräter. Sollte es uns da überraschen oder entmutigen, dass es unter seinen heutigen Mitarbeitern auch Heuchler gibt? Wenn Christus, der das Herz sieht, denjenigen ertragen konnte, von dem er wusste, dass er zu seinem Verräter werden sollte, mit welcher Geduld sollten dann wir jene tragen, die vom Weg abgekommen sind.

Und auch von denen, die am meisten Fehler machen, sind nicht alle wie Judas. Der impulsive, voreilige und selbstsichere Petrus schien oft mehr Schaden anzurichten als Judas. Er wurde vom Heiland jedenfalls öfter getadelt. Aber was für ein Leben des Dienstes und Opfers führte er später! Was für ein Zeugnis stellt es für die Macht der Gnade Gottes dar! Soweit wir dazu imstande sind, sollen wir anderen das sein, was Jesus seinen Jüngern war, als er gemeinsam mit ihnen über diese Welt ging.

Betrachtet euch als Missionare, und zwar zuerst unter euren Mitarbeitern. Oft erfordert es viel Zeit und Mühe, eine Menschenseele für Christus zu gewinnen. Wenn sie sich dann von der Sünde abwendet und zur Rechtschaffenheit bekehrt, herrscht hierüber bei den Engeln große Freude. Denkst du denn, dass die dienenden Geister, die über diese Seelen wachen, sehr erfreut sind, wenn sie sehen, wie gleichgültig diese von einigen behandelt werden, die sich Christen nennen? Wenn Jesus mit uns so umginge, wie wir nur allzu oft miteinander umgehen, wer von uns könnte dann gerettet werden?

Denkt daran, dass ihr nicht in den Herzen lesen könnt. Ihr kennt die Motive für jene Handlungen nicht, die euch falsch erscheinen. Es gibt viele, die keine richtige Erziehung genossen haben; ihr Charakter ist verschroben, sie sind hart und mürrisch und scheinen in jeder Hinsicht unehrlich zu sein. Aber die Gnade Christi kann sie umwandeln. Behandelt sie niemals gleichgültig, treibt sie nicht in Entmutigung oder Verzweiflung, indem ihr sagt: „Du hast mich enttäuscht, mit dir will ich nichts mehr zu tun haben." Ein paar Worte, übereilt gesprochen, zu denen wir provoziert wurden – von denen wir denken, dass jene sie auch verdienen –, können die Tür für immer verschließen und uns jeder weiteren Einflussnahme berauben.

Das konsequente Leben, die geduldige Nachsicht und der Geist, der auch bei Provokationen ruhig bleibt, wirken immer am überzeugendsten. Wenn du Gelegenheiten und Vorteile hattest, die anderen nicht gewährt wurden, dann freue dich darüber und sei immer ein umsichtiger, sorgfältiger und freundlicher Lehrer.

Damit das Wachs einen klaren, deutlichen Aufdruck des Siegels annimmt, schlagt ihr das Siegel nicht hastig und gewaltsam darauf; vielmehr platziert ihr es sorgfältig auf dem formbaren Wachs und drückt es ruhig und nachhaltig hinein, bis es in der Form hart geworden ist. Geht auf ähnliche Weise mit menschlichen Seelen um. Die *Beständigkeit* christlichen Einflusses stellt das Geheimnis seiner Macht dar, und diese hängt von der Standhaftigkeit ab, mit der ihr den Charakter Christi darstellt. Helft den Irrenden, indem ihr ihnen von euren Erfahrungen erzählt. Zeigt, wie Geduld, Freundlichkeit und Hilfsbereitschaft eurer Mitarbeiter euch Mut und Hoffnung gaben, als ihr gravierende Fehler gemacht hattet.

Den Einfluss einer freundlichen, rücksichtsvollen Vorgehensweise gegenüber den Unbeständigen, Unvernünftigen und Unwürdigen werden wir wohl erst im Endgericht völlig ermessen können. Wenn uns Undankbarkeit und Verrat an heiligen, uns anvertrauten Glaubenswahrheiten begegnen, verleitet uns das dazu, unsere Verachtung oder unseren Unwillen zu zeigen. Dies erwarten die Schuldigen; hierauf sind sie vorbereitet. Aber freundliche Nachsicht überrascht sie, bewirkt einen Anreiz zum Guten und weckt das Verlangen nach einem edleren Leben.

„Liebe Brüder, wenn ein Mensch etwa von einer Verfehlung ereilt wird, so helft ihm wieder zurecht mit sanftmütigem Geist, ihr, die ihr geistlich seid; und sieh auf dich selbst, dass du nicht auch versucht werdest. Einer trage des andern Last, so werdet ihr das Gesetz Christi erfüllen." (Galater 6,1–2)

Alle, die bekennen, Kinder Gottes zu sein, müssen sich darüber im klaren sein, dass sie als Missionare mit allen Arten von Charakteren in Berührung kommen. Da gibt es die Feinsinnigen und die Ungehobelten, die Demütigen und die Hochmütigen, die Religiösen und die Skeptiker, die Gebildeten und die Unwissenden, die Reichen und die Armen. Diese verschiedenen Gruppen können nicht alle gleich behandelt werden; jedoch brauchen alle Freundlichkeit und Mitgefühl. Im wechselseitigen Kontakt werden wir unser Wesen verfeinern. Einer ist vom anderen abhängig, weil wir durch unsere mitmenschlichen Beziehungen eng miteinander verbunden sind.

Durch unsere freundschaftlichen Kontakte tragen wir das Christentum in die Welt. Alle, die die göttliche Erleuchtung empfangen haben, sollen Licht auf den dunklen Weg jener werfen, denen der bessere Weg noch unbekannt ist. Unsere Kontaktfreudigkeit können wir erfolgreich in den Dienst Jesu stellen, indem wir Seelen zum Heiland führen. Christus soll nicht als ein begehrter, heiliger und lieblicher Schatz im Herzen verborgen werden, damit wir ihn für uns allein haben. Wir sollen Christus vielmehr wie eine Wasserquelle in uns tragen, die zum ewigen Leben sprudelt und alle erquickt, die mit uns in Berührung kommen.

Kapitel 42

Entwicklung und Dienst

Ein christliches Leben beinhaltet mehr, als viele annehmen. Es besteht nicht ausschließlich aus Freundlichkeit, Geduld, Sanftmut und Liebenswürdigkeit. Diese Gaben sind unerlässlich; aber man braucht auch Mut, Kraft, Energie und Ausdauer.

Der Weg, den Christus abgesteckt hat, ist ein schmaler Pfad der Selbstverleugnung. Um diesen Pfad zu betreten und sich auf ihm durch Schwierigkeiten und Entmutigungen vorwärts zu kämpfen, braucht es Menschen, die mehr sind als nur charakterschwache Mitläufer.

Charakterstärke

Menschen mit Durchhaltevermögen werden benötigt, Menschen, die nicht darauf warten, dass man ihren Weg ebnet und jedes Hindernis beiseite räumt, Menschen, die die erlahmenden Bemühungen entmutigter Arbeiter mit neuem Eifer erfüllen, Menschen, deren Herzen von christlicher Liebe erfüllt sind, und deren Hände kräftig zupacken, um das Werk ihres Meisters zu tun.

Einige, die einen missionarischen Dienst tun, sind charakterschwach, kaum belastbar, lustlos und leicht entmutigt. Es fehlt ihnen an Tatkraft. Es fehlen jene positiven Charakterzüge, die Kraft geben, etwas in Gang zu bringen – es fehlt der Schwung und die Energie, Begeisterung zu entzünden.

Diejenigen, die Erfolg haben wollen, müssen mit Mut und Hoffnung ans Werk gehen. Sie sollten nicht nur die passiven, sondern auch die aktiven Tugenden pflegen. Sie sollen zwar eine sanfte Antwort geben können, die den Zorn stillt, müssen aber auch den Mut eines Helden besitzen, um dem Bösen zu widerstehen. Neben der

Nächstenliebe, die alle Dinge erträgt, brauchen sie auch die Charakterstärke, die ihrem Einfluss durchgreifende Wirkung verleiht.

Einige besitzen keine Charakterfestigkeit. Ihre Pläne und Ziele sind nebulös und verschwommen. Sie werden in der Welt nur wenig bewirken. Diese Schwäche, Unschlüssigkeit und Ineffizienz sollte überwunden werden. In einem wahrhaft christlichen Charakter liegt eine Unbeugsamkeit, die von widrigen Umständen nicht verformt oder gar überwunden werden kann. Wir müssen ein moralisches Rückgrat haben, eine Lauterkeit, die nicht verführt, bestochen oder eingeschüchtert werden kann.

Geistespflege

Gott wünscht, dass wir von jeder Gelegenheit Gebrauch machen, uns auf sein Werk vorzubereiten. Er erwartet, dass wir alle unsere Kräfte in die Durchführung dieses Werkes investieren und unsere Herzen für die Heiligkeit des Werks und seine ehrfurchtgebietenden Verantwortlichkeiten lebendig erhalten.

Viele, die von ihrer Begabung her eine hervorragende Arbeit leisten könnten, bringen nur wenig zustande, weil sie sich nur wenig vornehmen. Tausende gehen durchs Leben, als ob sie kein großes Ziel hätten, für das man leben, als ob es keinen hohen Standard gäbe, den man erreichen soll. Eine Ursache hierfür liegt in ihrer geringen Selbsteinschätzung. Christus aber bezahlte einen unendlich hohen Preis für uns und wünscht deshalb, dass wir uns gemäß dieses Preises unseres Wertes bewusst sind.

Gebt euch nicht damit zufrieden, nur einen niedrigen Standard zu erreichen. Wir sind nicht das, was wir sein könnten oder was wir gemäß Gottes Willen sein sollten. Gott hat uns Verstandeskräfte nicht dazu gegeben, dass sie brach liegen oder dass wir sie für fragwürdige und schmutzige Geschäfte anwenden, sondern dazu, dass sie bestmöglichst entwickelt, verfeinert, geheiligt, veredelt und zur Förderung seines Reiches genutzt werden.

Niemand sollte zulassen, dass er wie ein bloßer Automat vom Geist eines anderen Menschen gesteuert wird. Gott hat uns zum eigenständigen Denken und Handeln befähigt, und durch sorgfältiges Handeln, bei dem man Weisheit von Gott erbittet, wird man fähig zum Tragen von Verantwortung. Behauptet die euch von Gott gegebene Persönlichkeit. Werdet nicht zum Schatten einer anderen Person. Erwartet statt dessen, dass*der Herr* in und durch euch wirkt.

Denkt niemals, dass ihr schon genügend gelernt hättet und nun in euren Bemühungen nachlassen könntet. Der Maßstab für den Menschen ist die Vervollkommnung seines Geistes. Eure Ausbildung sollte eure ganze Lebenszeit hindurch andauern; täglich solltet ihr etwas lernen und das erlangte Wissen praktisch anwenden.

Denkt daran, in welcher Position ihr auch immer tätig seid: Eure Beweggründe müssen erkennbar sein und euer Charakter muss sich weiterentwickeln. Worin auch immer eure Arbeit besteht, erledigt sie akkurat und sorgfältig; kämpft gegen die Neigung, immer den bequemsten Weg zu gegen.

Derselbe Geist und dieselben Grundsätze, mit denen jemand seine tägliche Arbeit angeht, wirken auch im ganzen Leben. Diejenigen, die ein vorgegebenes Arbeitspensum erfüllen und eine festgesetzte Entlohnung erhalten, aber kein Interesse zeigen, etwas dazuzulernen oder sich anzupassen, eignen sich nicht zur Mitarbeit an Gottes Sache. Diejenigen, die permanent bestrebt sind, so wenig wie möglich körperliche, geistige und moralische Kraft einzusetzen, sind nicht die Arbeiter, die Gott reichlich segnen kann. Ihr Beispiel wirkt ansteckend. Egoismus bildet ihr vorherrschendes Motiv. Diejenigen, die dauernd kontrolliert werden müssen und nur arbeiten, wenn ihnen jede Aufgabe einzeln aufgetragen wird, kann Gott nicht als gut und getreu bezeichnen. Vielmehr werden Arbeiter gebraucht, die Energie, Redlichkeit und Sorgfalt aufweisen, die mitdenken und von sich aus alles tun, was nötig ist.

Viele scheitern, weil sie aus Furcht vor Fehlern keine Verantwortung übernehmen wollen. Deshalb fehlt ihnen das Wissen, das allein aus der Erfahrung erwächst und das man nicht durch Fachliteratur, Studium und auf andere Weise erlangen kann.

Der Mensch kann die Umstände verändern, aber man sollte den Umständen nicht erlauben, den Menschen zu verändern. Wir sollten die Umstände als Mittel nutzen, mit denen man arbeiten kann. Wir sollen *sie* meistern, ihnen aber nicht erlauben, *uns* zu meistern.

Zu belastbaren Menschen werden diejenigen, denen man Widerstand leistete, die man hindern und deren Pläne man durchkreuzen wollte. Wenn sie alle Fähigkeiten mobilisieren, werden sie an den Hindernissen und Widerständen, denen sie begegnen, wachsen. Sie gewinnen dadurch Selbstvertrauen. Kampf und Verwirrung erfordern Gottvertrauen und jene Charakterfestigkeit, aus der Kraft erwächst.

Beweggründe für den Dienst

Christus diente den Menschen mit all seiner Kraft. Er zählte nicht die Stunden seines Einsatzes. Seine Zeit, sein Herz, seine Seele und seine Kräfte wurden eingesetzt, um zum Wohl der Menschheit zu arbeiten. Anstrengende Tage hindurch mühte er sich, und lange Nächte hindurch beugte er sich im Gebet und bat um Gnade und Ausdauer, um ein noch größeres Werk tun zu können.

Mit intensivem Rufen und vielen Tränen sandte er seine Bitten zum Himmel, dass seine menschliche Natur gestärkt und er darauf vorbereitet würde, dem listigen Feind in allem seinem täuschenden Wirken begegnen zu können, und dass er gestärkt würde zur Erfüllung seiner Aufgabe, die Menschheit zu erlösen. Und zu seinen Mitarbeitern sagt er: „Ein Beispiel habe ich euch gegeben, damit ihr tut, wie ich euch getan habe." (Johannes 13,15)

„Die Liebe Christi", sagte Paulus, „drängt uns" (2. Korinther 5,14). Dies war das treibende Prinzip seines Verhaltens; dies war die ihn motivierende Kraft. Immer wenn sein Eifer auf dem Weg der Pflicht einen Moment lang erlahmte, veranlasste ihn ein einziger Blick auf das Kreuz dazu, die Lenden seines Gemüts aufs neue zu umgürten und auf dem Weg der Selbstverleugnung weiterzukämpfen. In seinem Mühen um die Mitgläubigen verließ er sich auf die Offenbarung grenzenloser Liebe im Opfer Christi und ihre unbezähmbare Macht.

Wie ernst, wie anrührend ist doch sein folgender Appell: „Denn ihr kennt die Gnade unseres Herrn Jesus Christus: obwohl er reich ist, wurde er doch arm um euretwillen, damit ihr durch seine Armut reich würdet." (2. Korinther 8,9)

Ihr kennt die Höhe, von der er herabstieg, die Tiefe der Erniedrigung, in die er sich hinunterbegab. Seine Füße betraten den Pfad der Opferung und wichen nicht von ihm ab, bis er sein Leben hingegeben hatte. Es gab keine Ruhepause für ihn zwischen dem Thron im Himmel und dem Kreuz. Seine Liebe zur Menschheit veranlasste ihn, jede Demütigung geduldig hinzunehmen und jede Qual zu ertragen.

Paulus ermahnt uns: „Ein jeder sehe nicht auf das Seine, sondern auf das, was dem andern dient." Er bittet uns, den Geist zu besitzen, „der auch in Jesus Christus war: Er, der in göttlicher Gestalt war, hielt es nicht für einen Raub, Gott gleich zu sein, sondern entäußerte sich selbst und nahm Knechtsgestalt an, ward den Menschen gleich und der Erscheinung nach als Mensch erkannt. Er erniedrigte sich selbst und ward gehorsam bis zum Tode, ja zum Tode am Kreuz." (Philipper 2,4–8)

Für Paulus war es ein wichtiges Anliegen, dass wir die Erniedrigung Christi verstehen und anerkennen. Er war davon überzeugt, dass, wenn die Menschen das erstaunliche Opfer begreifen, welches von der himmlischen Majestät gebracht wurde, alle Ichbezogenheit aus ihren Herzen schwindet. Der Apostel verweilt bei einem Punkt nach dem anderen, damit wir bis zu einem gewissen Grad die wunderbare Herablassung des Heilands für die Sünder begreifen. Er lenkt den Sinn zuerst auf die Position, die Christus im Himmel an der Seite seines Vaters innehatte; er offenbart ihn anschließend als jemanden, der seinen Ruhm beiseitelegt, sich freiwillig den demütigenden Bedingungen menschlichen Lebens unterwirft, die Verpflichtungen eines Knechtes annimmt und gehorsam bis zum Tode wird, und zwar bis zu dem schändlichsten, abscheulichsten und qualvollsten Tod, dem Tod am Kreuz.

Können wir diese wunderbare Offenbarung der Liebe Gottes betrachten ohne Dankbarkeit und Liebe und ohne uns gleichzeitig der Tatsache bewusst zu werden, dass wir uns nicht selbst gehören? Einem solchen Meister sollte man nicht widerwillig oder aus egoistischen Motiven dienen.

„Ihr wisst", sagt Petrus, „dass ihr nicht mit vergänglichem Silber oder Gold erlöst seid." (1. Petrus 1,18) Hätte dies genügt, um die

Erlösung der Menschen zu erkaufen, wie leicht hätte sie dann von dem vollbracht werden können, der sagt: „Mein ist das Silber, und mein ist das Gold" (Haggai 2,8)! Aber die Sünder konnten nur durch das kostbare Blut des Sohnes Gottes erlöst werden. Diejenigen, die dieses wunderbare Opfer nicht würdigen, lehnen den Dienst Christi ab und werden an ihrer Selbstbezogenheit zugrundegehen.

Zielstrebigkeit

Alles im Leben Christi war seinem Werk untergeordnet, dem großen Werk der Erlösung. Nur dazu war er gekommen. Dieselbe Hingabe, Selbstverleugnung und Aufopferung, dieselbe Unterordnung unter die Forderungen des Wortes Gottes muss bei seinen Jüngern sichtbar werden.

Jeder, der Christus als seinen persönlichen Erlöser annimmt, wird es als ein Vorrecht ansehen, Gott zu dienen. Wenn er darüber nachsinnt, was der Himmel für ihn getan hat, wird sein Herz von grenzenloser Liebe und inniger Dankbarkeit bewegt. Er wird mit Freude seine Dankbarkeit dadurch bekunden, dass er seine Fähigkeiten Gott zur Verfügung stellt. Er wünscht seine Liebe zu Christus und zu den Menschen, die Christus von dieser Welt erkauft hat, zu zeigen. Er scheut keine Mühe, keine Not und kein Opfer.

Der wahre Mitarbeiter Gottes wird sein Bestes tun, weil er damit seinen Meister verherrlichen kann. Er wird das Richtige tun, um den Anforderungen Gottes zu genügen. Er wird danach streben, all seine Fähigkeiten zu verbessern. Er wird jede Pflicht so erfüllen, als stünde Gott neben ihm. Sein größter Wunsch wird sein, Christus zu ehren und ihm mit allen Kräften zu dienen.

Kapitel 43

Eine höhere Erfahrung

Wir brauchen beständig eine erneute Offenbarung Christi, eine tägliche Erfahrung, die mit seinen Lehren übereinstimmt. Hohe und heilige Ziele liegen in unserer Reichweite.

Gottes Absicht für uns ist ein beständiger Fortschritt in Erkenntnis und Tugend. Sein Gesetz ist das Echo seiner eigenen Stimme, die alle einlädt: „Steigt höher. Seid heilig und werdet heiliger." Täglich können wir in der Vervollkommnung des christlichen Charakters Fortschritte machen.

Diejenigen, die im Dienst für den Herrn stehen, brauchen eine Erfahrung, die viel höher, tiefer und breiter ist, als man es bisher für möglich hielt. Viele, die bereits zur großen Familie Gottes gehören, wissen wenig davon, was es bedeutet, auf Gottes Herrlichkeit zu sehen und von einer Herrlichkeit zur anderen verwandelt zu werden. Sie nehmen nur einen Umriß von Christi Vollkommenheit wahr, aber schon das lässt sie vor Freude erschauern. Sie sehnen sich dann nach einem volleren und tieferen Verständnis der Liebe des Heilands. Das Verlangen ihrer Seele nach Gott sollen sie sich bewahren.

Der Heilige Geist wirkt an denen, die ihn an sich wirken lassen, er formt diejenigen, die geformt werden wollen, und er gestaltet die um, die sich umgestalten lassen wollen. Entwickelt bei euch eine Atmosphäre, in der ihr geistliche Gedanken und heilige Mitteilungen vom Herrn empfangen könnt. Ihr habt erst die ersten Strahlen der Morgendämmerung seines Ruhmes gesehen. Wenn ihr voranschreitet in der Erkenntnis des Herrn, werdet ihr erfahren, dass „der Gerechten Pfad glänzt wie das Licht am Morgen, das immer heller leuchtet bis zum vollen Tag." (Sprüche 4,18)

Die Freude des Herrn

„Das sage ich euch", sprach Christus, „damit meine Freude in euch bleibe und eure Freude vollkommen werde." (Johannes 15,11)

Christus sah den Erfolg seiner Mission stets vor sich. Sein irdisches Leben, das so voller Mühe und Selbstaufopferung war, wurde von der Gewissheit getragen, dass er diese ganze Plage nicht vergeblich erdulden würde. Durch die Hingabe seines Lebens für das Leben der Menschheit würde er ihnen das Bild Gottes wiederherstellen. Er würde uns aus dem Staub erheben, unseren Charakter nach dem Vorbild seines eigenen Charakters umgestalten und ihn mit seiner eigenen Herrlichkeit schön machen.

Christus sah das Ergebnis seiner Mühen und war deshalb zufrieden. Er überschaute die Ewigkeit in ihrer ganzen Ausdehnung und sah das Glück jener, die durch seine Erniedrigung Vergebung und ewiges Leben empfangen würden. Er wurde um ihrer Übertretungen willen verwundet, um ihrer Missetaten willen zerschlagen. Die Strafe lag auf ihm, damit sie Frieden hätten, und durch seine Striemen wurden sie geheilt. Er hörte den Ruf der Erlösten. Er hörte die Freigekauften das Lied Moses und des Lammes singen. Doch zunächst musste er seine Taufe mit Blut empfangen, musste er die Last aller Sünden der Welt auf seiner unschuldigen Seele spüren. Der dunkle Schatten unbeschreiblichen Leidens fiel auf ihn. Dennoch entschied er sich wegen der Freude, die ihm vor Augen gestellt wurde, das Kreuz zu ertragen, und achtete nicht im mindesten auf die darin liegende Schande.

Diese Freude sollen alle seine Nachfolger teilen. Wie groß und herrlich unser Lohn im Himmel auch sein wird, so soll er doch nicht völlig für die Zeit nach dem Kommen des Herrn aufgespart bleiben. Schon hier auf Erden können wir durch den Glauben an der Freude des Heilands teilhaben. Wie Mose sollen auch wir ausharren, indem wir den Unsichtbaren schon vor Augen haben.

Jetzt steht die Gemeinde noch mitten im Kampf. Heute werden wir noch mit einer Welt konfrontiert, die im Dunklen liegt und sich fast völlig dem Götzendienst ergeben hat. Aber der Tag wird kommen, an dem die Schlacht geschlagen und der Sieg errungen sein wird. Der Wille Gottes soll auf Erden geschehen, wie er im Himmel geschieht. Die Völker der Erretteten werden kein anderes Gesetz mehr kennen als das des Himmels.

Alle werden eine glückliche, vereinte Familie sein, bekleidet mit dem Gewand des Lobpreises und der Danksagung – dem Kleid der Gerechtigkeit Christi. Die ganze Natur in ihrer unvergleichlichen Schönheit wird Gott Lobpreis und Anbetung darbringen. Die Welt wird in das Licht des Himmels getaucht werden. Das Licht des Mondes wird wie das Licht der Sonne sein, und das Licht der Sonne wird siebenmal heller sein als jetzt. Die Jahre werden in Fröhlichkeit vorbeiziehen. Über dieser Szene werden die Morgensterne gemeinsam singen, und die Kinder Gottes werden vor Freude jubeln, wenn Gott und Jesus gemeinsam verkündigen werden: „Es wird nun keine Sünde mehr geben, und auch der Tod wird nicht mehr sein."

Diese Visionen künftiger Herrlichkeit, diese von Gottes Hand gemalten Szenen sollten seinen Kindern teuer sein.

Steht an der Schwelle der Ewigkeit und hört das gnädige Willkommen, das all denen entboten wird, die in diesem Leben mit Christus zusammengearbeitet haben – wobei sie es als ein Vorrecht und eine Ehre ansahen, um seinetwillen zu leiden. Mit den Engeln legen sie ihre Kronen dem Erlöser zu Füßen und rufen aus: „Das Lamm, das geschlachtet ist, ist würdig, zu nehmen Kraft und Reichtum und Weisheit und Stärke und Ehre und Preis und Lob … Dem, der auf dem Thron sitzt, und dem Lamm sei Lob und Ehre und Preis und Gewalt von Ewigkeit zu Ewigkeit!" (Offenbarung 5,12–13)

Dort begrüßen die Erlösten jene, die sie zu dem erhöhten Heiland geführt haben. Sie vereinen sich im Lobpreis dessen, der starb, damit menschliche Wesen das Leben erhalten können, das mit dem Leben Gottes vergleichbar ist. Der Kampf ist vorüber. Aller Kummer und Streit sind zu Ende. Siegeslieder erfüllen den ganzen Himmel, wenn die Erlösten vor Gottes Thron stehen. Alle stimmen in den freudigen Vers ein: „Würdig ist das Lamm, das geschlachtet wurde und uns zu Gott erlöst hat."

„Danach sah ich, und siehe, eine große Schar, die niemand zählen konnte, aus allen Nationen und Stämmen und Völkern und Sprachen; die standen vor dem Thron und vor dem Lamm, angetan mit weißen Kleidern und mit Palmzweigen in ihren Händen, und riefen mit großer Stimme: Das Heil ist bei dem, der auf dem Thron sitzt, unserm Gott, und dem Lamm!" (Offenbarung 7,9–10)

„Diese sind's, die gekommen sind aus der großen Trübsal und haben ihre Kleider gewaschen und haben ihre Kleider hell gemacht im Blut des Lammes. Darum sind sie vor dem Thron Gottes und dienen ihm Tag und Nacht in seinem Tempel; und der auf dem Thron sitzt, wird über ihnen wohnen. Sie werden nicht mehr hungern noch dürsten; es wird auch nicht auf ihnen lasten die Sonne oder irgendeine Hitze; denn das Lamm mitten auf dem Thron wird sie weiden und leiten zu den Quellen des lebendigen Wassers, und Gott wird abwischen alle Tränen von ihren Augen." (Offenbarung 7,14–17) „Und der Tod wird nicht mehr sein, noch Leid noch Geschrei noch Schmerz wird mehr sein; denn das Erste ist vergangen." (Offenbarung 21,4)

Wir sollen uns diese Vision der unsichtbaren Dinge stets vor Augen halten. Auf *diese* Weise werden wir imstande sein, die ewigen Dinge einerseits und die zeitlichen anderseits richtig zu bewerten. Diese Vision ist es, die uns die Kraft gibt, andere von dieser Wirklichkeit zu überzeugen.

Auf dem Berg mit Gott

„Kommt herauf zu mir auf den Berg", bittet uns Gott. Bevor Mose Gottes Werkzeug zur Befreiung Israels sein konnte, lebte er vierzig Jahre in der Gemeinschaft mit Gott in der Einsamkeit der Berge. Bevor er Gottes Botschaft zu Pharao brachte, sprach er mit dem Engel in dem brennenden Busch. Bevor er als der Abgesandte seines Volks Gottes Gesetz empfing, wurde er auf den Berg gerufen und sah Gottes Herrlichkeit. Bevor er an den Götzendienern Gerechtigkeit vollzog, wurde er in der Felsenkluft verborgen, und der Herr sagte: „Ich … will vor dir kundtun den Namen des Herrn." (2. Mose 33,19) „Barmherzig und gnädig, langsam zu Zorn und groß an Güte und Wahrheit, … aber keineswegs hält er für schuldlos den Schuldigen." (2. Mose 34,6–7; Elberfelder Bibel) Bevor er am Ende seines Lebens die Last der Verantwortung für Israel ablegte, rief ihn Gott auf den Gipfel des Berges Pisga und breitete vor ihm die Herrlichkeit des verheißenen Landes aus.

Bevor die Jünger zu ihrer Mission hinausgingen, wurden sie mit Jesus auf einen Berg gerufen. Vor der Kraft und Herrlichkeit von Pfingsten lagen die Nacht des Gemeinschaftsmahls mit dem Heiland, die Versammlung auf dem Berg in Galiläa, die Abschiedsszene auf dem Ölberg, die Verheißung des Engels nach Christi Himmelfahrt und die Tage des Gebets und der Gemeinschaft in dem oberen Saal.

Jedesmal, wenn sich Jesus auf eine große Prüfung oder ein wichtiges Werk vorbereitete, wollte er sich in die Einsamkeit der Berge zurückziehen und die Nacht im Gebet verbringen. Eine Nacht des Gebets lag vor der Berufung der Apostel, vor der Bergpredigt, vor der Verklärung, vor dem Todeskampf im Gerichtssaal und am Kreuz und vor der Auferstehung in Herrlichkeit.

Das Vorrecht des Gebets

Auch wir müssen uns Zeiten freihalten zum vertieften Nachdenken und Beten sowie zum Empfang geistlicher Stärkung. Wir schätzen die Macht und Wirksamkeit des Gebets nicht so, wie wir sollten. Gebet und Glaube werden vollbringen, was keine Macht der Erde zuwege bringen kann. Wir werden uns nur selten zweimal in genau der gleichen Situation befinden. Vielmehr müssen wir ständig aufs neue Erlebnisse und Prüfungen durchstehen, in denen uns die Erfahrungen der Vergangenheit keine ausreichende Hilfestellung geben. Wir brauchen also das beständige Licht, das von Gott kommt.

Christus sendet denen, die auf seine Stimme hören, stets Botschaften. In der Nacht der Todesqualen in Gethsemane hörten die schlafenden Jünger nicht die Stimme Jesu. Sie nahmen undeutlich die Gegenwart der Engel wahr, erkannten aber nicht die Kraft und Herrlichkeit der Szene. Ihre Schläfrigkeit und Benommenheit brachte sie um die Stärkung, die sie für die schrecklichen vor ihnen liegenden Ereignisse dringend gebraucht hätten. So geht es auch heute oft gerade den Menschen, die göttliche Unterweisung am nötigsten brauchen. Sie verpassen sie, weil sie keine ausreichende Gemeinschaft mit dem Himmel pflegen.

Die Versuchungen, denen wir täglich ausgesetzt sind, machen das Gebet zu einer Notwendigkeit. Auf jedem Weg lauern Gefahren. Diejenigen, die andere vor Lastern und Verderben retten wollen, sind der Versuchung besonders ausgesetzt. Da sie in beständigem Kontakt mit dem Bösen stehen, brauchen sie einen starken Halt bei Gott; andernfalls werden sie selbst verdorben. Kurz und entscheidend sind die Schritte, die Menschen von hohem und heiligem Boden hinunter auf eine niedrige Ebene führen. In *einem* Moment können Entscheidungen getroffen werden, die eines Menschen Schicksal entscheiden. *Ein* Fehler, den man nicht ernst nimmt, öffnet die Türen. *Eine* schlechte Gewohnheit wird, wenn wir sie nicht ernsthaft bekämpfen, sich zu einer Fessel aus Stahl verstärken und den ganzen Menschen gefangenhalten.

Die Ursache dafür, dass so viele in der Versuchung sich selbst überlassen sind, liegt darin, dass sie den Herrn nicht überallhin mitnehmen. Wenn wir es zulassen, dass unsere Gemeinschaft mit Gott unterbrochen wird, dann sind wir schutzlos. Selbst *alle* deine guten Ziele und Absichten werden dich nicht dazu befähigen, dem Bösen zu widerstehen. Deshalb müsst ihr Männer und Frauen des Gebets sein. Eure Bitten dürfen nicht zaghaft, nur gelegentlich und von Stimmungen abhängig sein, sondern ernst, kontinuierlich und beständig. Es ist nicht immer notwendig, sich zum Gebet niederzuknien. Pflege die Gewohnheit, mit dem Heiland zu sprechen, wenn du allein bist, wenn du gehst und wenn du mit deiner täglichen Arbeit beschäftigt bist. Lass das Herz beständig in stiller Bitte um Hilfe, Erhellung, Stärke und Erkenntnis erhoben sein. Lass jeden Atemzug ein Gebet sein.

Als Arbeiter für Gott müssen wir Menschen dort erreichen, wo sie sind, umgeben von Dunkelheit, versunken in Laster und befleckt mit Verdorbenheit. Aber solange wir unseren Sinn auf den Einen richten, der unsere Sonne und unser Schild ist, wird das Böse, das uns umgibt, nicht einen einzigen Flecken auf unser Gewand bringen. Während wir für die Rettung derer arbeiten, die verlorenzugehen drohen, werden wir selbst dabei nicht zugrunde gehen, wenn wir nur auf Gott vertrauen. Christus im Herzen, Christus im Leben – dies ist unsere Sicherheit. Die Atmosphäre seiner Gegenwart wird die Seele mit Abscheu vor allem Bösen erfüllen. Unser Geist kann so sehr mit dem seinen vereinigt werden, dass wir in Gedanken und Zielsetzung mit ihm eins sind.

Durch Glaube und Gebet wurde Jakob von einem Mann der Schwäche und der Sünde zu einem Fürsten Gottes. Auf *diese* Weise könnt ihr zu Männern und Frauen mit hohen und heiligen Absichten und einem edlen Leben werden, zu Männern und Frauen, die mit keiner Überlegung von Wahrheit, Recht und Gerechtigkeit abzubringen sind. Alle Menschen haben mit drängenden Sorgen, Lasten und Pflichten zu kämpfen, aber je schwieriger eure Lage ist und je schwerer eure Lasten wiegen, desto mehr braucht ihr Jesus.

Es ist ein großer Fehler, den öffentlichen Gottesdienst zu vernachlässigen. Der Segen des Gottesdienstes sollte nicht gering geschätzt werden. Diejenigen, die sich um die Kranken kümmern, haben oft keine Gelegenheit, von diesem Vorrecht Gebrauch zu machen, aber sie sollten sorgfältig darauf achten, dem Haus des Gottesdienstes nicht ohne Grund fernzubleiben.

Im Dienst an den Kranken hängt das Gelingen mehr als in jedem anderen Beruf vom Geist der Weihe und der Selbsthingabe ab, mit dem diese Arbeit getan wird. Diejenigen, die hier Verantwortung tragen, müssen sich dorthin begeben, wo sie tief vom Geist Gottes geprägt werden. Je verantwortungsvoller eure Aufgabe ist, desto mehr müsst ihr auch um die Hilfe des Heiligen Geistes und die Erkenntnis Gottes besorgt sein.

Nichts ist in unserem Werk nötiger als die praktischen Ergebnisse einer Gemeinschaft mit Gott. Wir sollten in unserem Alltagsleben zeigen, dass wir im Heiland Frieden und Ruhe haben. Sein Friede in unserem Herzen wird auch auf unserem Gesicht zu sehen sein. Er wird der Stimme eine überzeugende Kraft verleihen. Gemeinschaft mit Gott wird den Charakter und das Leben veredeln. Die Menschen werden an uns wie an den ersten Jüngern wahrnehmen, dass wir mit Jesus Gemeinschaft haben. Dies wird dem Arbeiter eine Kraft verleihen, die er nirgendwo anders findet. Von dieser Kraft darf er sich nie trennen lassen.

Wir müssen ein zwiefältiges Leben führen – ein Leben des Nachdenkens und des Handelns, des stillen Gebets und der ernsten

Arbeit. Die Kraft, die wir durch die Gemeinschaft mit Gott erhalten, vereint mit dem ernsten Bemühen, unseren Geist an ruhiges Nachdenken und Sorgfalt zu gewöhnen, bereitet uns auf die täglichen Pflichten vor und erhält das Gemüt unter allen Umständen in Frieden.

Der göttliche Ratgeber

Wenn Schwierigkeiten auftreten, meinen viele, sie müssten sich damit an jemanden aus ihrem Freundeskreis wenden, dem sie ihre Ratlosigkeit erzählen und den sie um Hilfe bitten können. Unter schwierigen Umständen erfüllt Unglaube ihr Herz, und ihr Weg erscheint ihnen dunkel. Dabei steht die ganze Zeit der mächtigste Ratgeber aller Zeiten neben ihnen und lädt sie ein, ihr Vertrauen auf ihn zu setzen. Jesus, der große Lastenträger, sagt: „Kommt zu mir, und ich werde euch Ruhe geben." Wollen wir uns da lieber auf unsichere menschliche Wesen verlassen, die ebenso von Gott abhängig sind wie wir selbst?

Vielleicht verspürt ihr die Fehlerhaftigkeit eures Charakters und stellt fest, dass eure Fähigkeiten für die euch übertragene Aufgabe nicht reichen. Aber selbst wenn ihr die größte Verstandeskraft hättet, die Menschen jemals gegeben wurde, wäre es für eure Arbeit nicht ausreichend. „Ohne mich könnt ihr nichts tun", sagt unser Herr und Heiland (Johannes 15,5). Das Ergebnis von allem, was wir tun, ruht in den Händen Gottes. Was auch geschehen mag, haltet euch in beständigem, fortwährendem Vertrauen an ihn.

Beginnt alle Zusammenkünfte – bei eurer Arbeit, in der Freizeit und auch in der Ehe – mit ernsthaftem, demütigem Gebet. Ihr zeigt damit, dass ihr Gott ehrt, und Gott wird dann auch euch ehren. Betet, wenn ihr verzagt seid. Wenn ihr niedergeschlagen seid, dann verschließt die Lippen fest gegenüber Menschen; belastet nicht andere mit euren Sorgen. Aber erzählt alles Jesus. Bittet ihn um Hilfe. Haltet euch in eurer Schwachheit an die unendliche Stärke. Bittet um Demut, Weisheit, Mut und Wachstum im Glauben, damit ihr Licht in *Gottes* Licht sehen und euch in *seiner* Liebe freuen könnt.

Weihe und Vertrauen

Wenn wir demütig und zerknirscht sind, stehen wir dort, wo Gott sich uns offenbaren kann und will. Es ist ihm wohlgefällig, wenn wir frühere Gnadengaben und Segnungen als Begründung dafür anführen, dass er uns nun größere Segnungen schenken möge. Er wird die Erwartungen jener, die ihm völlig vertrauen, über alle Erwartungen erfüllen. Der Herr Jesus weiß genau, was seine Kinder brauchen und wieviel göttliche Kraft wir zum Segen der Menschheit verwenden werden. Er schenkt uns alles, was wir zum Segen anderer und zur Veredelung unserer eigenen Seele nutzen.

Wir müssen weniger dem vertrauen, was wir selbst leisten können, und statt dessen mehr dem vertrauen, was der Herr für uns und durch uns tun kann. Ihr seid nicht mit eurem eigenen Werk beschäftigt; ihr tut das Werk Gottes. Übergebt euren Willen und euren Weg ihm. Pflegt *nicht* einen Vorbehalt, geht *nicht* einen Kompromiss mit eurem Ich ein. Erkennt, was es heißt, in Christus frei zu sein.

Das bloße Hören von Predigten Sabbat für Sabbat, das Lesen der Bibel Buch für Buch oder ihrer Erklärung Vers um Vers wird uns oder denen, die uns zuhören, nichts nützen, wenn wir die Wahrheiten der Bibel nicht in unsere persönliche Lebenserfahrung übertragen. Der Verstand, der Wille und die Gefühle müssen der Kontrolle durch das Wort Gottes unterworfen werden. Dann werden die Vorschriften des Bibelwortes durch das Wirken des Heiligen Geistes zu Prinzipien unseres Lebens.

Wenn du den Herrn bittest, dir zu helfen, dann ehre deinen Heiland durch den Glauben, dass du seinen Segen auch tatsächlich erhalten wirst. Alle Kraft und Weisheit stehen uns zur Verfügung. Wir müssen nur darum bitten.

Lebt beständig im Licht Gottes. Denkt Tag und Nacht über seinen Charakter nach. Dann werdet ihr seine Schönheit sehen und euch über seine Güte freuen. Euer Herz wird von dem Bewusstsein seiner Liebe glühen. Ihr werdet erhoben werden, wie von ewigen Armen getragen. Beschenkt mit der Kraft und dem Licht Gottes, könnt ihr mehr verstehen und mehr vollbringen, als euch jemals zuvor möglich erschien.

„Bleibt in mir ..."

Christus bittet uns: „Bleibt in mir und ich in euch. Wie die Rebe keine Frucht bringen kann aus sich selbst, wenn sie nicht am Weinstock bleibt, so auch ihr nicht, wenn ihr nicht in mir bleibt … Wer in mir bleibt und ich in ihm, der bringt viel Frucht; denn ohne mich könnt ihr nichts tun … Wenn ihr in mir bleibt und meine Worte in euch bleiben, werdet ihr bitten, was ihr wollt, und es wird euch widerfahren. Darin wird mein Vater verherrlicht, dass ihr viel Frucht bringt und werdet meine Jünger. Wie mich mein Vater liebt, so liebe ich euch auch. Bleibt in meiner Liebe! … Nicht ihr habt mich erwählt, sondern ich habe euch erwählt und bestimmt, dass ihr hingeht und Frucht bringt und eure Frucht bleibt, damit, wenn ihr den Vater bittet in meinem Namen, er's euch gebe." (Johannes 15,4–16)

„Siehe, ich stehe vor der Tür und klopfe an. Wenn jemand meine Stimme hören wird und die Tür auftun, zu dem werde ich hineingehen und das Abendmahl mit ihm halten und er mit mir." (Offenbarung 3,20) „Wer überwindet, dem will ich geben von dem verborgenen Manna und will ihm geben einen weißen Stein; und auf dem Stein ist ein neuer Name geschrieben, den niemand kennt als der, der ihn empfängt." (Offenbarung 2,17) „Wer überwindet, … dem will ich geben den Morgenstern ..." „und will auf ihn schreiben den Namen meines Gottes und den Namen … der Stadt meines Gottes … und meinen Namen, den neuen." (Offenbarung 2,26–28; 3,12)

„Eins aber tue ich"

Wer sein Vertrauen auf Gott setzt, wird mit Paulus sagen können: „Ich vermag alles durch den, der mich mächtig macht." (Philipper 4,13) Was auch immer unsere Fehler oder Versäumnisse in der Vergangenheit waren – mit Gottes Hilfe können wir sie überwinden. Mit dem Apostel Paulus können wir sagen: „Eins aber tue ich: Ich vergesse, was dahinten ist, und strecke mich aus nach dem, was da vorne ist, und jage nach dem vorgesteckten Ziel, dem Siegespreis der himmlischen Berufung Gottes in Christus Jesus." (Philipper 3,13–14)